Joana d'Arc

Tradução:
Samara Geske

Conheça nossos clubes

Conheça nosso site

- @editoraquadrante
- @editoraquadrante
- @quadranteeditora
- Quadrante

Título original
Jeanne d'Arc

© Librairie Arthème Fayard, 1986, 2011.

Capa e diagramação
Gabriela Haeitmann

Dados Internacionais de Catalogação na Publicação (CIP)
(Câmara Brasileira do Livro, SP, Brasil)

Pernoud, Régine, 1909-1998
   Joana d'Arc / Régine Pernoud ; prefácio de
Marie-Véronique Clin ; tradução Samara Geske. — São Paulo, SP :
Quadrante Editora, 2022.

ISBN: 978-85-7465-357-0

1. Joana, d'Arc, Santa, 1412-1431 2. Santas cristãs - França - Biografia
I. Clin, Marie-Véronique. II. Título.

CDD-944.026092

Índices para catálogo sistemático:
1. Joana d'Arc : França : História : Biografia - 944.026092
Eliete Marques da Silva - Bibliotecária - CRB-8/9380

Todos os direitos reservados a
QUADRANTE EDITORA
Rua Bernardo da Veiga, 47 - Tel.: 3873-2270
CEP 01252-020 - São Paulo - SP
www.quadrante.com.br / atendimento@quadrante.com.br

RÉGINE PERNOUD
E M.-V. CLIN

JOANA
D'ARC

QUADRANTE

Em memória de André Malraux,
que foi o idealizador do Centro Joana d'Arc de Orléans.

Sumário

Prefácio 11
Apresentação 15

PRIMEIRA PARTE
A gesta

«Ouvi dizer que uma donzela» 23
    A investida   25
    O abandono   27
    Somente uma intervenção divina   28

A dama Esperança 31
    Vaucouleurs, uma «anomalia»   33
    O tempo passava   34
    «como para uma mulher que esperava um filho»   34
    «Vá, vá — e seja o que Deus quiser!»   38
    «Não haverá outro socorro senão o meu»   40
    «Após tê-la ouvido, o rei parecia radiante»   41
    O duque de Alençon   46
    O «processo de Poitiers»   49

Nove dias, dez noites 55
    O estandarte, a bandeira, a espada   59
    O quartel militar   61
    Orléans   63
    A vitória   74

«Ele esteve presente no sofrimento,
era justo que estivesse na honra» 81
    O nascimento de uma lenda   83
    A campanha do Loire   88
    Patay, réplica e vingança de Azincourt   92
    O caminho para Reims   95
    Gerson e Christine de Pisan   100

«Um ano, não mais que isso».. 105
    A revanche do conselho da corte   107
    Filipe, o Bom, árbitro da situação   111
    O fracasso diante de Paris   114
    Carlos VII: «instabilidade, desconfiança e, principalmente, inveja»   118
    Saint-Pierre-le-Moûtier   119
    A «grande insatisfação»   122
    A ofensiva borgonhesa   124
    Compiègne   130

«Ao prisioneiro é lícito desejar evadir-se»... 133
    Culpada por «vários crimes que cheiram a heresia»   135
    De Beaulieu a Rouen   136
    As «damas de Beaurevoir»   139
    A compra   145
    Negociações   148

«Estou certa de que esses ingleses me matarão»................................ 151
    As mãos atadas, os pés acorrentados   152
    Prisioneira de guerra ou prisioneira da Igreja?   154
    A «justificação» dos acadêmicos   155
    Dupla irregularidade   157
    «Não sei sobre o que me quereis interrogar»   158
    «Se a voz me proibiu...»   162
    Os trajes masculinos   165
    O «sinal do rei»   167
    A portas fechadas   169
    O anjo e a coroa   171
    O «processo ordinário»   172
    «Já estaria morta, não fosse a voz que me conforta todos os dias»   176
    Deus e a Igreja são um só   176
    A submissão à Igreja militante   178
    Tentativa de envenenamento?   181
    Os doze artigos   187
    No cemitério de Saint-Ouen   188
    A cédula   190
    «A resposta mortal»   192
    «Bispo, morro por vossa culpa»   194
    «Ela não passara de seus humildes dezenove anos...»   196
    O coração de Joana   199

Carlos, o Vitorioso 201
    A «sagração» de Henrique VI   205
    Os franceses assumem a iniciativa   210
    «Maior garantia...»   211
    A retomada da Normandia   213
    A reabertura do arquivo   214
    A investigação   218
    O verdadeiro processo   220

«Como os outros» 223
    A população de Domrémy   224
    «Ela ficava feliz»   227
    Transparência   230

SEGUNDA PARTE
Os personagens

Carlos VII 237
Carlos de Orléans, o príncipe-poeta e príncipe dos poetas 241
Robert de Baudricourt, capitão de Vaucouleurs 251
Raoul de Gaucourt, governador de Orléans 253
Étienne de Vignolles, conhecido como La Hire 255
Jean II d'Alençon, o «belo duque» 259
Poton de Xaintrailles 265
Jean, conde de Dunois, bastardo de Orléans 269
Thomas de Montaigu, conde de Salisbury 273
John Talbot 277
Richard Beauchamp, conde de Warwick 281
Perrinet Gressart 285
Jean de Luxembourg 295
Pierre Cauchon 297
Robert de Flocques 301
Jacques Gélu 305
Jean Le Charlier de Gerson 309

TERCEIRA PARTE
Debates

O nome de Joana d'Arc 315
Orléans na época do cerco 319
A Batalha dos Arenques (12 de fevereiro de 1429) 325
O armamento na época de Joana d'Arc 331
As espadas de Joana d'Arc 335
A língua de Joana d'Arc e de seus contemporâneos 337
A captura de Joana d'Arc diante de Compiègne 341
Joana d'Arc, bastarda real? 347
A isenção de impostos
para os habitantes de Domrémy e de Greux 357
Joana d'Arc depois de Joana d'Arc 361
    Joana d'Arc no teatro e na ópera   368

Anexos 377
    I | Por uma iconografia de Joana d'Arc   377
    II | Filmografia   382
    III | As celebrações de Joana d'Arc em Orléans   383
    IV | A data da redação latina do processo de condenação   386

As cartas de Joana d'Arc 389
    1 | Menção a uma carta de Joana a seus pais   390
    2 | Menção a uma carta de Joana a Carlos VII
    anunciando que vem para prestar-lhe socorro   390
    3 | Menção a uma carta de Joana
    ao clérigo de Sainte-Catherine-de-Fierbois   390
    4 | Carta aos ingleses   391
    5 | Menção a uma intimação aos ingleses   392
    6 | Menção a uma carta a Filipe, o Bom   393
    7 | Cartas aos moradores de Tournai   393
    8 | Carta aos senhores cidadãos da cidade de Troyes   394
    9 | Carta de Joana ao duque da Borgonha, Filipe, o Bom   395
    10 | Carta aos moradores de Reims   396
    11 | Carta de Joana ao conde de Armagnac   396
    12 | Menção a uma carta enviada por Joana
    e pelo condestável d'Albret aos moradores de Clermont   397

13 | Carta aos clérigos, cidadãos e moradores
da cidade de Riom   397
14 | Menção a uma carta de Joana a Carlos VII
sobre Catherine de La Rochelle   398
15 | Carta aos clérigos, cidadãos e moradores
da cidade de Reims   398
16 | Carta aos Hussitas   399
17 | Carta a meus caríssimos e bons amigos, clérigos, escabinos,
cidadãos e moradores da boa cidade de Reims   400

CRONOLOGIA 405
    O itinerário da sagração   412

REFERÊNCIAS BIBLIOGRÁFICAS 419
    I | A família de Joana d'Arc   419
    II | Sobre Joana   423
    III | Joana, comandante de guerra   433
    IV | A França sob Carlos VII   436
    V | As prisões de Joana   438
    VI | Os processos de Joana   439
    VII | Joana d'Arc vista por seus contemporâneos (cronistas)   442
    VIII | A canonização de Joana d'Arc   444

Prefácio,
por Marie-Véronique Clin

Prefaciar a reedição de nossa obra sobre Joana d'Arc dirigida principalmente aos jovens leitores significa para mim, antes de tudo, encontrar-me mais uma vez na companhia de Régine Pernoud. Trabalhamos juntas durante muitos anos no Centre e na Maison Jeanne d'Arc para aprofundar o conhecimento da história de Joana e de seu tempo, e sempre nos esforçamos para que nossas pesquisas se tornassem acessíveis a todos.

Toda a obra histórica de Régine Pernoud é marcada por uma didática envolvente, tanto para nos restituir a Idade Média em sua dimensão real como para ensinar história no rigor dos textos e documentos.

O século XX inaugurou-se com a exacerbação do nacionalismo e findou-se com o empobrecimento da espiritualidade. Em consequência, torna-se particularmente difícil compartilhar, com a mentalidade moderna, o aspecto extraordinário da epopeia joanina sem, no entanto, distorcer os fatos históricos.

Reler Régine Pernoud equivale a visitar a Idade Média em sua verdadeira dimensão de progresso e desenvolvimento, a perceber, para além do final de uma época trágica marcada por grandes epidemias e pela Guerra dos Cem anos, o florescimento de todo um sistema no qual a cultura, sublimada pelo romance cortês e pela arquitetura das catedrais, acompanha o desenvolvimento das cidades e o surgimento da burguesia: o comércio ganha força por toda a Europa, impulsionando o sistema de comunicação e de troca de informações que serão essenciais para tornar política a ação de Joana. Também não podemos ignorar que uma intensa espiritualidade nutria a mentalidade daquela época. A busca por uma dimensão celestial para a alma movia profundamente as pessoas, a despeito da crueldade das guerras e das dificuldades cotidianas: essa dimensão regula os mecanismos do feudalismo e possibilitará a ação de Joana, o que um sistema absolutista como o do século XVII, sem dúvida, teria impedido.

O simbolismo da «época das catedrais» desempenha um papel primordial na propaganda da guerra «justa»: a principal missão de Joana é sagrar o delfim Carlos. Para isso, era necessário levá-lo a Reims e garantir a viagem de Chinon até lá, o que implicava libertar Orléans e expulsar as tropas inimigas.

Depois de um século XIX caricatural em sua reconstrução da Idade Média, e afora a retomada patriótica e religiosa, são principalmente os grandes intelectuais como Bernanos, Bainville, Péguy, Gaxotte, Malraux, Anouilh, Delteil, para citar apenas alguns, que melhor explorarão o mistério de Joana.

No início do século XXI, quando a liberdade dos povos interpela cada vez mais as consciências individuais, não tenho dúvidas de que as mentes jovens estarão mais ávidas pela busca de motivações profundas. Certamente não precisarão, para a compreensão dos fatos irrefutáveis, dos artifícios que Luc Besson, como tantos outros, inventa para justificar exageradamente, no roteiro de seu filme, a inépcia do estupro da irmã de Joana, apresentando-a como uma pessoa movida essencialmente por uma vingança esquizofrênica. Eu recomendaria que se ativessem de preferência ao bem fundamentado filme *Jeanne, la Pucelle*, de Jacques Rivette.

Nossa expectativa está em que se possa simplesmente reconhecer os atos históricos, mas extraordinários, que uma jovem de dezessete anos realizou em menos de dois anos — com doze meses de prisão e martírio.

Prefácio

Para orientá-los em sua exposição, Régine Pernoud gostava de evocar um lema do século XV que define bem os indivíduos da época: «Supere-se!». Para Jeanne, «superar-se» significava agir em nome da Fé e de Deus.

Novembro de 2010

Apresentação

Mais um livro sobre *Joana d'Arc!*
 Essa provavelmente será a reação de vários leitores ao verem esta biografia nas livrarias, talvez até em tom de crítica (pois essa crítica já foi dirigida a mim — abertamente!).
 Joana d'Arc: um personagem inesgotável, sobre o qual nunca teremos dito tudo. Entretanto, tal é a pretensão desta obra: reunir tudo o que se sabe efetivamente sobre ela. Esse objetivo, porém, teria ultrapassado as forças e a competência de um único autor; assim, para alcançá-lo, trabalhamos a quatro mãos, e mesmo a seis, pois minha irmã, Madeleine Pérnoud, complementou, com sua discreta e sempre eficiente colaboração, o trabalho que Marie-Véronique e eu efetuamos.
 Essa tripla participação permitiu superar a primeira dificuldade com a qual se depara aquele que deseja retraçar a vida de *Joana d'Arc*: somos detidos a todo momento, na história dos fatos e dos gestos dessa menina que faleceu aos dezenove anos, por interrogações, por questões que surgem linha após linha. A primeira em relação ao próprio nome pelo qual é chamada. Esse livro se intitula Joana d'Arc. Teríamos preferido intitulá-lo: Joana, a Donzela, *único nome pelo qual seus contemporâneos a conheceram*. Mas, como nos foi apontado, era indispensável que uma biografia de caráter geral mantivesse o nome pelo qual até hoje a conhecemos. Oferecer logo de início a explicação necessária em relação a esse nome teria obviamente atrasado a história que iríamos contar.

Da mesma forma, a biografia de Joana d'Arc frequentemente se resume a relatar sua participação nos acontecimentos que abalaram nosso país desde o início do século XV. Daí a obrigação de começar com um quadro geral do que era a França – na verdade, toda a Europa – durante essa terrível fase de nossa «Idade Média». O que nos leva, consequentemente, a só abordar o momento em que Joana interfere após intermináveis preliminares. Não seria preferível renunciar a esboçar um grande afresco histórico e oferecer dele somente o substancial, aliás já bastante conhecido hoje, por meio do aparato documental que o leitor pode consultar a qualquer momento: cronologia geral, itinerário de Joana, biografias sucintas dos protagonistas de sua história etc.?

Pelo menos essa foi nossa impressão quando elaboramos o plano deste livro. Queríamos expressamente contar a vida de uma personagem que tinha se tornado familiar para nós durante os anos de trabalho no Centro Joana d'Arc de Orléans, e de quem eu mesma tinha me aproximado muitos anos antes. Por outro lado, parecia-nos necessário que fossem expostos ao leitor todos os detalhes de lugares, de datas, de identidade, todas as dificuldades de interpretação, todas as objeções que poderiam surgir durante a história, cuja resolução somente o recurso ao documento autêntico pode oferecer. O mais simples foi, portanto, dividir essa biografia em duas partes: em um momento, a história de Joana; em outro, o aparato documental, indispensável no caso de uma personalidade tão rica, tão surpreendente e ligada a acontecimentos de extrema complexidade. Tal aparato documental está também dividido em duas partes: a primeira, biográfica, e a segunda, com respostas às questões e debates mais frequentes.

Ninguém melhor que Marie-Véronique Clin para se encarregar desse aparato documental. Há cerca de sete anos, ela responde diariamente às perguntas feitas por nossos correspondentes (podemos estimar em mil, a cada ano, esse movimento de correspondências) ou pelos visitantes (cerca de vinte e cinco mil todos os anos) do Centro e da Casa de Joana d'Arc; é também sob sua direção que são organizadas e realizadas as visitas dos grupos escolares ou de outra natureza. Mas, principalmente, é sua a responsabilidade de acolher tanto os pesquisadores franceses e estrangeiros, quanto os estagiários que vêm formar-se no Centro. Várias teses foram redigidas com a sua ajuda: podemos citar a de Gerd Krumeich, de Düsseldorf; de Robin Blaetz, de Nova

Apresentação

York; de Deborah Fraioli, de Syracuse, N. Y.; de Enzo Gibellato, de Milão; e de Marina Warner, de Londres — sem esquecer de Marceline Brun, de Orléans, e tantos outros que conduziram pesquisas pontuais que permitiram a concretização de seus trabalhos. Sua função permitiu-lhe também que preparasse as exposições apresentadas periodicamente na Casa de Joana d'Arc.

Esta atividade foi acompanhada de pesquisas pessoais efetuadas durante a elaboração de dois trabalhos acadêmicos sucessivos: o primeiro para o mestrado na École des Hautes Études, quando publicou o Beauchamp Household Book; *e o segundo, para seu doutorado sobre as fontes da história de Joana d'Arc.*

Coube a Marie-Véronique Clin, portanto, a metade da obra na qual tentamos responder às perguntas que certamente se apresentarão ao leitor. Contudo, nosso desejo foi trazermos juntas essas questões para dentro da história, apresentada aqui de forma contínua, de uma das mais surpreendentes vidas que já existiram – tão surpreendente, na verdade, que termos como «mito», «lenda» e «folclore» jorraram dos tinteiros de inúmeros escritores que dela trataram. Não saíram, porém, da boca dos historiadores, pois jamais houve outra história com documentos tão filtrados pelo exigente método histórico como a de Joana d'Arc. Assim como surpreendeu a seus contemporâneos e continua a nos surpreender hoje, não existe praticamente nenhuma crônica ou memória de época que não a mencione, sem falar das cartas, públicas e privadas, do registro do parlamento de Paris etc. De modo especial, possuímos, representado em cada um dos casos por três manuscritos autênticos contendo a assinatura de tabeliães, o texto dos dois processos que sofreu, o primeiro durante sua vida e o segundo, post-mortem. *Isso basta para dizer que um historiador que ousasse proferir, a respeito dela, a palavra «lenda» seria imediatamente desqualificado.*

Essa vida jamais deixará de despertar interesse, e sua fama, que já se espalhou por todos os continentes, faz que não haja no mundo um só país, uma única nação, que não nos inveje Joana d'Arc.

Um imperativo sobre o qual estávamos em pleno acordo: permanecer o mais perto possível de todos esses documentos históricos (que hoje podem ser consultados no Centro Joana d'Arc de Orléans, na forma de microfilmes). Isso nos permitiu conhecer cada evento a partir das testemunhas mais privilegiadas, para chegar assim o mais próximo possível da realidade.

Nossa história começa em 1492, pelo primeiro boato que espalhou o nome Joana d'Arc. Na sequência, tentamos seguir o seu rastro, e sua infância e juventude serão evocados somente no final do relato. A lógica nos teria exigido contar esses episódios no início, mas a marcha da história permitiu que só conhecêssemos sua infância e juventude durante o processo de nulidade da condenação, quando os delegados eclesiásticos interrogam os habitantes de Domremy-Greux que viram Joana nascer e crescer. Escolhemos a marcha da história ao invés de nos curvarmos às exigências da lógica.

Talvez o lugar que a prisão e o processo de condenação ocupam nesta história possa surpreender. Pois, de fato, a breve e impressionante carreira de Joana tem dois grandes componentes: um ano de combates e um ano de prisão — o que os historiadores nem sempre enfatizaram o bastante. Protótipo da heroína gloriosa, Joana é também o protótipo do prisioneiro político, da vítima de sequestro e de outras formas de opressão que fazem parte da vida cotidiana do século XX. O segundo componente pareceu-nos tão importante quanto o primeiro: o das vitórias. A pessoa, apenas, diante de ideologias opressoras, de fanatismos que matam: essa é Joana d'Arc. E se não apresentamos os nomes que nos vêm hoje à mente é porque a lista seria longa demais e porque os sofrimentos por eles despertados são substituídos diariamente por outros ainda mais iminentes.

***

Nos últimos cinquenta anos, Joana d'Arc foi objeto de muitos trabalhos, que resultaram em inúmeras descobertas. A primeira — e uma das mais importantes — foi, sem dúvida, a identificação feita por Pierre Champion, por volta de 1930, do terceiro manuscrito autêntico do Processo de reabilitação, *que pensávamos estar perdido. Isso causou sensação nos meios acadêmicos: tratava-se do Manuscrito Stowe 84 do British Museum, ao qual todos os especialistas em Joana d'Arc têm se referido desde então. Os importantes trabalhos do padre Doncoeur e Yvonne Lanhers estabeleceram, em seguida, a existência de uma redação episcopal desse* Processo de nulidade, *anterior ao que deve ser considerado a expedição tabelional, conforme estabelecido por Pierre Duparc*[1]. *Os mesmos autores, com a publicação de diversos textos que haviam permanecido inéditos ou pouco conhecidos, todos indicados em nossa bibliografia, deram aos estudos sobre Joana d'Arc um impulso decisivo, concretizado por uma nova publicação de textos anteriormente editados por Quicherat:* Processo de condenação, *de Pierre Tisset e Yvonne Lanhers ;* Processo de nulidade de condenação, *por Pierre Duparc, graças à Sociedade de História da França, ao departamento de Vosges e, em especial, a esse grande estudioso e ex-diretor da École des Chartes que é Pierre Marot. Esperamos que tal esforço se estenda também aos textos apresentados nos dois últimos volumes de Quicherat atualizados pela tese de Marie-Véronique Clin.*

Trata-se de um esforço acadêmico considerável, portanto, acompanhado de uma contribuição semelhante por parte das publicações mais acessíveis ao grande público. Aqui, remetemos novamente o leitor à bibliografia, insistindo em que a presente obra deve aos trabalhos de Pierre Rocolle, de Jacques Prévost-Bouré, do coronel de Liocourt, de Henri Bataille, em Vaucouleurs, e do saudoso Yann Grandeau, para citar apenas os mais próximos, ao qual se somam todos os participantes do colóquio sobre Joana d'Arc organizado em Orléans em 1979, cujos artigos foram publicados pelo Centro Nacional de Pesquisa Científica sob a direção de Jean Glénisson, diretor do Institut de Recherche et d'Histoire des Textes, em 1982, sob o título Joana d'Arc, uma época, uma influência.

Lamentamos somente não conseguir tratar, por motivos óbvios, deste Carlos VII que Philippe Contamine nos anuncia.

***

Impressiona constatar o interesse universal que Joana d'Arc desperta e a maneira como, nos mais diferentes países, dá-se grande importância a saber exatamente tudo a seu respeito. Nossa maior surpresa nesse sentido foi a exposição em Tóquio, em 1982, solicitada a nós no ano anterior pela empresa Mitsukoshi, ainda que já conhecêssemos o interesse pela heroína no Japão graças ao professor Takayama, que traduziu para o seu idioma o Processo de condenação.

---

1   Cf. Introdução, t. I, p. XXIII-XVII.

Também gostaríamos de rememorar outros dois grandes especialistas em Joana d'Arc: na Inglaterra, o reverendo Scott; e, nos Estados Unidos, o padre Daniel Rankin. Rankin pôde se servir de duas importantes bibliotecas dedicadas a Joana d'Arc nos Estados Unidos: o Acervo Griscon, da Universidade de Columbia, e a biblioteca pessoal do cardeal John Wright (hoje conservada pela Biblioteca Municipal de Boston). Claire Quintal, que foi sua colaboradora, continua sua obra e acaba de publicar um estudo sobre as irmãs de Joana d'Arc, pois houve uma ordem religiosa fundada nos Estados Unidos com base na espiritualidade de Joana d'Arc mesmo antes de sua canonização; e o mesmo ocorreu na Bélgica, com as trabalhadoras missionárias.

É comovente recordar dois historiadores que, do outro lado do mundo, na União Soviética, especializaram-se no estudo de Joana d'Arc: Anatole Levandovski e Vladimir Raytsès. Raytsès, que conhece perfeitamente nossa língua, nossa civilização e nossa história foi o consultor do célebre diretor Gleb Panfilov, que, em 1970, dedicou a Joana d'Arc um belíssimo filme intitulado O começo.

Em suma, do Extremo Oriente ao Extremo Ocidente, Joana, a Donzela, é hoje uma figura universalmente reconhecida na história mundial, uma pessoa amada e, como disse magnificamente André Malraux, que vive «no coração dos vivos».

R. P., 25 de março de 1986

PRIMEIRA PARTE
A gesta

CAPÍTULO I

«OUVI DIZER QUE UMA DONZELA...»

«Ouvi dizer que uma donzela passou pela cidade de Gien para se apresentar diante do nobre delfim, levantar o cerco de Orléans e levá-lo a Reims para que seja sagrado.» Esse boato conta a primeira aparição daquela que conhecemos pelo nome de Joana d'Arc.

É o que nos relata um dos protagonistas do acontecimento, que ocupava uma posição privilegiada: João, o bastardo, mais conhecido pelo título de conde de Dubois que posteriormente recebeu. Seu relato continua: «Como estava encarregado de proteger a cidade [de Orléans], sendo tenente-general por causa da guerra, a fim de informar-me melhor sobre essa donzela enviei diante do rei o senhor de Villars, senescal de Beaucaire, e Jamet du Tillet, que se tornou posteriormente meirinho de Vermandois.»

O bastardo de Orléans[1] protege a cidade de seu meio-irmão, duque de Orléans, então prisioneiro em algum lugar além do canal da Mancha. Ele se recupera com dificuldade do ferimento sofrido durante o desastroso ataque feito contra um comboio de suprimentos inglês. Logo no início da ação, uma seta de balestra atinge-lhe o pé e é retirada com grande esforço por dois arqueiros, que o ajudam a montar novamente em seu cavalo; depois disso, o combate começa a correr mal. Alguns de

---

1   Os nomes e acontecimentos marcados com um asterisco serão abordados na Segunda Parte, *Os personagens*, na Terceira Parte, *Debates*, ou nos Apêndices.

seus melhores companheiros morrem no campo de batalha: Louis de Rochechouart, Guillaume d'Albret e John Stuart de Darnley, o valente escocês — na verdade, o verdadeiro responsável pelo conflito, pois dera início à ação sem considerar as disposições estipuladas. Por fim, uma malfadada operação conduzida contra um grupo de homens que escoltava o comboio de suprimentos terminou na mais completa derrota. O inimigo zomba disso, batizando-a de «batalha dos arenques»*, pois a escolta trazia principalmente barris de arenque em salmoura destinados ao exército para o período da Quaresma.

Na cidade, o desânimo se acentua. O conde de Clermont, cuja lentidão para chegar ao campo de batalha comprometera a ação desse fatídico dia 12 de fevereiro de 1429, deixa Orléans levando suas tropas derrotadas. Outros capitães o imitam, inclusive Étienne de Vignolles*, que sempre estava pronto para a peleja.

O destino de Orléans está selado. O bastardo, impotente, lembra-se dos belos dias do cerco de Montargis, dois anos antes: na companhia de Étienne de Vignolles, conhecido na intimidade como «La Hire»*, rapidamente expulsa os ingleses que, liderados por Salisbury, investiam contra a cidade. Em 5 de setembro de 1427, Salisbury e seus homens tiveram de levantar acampamento. Foi provavelmente com a ideia de se vingar desse fracasso que o capitão teria vindo, um ano mais tarde, sitiar Orléans, instalando diante de cada uma das portas da cidade, como se fossem fechaduras, bastiões fortificados.

Aumenta a desconfiança em torno do defensor de Orléans. Os moradores chegam até mesmo a enviar uma delegação ao duque de Borgonha* para solicitar que a cidade cujo senhor fora feito prisioneiro seja poupada. Resta-lhes apenas esta esperança: recorrer ao que ainda subsiste de sentimento cavaleiresco, visto que, no tempo dos cavaleiros, o cerco de uma cidade ou de um castelo cujo senhor era prisioneiro não seria nem mesmo concebível! Mais uma humilhação para João, o bastardo, que tentou defendê-la no lugar de seu irmão. A preocupação dos moradores é a mais premente de todas: o alimento diário. Uma das entradas do *Journal du siège d'Orléans* menciona a chegada de suprimentos: num dia chegam «sete cavalos carregados de arenques e outros víveres».

Dois dias mais tarde, mais nove cavalos, também carregados de víveres, penetram pela porta de Borgonha, na área oriental da cidade — a única contra a qual o invasor não conseguira ainda investir. Ninguém ousa dizê-lo, mas todos guardam na memória os relatos do cerco de Rouen, ocorrido dez anos antes, quando chegou-se a comer cavalos, cachorros, gatos e ratos para, no final de tudo, abrir as portas aos vencedores!

A estratégia do assédio será, de fato, a mesma para a cidade normanda, aquela mesma imposta durante todos os cercos que se desenrolam lentamente, metodicamente. O inimigo sabe que seu mais precioso aliado se encontra do lado de dentro: a fome e, com ela, o abatimento dos moradores.

A investida

Chegamos, assim, a Orléans nesse momento crítico, no final de fevereiro de 1429. Imobilizado por causa de seu ferimento, paralisado por seu fracasso, João, o bastardo, dispõe de tempo para fazer um balanço da situação. Ele se encontra em uma cidade cercada cujas saídas estão obstruídas — exceto uma.

No momento de sua chegada ao comando das forças inglesas, o capitão Salisbury, como homem de guerra experiente, tinha primeiro atacado as Tourelles [Torrezinhas], isto é, as fortificações que protegiam a entrada da ponte, à margem direita do rio Loire: duas torres permitiam bloquear, do lado sul, a grande ponte de pedra composta de dezenove arcos e sustentada, no centro, por uma das diversas ilhas que se espalham pelo rio neste lugar. A cidade de Orléans é, antes de tudo, uma ponte pela qual as duas Franças, a do Norte e a do Sul, se comunicam.

Os orleaneses sentiram que a ofensiva estava a caminho no momento em que, em julho de 1428, as pequenas praças-fortes de Beauce foram sucessivamente ocupadas pelos ingleses: Angerville, Toury, Janville, Artenay, Patay, entre outras. Quando, em 7 de outubro, Olivet foi tomada por um dos companheiros de Salisbury, John Pole — chamado de *La Poule* (a galinha) pelas tropas francesas —, não restaram dúvidas do que aconteceria a seguir. As construções à margem esquerda do Loire foram destruídas às pressas: o arrabalde do Portereau e a igreja e o mosteiro dos agostinianos. Na realidade, isso havia se tornado quase uma rotina: havia vinte anos (basicamente desde o desastre de Azincourt) que a população de Orléans vivia em estado de alerta. As contas da cidade e da fortaleza testemunham o fato: envio de mensageiros — na verdade, espiões, em sua maioria mulheres; idas e vindas de cavaleiros para monitorar o movimento de soldados errantes, em direção de Étampes e de Sully-sur-Loire; reforço das guaritas nas muralhas da cidade; compra de flechas e, depois, de canhões para a defesa — que resultavam em aumento de impostos para os habitantes... Tudo isso fazia parte da vida cotidiana. Mas houve algo ainda pior: os antigos contam, a partir de suas memórias de infância ou do que lhes fora dito, como em 1359 se fizera necessário destruir a venerável igreja de Saint-Aignan, palco do primeiro confronto entre franceses e ingleses. Em vão os cônegos tentaram salvar sua antiga igreja colegiada, cuja origem coincidia com a implantação do cristianismo na região e que todo bispo de Orléans visitava no momento de sua entronização, a fim de venerar as relíquias de seu grande antecessor, responsável por proteger a cidade dos ataques de Átila. Eles não conseguiram conservá-la, e a basílica só foi reconstruída depois que a paz se restabeleceu, quase vinte anos mais tarde, em 1376, por ordem do sábio rei Carlos V.

A memória dos moradores da cidade estava repleta de ataques e alertas, causados ora por bandos de soldados errantes, ora por incursões de capitães ingleses instalados nos arredores, e que se lançavam como águias sobre Olivet, sobre a abadia de Saint-Benoit-sur-Loire, ou ameaçavam Orléans — como no dia do «grande pavor», em 1418, no qual pensou-se estar diante de um cerco iminente, com os ingleses atacando simultaneamente Rouen e Paris.

A derrota infligida em Montargis — «minha primeira alegria», exclama o delfim Carlos, refugiado em Bourges — havia dado alguma esperança à população, mas rapidamente foi necessário desacreditá-la e destruir outra vez os arrabaldes, acolher os refugiados na cidade e tomar sérias providências. No mesmo instante em que atacavam as Tourelles, os ingleses, previdentes, destruíram os doze moinhos d'água que forneciam farinha para a cidade. No interior da cidade de Orléans foram organizados rapidamente onze moinhos movidos a cavalo, cujas mós moíam os grãos para o abastecimento da cidade.

Em 17 de outubro começavam as hostilidades. Um dos três canhões que os ingleses haviam recém-instalado em Saint-Jean-le-Blanc, perto do então abandonado mosteiro dos agostinianos, causara grandes estragos na cidade e matara «uma mulher chamada Belle, perto da Poterna Chesneau». Cinco dias mais tarde, o sino do campanário voltou a soar um novo alarme. A fim de deter o invasor, os orleaneses, às pressas, destruíram um dos arcos da ponte e fortificaram a ilhota de Belle-Croix sobre a qual ela se sustentava. Isso significava que o forte das Tourelles não seria mais defendido e que seria contabilizado entre as perdas. O investimento havia continuado, com os bastiões ingleses metodicamente estabelecidos na saída das artérias principais: a de Saint-Laurent, em direção à estrada para Blois, e a estrada para Châteaudun e para Paris, nomeadas pelos ingleses de «Londres» e «Paris», enquanto outra servia de alternativa às duas — o bastião conhecido como «Rouen». Outra estrutura fortificada bloqueava a estrada para Gien, no entrecruzamento com a de Pithiviers: o bastião de Saint-Loup. Mas desse lado, a leste, apesar dos esforços dos invasores, o bloqueio jamais seria completo.

O abandono

Essa era a situação encontrada pelo bastardo de Orléans quando da chegada de seu meio-irmão à cidade, em 25 de outubro de 1428. Ele havia rapidamente tomado novas medidas estratégicas, mandado destruir ainda outras igrejas ou construções situadas fora das muralhas — Saint-Loup, Saint-Euverte, Saint-Gervais, Saint-Marc — e instalado peças de artilharia nos lugares que lhe pareciam mais favoráveis. Recebeu ainda alguns reforços com a chegada de Louis de Culant ao comando de duzentos combatentes; de Charles de Bourbon, conde de Clermont, em 30 de janeiro; e dos escoceses de Jonh Stuart, em 8 de fevereiro.

Mas a desastrosa «batalha dos arenques», de 12 de fevereiro, havia posto fim a todas as esperanças, e eis que os orleaneses enviam uma delegação diante do duque de Borgonha! Poton de Xaintrailles* e Pierre d'Orgui propuseram a Filipe, o Bom, assumir o comando da cidade, mesmo que isso significasse garantir sua neutralidade. Recurso humilhante para o bastardo, mas bastante compreensível da parte dos habitantes, que se sentiam abandonados e que, afinal, recorriam a um representante de sangue da França, primo de seu protetor natural, o duque de Orléans.

O recurso, no entanto, teve um resultado negativo. O duque de Borgonha teria facilmente conquistado a cidade sem desferir um único golpe, mas o regente Bedford manifestou veementemente a sua oposição: «Aborreceria-me muito plantar para que outro colhesse os frutos!». Pelo menos o duque de Borgonha chamou de volta os homens que tinham se juntado aos assediadores ingleses, mas ninguém soube mensurar a importância dessa guarnição borgonhesa, nem o alívio que sua partida representou. Talvez não passassem de alguns soldados engajados entre as tropas assoldadas pelos capitães ingleses.

Somente uma intervenção divina...

Nessas circunstâncias, é compreensível que cada um dos habitantes de Orléans, incluindo o bastardo, desse ouvidos aos insistentes rumores que começam a circular a respeito de um socorro inesperado que viria do céu, trazido por uma jovem desconhecida que dizia chamar-se «Joana, a Donzela»: somente uma intervenção divina... O destino de Orléans é somente uma questão de dias, talvez de horas, pois a incursão decisiva poderia ser iniciada a qualquer momento.

De seu destino depende o de todo o reino: Orléans é a porta de entrada da França meridional, isto é, de Bourges — onde está entrincheirado aquele que, sete anos antes, reivindicava o trono da França —, de Auxerre, onde as tropas borgonhesas se encontram dispostas a acorrer... Mais além, ademais, encontra-se a junção com a Guyenne, onde os ingleses sentem-se em casa, sem mesmo ter de empregar a força, visto que o feudo aquitano lhes pertence pela via feudal há mais de três séculos, como herança de Leonor da Aquitânia.

Posteriormente, os habitantes de Orléans tentarão descrever o sentimento que os dominou quando o boato começou a circular: «Dizia-se [...] que ela era enviada por Deus para levantar o cerco da cidade. Os habitantes e cidadãos se sentiam tão encurralados pelos inimigos que lhes sitiavam que não tinham a quem recorrer, senão a Deus».

O bastardo, como homem de guerra, certamente não alimentou grandes esperanças quanto a isso. Mas talvez tenha pensado que a chegada sucessiva de dois reforços, um francês e outro escocês, não lhe seria de grande ajuda e que, no ponto em que a situação se encontrava... Contará, porém, mais tarde, como ele mesmo só foi se convencer de um socorro divino muito tempo depois, quando na presença de Joana. De qualquer maneira, como homem sensato que era, delegou dois de seus companheiros capazes de controlar esse boato insólito. Uma vez que, naquele momento, o rei se encontrava em Chinon, Archambaut de Villars e Jamet du Tillet se dirigem para essa cidade. (Sabiam também que ali encontrariam Raoul de Gaucourt*, governador de Orléans nomeado pelo rei, que havia ido até lá para informá-lo do abandono no qual a cidade se encontra.)

Os dois homens de confiança retornarão a Orléans e farão um relato fiel do que viram e ouviram em Chinon:

> Quando retornaram da visita ao rei, relataram a mim publicamente, na presença de todo o povo de Orléans, que desejava muito saber a verdade a respeito da vinda desta donzela, como eles próprios a tinham visto chegar a Chinon. Diziam que, como o rei não quis recebê-la, foi preciso que a donzela esperasse dois dias antes de obter a permissão para apresentar-se diante dele, ainda que tivesse afirmado diversas vezes que viera para levantar o cerco de Orléans e conduzir o nobre delfim a Reims a fim de que fosse sagrado, solicitando insistentemente levar consigo homens, cavalos e armas.

Joana, a quem chamamos Joana d'Arc*, fazia assim a sua entrada na História.

CAPÍTULO II

A dama Esperança

> «*Quando cheguei à cidade de Sainte-Catherine-de-Fierbois, enviei [uma carta] a meu rei; em seguida, dirigi-me a Chinon, onde ele se encontrava. Cheguei perto do meio-dia e alojei-me em uma hospedaria.*»

Não temos o texto desta carta enviada por Joana de Sainte-Catherine-de-Fierbois, última etapa de seu itinerário. Evidentemente, desde a sua chegada ao território dominado pelo rei da França, não faz outra coisa senão proclamar a sua «missão». Em Fierbois, sabendo que se encontra apenas a meio dia de distância do lugar de residência do delfim, dita uma carta para enviar-lhe. Na pequena escolta que a acompanha se encontra um mensageiro real — cuja função é percorrer incansavelmente as estradas para levar as mensagens — chamado Colet de Vienne, que certamente guiou seus companheiros pelas estradas e trilhas, indicou os lugares onde era possível vadear os rios e que agora será o responsável por todos os detalhes dessa última etapa.

Sainte-Catherine-de-Fierbois será muito importante para a epopeia de Joana d'Arc. Trata-se de um lugar cheio de história e famoso por isso: a capela remonta ao século VIII, e talvez seja até mesmo anterior. Carlos Martel, conta-se, depositara ali sua espada como troféu depois da primeira vitória contra os «sarracenos». A capela será reconstruída, e no mesmo lugar será erguida uma igreja por Hélie de Bourdeilles, arcebispo de Tours (quando era ainda bispo de Périgueux), a quem será solicitado um estudo do *Processo de condenação* de Joana d'Arc. Ele será o responsável pela construção da suntuosa igreja que ainda hoje subsiste. A capelania, onde muito provavelmente Joana se hospedou (hoje, o presbitério), foi construída a partir de 1400 pelo marechal de Boucicaut, o herói da desastrosa cruzada de Nicópolis. Naquela época, durante sua estadia em Constantinopla, o marechal havia ajudado a defender a cidade bizantina e feito uma peregrinação ao monte Sinai, onde dizia-se estar o túmulo de Santa Catarina. De lá trouxera relíquias, conservadas em um relicário de prata, que são as únicas relíquias de Santa Catarina existentes na França.

No dia seguinte (talvez, como manda a tradição, o dia 4 de março de 1429), quando a pequena tropa penetrou em Chinon, no cruzamento do Grand-Carroi que constituía o centro da cidade, no final do caminho pelo qual se chegava ao castelo, certamente houve rumores e burburinhos em torno de Joana e seus companheiros. Quem eram essas pessoas? De onde vinham? E essa moça de cabelos curtos em corte redondo, como os de um menino, que parecia à vontade em roupas masculinas e não escondia seu desejo de ser recebida pelo rei? Qual seria a sua origem? Provavelmente essas e outras questões despontaram quando apearam, servindo-se da borda de um poço que sempre é mostrado aos turistas, num dos ângulos da praça.

Na verdade, já havia uma história a ser contada: sobre Joana dizia-se que vinha das «bandas da Lorena», o que chamaríamos hoje de fronteira. Seus companheiros tinham-na encontrado não em Domrémy-Greux[1], seu vilarejo, mas um pouco mais distante, na praça-forte de Vaucouleurs.

---

1   O respeito à fonética da Lorena pede que escrevamos Domremy, mas seguimos neste trabalho o uso atual: Domrémy.

Vaucouleurs, uma «anomalia»

Muito se havia falado dessa fortaleza nos anos anteriores — tanto do lado inglês, quanto do lado francês*. Vaucouleurs, essa poderosa praça-forte às margens do rio Mosa, na região de Toul, confins da Champagne e do Barrois, no coração da Borgonha, coloca-se do lado do rei da França. Essa «anomalia», é claro, chama a atenção do duque de Bedford, autodeclarado regente da França e que exerce o poder em nome de seu jovem sobrinho, Henrique, rei da Inglaterra. Em 1428, acompanhado de seus principais capitães, decide acabar com essa minúscula zona de resistência num território onde as guarnições anglo-borgonhesas já circulavam sem dificuldades. Em 22 de junho foi dada a ordem ao governador da Champagne, Antoine de Vergy, de sitiar essa praça-forte, cujo nome evoca ainda a grande sombra do senescal da Champagne, companheiro e amigo de São Luís, Jean de Joinville. Não havia sido ele quem, duzentos anos antes, havia concedido à cidade uma carta de franquia?

Para efetuar essa operação, Antoine de Vergy dispõe de um contingente cujo efetivo conhecemos exatamente — 796 homens —, o que, se somados os escudeiros e auxiliares, representa cerca de 2.500 combatentes, reforçados pelos homens de Pierre de Trie, capitão de Beauvais, conhecido como Patrouillart, e por Jean, conde de Friburgo e de Neuchâtel, vindo do chamado condado da Borgonha (a região de Franche-Comté).

É grande o alvoroço na região circundante, a começar pelo vale do Mosa e seus diversos meandros, percorridos por soldados. Os camponeses de cidades como Domrémy, Greux, Coussey e Burey abandonam às pressas suas casas e, levando consigo seus rebanhos, buscam refúgio atrás dos muros de Neufchâteau, a única cidade fortificada das redondezas. Do alto das muralhas verão suas colheitas serem queimadas. Entretanto, em Vaucouleurs, o capitão real, Robert de Baudricourt*, que defende obstinadamente o rei da França, reuniu sua guarnição e reforçou as defesas de sua fortaleza, que são poderosas: provavelmente 23 torres, escalonadas entre o rio Mosa e o planalto cuja escarpa lhe serve de base. As operações ocorreram durante o mês de julho; todos esperavam que Baudricourt capitulasse, como havia capitulado em Vitry, quatro anos

antes, La Hire, o famoso La Hire, levando à rendição das pequenas praças-
-fortes de Champagne, Blanzy, Larzicourt, Heilz-L'Évêque. A capitulação
de Vitry-en-Perthois, recebida pelo negociador do tratado de Troyes,
Pierre Cauchon*, significou um verdadeiro sinal de fraqueza para as
fortalezas do leste do reino, marcadas com um selo, que se considerava
definitivo, da dominação inglesa.

O fato é que justamente desta vez nada de definitivo será feito em
Vaucouleurs. No fim do mês de julho, chega-se a um acordo. Baudricourt
não capitulou e obteve o que, na prática, pode ser considerado apenas
uma trégua: os invasores se retirarão mediante a promessa de que ele
próprio se absterá de qualquer uso de armas, de qualquer agressão contra os borgonheses. Vaucouleurs é neutralizada, mas permanece livre.

O tempo passava
«como para uma mulher que esperava um filho»

Todos esses acontecimentos são ainda muito recentes para a pequena tropa
que acabara de chegar ao cruzamento do Grand-Carroi. Foram vividos
no verão anterior. Seria possível pensar, naquele momento, na pequena
camponesa vestida de cota vermelha que havia sido vista um mês antes,
perto da Ascensão (estávamos em 13 de maio de 1428), percorrendo as
altas muralhas de Vaucouleurs e perguntando a todos os passantes onde
se encontrava o senhor Robert e quando poderia recebê-la. Talvez sua
imagem tenha ficado na memória de Bertrand de Poulengy, um dos
dois senhores responsáveis por escoltar até Chinon essa pequena camponesa, hoje vestida como homem, com suas meias cinzentas e sua capa
preta. Bertrand contava a quem quisesse ouvir que a tinha visto falar
a Robert de Baudricout, o capitão de Vaucouleurs, que vinha da parte
do seu Senhor para dizer ao delfim que se contivesse e não guerreasse
contra seus inimigos, pois o Senhor lhe socorreria antes da metade da
Quaresma que se aproximava. Sem se deixar desconcertar pelas risadas
e zombarias que a cercavam, Joana afirmava que o reino não pertencia
ao delfim, mas a seu Senhor, cuja vontade era que o delfim se tornasse

rei e recebesse a comenda do reino; e que, a despeito dos inimigos, o delfim seria coroado rei e ela mesma iria conduzi-lo à sua sagração. Ao lado da camponesa, um pouco envergonhado, estava um homem que ela chamava de tio, nomeado Durand Laxart, de Burey-le-Petit. Robert lhe havia recomendado que levasse a menina de volta para casa com umas boas palmadas, e não mais se ouviu falar disso.

Dois meses mais tarde, Joana estava na estrada, correndo em direção a Neufchâteau com seus pais, sua irmã mais nova e seus três irmãos. Durante algum tempo, havia compartilhado do destino dos refugiados amontoados numa hospedaria dirigida por uma mulher chamada «la Rousse», a quem ajudava por vezes com a louça ou com a comida, ao lado de sua amiga Hauviette, mais nova que ela, que era sua companheira e cuja família também havia fugido.

E eis que a cota vermelha da pequena camponesa de Domrémy foi vista novamente durante o inverno, no comecinho da Quaresma (que começara mais cedo no ano de 1429: o primeiro domingo da Quaresma, o chamado Domingo dos Bures[2], caía em 13 de fevereiro). Robert de Baudricourt, sem rodeios, dispensou-a uma segunda vez. Mas Joana havia conseguido um meio de hospedar-se em Vaucouleurs, na casa do fabricante de rodas Henri Le Royer, que com sua mulher Catherine havia se tornado para ela um apoio, um esteio. Joana declarava a todos que antes da metade da Quaresma deveria se apresentar diante do delfim, que lhe traria um auxílio divino e que não haveria outro. O tempo passava «como para uma mulher que esperava um filho», dizia, até que, acompanhada por seu tio, o dedicado Durand Laxart, e de um morador de Vaucouleurs chamado Jacques Alain, certa manhã pegara a estrada. Seus dois companheiros haviam lhe comprado um cavalo que lhes custara doze francos. Os três não foram muito longe: ao chegarem a Saint-Nicolas-de-Sept-Fonts, na estrada de Sauvroy, Joana falou: «Não é assim que devemos partir.» E voltaram a Vaucouleurs.

---

2   Referência à Festa dos Bures, festividade típica da Idade Média na qual havia danças em torno de fogueiras e simulavam-se casamentos recreativos que funcionavam como um rito de passagem à idade adulta, uma vez que as jovens eram designadas a formarem pares com os garotos, aos quais podiam aceitar ou não. [N. T.]

Na manhã seguinte, bem cedo, a jovem, que parecia movida por uma grande devoção, dirige-se à capela do castelo, chamada Notre-Dame-des-Voûtes.

«Vi muitas vezes, Joana, a Donzela, vir a essa igreja, muito devotadamente; assistia à missa matinal e ali permanecia por muito tempo, rezando. Vi-a sob a abóbada desta igreja ajoelhada diante da Virgem Santa, algumas vezes com a cabeça abaixada, outras, com a cabeça erguida», declarará mais tarde um cônego de Notre-Dame de Vaucouleurs, Jean le Fumeux, que era jovem na época e via com espanto, como todo mundo, o ir e vir a pequena camponesa de Domrémy.

Certo dia, um mensageiro do duque da Lorena apareceu trazendo um salvo-conduto para Joana. O duque Carlos ouvira falar dela em seu castelo de Nancy e desejava vê-la. Carlos II, que não valia mais que um bandoleiro, envelhecido e doente, esperava, sem dúvida, que se tratasse de um taumaturgo por quem poderia ser curado. Joana, sempre acompanhada do corajoso Durand Laxart, não hesitou em pegar a estrada, munida do salvo-conduto do duque, e foi apresentada a ele:

> Interrogou-me a respeito da recuperação de sua saúde e respondi-lhe que nada sabia sobre isso. Pouco falei ao duque de minha partida, mas disse-lhe, porém, que me concedesse seu filho e outras pessoas para que os levasse para a França, e também que rezaria por sua saúde.

Ela sequer temeu admoestá-lo quanto à sua conduta. Todos sabiam que trocara «sua boa esposa», Marguerite da Baviera, por uma mulher chamada Alison Dumay, com quem tivera cinco bastardos. Na cidade de Neufchâteau, que outrora designara seu duque diante do Parlamento de Paris, essas histórias corriam todo o país. Quanto a seu «filho», tratava-se, na verdade, de seu genro, René d'Anjou, cunhado do delfim.

Um homem havia acompanhado Joana durante parte dessa viagem, a qual se transformara numa peregrinação, pois foi provavelmente nesse momento em que se deu sua ida a Saint-Nicolas-du-Port. Até Toul, em todo caso, fora escoltada por Jean de Nouillonpont. Tratava-se de um escudeiro, conhecido de Robert de Baudricourt, que contava a quem quisesse ouvi-lo como tinha primeiro zombado da pequena camponesa de saia vermelha e como tinha-na abordado perto do posto de comando, disparando ironicamente: «Minha amiga, que fazes aqui? Não seria melhor que o rei fosse deposto e que nos tornássemos ingleses?» Ao que a Donzela respondera, como sempre, sem perder a compostura:

> Vim aqui, à câmara do rei [ao território real] a fim de solicitar que Robert de Baudricourt me conduza ao rei ou envie alguém para conduzir-me, mas ele não deu atenção a mim, nem às minhas palavras; entretanto, antes da metade da Quaresma, preciso apresentar-me diante do rei, nem que para isso tenha de consumir os meus pés até os joelhos. Na verdade, não existe ninguém, nem rei, nem duque, nem filha do rei da Escócia, nem qualquer outra pessoa, capaz de recuperar o reino da França, e não haverá outro socorro senão o meu, ainda que tivesse preferido continuar a fiar ao lado de minha pobre mãe, pois essa não é minha ocupação. Mas é preciso que eu vá, e assim farei, porque meu Senhor deseja que assim o faça.

Desconcertado, replicara: «Mas quem é o teu Senhor?» E a Donzela lhe respondera: «Deus.» «Então», continuou Jean, «prometi à Donzela, apertando-lhe a mão em sinal de boa-fé, que, com a ajuda de Deus, a conduziria ao rei. Perguntei-lhe então quando gostaria de partir, ao que me respondeu: "Melhor agora do que amanhã, e amanhã do que mais tarde".»

O escudeiro, muito prático, indagou se ela pretendia partir com as roupas que estava vestindo, ao que declarou que preferia trajar-se como um homem. Imediatamente, mandou buscar roupas de seus criados para vesti-la: meias longas, gibão e capa. De volta à casa dos Le Royer, Joana havia recebido ainda outras roupas que a bondosa comunidade de Vaucouleurs, convencida de sua causa, havia feito para ela: trajes masculinos, calções, tudo o que era necessário, bem como um cavalo que valia cerca de dezesseis francos.

«*Vá, vá — e seja o que Deus quiser!*»

No retorno dessa viagem a Nancy, Robert de Baudricourt, já sem resistência, desestabilizado pelo entusiasmo que a passagem de Joana, a Donzela, despertara, resignara-se em deixá-la partir. A escolta por ela solicitada estava completa porque Jean de Nouillonpont (chamado também de Jean de Metz) se dispôs a acompanhá-la, assim como Bertrand de Poulengy, ambos prontos a levar consigo um de seus criados: Bertrand seria acompanhado por Julien e Jean de Metz, por um homem chamado Jean de Honnecourt — natural, sem dúvida, de Honnecourt-sur-Escaut, cidade natal do famoso Villard de Honnecourt, o único arquiteto medieval que nos legou, não somente seu nome, mas também seus preciosíssimos *Carnets*, hoje bastante conhecidos.

Baudricout designou-lhes o mensageiro real Colet de Vienne, que conhecia as várias rotas possíveis e era capaz também de distinguir, ao longo do caminho, os soldados e guarnições que defendiam o rei da França. Richard Larcher lhe serve de companheiro. Dessa forma, seis homens cercam essa jovem, que já cavalga como um soldado. Aliás, como o cavalo era o único meio de transporte empregado, ela certamente teve, mais de uma vez, de montar os cavalos de labor de seu pai, e estava claro que a vida «esportiva» não a assustava. Uma última precaução: Robert de Baudricourt foi até a residência do casal Le Royer acompanhado do padre de Vaucouleurs, monsenhor Jean Fournier, devidamente revestido com a estola, que proferiu sobre ela um exorcismo. Se estivessem diante de uma criatura maligna, que se afastasse; se fosse uma criatura boa, que se aproximasse deles. Joana muito provavelmente estava ocupada a fiar junto a Catherine Le Royer (ela fiava muitíssimo bem, em suas palavras), e logo se aproximou do padre, lançando-se de joelhos diante dele. Porém, disse mais tarde a Catherine que, na sua lógica de boa cristã, achava que o padre agira mal: já não havia recebido a sua confissão? Ele sabia, portanto, que ela era uma boa cristã e que não precisava de um exorcismo! A cena, que a Joana parecera inútil, até mesmo ridícula, ocorreu provavelmente antes de sua primeira partida e mostrava a perplexidade do capitão de Vaucouleurs, que talvez temesse estar diante de uma bruxa.

Finalmente, o próprio Robert conduz a pequena tropa por uma parte do caminho, até a Porta da França, à noite, pouco depois do domingo dos Bures. «Vá, vá — e seja o que Deus quiser!».

Quais teriam sido as conversas entre viajantes vindos de tão longe, depois de uma jornada de exatamente onze dias pelo país? Ao longo de todo o caminho, Joana não deixara de encorajar seus companheiros. Haviam passado a primeira noite na abadia de Saint-Urbain-lès-Joinville e circulavam em período noturno, na medida do possível, a fim de evitar os encontros desagradáveis, os temidos bandos de ingleses e de borgonheses. Joana gostaria de ter assistido à Missa: «Se pudéssemos ouvir a Missa, faríamos bem». Mas certamente teriam sido notados. Na verdade, puderam «ouvir a Missa» apenas duas vezes, em Auxerre e depois em Sainte-Catherine-de-Fierbois, já em território amigo. Durante todo esse tempo, segundo declararam esses homens jovens que cavalgavam ao lado dela (Jean de Metz tinha 31 anos; Bertrand de Poulengy, 37), Joana havia dormido junto deles em cada etapa guardando seu gibão e suas meias bem apertados e amarrados, mas nunca esboçaram em relação a ela nenhum «movimento carnal». «Creio que estava inflamado por suas palavras e por um amor divino por ela.» Assim se expressara um dos membros da comitiva de Joana, a Donzela.

Todavia, um movimento crescia em torno dela em Chinon, assim como outrora em Vaucouleurs: Joana havia afirmado diversas vezes a seus companheiros que o rei, ou melhor, o delfim, como dizia, a receberia. Mensageiros e sargentos se agitavam de um lado para outro, certa ansiedade certamente reinava entre seus companheiros de viagem, todos voltados para o objetivo que agora alcançaram. Para eles, Joana tinha passado por uma prova convincente: onze dias em sua companhia, durante os quais havia se mostrado sem falha, sem fraqueza, de uma devoção e de uma caridade exemplares, inabalável em sua resolução. Faltava ainda a prova decisiva: suas palavras, suas predições, corresponderiam a alguma coisa?

«Não haverá outro socorro senão o meu»

Apesar dos danos causados pela Revolução e pelo Império no século XVII, castelo de Chinonergue-se ainda imponente acima da cidade, como uma falésia dominando o vale do rio Viena e os telhados pontudos da pequena cidade aos seus pés. Podemos imaginar muito bem as idas e vindas pelo caminho bastante íngreme, chamado hoje de rua Joana d'Arc, naquelas longas horas transcorridas entre a chegada de Joana e de sua escolta, por volta do meio-dia, e, dois dias depois, à noite, quando é finalmente admitida na presença do rei no castelo. «Ela foi bastante interrogada», declara Jean de Metz, enquanto Bertrand de Poulengy chama a atenção para os nobres, os conselheiros do rei — uma afluência de pessoas em cujos rostos pode ser lida a perplexidade, a incerteza. Joana e seus companheiros provavelmente não falaram mais do que foi possível reconstituir nos tópicos anteriores acerca de suas origens e de seu propósito, resumidos na desconcertante afirmação: «Não haverá outro socorro senão o meu.»

Uma importante figura, mestre Simon Charles, presidente da Câmara de Contas do rei, retraçará com alguma clareza a forma como os acontecimentos se desenrolaram. Apesar de não estar presente em Chinon quando da chegada de Joana, mas tendo retornado «no mês de março» da delegação em razão da qual o rei o tinha enviado à Veneza, pede a Jean de Metz que lhe conte tudo o que aconteceu. Metz, que era um homem muito minucioso, oferece-lhe um resumo esclarecedor. O rei ordenara que Joana fosse interrogada na hospedaria onde se havia instalado: a que viera e qual era a sua demanda? Joana hesita em responder: só quer falar sobre a sua missão na presença do rei. Ainda assim, depois de alguma insistência, acaba respondendo que tem um duplo mandato da parte do Rei dos Céus. Primeiro, levantar o cerco de Orléans; em seguida, conduzir o rei a Reims para ser coroado e sagrado. Isto posto, de volta ao rei, os conselheiros estão divididos. Alguns, crendo que a jovem é visivelmente desequilibrada, aconselham mandá-la embora sem mais delongas; outros consideram que o rei deve pelo menos ouvi-la.

É provável que Carlos só tenha realmente se convencido e consentido em recebê-la no castelo após uma mensagem de Robert de Baudricourt, enviada pouco tempo depois da partida da pequena escolta, e na qual confirmava as declarações de Joana e de seus companheiros. Sem essa garantia vinda diretamente de um capitão cuja fidelidade fora recentemente confirmada, o rei, desconfiado e precavido, certamente não teria recebido Joana. A ideia dessa longa jornada por uma região que teríamos chamado outrora de «zona ocupada», a travessia dos rios ainda cheios no inverno, as guarnições ou tropas inimigas evitadas pelo caminho a cada etapa — e com a integralidade dos fatos devidamente confirmada pelo capitão de uma praça-forte longínqua e experimentada —, tudo isso exigia que o encontro fosse pelo menos autorizado. Compreende-se, então, a sabedoria de Joana em primeiro pegar a estrada com dois companheiros e depois retornar a Vaucouleurs, declarando: «Não é assim que devemos partir». Sua insistência diante de Robert de Baudricourt parece justificada: a salvaguarda do capitão era indispensável.

«*Após tê-la ouvido, o rei parecia radiante*»

«Era muito tarde» — uma hora já avançada —, e a noite se aproximava (o anoitecer nesses primeiros dias de março correspondia a seis e meia da tarde, aproximadamente). Poderia, portanto, ser sete horas ou sete e meia quando Joana, seus companheiros e provavelmente um mensageiro do rei subiram a ruela escarpada, a qual recebeu o nome da heroína: «Havia mais de trezentos cavaleiros e cinquenta tochas», dirá ela mais tarde, evocando essa lembrança. O conde de Vendôme fora incumbido de apresentá-la no grande salão do castelo. Se os trezentos cavaleiros dos quais fala Joana representam uma avaliação um tanto exagerada, podemos pensar, entretanto, no efeito produzido por esse espetáculo sobre a pequena camponesa que entrava pela primeira vez na vida numa vasta sala, em que queima uma infinidade de tochas e archotes, iluminando os rostos desconhecidos de grandes senhores e nobre damas. «Eu estava presente no castelo, na cidade de Chinon, quando a Donzela chegou e vi quando a pobre pastorinha apresentou-se perante sua majestade real com grande humildade e simplicidade.»

Com essas palavras, Raoul de Gaucourt expressa de forma contundente o contraste entre a assembleia reunida — talvez com o objetivo de intimidá-la — e a «pastorinha». Todas as camponesas eram «pastorinhas» na visão dos homens importantes da época. Goncourt continua seu relato: «Ouvi as seguintes palavras ditas ao rei: "Nobilíssimo senhor delfim, aqui estou, fui enviada por Deus para prestar socorro a vós e ao Reino."»

Em sua concisão, essa testemunha mostra bem o contraste entre a pessoa e a mensagem que viera transmitir.

Nos relatos posteriores, esse contraste será muitas vezes amplificado. A crônica de Jean Chartier, espécie de historiador oficial, assim descreve a cena:

> Então \ Joana, já diante do rei, inclinou-se e o reverenciou respeitando os costumes, como se tivesse sido criada na Corte; e, uma vez feita a saudação, disse, dirigindo-se a ele: «Que Deus o salve, gentil Rei», ainda que não o conhecesse e jamais o tivesse visto. Havia ali vários senhores vestidos de maneira mais rica e pomposa que o próprio rei. Por isso, respondera à dita Joana: «Por acaso sou eu o rei, Joana?» E, mostrando-lhe um de seus senhores, disse: «Eis o rei». Ao que respondeu: «Em nome de Deus, gentil rei, sois vós e não outro.»

Simon Charles, que não estava presente, mas que, como vimos, chegara pouco tempo depois em Chinon, disse apenas: «Quando o rei soube de sua chegada, apartou-se dos outros. Joana, porém, o reconheceu prontamente, reverenciando-o, e falou-lhe durante um bom momento. Após tê-la ouvido, o rei parecia radiante.»

Finalmente, temos o relato feito pela própria Joana ao frei Jean Pasquerel, seu confessor. Essa exposição elimina todos os detalhes acessórios, mas retraça fielmente, cremos, suas exatas palavras:

> Quando [o rei] a viu, perguntou a Joana qual era seu nome, ao que respondeu: «Gentil delfim, chamo-me Joana, a Donzela, e, por

meu intermédio, o Rei dos Céus vos comunica que sereis sagrado e coroado na cidade de Reims e que sereis o tenente do Rei dos Céus, que é o Rei da França.» Após outras perguntas feitas pelo rei, Joana disse-lhe novamente: «Digo-vos, da parte do Senhor, que sois o verdadeiro herdeiro da França, filho do Rei, que me enviou a vós, para conduzir-vos a Reims, a fim de que recebais vossa coroação e consagração, se assim quiserdes.» Após ouvir essas palavras, o rei disse a seus assistentes que Joana lhe contara um segredo que ninguém sabia ou poderia saber, senão Deus. Por esse motivo, confiava profundamente nela. Tudo isso ouvi da boca de Joana, pois não estava ali presente.

Assim, por mais que as circunstâncias em torno das quais a lenda se erigiu tenham algo de teatral, não restam dúvidas de que Joana não se deixou perturbar pelo espetáculo intimidante do grande salão em burburinho, iluminado como estava de maneira pouco habitual para ela, que se postou diante do rei e transmitiu calmamente a mensagem pela qual atravessara a metade do país.

Essa mensagem deve ter causado forte impressão naquele que a recebeu. Carlos, a quem Joana chama de delfim, vive exilado desde o tratado de Troyes — na verdade, desde a chegada dos ingleses a Paris, em 1418. Há sete anos — desde 1422, ano da morte de seu pai Carlos VI, o Louco —, espera pela sagração que pode fazer dele um rei. Mesmo se parece exagerado afirmar que sua própria mãe lançara dúvidas acerca de sua legitimidade, ao menos sabe que está afastado do trono por causa de um tratado devidamente aceito e selado.

No entanto, nunca desistiu realmente dessa disputa incerta, e, apesar de sua juventude — tem apenas 26 anos —, as decepções, derrotas e obstáculos não o desanimaram. Aos doze anos, viu morrer seu irmão mais velho, o delfim Louis; em seguida, dois anos mais tarde, foi a vez do segundo delfim, Jean, tendo como pano de fundo a desastrosa batalha de Azincourt (25 de outubro de 1415), que tanto pesou em seu destino particular e criou esses vazios na realeza. Charles de Ponthieu (esse era seu título), que se tornara delfim, se autodeclarara regente da França, mas, na única vez que usou de seu título, tentou uma ação pessoal que logo terminou da pior maneira possível: com o funesto desfecho da negociação da ponte de Montereau, na qual João sem Medo, duque de Borgonha, fora assassinado em circunstâncias misteriosas por seu séquito. Dez anos se passaram desde a negociação de Chinon, mas o dia 10 de setembro de 1419 ainda pesa assombrosamente em suas decisões. Na verdade, ele não vai descansar até que essa lembrança tenha sido apagada por uma reconciliação com o primo da Borgonha.

Esses são os elementos que compõem o pano de fundo da vida desse jovem — geralmente descrito como mal-humorado — quando a moça recomendada pela mensagem de Baudricourt chega a ele. Somam-se a isso as más notícias que chegam de Orléans. Assim, ser interpelado como aquele que «será sagrado e coroado na cidade de Reims» deve ter produzido certo choque. De todo modo, seu séquito ficou perplexo: todos notaram a expressão «radiante» do rei depois de encontrar-se a sós durante alguns instantes com a recém-chegada.

O que ela lhe disse? Jamais saberemos ao certo. Somente a lareira que permanecia suspensa na parede do grande salão do castelo foi testemunha, mas pode-se considerar verossímil o que o rei teria contado a seu camareiro Guillaume Gouffier e que nos foi transmitido pela crônica de Pierre Sala:

> Certa manhã, o rei [...] entrou só em seu oratório e ali fez um humilde pedido e oração a Nosso Senhor em seu coração, sem pronunciar nenhuma palavra. Pediu com devoção que, se fosse o verdadeiro herdeiro, descendente da nobre Casa da França, e se o reino lhe pertencesse por direito, o Senhor o guardasse ou defendesse, ou ainda, na pior das hipóteses, lhe concedesse a graça de escapar da morte ou da prisão, e que pudesse fugir para a Espanha ou a Escócia, que foram desde sempre irmãos de armas e aliados dos reis da França...

Joana teria repetido ao rei essa oração, «um segredo que ninguém sabia ou poderia saber, senão Deus», como afirmará posteriormente Jean Pasquerel. O episódio pode parecer ínfimo, mas ocupará, na história de Joana e na própria História, um lugar que só julgarão exagerado aqueles que nunca puderam testemunhar fatos aparentemente insignificantes mudarem uma vida.

O encontro, de todo modo, faz que Carlos tome uma decisão imediata: irá manter Joana no castelo e a confiará aos cuidados da esposa de Guillaume de Bellier, o meirinho de Troyes, que administra os criados a seu serviço. A Donzela não retornará à hospedaria e permanecerá nos aposentos reais. Designam-lhe um aposento em uma das torres do chamado castelo de Couldray, a oeste do «castelo do meio», edifício principal da fortaleza: uma soberba torre de menagem construída dois séculos antes e que servira, aliás, em sua parte inferior, de prisão aos dignitários da ordem dos Templários, detidos em 1308 pela ordem de Filipe, o Belo. Mesmo que essa história tenha sido contada a Joana, provavelmente preferiu dirigir-se à capela mais próxima, dedicada a São Martim. Nesse momento também será designado para servir-lhe um menino de catorze ou quinze anos, chamado Louis de Coutes, que mais tarde tornar-se-á o seu pajem oficial.

> Foi-lhe designado um aposento na torre do castelo de Couldray, e permaneci nessa torre com Joana. Durante toda a sua estadia ali, estive continuamente com ela ao longo do dia; à noite, algumas mulheres a acompanhavam. Lembro-me bem de que, durante o tempo em que esteve na torre do Couldray, vários homens de alta posição vinham conversar com ela. O que faziam ou diziam, não sabemos, pois sempre que via tais homens chegarem, ausentava-me, e por isso não sei quem eram.

Essa lembrança do menino tímido que na época aprendia o ofício militar sob as ordens de Raoul de Gaucourt é completada por um detalhe que o marcou: «No momento em que estava com Joana nessa torre, muitas vezes a vi ajoelhada ao que me parecia rezando. Porém, jamais pude ouvir o que dizia, embora algumas vezes chorasse.»

A estadia no castelo durará pouco. Por mais impressionado que o rei tivesse ficado com o «sinal» dado por Joana, não pôde absolutamente aceitá-lo sem discernir melhor de onde ela vinha e com que tipo de pessoa estava lidando. Para isso, emprega o expediente de levá-la a Poitiers, onde prelados, teólogos e professores da Universidade — pelo menos aqueles que lhe permaneceram fiéis, o que era raro — são reunidos. Poitiers tornar-se-á a capital intelectual do rei de Bourges. A casa real vai então pegar a estrada, enquanto mensageiros irão a Vaucouleurs e seus arredores para investigar a origem exata da pequena camponesa.

Para Joana, a Donzela, chegou o momento das cavalgadas. Ela, que até então nunca havia deixado sua região natal, percorre agora a França. Calcula-se que tenha feito cerca de cinco mil quilômetros a cavalo até o momento em que — provavelmente com os pés e mãos amarrados — empreende a última cavalgada, que a levará a Rouen. Mas ainda nada sabe sobre isso: sabe apenas que sua carreira será curta. Pois havia declarado, ao chegar a Chinon: «Durarei um ano, não mais que isso.»

O duque de Alençon

Por enquanto, provavelmente sente-se muito feliz em percorrer uma região agradável. Um único dia de viagem certamente foi suficiente para cobrir a distância que separa Chinon de Poitiers: pouco menos de cinquenta quilômetros ou pouco mais de sessenta, dependendo se a rota escolhida passa ou não por Loudun. Deve ter sido alegre a chegada do cortejo à cidade dos duques da Aquitânia — lugar preferido da rainha Leonor cerca de três séculos antes, bem como a cidade da rainha Radegunda, na virada do século VI para o VII — numa hora em que o sol já se punha entre os diversos campanários.

Nesse ínterim ocorre um episódio que não pode ser ignorado. Em Chinon, Joana recebeu uma visita que marcará a sua epopeia: o duque de Alençon, Jean, chamado por ela de «meu belo duque» (esse adjetivo é muito empregado nessa época, na qual se dizia «belo sobrinho» como, hoje, diríamos «querido sobrinho»). Ele relata o encontro entre os dois da seguinte forma:

> Quando Joana veio ao encontro do rei, ele vivia então na cidade de Chinon e eu, em Saint-Florent [perto de Saumur]. Enquanto passeava e caçava codornas, um mensageiro veio me contar que havia chegado diante do rei uma donzela que afirmava ser enviada por Deus para expulsar os ingleses e levantar o cerco posto por eles diante de Orléans. Por isso, no dia seguinte, fui até o rei, que estava em Chinon, e encontrei Joana falando consigo. No momento em que me aproximava, Joana perguntou quem eu era, e o rei respondeu que eu era o duque de Alençon. Então, Joana declarou: «Vós sois muito bem-vindo. Quanto mais numerosos forem os de sangue real da França, melhor.

Evidentemente, o jovem duque de Alençon merece a confiança do rei. Próximo a Carlos pelo sangue, também o é em idade: nascido em 1406, é três anos mais novo que o delfim. Mas, principalmente, havia retornado muito recentemente da Inglaterra, onde fora prisioneiro: aos 23 anos, tinha vivido cinco encarcerado. Fora dado como morto, pois havia sido recolhido entre os cadáveres do campo de batalha de Verneuil, em 1424. Em seguida, aprisionado na torre do Crotoy, sua sólida constituição física permitiu que, contra qualquer esperança, se recuperasse. Pôde pagar somente uma parte do exorbitante resgate solicitado para que recobrasse a liberdade. Por isso, teve de prometer também que não combateria contra os ingleses enquanto o valor não fosse totalmente quitado. É, portanto, um prisioneiro em liberdade condicional. Podemos imaginar que tenha percorrido com certa precipitação a distância que separa Saint-Florent-lès-Saumur de Chinon quando lhe falaram da insólita promessa feita por uma jovem desconhecida, e também que estava curioso para encontrá-la. A resposta de Joana foi muitas vezes mal interpretada (unicamente em razão de um erro de tradução, pois afirma expressamente: «*Quanto plures erunt*: quanto mais numerosos forem»). Joana deve tê-lo surpreendido, e ele certamente quis ouvi-la um pouco mais. De fato, parece sentir-se mais à vontade a partir desse momento, mas ainda precisa se justificar diante daquele a quem chama de delfim, como mostra a continuação da história:

> No dia seguinte, Joana assistiu à Missa do rei e, quando o viu, fez uma reverência. O rei a conduziu até uma câmara; eu o acompanhava, e também o senhor de La Trémoïlle, que ali permanecera quando o rei pediu que todos os outros se retirassem. Joana então fez-lhe diversos pedidos: em primeiro lugar, que oferecesse seu reino ao Rei dos Céus, ao que Ele faria como havia feito a seus antecessores e o restabeleceria em seu primeiro estado; e muitas outras coisas das quais não me lembro foram ditas até a hora da refeição. Depois do almoço, o rei foi passear pelo campo, e Joana correu por ali com a lança. Assim, vendo a forma como carregava e corria com a lança, ofereci-lhe um cavalo.

O belo duque estava deslumbrado! Joana já havia obtido toda a destreza necessária e merece evidentemente esse cavalo. O episódio nos permite compreender que desde o primeiro instante o duque de Alençon ficou, assim como tantos outros, encantado por ela. E para completar a lembrança:

> O rei decidiu que Joana seria examinada por alguns clérigos. Foram delegados o bispo de Castres, confessor do rei [Gérard Machet], o bispo de Senlis [Simon Bonnet, que, na verdade, ainda não era o bispo dessa cidade, mas tornou-se depois], os de Maguelonne e de Poitiers [Hugues de Cambarel], senhor Pierre de Versailles e Jean Morin, além de muitos outros de cujos nomes não me recordo.

Essas indicações valiosas são indissociáveis do período passado em Poitiers. Portanto, se não podemos afirmar que houve em Chinon um verdadeiro processo, como o que será realizado em Poitiers, ao menos houve um interrogatório conduzido por alguns clérigos. «Interrogaram Joana em minha presença», explica o duque de Alençon.

> Por que havia vindo e quem a enviara ao rei? Respondeu que viera da parte do Rei do Céu e que escutava vozes e conselhos que lhe diziam o que deveria fazer, além de outras coisas das quais não me recordo. Confidenciou-me mais tarde, enquanto comíamos juntos, que havia sido muito examinada, mas que sabia que isso

aconteceria e que era capaz de fazer muito mais do que havia dito aos que a interrogavam.

Sobre esse ponto, o duque de Alençon conclui: «Após ouvir o relatório dos delegados que a examinaram, o rei quis que Joana voltasse à cidade de Poitiers para ser novamente examinada; mas não estive presente neste exame feito em Poitiers.»

O «processo de Poitiers»

O relato do duque nos ajuda a imaginar o que teria sido o «processo de Poitiers», que nunca suscitou muitos comentários. Uma vez que tomar precauções nunca é demais, o rei vai aumentar o número e a qualidade dos comissionados que interrogarão a jovem, os quais se reunirão em Poitiers.

Joana hospeda-se na casa do mestre Jean Rabateau, advogado do Parlamento de Paris, que havia se juntado ao delfim dois anos antes. Enquanto algumas mulheres vigiavam secretamente sua conduta, reuniram-se os prelados que comporiam um tribunal de «especialistas» encarregado de interrogá-la. François Garivel, conselheiro real de finanças, acrescenta alguns nomes aos sugeridos pelo duque de Alençon: Guillaume Aymeri, da Ordem dos Pregadores, um teólogo, um bacharel em teologia chamado Guillaume Le Marié, cônego de Poitiers, um homem chamado Pierre Seguin, conhecido como especialista das Sagradas Escrituras, um carmelita, Jean Lambert, Mathieu Mesnage e, especialmente, Seguin Seguino, também da Ordem dos Pregadores, e que será reitor da faculdade de Poitiers. Garivel informa que Joana foi interrogada várias vezes e que esse exame durou cerca de três semanas. Uma das perguntas, aliás, fora por ele formulada: «Por que chamava o rei de delfim, e não de rei?» Joana respondera que não o chamaria de rei enquanto não fosse coroado e sagrado em Reims, cidade para a qual pretendia conduzi-lo. Ele próprio ficou especialmente impressionado com a grande piedade dessa «simples pastorinha», como era chamada.

Mas é o depoimento de Seguin que melhor nos informa acerca do exame de Poitiers — o qual deve ter sido impressionante, pois Joana, interrogada por juízes de boa-fé, deve ter respondido com toda a liberdade. Frei Seguin, quando rememora o fato, já é um homem de idade: tem cerca de setenta anos, mas se lembra ainda claramente de algumas repostas e consegue nos transmitir bem a impressão que Joana lhe causou. Ele designa o mestre Regnault de Chartres, arcebispo de Reims e chanceler da França, para presidir o Conselho do rei sobre esse assunto, e nomeia até mesmo um membro da Universidade de Paris que havia se refugiado também em Poitiers, o mestre Jean Lombard. É ele quem vai interrogar Joana, perguntando a que viera: «Ela respondeu de maneira magnífica», diz ele. A linguagem de Joana sempre provocou admiração: «Esta moça fala muito bem», dirá sobre ela um velho senhor dos arredores de Vaucouleurs, Albert de Ourches, que ainda acrescenta: «Gostaria de ter uma filha assim.»

Foi ali, em Poitiers, que pela primeira vez ouve-se o relato da «vocação» de Joana, o chamado ao qual ela afirma estar respondendo:

> Enquanto cuidava dos animais, uma voz veio e disse-lhe que Deus tinha misericórdia do povo da França e que era preciso que Joana fosse até a França. Ouvindo isso, ela começou a chorar. Então a voz pediu que fosse a Vaucouleurs, pois ali encontraria um capitão que a conduziria até a França e diante do rei — e que não duvidasse disso. Assim fez Joana, chegando diante do rei sem nenhum empecilho.

A sequência, tal como relatada pelo frei Seguin, mostra claramente o tom do interrogatório, e a resposta dada a mestre Guillaume Aymeri é disso uma amostra exemplar: «Afirmaste que a voz disse: "Deus quer libertar o povo da França da calamidade na qual se encontra. Se é isso o que Ele deseja, então não há necessidade de soldados". A isso, Joana respondeu: "Em nome de Deus os soldados combaterão, e Deus dará a vitória."» «Mestre Guillaume ficou satisfeito com essa resposta», comenta o frei Seguin. De fato, era difícil expressar com mais exatidão o discernimento entre a ação da graça e os meios temporais, o que sempre representou um problema delicado aos teólogos.

O frei Seguin não hesitou em contar como fora vítima do humor que Joana sempre demonstrou:

> Perguntei-lhe que língua se ouvia de sua voz. Respondeu-me: «Uma melhor que a vossa». Eu falava o dialeto limosino. E novamente lhe perguntei se cria em Deus, ao que me respondeu: «Sim, melhor que vós». Disse-lhe então que Deus não queria que crêssemos nela, a menos que nos mostrasse que deveríamos crer, e que não haveria nenhum conselheiro do rei que lhe confiaria soldados para colocá-los em perigo ouvindo apenas o que ela tinha a dizer. Era necessário que dissesse algo diferente. Ao que Joana respondeu: «Em nome de Deus, não vim a Poitiers para dar sinais [e, da mesma maneira como na resposta dada a Guillaume Aymeri, Seguin a relata em francês, recordando-se das próprias palavras de Joana], mas conduzi-me a Orléans, e vos mostrarei o sinal para o qual fui enviada». Pedira também que lhe concedessem tantos soldados quanto lhes parecesse adequado.

Segue-se uma verdadeira exposição da missão de Joana, resumida em quatro pontos:

> Então disse a ele e aos outros presentes quatro coisas que aconteceriam e que ocorreram em seguida. Primeiramente, disse que os ingleses seriam expulsos e que seria levantado o cerco colocado diante de Orléans, que a cidade seria libertada dos ingleses, mas que antes seriam enviadas a eles cartas de intimação. Em seguida, afirmou que o rei seria consagrado em Reims. E, por fim, que Paris voltaria à obediência do rei e que o duque de Orléans voltaria da Inglaterra. Tudo isso vi cumprir-se.

Joana havia convencido o primeiro tribunal nomeado para examiná-la: «Tudo isso foi relatado ao Conselho do rei, e nossa opinião foi a de que, dada a necessidade urgente e o perigo ao qual estava exposta a cidade de Orléans, o rei poderia se servir de sua ajuda e enviá-la a Orléans».

A etapa decisiva fora, portanto, ultrapassada. Na chegada a Poitiers,

Joana não era mais que uma simples camponesa que impressionara o rei e cuja origem era desconhecida. No final de sua estadia, recebera a permissão para agir.

Jean Barbin, um advogado do Parlamento, resume da seguinte forma a impressão causada por ela logo depois da apreciação dos clérigos e prelados:

> Destes doutores que a examinaram e lhe fizeram muitas perguntas, ouvi o relato de que ela respondia com muita prudência, como se fosse um bom clérigo [clérigo tem então o sentido de instruído, letrado], deixando-os maravilhados com suas respostas e convencidos de estar diante de algo divino, em vista de sua vida e seu comportamento. Finalmente, após o exame e o interrogatório ao qual a submeteram, concluíram os clérigos que nada havia nela de mal, nada contrário à fé católica; e que, dada a necessidade na qual se encontrava o rei e o reino, visto que neste momento o rei e os súditos que lhe eram fiéis estavam desesperados e podiam contar apenas com a expectativa de um auxílio divino, o rei poderia se servir de sua ajuda.

E — o que não deixa de ser interessante — também começa a evocar algumas profecias do passado:

> Certo mestre Erault, professor de teologia, contou que outrora ouvira dizer, por intermédio de certa Marie d'Avignon que viera ao rei, que o reino da França ainda sofreria muito e que seria atingido por diversas calamidades, afirmando ter tido várias visões acerca da desolação do reino da França. Em uma delas, muitas armaduras lhe eram apresentadas, e Marie, assustada, temia ser obrigada a revestir-se delas. Foi-lhe dito que não temesse, pois não teria de colocá-las, mas que uma donzela que viria depois de si usaria essas armas e libertaria o reino da França de seus inimigos. Ele acreditava firmemente que Joana era aquela sobre quem falara Marie d'Avignon.

Marie, chamada «a Gasca de Avignon», era de fato uma vidente muito conhecida.

Isso é o que dizem os boatos populares, mas o relatório oficial revela a conclusão a que chegaram os doutores: «Em Joana não encontramos nenhum mal, mas somente o bem, a humildade, a virgindade, a devoção, a honestidade, a simplicidade». Seus anfitriões, Jean Rabateau e a esposa, confirmam que todos os dias, depois do almoço ou, às vezes, à noite, Joana reza ajoelhada por um longo período e que, além disso, dirige-se com frequência a uma pequena capela da casa, onde ora longamente.

Por fim, Joana é submetida a outro tipo de exame, sobre o qual Jean Pasquerel, o confessor de Joana, tece esclarecimentos:

> Ouvi dizer que Joana, quando veio ao rei, foi examinada por algumas mulheres a fim de saber quem era, se tratava-se de um homem ou de uma mulher, se fora corrompida ou ainda era virgem. Atestou-se que era mulher, virgem e donzela. As que a visitaram foram, pelo que ouvi dizer, a senhora de Gaucourt [Jeanne de Preuilly] e a senhora de Trèves [Jeanne de Mortemer, esposa de Robert Le Maçon].

Ambas são damas de companhia de Iolanda de Aragão, rainha da Sicília, sogra do rei, mãe de Maria de Anjou.

Esse exame de virgindade foi muitas vezes mal compreendido, pois nossa época, que parece mais interessada em histórias de bruxaria do que a época de Joana d'Arc, interpretou-o como uma prova destinada a verificar se não era uma bruxa — sempre suspeitas de terem relações com o diabo. A realidade é bem mais simples: Joana, que se autodenomina Joana, a Donzela — o único nome pelo qual será conhecida, o único pelo qual será designada durante sua vida* —, teria sido imediatamente envergonhada se o exame tivesse revelado que não o era. Declarada farsante, teria sido rapidamente despachada de volta para casa: sua história chegaria ao fim, julgada com base em provas. O exame de virgindade era, antes de tudo, uma prova de sinceridade. Ora, em seu tempo ninguém duvidava de que a pessoa que desejasse se consagrar a Deus sem se dividir manifestava o chamado recebido permanecendo virgem; e, assim, podendo gozar de plena autonomia, estaria totalmente disponível para o serviço do Senhor, de corpo e alma, sem cisão. Joana era a primeira a estar convencida disso quando declarou dedicar-se somente a Deus desde o momento em que compreendera que a voz que ouvira era de um anjo. Nem uma única vez, é inútil dizê-lo, encontraremos entre suas palavras uma alusão ao diabo ou à feitiçaria: suspeitas desse tipo só vêm à mente dos intelectuais do século XX! Em sua época, a virgindade de uma pessoa consagrada é considerada num nível muito mais elevado.

Joana, a Donzela, é assim vista pelo povo quando deixa Poitiers. O perplexo interesse que despertara transmutou-se numa espécie de devoção, e essa palavra não é exagerada para descrever tal sentimento. Obviamente, ela ainda será colocada à prova —prova por ela mesma demandada, que será a ação militar pela libertação de Orléans —, mas uma aura de respeito já a cerca. Joana personifica a esperança — a única esperança, segundo as testemunhas da época — à qual o reino em perigo pode se apegar: a divina.

Alguns anos antes, o poeta Alain Chartier, sempre fiel ao rei legítimo, compusera uma obra na qual se misturavam prosa e verso, intitulada *L'Espérance*. Falar de esperança em 1420, ano em que o tratado de Troyes privava o delfim de seu direito à coroa em benefício do rei inglês, parecia uma verdadeira provocação. «Essa dama Esperança», escreve, «tinha uma face sorridente e alegre, um olhar altivo, um discurso agradável.»

CAPÍTULO III

Nove dias, dez noites

«Jesus Maria, Rei da Inglaterra e vós, duque de Bedford, que vos declarais regente do Reino da França, vós, Guillaume de la Poule [William Pole, conde de Suffolk], Jean, senhor de Talbot, e também vós, senhor de Scales, que vos declarais tenente do duque de Bedford, rendam-se ao Rei Celeste. Devolvam à Donzela, enviada aqui por Deus, o Rei do Céu, as chaves de todas as dignas cidades que tomaram e violaram na França. Ela veio em nome de Deus para proclamar o sangue real e está disposta a estabelecer a paz, se a ela vos renderem, contanto que restituam a França e paguem por tê-la invadido. E vós, arqueiros, companheiros de armas, nobres e outros que cercam a cidade de Orléans, voltem para vosso país, em nome de Deus. Se assim não fizerdes, aguardai as notícias da Donzela que vos visitará em breve, para o vosso próprio prejuízo. Rei da Inglaterra, se assim não fizerdes, como comandante de guerra, em todo lugar em que encontrar vossas tropas na França, as farei partir, por bem ou por mal. E, se não quiserem obedecer, matarei a todos. Fui enviada por Deus, o Rei Celeste, para vos expulsar, homem a homem, de toda a França. Se quiserdes obedecer, terei misericórdia. E não pensem que tomareis o reino da França de Deus, o Rei Celeste, filho de Santa Maria, pois pertence a Carlos, seu verdadeiro herdeiro. Essa é a vontade de Deus, o Rei do Céu, revelada à Donzela, e Carlos entrará em Paris em grande companhia. Se não crerdes nos avisos enviados por

Deus e pela Donzela e não vos renderdes, onde quer que vos encontrarmos, ali vos combateremos e faremos um tão grande bramido como há mil anos não se ouvia na França. Crede firmemente que o Rei Celeste enviará à Donzela força muito maior do que toda aquela de que podeis dispor em todos os vossos ataques contra ela e seus bravos soldados, e os golpes inferidos mostrarão quem está ao lado do Deus Celeste. Duque de Bedford, a Donzela vos implora que não permitais que isso ocorra. Se a ela vos renderdes, podereis vir em sua companhia, e os franceses farão a mais bela ação jamais vista na cristandade. Respondei-me se quiserdes estabelecer a paz na cidade de Orléans, e, se o não fizerdes, lembrai-vos apenas de que o prejuízo será todo vosso. Escrito na terça-feira da Semana Santa.»

Essa carta, na qual Joana se revela em todo o vigor e dinamismo de sua vocação agora reconhecida, foi datada com precisão não somente pela menção final — terça-feira da Semana Santa, isto é, 22 de março de 1429 —, mas também por uma testemunha que a viu em Poitiers e relatou as circunstâncias nas quais a ditou. Trata-se de um escudeiro real chamado Gobert Thibault, que acompanhava Pierre de Versailles e Jean Érault enquanto dirigiam à casa de Jean Rabateau para encontrar Joana:

> Quando lá chegamos, Joana se aproximou de nós e me deu um tapa nos ombros, dizendo que gostaria que existissem mais homens como eu. Então Pierre de Versailles disse à Joana que foram enviados pelo rei, ao que respondeu: «Suponho que fostes enviados para me interrogar», e encerrou: «e não sei ler nem escrever.» Perguntamos a razão de sua vinda, e assim respondeu: «Venho em nome do Rei Celeste para levantar o cerco de Orléans e conduzir o rei a Reims, para seu coroamento e sagração.» Perguntou-nos ainda se tínhamos papel e tinta, dizendo ao mestre Jean Érault: «Escrevas o que vos direi: "Suffort, Classidas e la Poule [Suffolk, Glasdale, William Pole], ordeno, em nome do Rei Celeste, que volteis para a Inglaterra."» Nessa visita, Versailles e Érault nada mais fizeram, pelo que me recordo. Joana permaneceu em Poitiers enquanto o rei ali se encontrava.

Como todo mundo, Gobert Thibault ficou curioso para saber quem era Joana e a que viera. Quando teve oportunidade, interrogou Jean de Metz e Bertrand de Poulengy — a quem chama intimamente de Pollichon — e nos transmitiu a admiração de ambos ao evocar a forma como atravessaram toda a região da Borgonha, «sem nenhum empecilho». Essa prova da vida cotidiana, quando ainda era uma simples camponesa que dispunha apenas de suas promessas, Joana a atravessara sem vacilar. E Gobert Thibault, a quem imaginamos como homem de forte presença, era também, sem dúvida alguma, um desses seres cujo olhar puro percebe a pureza onde quer que se encontre. Talvez fora ele quem analisara de maneira mais sutil o sentimento geral da soldadesca em relação à Joana, num tempo em que toda moça presente num exército seria considerada mulher *da vida*:

> No exército, estava sempre com os soldados. Ouvi dizer por pessoas próximas à Joana que nunca a desejaram, ou melhor, que às vezes sentiam desejo, porém jamais ousaram deixar-se levar por ele, pois acreditavam não ser possível cobiçá-la. E muitas vezes, quando falavam entre si do pecado da carne com palavras que poderiam excitar a volúpia, logo que a viam e dela se aproximavam deixavam de falar assim, e seus arroubos carnais esvaneciam subitamente. Sobre esse assunto, inquiri homens que dormiram na companhia de Joana diversas vezes, os quais me responderam o que já afirmei, acrescentando nunca terem sentido desejo carnal por ela.

O mesmo sentimento é expresso pelos companheiros de Joana, de Vaucouleurs a Chinon: todos ficaram impressionados com sua total pureza. Em outras palavras, nem Gobert Thibault nem seus companheiros precisavam recorrer à bruxaria para compreender o que significava o exame de virgindade! Para eles, para o povo em geral e para os clérigos e prelados que a interrogaram, Joana tinha exatamente os mesmos traços presentes no rosto da Dama Esperança.

Alguns autores consideram que a *Carta aos ingleses* coincidiria com o final das três semanas do «processo de Poitiers», o que não parece se harmonizar com o testemunho de Gobert Thibault, segundo o qual Joana parece empregar uma linguagem que denota a segurança de uma partida quase ganha, enquanto, por outro lado, recebe aqueles que a interrogam como se ainda não lhes conhecesse bem: a visita deles provavelmente faz parte de um interrogatório que se desenrola de diversas formas. Desta vez, quiseram surpreendê-la em sua casa; em outras, segundo contam, fora convocada à casa de uma mulher chamada La Macée, onde os seus interrogadores eram certamente bem mais numerosos. É provável que Joana tenha passado a Semana Santa e a Páscoa em Poitiers.

Essa semana também fora marcada por um acontecimento que interessava não somente a França, mas toda a cristandade. Em 1429, a Sexta-feira da Paixão caía efetivamente no mesmo dia da festa da Anunciação, 25 de março. A coincidência de ambas as festas igualmente importantes para os cristãos estava tradicionalmente ligada à origem de uma peregrinação a Nossa Senhora do Puy-en-Velay, santuário que sempre fora venerado. Alguns companheiros de Joana foram até lá, mas não sabemos exatamente quais: talvez o mensageiro real, Colet de Vienne, ou Jean de Metz e seu criado, Jean de Honnecourt — na verdade, poderia ter sido qualquer um dos seis homens que a escoltaram de Vaucouleurs a Chinon. Parece certo que pelo menos dois deles tenham ido, talvez Bertrand e seu criado Julien. Mas também é possível que tenha sido o mensageiro real, acostumado a percorrer as estradas e que conhecia o leitor do mosteiro dos Agostinianos de Tours, podendo, assim, misturar-se mais naturalmente ao grupo dos peregrinos lorenos. Entre eles encontra-se também a mãe de Joana, Isabelle, cujo sobrenome Romée [Romeira] indica que seja uma peregrina. Podemos imaginar o quão extraordinário era percorrer o longo caminho às margens do rio Mosa até Puy-en-Velay; no entanto, as etapas desse itinerário não eram mais longas ou mais difíceis do que as percorridas pelos peregrinos vindos de Poitiers que tinham de contornar as montanhas da Auvergne e seguir pelo vale do rio Allier: hoje estamos mais informados da capacidade de deslocamento nos tempos feudais.

Ainda que o número e o afluxo dos peregrinos tivessem diminuído significativamente desde então — sobretudo no século XV, em razão das guerras —, eles eram ainda impressionantes. No último século, Jules Quicherat se recusara a acreditar nisso e teria considerado um erro de copista a menção manuscrita à cidade de Puy como *villa Aniciensi*. O fato é que os peregrinos lorenos, em contato com Jean Pasquerel, sabendo que estava ligado ao mosteiro de Tours, onde às vezes residia o rei, recomendam-lhe Joana, de quem vai se tornar efetivamente o confessor. A mãe de Joana devia ser uma mulher de profunda devoção: fora ela quem transmitira «a sua fé» à filha, e também quem designara aquele que, de certa forma, zelará por sua vida espiritual durante a incrível aventura.

O estandarte, a bandeira, a espada

Joana entra na fase ativa dessa aventura. De volta a Chinon, é levada a Tours, onde o rei ordena que lhe seja confeccionado um «arnês adequado para seu corpo», ou seja, uma armadura sob medida*. A armadura de placas de metal, então utilizada havia pouco mais de cem anos, surge com a artilharia (e para se defender dela) e deve ser ajustada com exatidão ao corpo para cumprir o papel de proteção a que se destina (contra os projéteis — balas de pedra, na maioria dos casos), sem prender os braços, as pernas e as articulações em geral.

Em Tours, Joana ficara hospedada na casa de Jean Dupuy, e ainda hoje, na cidade, está conservada a loja do mestre armeiro que cinzelou e montou a armadura. O livro de contas do tesoureiro real, Hémon Raguier, conservou a menção à soma paga por esse trabalho: 100 libras tornesas, na data de 10 de maio de 1429.

Joana, por sua vez, manda confeccionar um estandarte e um pendão*, pelos quais o tesouro paga 25 libras tornesas, a um pintor chamado Hauves Poulnoir. O estandarte será ainda muito mencionado, pois vai desempenhar, se assim se pode dizer, um papel ativo na batalha de Orléans, tanto mais porque Joana o colocara em destaque: ela «empunhava o estandarte quando partia para o ataque, de modo a evitar matar alguém».

Essa combatente afirmará não ter, de fato, jamais matado ninguém. Jean Pasquerel nos testemunha que, para a confecção do estandarte, Joana obedece a uma ordem que afirma ter recebido de suas «vozes», de seu «conselho»:

> Ela perguntara aos mensageiros de seu Senhor, isto é, Deus, que apareciam para ela o que deveria fazer. Responderam que Joana deveria carregar o estandarte de seu Senhor, e, por essa razão, mandou confeccionar seu estandarte, no qual foi pintada a imagem de Nosso Salvador, assentado no julgamento sobre as nuvens do céu. Havia também um anjo que tinha nas mãos uma flor-de-lis, a qual abençoava.

Joana ainda manda confeccionar uma bandeira para os padres que a acompanhavam nesse tempo todo de exército. Essa bandeira terá a imagem de Nosso Senhor crucificado e servirá como ponto de encontro para as orações a que Joana incitará os combatentes: «Duas vezes por dia», conta Pasquerel, «pela manhã e à noite, Joana me pedia para juntar todos os sacerdotes que, uma vez reunidos, cantavam antífonas e hinos a Santa Maria. Joana os acompanhava. Também não permitia que os soldados que não se haviam confessado se juntassem aos padres; por isso, exortava-os a se confessarem para participar da cerimônia. Na própria reunião os padres estavam prontos a ouvir todos os que quisessem se confessar.»

Quando o equipamento de guerra teve de ser completado pela espada, indispensável a todo combatente, Joana expressou um desejo insólito: solicitou que fosse trazida uma espada de Sainte-Catherine-de-Fierbois, cidade na qual havia parado a caminho de Chinon. Em seguida, quando lhe perguntaram como sabia que essa espada estava lá, responderá que «essa espada estava enterrada, enferrujada, e que trazia cinco cruzes gravadas».

> Ela sabia pelas vozes que a espada estava lá e jamais havia visto o homem que foi buscá-la. Escreveu aos clérigos do lugar para que concedessem-na a ela, e eles a enviaram. Não estava enterrada muito profundamente — atrás do altar, parecia-lhe —, porém não

sabia dizer ao certo se estava atrás ou na frente. Disse ainda que logo que a espada fosse encontrada os clérigos deveriam poli-la, porque a ferrugem cairia instantaneamente, sem nenhum esforço. Um armeiro de Tours foi então buscá-la.

Joana já tinha uma espada que lhe fora ofertada quando de sua partida por Robert de Baudricourt, que provavelmente pensara que ela e seus companheiros precisariam se defender durante a jornada. Ela terá ainda uma terceira, tomada a um borgonhês como troféu de guerra. Sobre essa arma, Joana emite a apreciação de uma profunda conhecedora, declarando que «era uma boa espada de guerra, ideal tanto para golpear quanto para ferir». Para a de Sainte-Catherine-de-Fierbois, os prelados de Tours lhe presenteiam com duas bainhas: uma de veludo vermelho e outra drapeada de ouro, ao passo que ela manda confeccionar também uma «de couro resistente».

O quartel militar

Em Tours, num fato ainda mais importante, foi-lhe construído um quartel militar como a qualquer comandante de regimento. Seu intendente, Jean d'Aulon, nos atesta que fora «designado pelo rei, nosso senhor, para compor a sua guarda e acompanhá-la». Joana dispõe ainda de dois pajens, Louis de Coutes, mencionado acima, e Raymond. Foram-lhe concedidos também dois arautos, Ambleville e Guyenne. Os arautos, mensageiros investidos de uma função especial e que portavam um tabardo que permitia a sua identificação, transportavam as mensagens das personalidades designadas — reis, príncipes ou chefes de guerra — e gozavam de proteção especial, segundo os costumes da época. Isso permitia que alguns deles lançassem desafios aos inimigos e que retornassem, em seguida, sãos e salvos ao que chamaríamos de suas linhas.

Se Joana pôde dispor de dois mensageiros foi porque seria doravante tratada pelo rei como qualquer outro combatente de alta patente, com responsabilidades bem determinadas. Muitas vezes se disse que ela teria sido usada como um fetiche, simplesmente para infundir ânimo e coragem aos soldados que acompanhava. A designação desses dois arautos torna essa ideia improvável. Ela dispõe também de vários cavalos e declarará mais tarde que detinha cinco corcéis, «sem contar os trotadores, que eram mais de sete». Os corcéis são os cavalos de batalha, chamados também de destros (os que são conduzidos pela destra, a mão direita), enquanto os trotadores servem para a locomoção de seu entorno pessoal. Esse círculo restrito incluía também seus irmãos, Pierre e Jean, que provavelmente se juntaram a ela em Tours.

A concentração das tropas reais ocorreria em Blois, situada na região do rio Loire, a meio caminho entre Tours e Orléans. Tanto Tours quanto Blois se encontravam em um território ainda controlado pelos franceses, ao passo que, rio acima, a margem direita do Loire estava obstruída pelos ingleses. «Foram carregadas na cidade de Blois», escreve o cronista do reino, Jean Chartier, «várias carruagens e carroças com trigo e grande provisão de bois, ovelhas, vacas, porcos e outros víveres. Então Joana e seus capitães partiram diretamente em direção a Orléans, para o lado da Sologne.»

Foi precisamente em Blois, durante o tempo em que o exército ali permaneceu, que Joana mandou confeccionar a bandeira citada acima. E enquanto Jean Chartier nos descreve todo o rebanho com o qual serão carregadas as barcas destinadas a atender às necessidades dos orleaneses e dos assediadores que vêm tentar liberá-los, o confessor de Joana será mais sensível ao aspecto quase religioso do exército que se põe em movimento:

> Quando Joana deixa Blois em direção a Orléans, pede que todos os sacerdotes se reúnam em torno desse estandarte e sigam à frente do exército. Assim reunidos, partiram da região da Sologne, entoando o *Veni Creator Spiritus* e muitas outras antífonas. Acamparam nessa noite e na noite seguinte. No terceiro dia chegaram a Orléans, onde os ingleses mantinham o cerco ao longo das margens do rio Loire. E, enquanto os soldados do rei transportavam as provisões, viam-se tão próximos dos ingleses que franceses e ingleses estavam de parte a parte ao alcance da vista.

Orléans

Segundo o testemunho geral, Joana encarregou-se cuidadosamente dessa preparação espiritual: exortou sua tropa a se confessar, mandou embora as «vadias», prostitutas que seguiam os soldados, proibiu estritamente todos os saques, bem como os insultos e blasfêmias. O duque de Alençon é testemunha disso: «Joana ficava muito zangada quando ouvia os soldados xingando e os repreendia... e também repreendia a mim, que praguejava de vez em quando. Quando a via, continha as minhas grosserias». O «gentil duque», aliás, teve papel decisivo em todos esses preparativos: a pedido do delfim, recorreu à sua sogra, a rainha da Sicília, que parece ter financiado essa nova ofensiva de guerra contra Orléans. O bastardo de Orléans nos oferece uma descrição detalhada:

> O rei enviou Joana na companhia do senhor arcebispo de Reims [Regnault de Chartres, então chanceler da França] e do senhor de Gaucourt, grão-mestre da casa real, à cidade de Blois, para onde foram os que levavam o comboio de abastecimento, a saber, o senhor de Rais [Gilles de Rais] e de Boussac, marechal da França, com quem estavam o senhor de Culant [Louis de Graville, almirante da França], La Hire [apelido de Étienne de Vignolles, cavaleiro gascão], Ambroise de Loré, que se tornou, em seguida, reitor de Paris — todos esses, com os soldados que escoltavam o comboio e Joana, a Donzela, vieram da região de Sologne como exército organizado, até o rio Loire.

Tratava-se de um longo desvio, portanto, para evitar as tropas inglesas próximas de Orléans, e feito à revelia de Joana, impaciente para encontrar o inimigo e dar início à ação. Ela ficará verdadeiramente estupefata ao ser informada, quando estavam próximos do rio Loire, de que na verdade já tinham ultrapassado Orléans; trava então uma tempestuosa discussão com o bastardo, da qual ele guardou vívida lembrança. Essa moça, sobre a qual se havia informado cerca de dois meses antes por seus fiéis companheiros, agora se aproxima e logo vai estar com a vanguarda do exército perto de Chécy, para onde ele também se dirige. Como estrategista experiente, primeiro enviará parte das tropas das quais dispõe para criar uma distração perto de um dos «bastiões» que cercam a cidade, chamado Saint-Loup, «para desviar a atenção dos ingleses», nota o *Journal du Siège* — fonte preciosa para compreender esses dias carregados de história. «[Os franceses] saíram correndo em grande número para escaramuçar diante do Saint-Loup de Orléans e atraíram para fora tantos ingleses que houve vários mortos, feridos e prisioneiros de ambos os lados, de modo que os franceses trouxeram para sua fortaleza um dos estandartes ingleses. Enquanto a escaramuça se desenrolava, foi possível levar para dentro da cidade as provisões e a artilharia que a Donzela havia transportado até Chécy.»

Dessa forma, é sobre os telhados deste vilarejo e da bela igreja gótica que se eleva sobre ela que devemos nos colocar se desejamos reconstituir a cena da chegada de Joana a Orléans. A Donzela não perde tempo:

— Sois o bastardo de Orléans? — pergunta ao senhor que avança em direção a ela para recebê-la.
— Sim, sou eu, e me alivia a tua chegada.
— Foste vós quem aconselhastes para que eu viesse por aqui, deste lado do rio, e não fosse diretamente para onde estão Talbot e os ingleses?

Respondi que eu e outros sábios homens tínhamos assim procedido por acreditar ser a opção mais adequada e segura. Então Joana disse-me:

— Em nome de Deus, o conselho do Senhor Nosso Deus é mais sábio e mais seguro que o vosso. Pensais que podeis me enganar, mas sois vós quem estais enganados. Eu vos trago melhor socorro do que qualquer soldado ou fortaleza poderia oferecer: o socorro do Rei Celeste. Ele não vem por amor a mim, mas do próprio Deus, que pela súplica de São Luís e de São Carlos Magno teve piedade da cidade de Orléans e não quis que os inimigos tomassem posse do corpo do senhor de Orléans e de sua cidade...

Uma jovem furiosa... Mas o que está prestes a acontecer aplacará qualquer irritação que o bastardo poderia ter sentido. Sua preocupação é com o comboio de suprimentos que já está perto de Blois e que precisará subir o rio Loire contra a corrente. Não podem contar com o vento, pois está soprando em direção oeste.

> Mas instantaneamente, naquele exato momento, o vento, que era contrário e impedia absolutamente que as embarcações nas quais estavam as provisões para a cidade de Orléans subissem o rio, tornou-se favorável. [...] A partir de então, passei a depositar grandes esperanças nela, ainda mais do que antes.

Imediatamente, manda içar as velas das embarcações e suplica que Joana atravesse o rio e o acompanhe até a cidade de Orléans, «onde era bastante aguardada». Joana hesita, pois, na sua opinião, seus companheiros estão prontos para o combate. Ela os conhece, já se confessaram e rezaram com ela; portanto, reluta em separar-se deles. Dubois vai pessoalmente falar com os principais capitães:

> Supliquei-lhes e pedi que, em auxílio ao rei, concordassem com que Joana entrasse em Orléans e eles, os capitães e seus regimentos, fossem para Blois, onde atravessariam o Loire para vir a Orléans, pois não era possível encontrar passagem mais próxima. Os capitães concordaram com tal pedido e consentiram em atravessar em Blois.

Naquela noite de 29 de abril de 1429, sexta-feira, começa a epopeia de Joana d'Arc em Orléans: «Joana veio comigo», conta Dubois, empunhando seu estandarte, que era branco e sobre o qual estava a imagem de Nosso Senhor com uma flor-de-lis nas mãos. «Cruzou o rio Loire comigo e La Hire, e entramos juntos na cidade de Orléans.»

O redator do *Journal du Siège* nos oferece uma descrição mais emocionante:

> Ela então entrou em Orléans, tendo ao seu lado esquerdo o bastardo de Orléans, ricamente armado e montado; depois vinham outros nobres e valorosos senhores, escudeiros, capitães e soldados, bem como alguns da guarnição e cidadãos de Orléans que foram ao seu encontro.
>
> De outra parte, vieram recebê-la outros soldados e os moradores e moradoras de Orléans. Carregavam um grande número de tochas e faziam imensa festa, como se tivessem visto o próprio Deus descer entre eles. E com razão, pois haviam vivido muitas adversidades, tribulações, sofrimentos, além da incerteza de não serem socorridos e de perderem seus bens e suas vidas. Mas já se sentiam bastante consolados e «dessitiados» pela virtude divina que dizia-se repousar sobre essa simples donzela para quem olhavam tão afetuosamente, tantos os homens quanto as mulheres e as crianças. E havia uma extraordinária multidão que se espremia para tocá-la, ou mesmo para tocar o cavalo sobre o qual estava montada.

Esta é a vocação de Joana: o encontro com a multidão, e não haveria forma melhor de evocar a esperança que os habitantes de uma cidade sitiada haviam depositado nela desde o mês de outubro precedente. Tratava-se de sete longos meses, durante os quais o cerco se apertara e as tentativas de rompê-lo se mostraram ineficazes. Eis que um ser lhes promete um socorro divino: basta que Joana esteja entre eles para que se sintam já «dessitiados». Era preciso que Joana estivesse muito segura de seu propósito para não tremer naquele instante diante da ideia de decepcionar a multidão. Ela permanece, porém, muito calma e, ao menos em aparência, senhora de si. O seguinte fato o confirma:

> Um dos que carregavam as tochas chegou tão perto de seu estandarte que a flâmula pegou fogo. Ela então golpeou seu cavalo com as esporas e o virou muito suavemente em direção à flâmula, da qual apagou as chamas, como se conhecesse muito bem as práticas de guerra. Os soldados ficaram bastante admirados, assim como os moradores de Orléans, que a acompanhavam em júbilo por toda a cidade. Com grande honra, todos a conduziram à Porta Regnard, residência de Jacques Boucher, então tesoureiro do duque de

Orléans, onde foi recebida alegremente com seus dois irmãos e dois senhores acompanhados de seus criados que tinham vindo da região de Barrois.

Ainda hoje podemos acompanhar em Orléans o percurso de Joana d'Arc, desde a Porte de Bourgogne, a leste, até o outro extremo do que era a cidade antiga, em direção à Maison de Jeanne d'Arc, situada na atual praça Charles de Gaulle. A casa foi reconstruída após a destruição causada pela guerra de 1940, que literalmente destruiu todas as edificações deste bairro, com exceção do coro da igreja de Notre-Dame de Recouvrance, próxima à Porta Renard, e da residência de Jacques Boucher.

Joana passa sua primeira noite na residência de Jacques Boucher em uma cidade repleta de rumores e aparições inusitadas. No dia seguinte, começa uma novena durante a qual os acontecimentos se sucedem com incrível rapidez aos olhos da História, embora esses nove dias tivessem parecido longos diante de sua impaciência.

Chegara fremente de ardor, como é natural aos dezesseis ou dezessete anos. Considerava que tudo o que acontecera até ali não passava de preliminares um pouco inconvenientes: os infindáveis exames e interrogatórios, a preparação de sua armadura, o agrupamento do exército. Todas essas semanas lhe haviam parecido intermináveis, e agora, uma vez lá, era necessário ainda esperar! No sábado, 30 de abril, vai até o bastardo de Orléans. Como nos conta Louis de Coutes, «Joana voltou muito zangada, pois ele havia decidido que não iriam atacar naquele dia». Na verdade, o bastardo, que conserva a amarga memória da derrota «dos arenques», não pretende agir enquanto os reforços reunidos pelo rei não chegarem a Orléans. Joana, incapaz de ficar parada, vai observar as posições inglesas que em alguns pontos estão ao alcance das defesas orleanesas. Talvez tenha sido do alto da muralha contígua à Porta Renard, próxima de onde está hospedada, de onde efetuou uma primeira ofensiva, segundo o relato de seu pajem:

> Ela falou com os ingleses que estavam do outro lado do bulevar, pedindo-lhes que se retirassem em nome de Deus, pois, de outro modo, os expulsaria. Certo homem chamado bastardo de Granville [trata-se, portanto, de um normando "renegado"] profere diversas injúrias contra Joana, perguntando-lhe se queria que se rendessem a uma mulher e chamando os franceses que estavam com Joana de «sardinhas heréticas».

À noite, porém, Joana repete a mesma atitude e segue pela ponte de Orléans até uma fortificação, localizada numa ilha do Loire, chamada Belle-Croix, da qual dois arcos foram demolidos para impedir as tropas inimigas, firmemente entrincheiradas no «bulevar das Tourelles», de ganhar a cidade pela ponte. Ela se dirige novamente aos inimigos:

> Dali falou a Glasdale e aos outros ingleses que estavam nas Tourelles, e disse que, caso se rendessem diante de Deus, suas vidas seriam poupadas. Mas Glasdale e seus companheiros lhe responderam de maneira vil, ofendendo-a e chamando-a de «caipira», vociferando que a queimariam se pudessem pegá-la.

Eis uma promessa que deveria cumprir-se.

O dia seguinte, 1º de maio, foi um domingo. Nele, Joana certamente não achou desagradável observar a trégua dominical, da qual se lembrará mais tarde; contudo, cansada de tantas batidas em sua porta, faz uma cavalgada pela cidade. O *Journal du Siège* registra o evento:

> Neste dia, cavalgou pela cidade Joana, a Donzela, acompanhada de vários cavaleiros e escudeiros, pois os habitantes de Orléans queriam tanto encontrá-la que quase quebraram a porta da residência onde estava hospedada para vê-la. Havia tantos moradores da cidade nas ruas que a Donzela avançava com dificuldade, pois o povo não se cansava de admirá-la. Todos ficavam maravilhados com a forma como cavalgava tão habilmente. E a verdade é que se conduzia de forma exímia em todas as suas maneiras, como faria um guerreiro habituado às batalhas desde a sua juventude.

Durante esse tempo, o bastardo de Orléans foi ao encontro das tropas de reforço, e, como está no comando da defesa da cidade, Joana não fará nada até o seu retorno. Mais dois dias se passam, segunda e terça-feira, 2 e 3 de maio. Na terça-feira, uma grande procissão é organizada, «e estavam presentes Joana, a Donzela, e outros chefes de guerra», segundo os relatos da cidade, «para implorar a Nosso Senhor pela libertação da cidade de Orléans». Enfim, na quarta-feira, 4 de maio, é anunciada a chegada do bastardo. Joana vai rapidamente ao seu encontro, acompanhada de Jean d'Aulon, seu intendente. É ele quem nos relata como, após o jantar, o futuro Dunois veio lhe anunciar que um exército de reforço inglês fora enviado a Orléans e já estava perto de Janville. Esse regimento é liderado por John Falstolf, capitão de guerra que ficará famoso por seus feitos.

> A Donzela, ao que me pareceu, ficou muito satisfeita com as suas palavras e falou ao senhor de Dunois mais ou menos assim: «Bastardo, bastardo, em nome de Deus, peço-vos que avise-me logo que saibas da chegada desse Falstolf, pois, se não souber disso, prometo arrancar a vossa cabeça!» Ao que lhe respondeu o senhor de Dunois que não tivesse dúvidas de que seria avisada.

Impaciente com toda essa demora, Joana teme que os próximos movimentos lhe sejam ocultados, sem saber que a hora de agir está mais próxima do que imagina. Depois disso, todos se despedem e vão repousar um pouco, mas o descanso não dura muito tempo.

> Subitamente a Donzela levantou-se da cama e, fazendo um grande estardalhaço, me acordou. Então perguntei-lhe o que desejava, e ela me respondeu assim: «Em nome de Deus, meu conselho disse-me que devo combater os ingleses, mas não sei se devo me dirigir ao seu bastião ou contra Falstolf, que chega para ajudá-los.»

Joana vai então despertar a todos. Após acordar seu intendente e a dona da casa onde repousava, dirige-se rapidamente a seu pajem, para repreendê-lo: «Ah! menino sanguinário! Não dirias que o sangue da

França foi derramado!» Um movimento de precipitação toma conta da casa de Jacques Boucher: a mulher do tesoureiro e sua filha acorrem para ajudar Joana a equipar-se, enquanto Louis de Coutes vai buscar seu cavalo. Ele a conduz até a porta da residência, e ali Joana ordena-lhe que vá buscar seu estandarte, que lhe é dado pela janela. Ela se precipita «correndo em direção à Porte de Bourgogne». De fato, o acontecimento do dia se dará não muito distante dessa porta: «Estava ocorrendo então um ataque ou uma escaramuça perto de Saint-Loup», conta Louis de Coutes. «Nesse ataque, o bulevar fora tomado, e Joana encontrou muitos franceses feridos pelo caminho, o que a afligiu. Os ingleses se preparavam para defender-se quando Joana disparou em direção a eles. Logo que avistaram Joana, os franceses começaram a gritar, e o bastião que servia de fortaleza foi tomado.»

Era um primeiro lance de guerra, decerto sem grande importância, mas uma primeira vitória. No entanto, Joana teve antes de lutar contra o desânimo que se apoderara dos combatentes, muito embora esse bastião de Saint-Loup, construído na antiga estrada romana que dava acesso à Porte de Bourgogne, próxima a Saint-Loup-sur-la-Loire, a leste da cidade, tenha sido um princípio de melhora. Para Joana foi também um contato inicial com a crueldade da guerra. Seu confessor, Jean Pasquerel, é nossa testemunha, assim como seu pajem. «Joana lamentava muito», disse ele. «Ela chorou por aquelas pessoas que morreram sem confissão.» Sua reação foi confessar-se e, em seguida, «exortar publicamente a todos os soldados que confessassem os seus pecados e dessem graças a Deus pela vitória obtida».

No dia seguinte, uma quinta-feira, comemorava-se a Ascensão. Joana, ao voltar para casa, declarou que «não guerrearia e não se armaria em respeito à festa, pois naquele dia desejava confessar-se e receber o sacramento da Eucaristia, o que fez». Aproveitou também esse intervalo forçado para enviar aos ingleses uma última carta de intimação. É provável que tenha enviado três intimações sucessivas, segundo o costume, mas não temos o texto da segunda carta, que poderia pura e simplesmente repetir o da primeira, enviada de Poitiers. A carta enviada na quinta-feira da Ascensão é mais curta e mais enfática:

> A vós, ingleses, que não possuis nenhum direito sobre o reino da França, o Rei Celeste vos ordena e vos intima, por intermédio de Joana, a Donzela, que abandoneis as vossas fortalezas e retorneis a vosso país; do contrário, faremos tão grande bramido que dele se guardará perpétua memória. Isso escrevo pela terceira e última vez, e não mais escreverei. Assinado Jesus Maria, Joana, a Donzela.

A ela segue-se um pós-escrito que não é desprovido nem de humor, nem de interesse:

> Ter-vos-ia enviado as minhas cartas honestamente, mas detendes meus mensageiros, pois retivestes meu arauto, chamado Guyenne. Peço-vos que enviem-no de volta, e liberarei alguns dos vossos que são prisioneiros na fortaleza de Saint-Loup, pois nem todos morreram ali.

Talvez Guyenne e Ambleville tenham sido liberados para levar essa segunda intimação, cujo texto não possuímos. Desprezando as leis da guerra que protegiam todos os arautos, um deles fora feito prisioneiro. Portanto, Joana teve de se servir de um meio incomum para o envio desta terceira intimação: «Ela pegou uma flecha, amarrou a carta na ponta e ordenou que um arqueiro a lançasse aos ingleses, gritando: "Lede, são notícias!" Os ingleses receberam a flecha com a carta, leram-na e, depois disso, começaram a vociferar, dizendo: *São notícias da piranha dos Armagnacs!*" Ao escutar essas palavras», acrescenta Jean Pasquerel, que conta a história, «Joana começou a suspirar e chorar, invocando o Rei do Céu em seu auxílio. E foi consolada, como dizia, pois tinha ouvido a voz de seu Senhor. À noite, depois do jantar, pediu que me levantasse no dia seguinte mais cedo do que no dia da Ascensão, pois se confessaria a mim na primeira hora, e foi o que fez.»

Essa sexta-feira após a Ascensão foi, de fato, um dia cheio de surpresas. Joana se confessa, vai à Missa e, em seguida, enquanto se prepara para a batalha, depara-se com o governador de Orléans, Raoul de Gaucourt, que vigia as portas e proíbe a sua saída. O motivo? Os capitães decidiram não atacar naquele dia; sem dúvida julgam que o sucesso obtido em Saint-Loup bastaria por algum tempo. Joana tem opinião oposta: «Ela pensava que os soldados deveriam sair com os moradores da cidade e atacar o bastião dos agostinianos. Muitos soldados e cidadãos compartilhavam da sua opinião.» Inicia-se então uma verdadeira altercação entre Joana e o senhor de Gaucourt: «Quer queiras, quer não, os soldados virão e obterão o que já obtiveram alhures.» O intendente de Joana narra todos os detalhes do que acontecera naquele dia, pois a vitória se deve somente a Joana: ela sai com seus soldados «bem ordenados» e atravessa o Loire, ainda para o lado da Porte de Bourgogne — onde, visto que o bastião de Saint-Loup havia sido tomado, não havia o temor de um ataque pela retaguarda —, para se dirigir à margem esquerda, em direção ao bairro que ainda hoje é chamado de Saint-Jean-le-Blanc. Os ingleses haviam construído ali outro bastião, escorando-o numa ilha do Loire, a ilha dos Toiles. Os combatentes franceses constroem uma ponte de barcos, desembarcam e encontram o bastião deserto: seus defensores recuaram um pouco e se dirigiram ao bastião, bem mais forte, que haviam instalado nas ruínas do antigo mosteiro dos agostinianos, próximas à fortificação da ponte, chamada de Tourelles. Foi uma simples retirada para reagrupar os seus contigentes, o que, portanto, colocava os combatentes franceses em uma posição ruim.

A retirada foi ordenada: «Enquanto os franceses voltavam do bastião Saint-Jean-le-Blanc para entrar na ilha [das Toiles]», conta Jean d'Aulon, «a Donzela e La Hire passaram ambos com seus cavalos sobre um barco para o outro lado dessa ilha, e montaram nos cavalos logo que passaram, cada um empunhando a sua lança. E quando viram que os inimigos estavam deixando o bastião [dos agostinianos] para avançar contra os seus soldados, a Donzela e La Hire, que estavam na vanguarda para protegê-los, rapidamente baixaram as lanças e foram os primeiros a começar o ataque aos inimigos. Então todos os seguiram e investiram com tal força que os inimigos foram obrigados a recuar e voltar para o bastião dos agostinianos. [...] Tão duramente e com tal diligência investiram contra eles por todos os lados que em pouco tempo o bastião foi conquistado e invadido. Ali, a maioria dos adversários foi morta e capturada, e aqueles que conseguiram se salvar fugiram para o bastião das Tourelles, na base da ponte.

Assim, nesse dia, a Donzela e aqueles que a acompanhavam obtiveram a vitória contra os inimigos. O grande bastião foi conquistado, e ali permaneceram durante toda a noite os senhores e os soldados acompanhados pela Donzela.»

A disposição de Joana conquistou uma vitória inesperada: ao defender a retirada, provocou um ataque e obteve a tomada de um forte bastião de evidente importância. Novamente, no entanto, o partido da inércia se manifesta:

> Após o jantar veio falar com Joana um notável e corajoso cavaleiro de cujo nome não me recordo [é Pasquerel quem fala, e é possível que sua amnésia seja voluntária, de modo a evitar contrapor-se a Raoul de Gaucourt, ou talvez ao próprio bastardo]. Diz a ela que os capitães e os soldados do rei deliberaram e perceberam que eram menos numerosos que os ingleses e que Deus lhes havia concedido graça pelas vitórias concedidas, acrescentando: "Considerando que a cidade está bem provisionada de víveres, poderíamos muito bem guardá-la enquanto esperamos a ajuda do rei, e não parece adequado ao conselho que os soldados saiam amanhã."»

Joana fica furiosa, pois concluíra consigo que essa nova vitória era apenas uma etapa no caminho para a vitória definitiva e que não estava nem um pouco preocupada com o conselho dos capitães. Sem mais delongas, dirige-se novamente ao seu capelão: «Levante-se amanhã bem cedo, mais cedo que hoje, e faça o melhor que puder. Fique perto de mim o dia todo, pois amanhã terei muitas coisas a fazer, mais do que nunca tive. E amanhã meu sangue jorrará de meu corpo, logo acima de meu seio.»

Jean Pasquerel, embora não lutasse, teria de fato muito trabalho no dia seguinte, sábado, 7 de maio. A vitória parecia muito próxima. Durante toda a noite, os habitantes de Orléans atravessaram o Loire de barco para levar «pão, vinho e outras provisões» aos soldados entrincheirados no bastião dos agostinianos. De manhã, ao amanhecer, Jean Pasquerel celebrou a Missa. Foi perpetrado o ataque à fortaleza das Tourelles que bloqueava a ponte desde o mês de outubro precedente: «E o ataque se estendeu do amanhecer até o pôr do sol.»

Tratava-se de um dia repleto de acontecimentos, como nunca se vira; nele, Joana se doa prodigamente e mostra, em sua plenitude, do que é capaz. Está convicta de que esse dia será decisivo: «Nesse mesmo dia», declara Pasquerel, «escutei a Donzela dizer: "Em nome de Deus, entraremos essa noite na cidade pela ponte."» Isso significava que as comunicações, interrompidas havia sete meses, seriam restabelecidas entre as margens do Loire.

A vitória

Por volta da hora do almoço Joana foi levemente ferida por uma flecha acima do seio, como previra. Imediatamente, chora e é tirada da batalha. A flecha, que não penetrara profundamente, é removida. Alguém sugere que lhe seja aplicado «um feitiço», o que recusa com vigor: «Prefiro morrer a fazer algo que seja pecado ou contra a vontade de Deus». Recebe, porém, os cuidados comuns à época, isto é, a aplicação de azeite de oliva e uma fatia de toucinho defumado para que as bordas de seu ferimento cauterizem rapidamente. Depois disso, Joana volta para o combate.

Mas a defesa da fortaleza das Tourelles é forte e bem organizada. Todas as forças são empregadas para isolar o bastião, destruindo um dos arcos sobre o qual se sustenta. As contas da cidade guardam uma prova disso: detalha-se a soma paga a «um homem chamado Jean Poitevin, pescador de profissão, que levou para a terra seca uma barcaça que foi colocada sob a ponte das Tourelles para queimá-las quando fossem tomadas». A barcaça, que deveria ser preenchida com feixes e betume, foi incendiada sob o arco.

Isso não aconteceu sem que Joana tivesse, mais uma vez, de intervir expressamente, pois à noite o desânimo se apoderou dos combatentes. O bastardo de Orléans vem procurá-la e sinaliza que vai ordenar que o exército recue em direção à cidade. Joana manifesta a reação do bom senso — o bom senso de uma mulher, que entende melhor que o estrategista do que os homens que lutam desde a manhã precisam: «Descansar um pouco, comer e beber», aconselha. E implora ao bastardo que espere um pouco mais. Vemo-la então montar seu cavalo e retirar-se sozinha a uma «vinha suficientemente distante da multidão dos homens, e ali permanecer em oração por meio quarto de hora», detalha Dunois.

Ocorre então o episódio decisivo. Joana entrega seu estandarte a um escudeiro chamado le Basque, a quem Jean d'Aulon pede que o siga até a beira do fosso. Ela então vê seu estandarte; e, como aquele que o carregava entrou no fosso, agarra-o pela ponta e puxa com toda sua força. «E agitou o estandarte da maneira que imaginei», disse Jean d'Aulon, «pois, ao fazer isso, os outros acreditariam que ela estava lhes dando algum sinal».

«Em resumo, os soldados do exército da Donzela se reuniram, agruparam-se novamente e com grande ferocidade atacaram o bulevar. Pouco depois, esse bulevar e o bastião foram por eles tomados e abandonados pelos inimigos. E os franceses entraram na cidade de Orléans pela ponte.» Isso equivale a dizer que as Tourelles foram tomadas. Joana fica abalada, pois o chefe da companhia, a quem chama de Classidas,

> armado da cabeça aos pés, caiu no rio Loire e se afogou. Joana, tomada de grande pesar, começou a chorar muito pela alma deste Classidas e dos outros que ali se afogaram em grande número, e naquele dia todos os ingleses que estavam além da ponte foram capturados ou mortos.

Para cruzar os arcos que foram destruídos, improvisa-se então uma ponte de tábuas, sobre a qual passam alguns dos defensores que permaneceram em Orléans. A comunicação é restabelecida, o jogo está ganho. Todos, podemos imaginar,

> comemoraram com júbilo e louvaram Nosso Senhor por essa bela vitória que lhes havia concedido. E faziam muito bem, pois conta-se que essa tomada, que durou da manhã até o pôr do sol, foi tão fortemente atacada e defendida que foi um dos mais belos feitos de guerra, como há muito tempo não se ouvia notícia [...]. Todos os sacerdotes e moradores de Orléans cantaram com devoção o *Te Deum laudamus* e tocaram os sinos da cidade, agradecendo muito humildemente a Nosso Senhor por essa gloriosa consolação divina

> e celebrando por todos os lados, oferecendo maravilhosos louvores a seus corajosos defensores e especialmente a Joana, a Donzela. Ela passou essa noite com os senhores, capitães e soldados ao relento, tanto para guardar as Tourelles tão intrepidamente conquistadas quanto para saberem se os ingleses que estavam em Saint-Laurent não sairiam para socorrer ou vingar seus companheiros. Mas não tinham nenhuma vontade de fazer isso.

Joana foi reconduzida aos seus aposentos para que seu ferimento fosse tratado e comeu algumas torradas embebidas em vinho para se restaurar. Ela entrara na cidade pela ponte...

O dia seguinte, 8 de maio, foi um domingo, dia que tanto contaria nos anais de Orléans e, muito mais tarde, nos de todo o país. O cronista do *Journal du Siège* continua:

> Na manhã seguinte, domingo e oitavo dia de maio deste mesmo ano de 1429, os ingleses abandonaram seus bastiões, levantaram o cerco e começaram a combater. [...] Por isso, a Donzela e vários outros corajosos soldados e cidadãos saíram de Orléans com grande força e se alinharam diante deles em formação, de tal maneira que ficaram muito próximos uns dos outros, durante uma hora inteira, sem se tocarem.

Um dos grandes «suspenses» da história diz respeito à hora em que franceses e ingleses encontram-se face a face sob as muralhas de Orléans. Do lado francês, desta vez, todos estão impacientes para lutar. Ninguém diria que algum tempo atrás fora preciso criar coragem, provocar o ardor combativo de quem estivera acostumado a ser derrotado e que sempre julgara já ter feito o suficiente. Galvanizados pelas extraordinárias vitórias que se sucederam, nos dias 6 e 7 de maio, os franceses tiveram dificuldade em controlar a ansiedade. Joana, todavia, intervém de maneira muito diferente dos dias anteriores: «O que os franceses sofreram com muita relutância», continua o *Journal du Siège*,

> obedecendo à vontade da Donzela que esteve no comando e os defendeu desde o início, foi o não começar, por amor e honra do Domingo Santo, a batalha nem atacar os ingleses. Mas, se os ingleses os atacassem, que se defendessem com força e ousadia e não temessem, pois sairiam vencedores.

Joana permanece, portanto, imbuída das antigas regras de cavalaria que restringiam os tempos de guerra, impunham tréguas aos domingos e feriados e colocavam a espada dos mais fortes a serviço dos mais fracos. Dadas as circunstâncias, encontra dificuldades para impor seu ponto de vista num momento em que a guerra já tomou um rumo feroz, que se acentuará cada vez mais.

> Passado esse momento, os ingleses partiram em formação para Meung-sur-Loire, levantando e abandonando completamente o cerco que mantiveram em frente a Orléans desde o dia 12 de outubro de 1428 até hoje.

Orléans fora libertada.

Exultação e espanto! Toda a cidade é atravessada por essa grande sensação de alegria que marca e marcará, ao longo dos séculos, toda a libertação, individual e coletiva.

> A Donzela e os outros senhores e soldados voltaram em júbilo para Orléans, para a grande exultação de todo o clero e do povo, que juntos humildemente renderam graças a Nosso Senhor, louvores merecidíssimos pelo socorro e vitórias que Ele havia concedido e enviado contra os ingleses, antigos inimigos do reino. [...] Neste mesmo dia e também no dia seguinte, o clero fez muito bela e solene procissão, junto com os senhores, capitães, soldados e habitantes que estavam ou residiam em Orléans, e visitaram as igrejas com grande devoção.

O redator do *Journal* também assinala a reconciliação geral ocorrida nesse dia. Até então os moradores de Orléans temiam os soldados, pois todos sabiam muito bem quais crimes os combatentes são capazes de cometer diante de uma população desarmada. Esses flibusteiros, todos mercenários recrutados por capitães que nem sempre mantêm a disciplina necessária em suas fileiras, são temidos tanto em tempos de paz quanto em tempos de guerra. Seu emprego por reis e grandes senhores provocou todo o horror do que os livros didáticos mais tarde chamariam de Guerra dos Cem Anos, que não tem nenhuma relação com a guerra feudal dos séculos XII e XIII.

Agora, em meio à alegria geral, os cidadãos de Orléans não temem mais aqueles que em princípio os defendiam, mas cuja presença na cidade era também sentida como um verme no fruto. Até a guerra muda de aspecto sob o comando da Donzela!

Muitos mensageiros são enviados pela estrada que leva até o castelo de Chinon, onde, algumas semanas antes, Joana exortava o delfim a não duvidar, a confiar nela, pois em Orléans seria visto o sinal do que afirmava: que fora enviada por Deus para restabelecer o reino da França. Da mesma forma, o delfim também preocupou-se em ditar uma circular endereçada às suas «boas cidades» — carta à qual terá de acrescentar por duas vezes um novo parágrafo antes de ser concluída, devido à chegada de novas mensagens:

> Do Rei, caríssimos e diletos, acreditamos que tenhais conhecimento de nossa contínua diligência para oferecer todo o socorro possível à cidade de Orléans, há muito sitiada pelos ingleses, antigos inimigos de nosso reino. [...] E, porque sabemos que não podereis ter maior alegria e consolo, como súditos leais, do que ouvir-me anunciar as boas-novas, informamo-vos que pela misericórdia de Nosso Senhor, de quem tudo procede, trouxemos grande e boa provisão, por duas vezes em uma única semana, à cidade de Orléans, às vistas do inimigo, sem que nos oferecessem resistência.

Faz-se referência aqui aos dois comboios de suprimentos que conseguiram entrar em Orléans pelo rio Loire, o primeiro sob o comando de Joana e o segundo, sob o do bastardo de Orléans. Carlos relata, em seguida, como na quarta-feira anterior (4 de maio) fora conquistado «um dos mais fortes bastiões do inimigo, o de Saint-Loup».

Um novo mensageiro chega. E o rei precisa retomar a carta que pensava já estar concluída:

> Quando esta carta já estava pronta, chegou-me, por volta de uma da manhã, um arauto que nos jurou por sua vida que, na última sexta-feira, nossos soldados atravessaram o rio a barco em direção de Orléans e sitiaram, do lado da Sologne, o bastião do final da ponte. E nesse mesmo dia conquistaram o bastião dos agostinianos, e no sábado atacaram o restante do bastião que defendia a ponte, onde havia seiscentos combatentes ingleses sob duas bandeiras e o estandarte de Chandon. E, finalmente, por grande proeza e bravura de armas, sempre por meio da graça de Nosso Senhor, conquistaram todo o bastião, e todos os ingleses que ali estavam foram capturados ou mortos. [Ele continua a carta exortando seus correspondentes a] honrar os valorosos feitos e as coisas maravilhosas que esse arauto que ali esteve presente nos relatou, e também a Donzela que sempre liderou pessoalmente a execução de todas essas coisas.

Mas não é tudo: o rei terá de completar mais uma vez a sua carta com uma última notícia:

> E quando estava acabando estas cartas, dois senhores vieram a nós que participaram do combate e certificam e confirmam tudo, mais plenamente que o arauto. [...] Depois que nossos soldados, no último sábado, tomaram e derrubaram o bastião do final da ponte, no dia seguinte, ao amanhecer, os ingleses que ali permaneceram saíram e fugiram com tal apuro que deixaram para trás suas bombardas, canhões e artilharia, e a maior parte de suas provisões e bagagens.

Essa carta escrita em Chinon na madrugada do dia 9 para o dia 10 de maio de 1429 é mesmo impressionante!

Em 10 de maio também chegavam notícias de Orléans a Paris, e o escrivão do Parlamento, Clément de Fauquembergue, que tinha o hábito de incluir em seu livro de registros, além dos processos judiciais que lhe cabiam registrar, os acontecimentos do dia em uma espécie de Diário Oficial, escrevera:

> Na terça-feira, dia 10 de maio, foi noticiado e dito publicamente em Paris que, no domingo anterior, os soldados do delfim, em grande número, após vários ataques levados a cabo pela força das armas, entraram no bastião mantido por William Glasdale, outros capitães e soldados ingleses, em nome do rei, cuja torre se encontrava no final da ponte de Orléans [As Tourelles], do outro lado do Loire, e que neste dia os outros capitães e soldados que mantinham o cerco [...] haviam abandonado esses bastiões e levantado seu cerco para lutar contra os inimigos que tinham em sua companhia uma Donzela, a única que portava um estandarte entre os inimigos, como se conta.

E como um escrivão não estava proibido de sonhar, desenhou na margem da folha um pequeno croqui dessa Donzela de quem tanto se falava nas margens do Loire, tanto em Paris quanto em Chinon. Representou-na de perfil, com os cabelos longos e portando um vestido (ele jamais a vira!), dando grande ênfase tanto à sua espada quanto ao seu estandarte: dois detalhes que surpreendiam profundamente — uma simples donzela entre os soldados, que deles se distinguia por um estandarte no qual estavam inscritos dois nomes: Jesus Maria*.

Assim, temos dois testemunhos escritos no calor do extraordinário acontecimento que acabara de ocorrer.

No entanto, sem se preocupar com a agitação em torno de sua figura e pensando apenas em continuar a missão que, em suas palavras, lhe fora confiada, Joana deixa Orléans e a residência de Jacques Boucher, e novamente cai na estrada.

CAPÍTULO IV

«Ele esteve presente no sofrimento, era justo que estivesse na honra»

Joana e o bastardo de Orléans se dirigem a Loches para encontrar o rei após o levante do cerco.

«Empunhando sua bandeira, cavalgou em direção ao rei e ambos se encontraram», conta uma crônica alemã da época, muito bem informada. «Então a jovem inclinou a cabeça diante do rei tanto quanto pôde, e o rei fez com que se levantasse rapidamente; parecia tão feliz que teria sido capaz de abraçá-la. Isso ocorrera na quarta-feira anterior ao dia de Pentecostes, e ela permaneceu com ele até o terceiro dia de junho.»

A data indicada, 11 de maio de 1429, é confirmada pelo bastardo que escoltava Joana. Não teve, portanto, tempo para saborear o fruto de sua surpreendente vitória, assim como os orleaneses não tiveram tempo para conhecê-la melhor, pois, pelo menos em metade de sua curta estada entre eles, portara o elmo e a armadura.

O que também podemos constatar é a extraordinária repercussão que o feito conquistou em toda a Europa. A crônica que citamos foi escrita por um homem chamado Éberhard de Windecken, ninguém menos que o tesoureiro do imperador Sigismundo, que parece ter manifestado grande interesse pelos feitos de Joana e certamente procurou se informar a respeito dela.

Os mais céleres para transmitir a notícia e tornar a vitória de Joana em Orléans conhecida foram provavelmente os carteiros dos grandes negociantes italianos que tinham sucursais em Flandres e Avignon, locais de comércio mais importantes da época. O registro de todas as notícias enviadas pelos agentes estrangeiros pode ser encontrado no diário de Antonio Morosini. Como comercializavam principalmente armas e equipamentos militares, eram os primeiros interessados em conhecer a situação da guerra na França. Uma dessas cartas, enviada de Bruges em maio, conta como uma donzela, nascida nos confins da Lorena

> foi perante o delfim e quis falar-lhe a sós, sem a presença de mais ninguém. [...] Ela lhe disse que deveria fazer uma incursão militar, lançar provisões em Orléans, provocar o combate contra os ingleses; que dele sairiam vitoriosos e que o cerco da cidade seria levantado. [...] Um inglês chamado Lawrence Trent, pessoa honesta e discreta, escreve sobre isso, observando o que dizem em suas cartas tantos homens nobres e de boa-fé: «Isso me enlouqueceu.» Acrescenta ainda, como testemunha ocular, que Joana é estimada por muitos barões, assim como pelas pessoas simples. [...] Seu triunfo incontestável na discussão com os mestres em teologia faz pensar numa nova Santa Catarina. Muitos cavaleiros, ouvindo-a argumentar e proferir todos os dias coisas admiráveis, afirmavam tratar-se de um grande milagre.

Um pouco mais tarde, esse mesmo Morosini menciona outra carta recebida de um correspondente de Avignon:

> Essa senhorita disse ao senhor delfim que deveria ir a Reims para cingir-lhe a coroa de toda a França, e sabemos que tudo o que disse se realizou, pois suas palavras são sempre confirmadas pelos fatos. Na verdade, nasceu para realizar coisas magníficas neste mundo.

O nascimento de uma lenda

No exterior, ainda na Itália, também estão interessados em Joana: a duquesa de Milão, Bonne Visconti, escreverá a ela para pedir que seu ducado fosse devolvido. Outra figura, um conselheiro do rei chamado Perceval de Boulain Villiers, casado com a filha do governador de Asti, escreve ao duque de Milão, Philippe-Marie Visconti, uma carta ditirâmbica: no momento de seu nascimento em Domrémy, na noite da Epifania (6 de janeiro), os galos começaram a cantar despertando todo o vilarejo, «como arautos de uma nova alegria». Joana nunca teria perdido uma única ovelha quando era guardadora de rebanhos na infância e, durante seis dias e seis noites, teria portado a armadura completa, espantando a todos pela maneira como a suportava etc. Um poeta chamado Antoine de Asti traduziu essa carta em versos, que parece ter se inspirado nos louvores escritos à maneira antiga e que ecoa já todo um folclore erigido em torno das conquistas, bastante reais, de Joana, ampliadas por sua fama.

Isso ocorreu tanto entre os inimigos quanto entre os partidários do rei da França, pois o *Journal d'un bourgeois de Paris*, obra diária de um clérigo da Universidade de Paris, menciona também as façanhas de Joana, incrementadas com diversas invencionices. Em sua infância, quando pastoreava as ovelhas, «os pássaros dos bosques e dos campos, ao seu chamado, vinham comer pão em seu regaço como se fossem domesticados». Podemos sentir todo o seu desapontamento quando anota: «Os Armagnacs levantaram o cerco de Orléans, de onde expulsaram os ingleses», mencionando que a Donzela havia predito a um capitão a morte dele: «E assim foi, pois afogou-se no dia da batalha.» Isso significa que em todos os lugares falava-se da morte de Glasdale durante o ataque das Tourelles. Corria o boato de que Joana predissera que ele morreria «sem sangrar».

Essas alusões não têm grande importância do ponto de vista histórico, exceto porque atestam a emoção extraordinária suscitada pelo levante do cerco de Orléans. Esses franceses, cuja derrota parecia irremediável, subitamente se recuperam e respondem ao maior ataque feito por seus adversários, lançando-os no Loire. Tudo isso sob o comando de uma jovem de dezesseis ou dezessete anos. Aos olhos de todos, ela é a Virgem inspirada da qual se pode esperar qualquer milagre. Os *capitouls* — conselheiros municipais — da cidade de Toulouse lhe escrevem para expor suas dificuldades financeiras. Ainda no sul, em Montpellier, a lenda conta que o bulevar Bonne-Nouvelle recebeu esse nome em alusão à libertação de Orléans. O sul da França é absolutamente leal, e podemos encontrar nos arquivos de Narbonne a única cópia que nos resta da carta escrita por Carlos, o delfim, e que fora enviada a todas as nobres cidades do reino: somente essa cidade conservou o original, enquanto as outras guardaram apenas uma menção em seu registro. De fato, o movimento que apoia o rei legítimo é apropriadamente chamado de *Armagnac*. No século XX, quis-se identificar no interior do sul da França uma espécie de rancor deixado pela guerra dos Albiginenses. A verdade é que teríamos dificuldades se quiséssemos citar algum texto que — antes do século XIX — ecoasse o terrível episódio. Os tumultos que abalaram as cidades do Languedoc dois séculos antes são logo esquecidos, e a sábia administração seguinte, sem nenhum traço de perseguição, nem mesmo linguística (a carta dos *capitouls*, assim como seu registro, foi escrita na língua occitana), explica muito bem por que a população se aliou ao rei da França e forneceu-lhe grande parte dos subsídios que lhe faltavam tão severamente. O caso da Guyenne é de todo diferente, pois permanece no direito feudal, enquanto a metade norte da França se encontra sob o domínio inglês por direito de conquista: dois modos de propriedade completamente opostos. A região da Guyenne, tendo Bordeaux como cidade principal, põe-se do lado do rei da Inglaterra como se fosse seu legítimo senhor — em segundo plano está a ganância comercial dos vinicultores de Bordeaux, numa época em que se calcula que os ingleses bebem mais vinho per capita do que hoje. Enquanto isso, o governo dos conquistadores havia despertado já na época de Joana D'Arc, na Normandia e na Île-de-France, uma resistência comparável à que viveremos no século XX contra outra ocupação.

Ninguém parece ter resumido melhor o boato público a respeito das façanhas de Joana do que seu capelão, Jean Pasquerel: «Nunca havíamos visto feitos como os vossos, em nenhum livro encontramos semelhantes realizações.» É, portanto, com essa aura de vitória que Joana se encontra perante o delfim, com a plena consciência de que, ao libertar Orléans como prometera, oferecerá o «sinal» solicitado por todos. Mas sua atitude não é triunfalista, pois sabe que a parte mais importante de sua missão ainda deve ser cumprida: «Fui a primeira a colocar a escada no bastião do final da ponte de Orléans», declarará mais tarde. É expondo-se a si mesma que consegue ganhar a batalha, e será necessário expor-se novamente. De fato, sua contribuição pessoal foi determinante para a libertação de Orléans, e, em três ocasiões, foi o seu comportamento o que levou à vitória em casos específicos. Em Loches, o mesmo ocorrerá, e será ela a conduzir todos à vitória.

Como, então, explorar da melhor forma possível a vitória de Orléans e sua libertação? Era óbvio que, do ponto de vista estratégico, uma ofensiva em Chartres, na Normandia ou até mesmo em Paris parecia necessária. Ainda mais porque, a partir daquele momento, as tropas francesas começaram a aumentar além de todas as expectativas. Sabemos da decisão do duque da Bretanha, que informara Joana de que, impossibilitado de ir pessoalmente — visto que se encontrava «em grande estado de enfermidade» —, enviava o filho, Gobert Thibault, com reforços armados. Mais tarde, ao escrever as suas memórias, dirá, sobre os soldados da época: «Eram muitos, pois todos a seguiam.» As vitórias de Joana galvanizaram o país.

Sobre a decisão tomada, o bastardo de Orléans expressou-se de forma inequívoca:

> Recordo-me de que, depois das vitórias de que falei [em Orléans], os senhores de sangue real e os capitães queriam que o rei fosse para a Normandia, não para Reims. Mas a Donzela sempre defendera a necessidade de ir a Reims para consagrar o rei e oferecia uma razão para seu posicionamento, afirmando que, uma vez que o rei fosse coroado e sagrado, a força dos adversários diminuiria cada vez mais, e no final já não poderiam prejudicá-lo, nem ao reino. Todos concordaram com sua opinião.

Mas Joana teve de perseverar firmemente diante do rei. O bastardo a descreve no castelo de Loches no momento em que o rei, em seu quarto, está reunido com seus conselheiros mais próximos: Christophe d'Harcourt, Gérard Machet, bispo de Castres, e Robert Le Maçon, chanceler da França:

> Antes de entrar no quarto, a Donzela bateu na porta e, assim que entrou, ajoelhou-se e abraçou as pernas do rei, dizendo estas palavras ou outras parecidas: «Nobre delfim, não percais tempo com demorados conselhos, venhais o mais rápido possível a Reims para receberdes uma digna coroa.»

Christophe de Harcourt então a questiona, pois Joana o intriga. Embora não duvide mais da inspiração divina pela qual é conduzida, está curioso em saber o «como», a maneira de proceder desse misterioso «conselho» ao qual ela se refere. E o rei, seguindo-o, insiste. Joana, corando, responde:

> Quando enfrentava algum problema, porque não queriam confiar no que dizia em nome de Deus, ela se retirava e rezava a Deus, queixando-se a Ele de que aqueles com quem falava não acreditavam facilmente nela; e, após orar, ouvia uma voz que lhe dizia: «Moça-De [Deus], vai, vai, vai, serei o teu auxílio, vai.» Ao ouvir aquela voz, ela sentia uma grande alegria e desejava permanecer nesse estado. [...] Assim, ao repetir as palavras de suas vozes, ela própria exultava de forma admirável, levantando os olhos para o céu.

A posição de Joana vai prevalecer, e é provável que durante esses dias passados no castelo de Loches ela tenha alcançado o seu objetivo. As viagens que faz em seguida estão diretamente relacionadas com a nova incursão de guerra por ela suscitada, pois é provavelmente depois de 23 de maio que se dirige ao duque de Alençon em Saint-Florent-Lès-Saumur. Nesse momento, o duque está novamente livre: seu resgate foi pago, mas é compreensível que sua esposa temesse o que poderia acontecer a seguir. Ela acabara de pagar somas tão altas que teria naturalmente implorado ao marido que deixasse de lutar. E «Joaninha» assegurou-lhe: «Senhora, não tema, vou devolvê-lo com boa saúde; na verdade, melhor do que está agora!»

Após essa promessa reconfortante, o duque e a duquesa de Alençon se separaram. Encontramos Joana logo depois em Selles-en-Herry, para onde também se dirigiu o duque «em formidável companhia». Ele até chegou a jogar uma partida de péla com o jovem Guy de Laval: tratava-se de um senhor que, acompanhado de seu irmão André, viera se juntar ao exército real. Guy de Laval escreve para a mãe, e sua carta, que nos foi preservada, transmite bem a efervescência que imperava entre Selles--en-Berry e Saint-Aignan, onde se encontra o rei:

> Diz-se aqui que o excelentíssimo senhor condestável traz seiscentos soldados e quatrocentos arqueiros e que também está chegando Jean de La Roche, e que o rei nunca teve tanta companhia como a que esperamos aqui. Nunca as pessoas tiveram mais disposição para combater do que agora.

Entusiasmado, o jovem conta como fora ver sua excelência, o delfim, em Loches, no castelo. «Um belo e gracioso senhor», descreve, «muito bem formado, ágil e hábil para a idade de sete anos que deve ter». Trata-se do futuro Luís XI, que Joana vira também durante sua estada no castelo. Ele guardará por toda a vida a lembrança desse encontro de infância e será o único de nossos reis a mostrar alguma gratidão por Joana. Deu seu nome a duas de suas filhas, uma legítima e a outra natural (embora fosse um nome muito comum à época).

Para Guy de Laval, o encontro com Joana, a Donzela, foi também um grande acontecimento. Joana havia enviado à avó dele, Anne de Laval, que fora a esposa de Duguesclin, «um pequeníssimo anel de ouro», considerando que se tratava de um presente demasiado modesto em relação ao renome dessa ilustre dama e do valoroso combatente, seu esposo. Guy parece ter se encantado com o encontro:

> A Donzela nos recebeu calorosamente, a mim e a meu irmão, portando a armadura, exceto o elmo, e com a lança em mãos. E quando estávamos em Selles, fui vê-la onde estava hospedada, e ofereceu-me vinho dizendo que em breve estaríamos bebendo em Paris. Poder vê-la e ouvi-la era algo divino.

Então a descreve com uma admiração que beira a devoção:

> Vi-a revestida com uma armadura branca, exceto a cabeça, com um pequeno machado na mão, quando montava seu cavalo, um grande corcel preto, que resistia muito e não se deixava montar. Então disse: «Levai-no à cruz», que ficava em frente à igreja, perto dali. E montou sem que ele se movesse, como se estivesse amarrado. E então ela se virou em direção à porta da igreja, que estava bem próxima: «Vós, padres e paroquianos, fazei uma procissão e rezai a Deus.» E então ela se virou, dizendo: «Sigai em frente, sigai em frente», com o estandarte desfraldado que um gracioso pajem carregava, e tinha seu machado na mão. E seu irmão [Pierre ou Jean?], que chegara oito dias antes, também a acompanhava, totalmente armado de branco...

A campanha do Loire

Na data em que essa carta foi escrita — quarta-feira, 8 de junho —, a partida está próxima. Joana e seu irmão partem em direção a Romorantin, e depois disso terá início a chamada «campanha do Loire», com o intuito de expulsar o inimigos dos locais onde ainda estão instalados às margens do rio e nas planícies circundantes, de modo a garantir a passagem da retaguarda do exército pela estrada que vai em direção a Reims. Guy e André de Laval, que terão seu batismo de fogo nessa campanha, não escondem a impaciência. A mãe dos jovens teve de enviar cartas ao rei — depois de ser expulsa de Laval, retirou-se à Bretanha, no castelo de Vitré — para que os filhos não participassem imediatamente do combate. «Vós haveis rabiscado não sei que tipo de carta», continua Guy, «a meu primo de La Tremoille, e por causa dela o rei deseja me reter consigo até que a Donzela esteja diante das praças-fortes inglesas ao redor de Orléans, onde vamos estabelecer um cerco e para o qual a artilharia está pronta. E não hesita a Donzela ao afirmar que, quando o rei for para Reims, iria consigo.»

Mas Guy de Laval planeja partir antes: «E também meu irmão», acrescenta. Em seguida, solicitará de sua mãe «sua herança, ou o que conseguir ajuntar, pois temos ao todo apenas trezentas coroas da França».

A sequência dos acontecimentos será marcada pela mesma rapidez que caracteriza a ação de Joana todas as vezes em que tem liberdade para agir. Vimo-na deixar Selles e partir para Romorantin e, dali, para Orléans. O remanescente do exército inglês expulso de Orléans refugiou-se em Fargeau, sob o comando de Suffolk. Além disso, o duque de Bedford se apressou em reunir outro regimento de exército que viria em reforço e era comandado pelo famoso John Falstolf.

O rei confia a direção dessa campanha do Loire ao duque de Alençon. Ele estima em seiscentas lanças — portanto, a mesma quantidade de cavaleiros, ao todo quase 2 mil homens — o exército que lidera primeiramente contra Jargeau. O número duplica no dia seguinte, pois juntaram-se a eles a companhia do bastardo de Orléans e a de Florent de Illiers, capitão de Châteaudun. Assistimos então a um debate entre capitães: devemos atacar a cidade? Afirma-se que os ingleses são muito numerosos ali. Mais uma vez, será Joana quem provocará a ação:

> Joana, percebendo que havia dificuldades entre eles, diz para não temerem nenhuma multidão e para que não dificultem o ataque aos ingleses, pois Deus os conduzirá. Afirma que, se não estivesse certa de que Deus conduziria essa ação, preferiria pastorear ovelhas ao invés de se expor a tais perigos.

Os combatentes, portanto, dirigem-se a Jargeau, com a intenção de permanecer nos arredores e pernoitar ali, como afirma expressamente o duque de Alençon.

> Sabendo disso, os ingleses vieram ao seu encontro e, numa primeira abordagem, rechaçaram os soldados do rei. Vendo isso, Joana tomou seu estandarte e partiu para o ataque exortando os soldados a que se mantivessem firmes; e assim fizeram, de sorte que, naquela noite, puderam se alojar nos arrabaldes de Jargeau. Creio — acrescenta o duque, que fora uma testemunha privilegiada — que Deus conduzia essa ação, pois nessa noite não houve guarda, de modo que, se os ingleses tivessem saído da cidade, os soldados do rei estariam em grande perigo.

Novamente, no dia seguinte, em vez de deixar o conselho dos capitães arrastar-se por longas horas, nas quais cada um daria a sua opinião sem que fosse possível chegar a um consenso,

> a própria Joana diz: «Avante, gentil duque, ao ataque!» E como me parecia precipitado começar o ataque tão rapidamente, Joana disse-me: «Não duvida, a hora chega quando a Deus apraz», e também que era necessário agir quando Deus assim queria: «Age, e Deus agirá». E disse mais tarde: «Ah, gentil duque, por que temes? Acaso não sabes que prometi a vossa mulher levá-lo de volta são e salvo?»

É durante esse ataque que o duque de Alençon acredita que Joana tenha salvo sua vida:

> Em certo momento, Joana disse-me que me retirasse do lugar onde estava e que, se assim não fizesse, «essa máquina», mostrando uma máquina que estava na cidade, «matar-te-á». Retirei-me, e pouco depois, nesse mesmo lugar, o senhor do Lude ali morreu. Fiquei ao mesmo tempo assustado e maravilhado com as palavras de Joana após todos esses acontecimentos.

Ele conta, em seguida, como Suffolk tenta obter trégua em pleno combate, mas é ignorado. O ataque não termina sem que Joana, que estava em cima de uma escada, segurando seu estandarte, seja atingida na cabeça por uma pedra que se despedaça em seu elmo, sua «capelina».

Ela cai no chão, mas levanta-se e grita para os soldados: «Amigos, amigos, força! Nosso Senhor condenou os ingleses e, nesse momento, os entrega em nossas mãos. Tenhai bom ânimo!».

Era 12 de junho de 1429. Suffolk fora feito prisioneiro, e, sem perder um só minuto, as tropas avançavam em direção a Meung e Beaugency. A própria cidade de Beaugency foi rapidamente controlada pelos franceses, pois os ingleses se retiraram para o castelo. Naquele momento, o duque de Alençon recebeu um reforço inesperado: o condestável Arthur de Richemont, que na época havia caído em desgraça. Ele exercera uma forte influência sobre o delfim Carlos, mas fora suplantado nos favores reais por La Trémoille e, de seu aliado, passou a ser seu inimigo. A campanha seria afetada por essas lutas de influência? «Disse a Joana que, se o condestável viesse, eu iria embora.» Diante disso, ela frisou que «era necessário colaborar». De fato, tinham acabado de saber que «o exército inglês se aproximava e que em sua companhia estava o senhor de Talbot», um guerreiro experiente, e seu nome ajudou a apaziguar a discórdia reinante do lado francês. O duque de Alençon negociou a rendição do Castelo de Beaugency e concedeu salvo-conduto a sua guarnição.

> Enquanto os ingleses se retiravam, alguém da companhia de La Hire disse a mim e ao capitão do rei que os ingleses estavam vindo, que logo nos encontraríamos face a face e que eram cerca de mil soldados.

De fato, em 17 de junho, os dois exércitos se defrontam, e podemos conceder a palavra a outra testemunha ocular, desta vez um combatente das fileiras inglesas, o bastardo de Wavrin:

> Vós teríeis visto em todos os cantos dessa Beauce, que é ampla e espaçosa, os ingleses cavalgarem em bela formação. Depois, quando estavam a uma légua de Meung, e muito próximos de Beaugency, os franceses, avisados da sua chegada, com cerca de seis mil combatentes, sob o comando de Joana, a Donzela, do duque de Alençon, do bastardo de Orléans, do marechal Lafayette, La Hire, Poton e

outros capitães, enfileiraram-se em posição de batalha sobre uma colina, para ver melhor a dimensão do exército inglês.

Os ingleses param e alinham-se também em posição de batalha, com seus arqueiros ocupando, como de costume, as primeiras fileiras, portando as «suas estacas diante de si». Essas estacas cravadas no solo se opõem a todo o peso da cavalaria. Delegam, então, dois arautos para irem aos franceses e dizerem que cabe apenas a eles descer do monte e vir lutar. «A resposta lhe foi dada pelo exército da Donzela: "Ide alojar-vos por hoje, pois já é tarde, e amanhã, pela vontade de Deus e de Nossa Senhora, nos veremos mais de perto."»

Patay, réplica e vingança de Azincourt

A madrugada de 17 a 18 de junho será dedicada a esse desafio. Cada um permanece em suas respectivas posições: os ingleses, do lado Meung; os franceses, em Beaugency, não sem se preocupar com o que viria a seguir, porque sabe-se que os reforços ingleses estão a caminho. O bastardo de Orléans conta que o duque de Alençon consultou Joana acerca de sua insegurança:

> Ela lhe respondeu em voz alta, dizendo: «Tende todos boas esporas!» Ouvindo isso, os presentes perguntaram a Joana: «Que dizes? Por acaso, vamos dar as costas a eles?» Então Joana respondeu: «Não, mas serão os ingleses que não se defenderão e serão derrotados, e precisareis de boas esporas para correr atrás deles.» E assim foi, pois fugiram e houve, entre mortos e cativos, mais de 4 mil.

Dezoito de junho é, de fato, o dia da maior vitória conquistada por Joana. E não mais num ataque, como no cerco de Orléans, mas em campo aberto. Essa é a Batalha de Patay, uma verdadeira réplica de Azincourt: com 8 de maio, 18 de junho é a principal data a ser contabilizada no combate conduzido pela Donzela. Jean de Wavrin descreve a extraordinária façanha, que testemunhara pessoalmente.

Depois da vanguarda, estão os principais contigentes liderados por Falstolf, Talbot*, um homem chamado Thomas Rameston e outros.

Uma série de acasos — infelizes para os ingleses — perturba esse belo arranjo: a vanguarda, avisada da chegada dos franceses, toma lugar entre os carros de suprimentos e a artilharia «ao longo das sebes que ficavam perto de Patay». Talbot, então, posiciona-se no lugar pelo qual considera que os franceses passarão, «calculando que poderia guardar essa passagem até a chegada das outras batalhas», «mas ocorreu o contrário», acrescenta Jean de Wavrin.

> Em um movimento rápido, vinham os franceses atrás de seus inimigos, que ainda não podiam vê-los, nem sabiam o lugar onde se encontravam, quando, por acaso, os vanguardistas viram um veado saindo da floresta, que seguiu em direção a Patay e lançou-se entre os combatentes ingleses, que soltaram um grito agudo. Eles não imaginavam que seus inimigos estivessem tão próximos.

A presença ocasional do veado informa a posição do inimigo ao exército francês. Os cavaleiros correm velozes para informar suas companhias, dizendo «que era hora de começar a lutar». O combate começará antes mesmo que os diversos contigentes ingleses pudessem se reunir, ainda que de forma desordenada. Os que estavam na vanguarda, vendo que o capitão Falstolf vinha correndo em direção a eles, acreditaram «que tudo estava perdido e que os combatentes estavam fugindo». Então o capitão da vanguarda, pensando que esse era o caso, com seu estandarte branco, fugiu com seu contigente, abandonando a cerca viva. Nesse momento, Falstolf e seus soldados estão também em pânico. «Foi-lhe dito, em minha presença», declara Jean de Wavrin, «que cuidasse de si mesmo, pois a batalha estava perdida para eles». Em outro destacamento, Talbot acabara de ser feito prisioneiro. Confusão, debandada.

> E os franceses se encontravam tão avançados no campo de batalha que podiam capturar ou matar à vontade aqueles que desejassem. Finalmente, os ingleses foram ali derrotados, com poucas perdas para o lado francês.

O próprio bastardo de Wavrin terá o mesmo destino de Falstolf, que fugiu para Étampes e Corbeil.

Do lado francês, houve três mortes; do lado inglês, os cronistas borgonheses estimam as perdas em 2 mil homens, e Wavrin conclui: «Obtiveram, assim, os franceses, a vitória em Patay, onde passaram aquela noite, agradecendo a Nosso Senhor por sua bela aventura. [...] Por ser o lugar assim chamado, a batalha carregará perpetuamente o nome de "a batalha de Patay."»

Impressionante dia, que espalhou o pânico até Paris. Assim que a vitória de Patay foi conhecida, os parisienses acreditaram que «os Armagnacs iam atacá-los; assim, reforçaram sua vigilância e começaram a fortalecer suas defesas».

Mas não, não era para Paris que Joana pretendia conduzir o exército real reunido em Gien, que contava com cerca 12 mil combatentes. No calor do combate, o rei, agora convencido, decide ir para Reims. E envia a costumeira carta de convocação às nobres cidades do seu reino, bem como aos vassalos, os considerados seus pares — leigos e eclesiásticos — que deveriam assistir e participar da cerimônia de coroação. Entre eles, o duque da Borgonha. A própria Joana envia-lhe uma carta — infelizmente hoje perdida — convidando-o a vir e declarar lealdade ao rei da França. Outra carta ditada por ela fora conservada nos arquivos até os incêndios da guerra de 1940: a que tinha sido enviada aos moradores de Tournai para convidá-los a Reims. «Em nome de Deus, conduzirei o nobre rei Carlos e sua companhia em segurança, e será sagrado em Reims.» Perceval de Cagny, o cronista do duque de Alençon, então ao seu serviço, conta-nos como Joana ficara irritada com essa nova espera de onze dias, penosa para sua paciência, entre a vitória de Patay e a partida de Gien. Só em 29 de junho o rei deixa a cidade. «Ressentida com isso [a Donzela], desalojou-se e foi dormir nos campos durante dois dias, antes da partida do rei.»

Essa partida para Reims era, na verdade, uma espécie de contrassenso estratégico, porque envolvia um trajeto que passava pelo interior da Borgonha.

O caminho para Reims

Já na primeira etapa, em Auxerre, no dia 20 de junho, o exército se depara com a guarnição da Borgonha. Durante três dias, surgem delegações enviadas pelo rei e pelos cidadãos da cidade, que acabam por fornecer provisões ao exército e declaram que prestarão «ao rei a mesma obediência prestada pelas cidades de Troyes, Châlons e Reims».

Falar de Troyes significava evocar a cidade onde o rei da Inglaterra, Henrique V, fora declarado regente da França, enquanto seu casamento com Catarina da França tornava-o genro do infeliz Carlos VI e de Isabel da Baviera. Em nenhum outro lugar poderia ser encontrada tamanha relação de fatos desfavoráveis ao «rei de Bourges». Cautelosamente, ao chegar a Saint-Phal — há pouco mais de cinco léguas (22 quilômetros) de Troyes —, no dia 4 de julho, Joana envia uma carta aos moradores, enquanto o rei Carlos faz o mesmo. Ele prometia uma anistia completa, assim como Joana:

> Leais franceses, vinde apresentar-vos diante do rei Carlos! Não há nisso nenhum logro — não temai nem por vossos corpos, nem por vossos bens, se assim fizerdes; mas, se assim não for, prometo-vos e juro por vossas vidas que entraremos, com a ajuda de Deus, em todas as cidades que pertencem ao santo reino e ali estabeleceremos firmemente a paz diante de qualquer um que se oponha. Recomendamo-vos a Deus, que Ele vos guarde conforme Sua vontade. Esperamos pronta resposta.

Diante dessas palavras firmes, os moradores de Troyes, preocupados, começam a se perguntar, como os de Auxerre, qual será a atitude dos cidadãos de Reims e de outros lugares. Os mensageiros se revezam, e delega-se também um franciscano, frei Richard, que goza de grande reputação de santidade. Joana evocará, não sem ironia, sua chegada: «Quando veio até mim, no momento em que me aproximava, ele começou a persignar-se e aspergir água benta. Então disse-lhe: "Aproximai-vos, coragem! Não sairei voando!"» Ela já estava começando a se acostumar com esse tipo de exorcismo!

Na verdade, a situação do exército era bastante crítica. As provisões começavam a faltar, uma forte guarnição borgonhesa encontrava-se no interior da cidade e, como sempre, os capitães estavam divididos quanto ao que fazer. O bastardo de Orléans conta como Joana interveio uma vez mais:

> Então a Donzela chegou e entrou no conselho [real], dizendo estas palavras ou outras semelhantes: «Nobre delfim, ordenai que nossos homens venham e sitiem a cidade de Troyes, e não perdei tempo em demorados conselhos, pois, em nome de Deus, dentro de três dias, vos introduzirei na cidade de Troyes, por amor, por força ou por coragem, e a falsa Borgonha ficará estupefata.»

Dito isso, Joana começou a instalar as tropas ao longo dos fossos e muni-las com artilharia, «e trabalhou tão bem que, no dia seguinte, o bispo da cidade e os cidadãos prestaram obediência ao rei, tremendo de medo». Simon Charles, outra testemunha ocular, detalha que Joana tomou seu estandarte:

> E muitos soldados de infantaria a seguiam, aos quais ordenou que trouxessem feixes de madeira para encher os fossos. Trouxeram muitos feixes e, no dia seguinte, Joana declarou o ataque, sinalizando que fossem lançados nos fossos. Vendo isso, os habitantes de Troyes, temendo o ataque, enviaram ao rei um pedido de conciliação, para que negociassem. O rei, então, fez aliança com os moradores e entrou na cidade de Troyes com grande pompa, e Joana vinha junto a ele, carregando seu estandarte.

A entrada na cidade — a mesma cidade que o traíra — ocorreu no domingo, dia 10 de julho.

O exército retomou sua marcha em 12 de julho para chegar, dois dias mais tarde, às imediações de Châlons-sur-Marne. O arauto real Montjoie apresentou-se com as cartas do delfim, prometendo, como em outros lugares, «a abolição [a anistia], e o bispo, Jean de Montbéliard, imitando o gesto de seu confrade de Troyes, Jean Léguisé, foi sem mais delongas oferecer ao delfim as chaves da cidade. Assim, à medida que o objetivo se aproximava, as negociações eram mais curtas; a espera, menos penosa; a marcha do exército, mais resoluta».

A etapa de Châlons — a última em que foi necessário negociar — esteve marcada por um importante episódio, que seria lembrado pelo resto da história. Efetivamente, depois das mensagens enviadas pelo rei para anunciar aos habitantes de seu reino que se dirigia a Reims para ali receber, segundo a tradição muitas vezes secular, sua sagração — convite que em todos os lugares os pregoeiros públicos repetiram e espalharam, pelo menos nas regiões que permaneceram fiéis —, o povo pôs-se a caminho. Tratava-se de uma prática muito tradicional: a coroação de um rei era uma manifestação popular, certamente muito solene, mas em nada parecida com a gravidade e o caráter privado das cerimônias oficiais de nossa época.

No caminho, portanto, Joana vai encontrar alguns dos que a chamam de «Joaninha»: pessoas de seu vilarejo, vindas de Domrémy para assistir a essa sagração que, para eles, mais ainda que para outros habitantes do reino, não é igual às outras. Entre esses concidadãos está um de seus parentes, chamado Jean Moreau, que contará mais tarde com emoção que nesse encontro Joana lhe presenteara com «um casaco vermelho que estava usando». Jean Moreau fazia parte de um pequeno grupo de cinco moradores de Domrémy que viajavam juntos. Ao conversar com essas pessoas, Joana fará uma importante confidência: «Ela dizia que não temia nada, exceto a traição», conta um deles, de nome Gérardin de Épinal. No momento em que essa palavra é proferida, tal confissão desperta surpresa: Joana está no ímpeto de uma vitória dada como certa e próxima. Mas ainda teremos a oportunidade de evocar como, por diversas vezes, esse pressentimento foi expresso em circunstâncias insólitas.

No sábado, dia 16 de junho, no castelo de Sept-Saulx, o rei recebia uma delegação de cidadãos de Reims que lhe declaravam plena e completa obediência como soberano. Era a primeira vez que uma cidade situada na Borgonha expressava sua lealdade tão abertamente. Devemos acrescentar que, no mesmo dia, certo número dos chamados «franceses renegados» (os que colaboraram com o inimigo) deixou a cidade: entre eles, o antigo reitor da Universidade de Paris, natural de Reims, um homem chamado Pierre Cauchon, que fora um dos principais negociadores do tratado de Troyes... Naquela noite, Carlos entrava triunfalmente na cidade de Reims aos brados de «Natal, Natal!», lançados pela população.

No dia seguinte, domingo, 17 de julho de 1429, a sagração ocorreu segundo a cerimônia habitual, embora os preparativos tivessem sido um tanto apressados. O delfim seria, doravante, Carlos VII, consagrado pela unção que transforma os reis em herdeiros legítimos do reino.

Conhecemos poucos detalhes sobre a cerimônia. A *Ordo coronationis* pouco variou ao longo do tempo, embora possamos imaginar que essa sagração tenha ocorrido de forma muito parecida com a de São Luís, então uma criança, quase duzentos anos antes, em 1226. Aquele a quem Joana chamava até então de delfim — «ela dizia que não o chamaria de rei enquanto não fosse coroado e consagrado em Reims, cidade à qual pretendia conduzi-lo», declara um dos conselheiros reais, François Garivel — provavelmente se apresentou diante da catedral na noite anterior, para «orar a Deus e permanecer velando em oração pelo tempo que quisesse e enquanto sua devoção o retivesse». Pela manhã, os quatro cavaleiros chamados «guardiões da santa ampola» se dirigiram à abadia de Saint--Remi para tomar posse do precioso frasco de óleo que teria sido trazido por anjos no momento do batismo de Clóvis. O costume mandava que uma gota fosse misturada ao Santo Crisma que serviria para as unções da sagração. Os quatro cavaleiros eram o marechal de Boussac, o almirante de Culant, o senhor de Graville e um homem chamado Gilles de Rais, conhecido apenas como um corajoso combatente. Ele havia participado tanto do levante do cerco de Orléans quanto da campanha do Loire, e, como prova de gratidão, Carlos VII lhe havia outorgado, dois meses mais tarde, por um ato conservado ainda hoje nos Arquivos Nacionais, o direito de adicionar flores-de-lis na borda de seu brasão de armas.

Na volta, carregando a santa ampola que lhes havia sido dada pelo abade Jean Canard, os quatro «guardiões» encontraram a longa procissão de cônegos, bispos e prelados que cercavam o rei, que havia passado a noite no palácio arquiepiscopal e feito, em seguida, sua entrada ao som dos cânticos salmodiais. Os dois batentes do grande portal da fachada foram abertos, e ouviu-se o barulho dos cascos dos cavalos misturado à aclamação da multidão que se havia ajuntado tanto fora quanto dentro da catedral, pois, nesse dia, os quatro cavaleiros que carregam a ampola entram a cavalo no edifício.

As várias fases da cerimônia incluem, primeiro, os juramentos exigidos ao rei; depois, ao som do cântico do *Te Deum*, a bênção das insígnias reais: a coroa, as esporas de ouro, o cetro e também — desde o início do século XIV — a chamada mão da justiça, uma espécie de segundo cetro esculpido em marfim. Por fim ocorre a unção, que é o principal momento do rito, assimilada a um sacramento como a confirmação ou a ordenação. O rei prostra-se nos degraus do altar, enquanto são entoadas as litanias dos santos. Em seguida, o arcebispo, que também se prostrava a seu lado, lhe marca com o óleo sagrado a cabeça, o peito, os ombros e a articulação dos braços. O rei, que ficara apenas com seus sapatos e uma camisa fendida de ambos os lados, reveste-se então com a túnica e o manto de seda. Após outra unção em suas mãos, calça as luvas, e em seu dedo é colocado o anel, símbolo de união, que representa a aliança entre o rei e seu povo. Finalmente, a coroa, acomodada no altar, é colocada na cabeça do rei, mas não sem que doze pares (seis leigos e seis eclesiásticos) a segurem acima de sua cabeça, enquanto era conduzido do altar ao estrado no qual fora colocado o trono. Só então, como representado nos selos da época, o delfim passa a ser reconhecido como Sua Majestade Real.

> No momento em que o rei foi consagrado e a coroa colocada sobre sua cabeça, todos os presentes gritaram: «Natal!». Então as trombetas soaram de tal maneira que parecia que as abóbadas da igreja se iriam fender. Durante o dito mistério, a Donzela esteve ao lado do rei, com seu estandarte em mãos. E foi muito belo de se ver as boas maneiras do rei e da Donzela. Deus é testemunha de como vossas presenças eram ali desejadas.

Essas são as palavras de três cavalheiros angevinos encarregados de narrar a cerimônia à rainha e mãe deles.

Após a homenagem prestada pelo arcebispo e seus pares, Joana ajoelhou-se diante do rei e, abraçando suas pernas, disse-lhe, chorando abundantemente:

> Gentil rei, a vontade de Deus foi agora cumprida, o Qual ordenara que eu levantasse o cerco de Orléans e o conduzisse à cidade de Reims para que recebesse a vossa santa sagração, mostrando que vós sois o verdadeiro rei e aquele a quem pertence o Reino.

E o cronista nota a comoção de todos naquele momento: «E inspirava grande pena a todos os que a observavam».

Joana está, de fato, entre os convidados; também seu pai e sua mãe, Jacques d'Arc e Isabelle Romée, se encontram ali presentes. Que Joana, cujo papel essencial é reconhecido naquele momento, ocupou um lugar de maior honra do que os outros capitães, isso nos é atestado por seus próprios inimigos, que lhe farão a seguinte pergunta: «Por que, durante a sagração do Rei, seu estandarte se destacava na igreja de Reims mais do que os estandartes dos outros capitães?». A resposta foi a mais óbvia: «Este estandarte esteve presente no sofrimento, era justo que estivesse na honra».

Gerson e Christine de Pisan

Mais uma vez, e como num eco à multidão que acompanha e notabiliza a cerimônia de Reims, devemos relembrar a magnífica impressão gerada por essa sagração inesperada, tanto na França quanto fora dela.

Na verdade, antes mesmo da coroação do rei, houve uma primeira troca de farpas. São publicados dois libelos sobre Joana: o primeiro, proveniente de um clérigo da Universidade de Paris, mas que não chegou até nós. O segundo, uma resposta a esse ataque dos acadêmicos parisienses, provém de uma figura bastante conhecida: Jean Gerson*. Aquele a quem durante algum tempo foi atribuída a *Imitação de Cristo* havia sido reitor da Universidade de Paris e conhecia melhor que ninguém o espírito ali reinante: ele próprio havia sido excluído e expulso da academia devido a suas opiniões. Desde 6 de julho de 1418, sua ausência já está indicada nos registros. De fato, durante sua participação no Concílio de Constança, soubera que Paris tinha caído nas mãos dos anglo-borgonheses e não quis mais voltar para lá. Depois de residir algum tempo na Áustria, fora para Lyon e se juntara a um de seus irmãos, então prior dos celestinos. *La Defense de Jeanne*, que deve ter sido composta durante o mês de junho de 1429, é certamente sua última obra, já que faleceu em 12 de julho, antes mesmo da sagração de Reims.

Assim procedendo em defesa daquela que havia revertido o curso das coisas de forma tão extraordinária, Jean Gerson não sabia estar muito próximo de outra mulher, a quem havia também defendido alguns anos antes: Christine de Pisan. O brado por ela lançado ao ouvir as novidades acerca dos acontecimentos dos quais fora testemunha ficou muito conhecido:

No ano mil quatrocentos e vinte e nove
o sol voltou a brilhar.

Figura proeminente, poetisa e historiadora a quem o duque da Borgonha, Philippe le Hardi, pouco tempo antes de sua morte, havia encomendado a história de seu irmão, «o sábio rei Carlos V», Christine, que nunca deixou de conclamar seus contemporâneos à paz, de conjurar também as mulheres a não se deixarem privar de seus direitos, parece literalmente deslumbrada com o que está acontecendo. Com a chegada dos ingleses em Paris, havia deixado a cidade e se retirado muito provavelmente para o convento de Poissy, onde sua filha era freira:

Eu, Christine, que chorei
Onze anos enclausurada.

De repente, ela vê brilhar uma inesperada luz. Durante onze anos guardara o silêncio, deixando de escrever, exceto poemas que são verdadeiras preces, e agora retoma sua pena e sua inspiração para celebrar essa mulher, essa moça desconhecida que acaba de alcançar vitórias consideradas impossíveis a qualquer homem:

> *Aqui está uma mulher, simples pastora*
> *Mais valente do que qualquer homem foi em Roma.*

A sua verve, finalmente reencontrada, é abundante: 56 estrofes, 448 versos, e já começa a esboçar a história de Joana. Ela relembra como fora examinada por clérigos e prelados, e como, acima de tudo, cumprira o que prometera:

> *Quando ocorreu o cerco de Orléans*
> *onde vimos, pela primeira vez, a sua força.*

Evoca especialmente sua sagração e o coroamento obtidos contra todas as esperanças:

> *Com grande triunfo e pujança*
> *Foi Carlos coroado em Reims.*

Para concluir, finalmente:

> *[...] Nunca ouvimos falar*
> *de um tão grande prodígio.*

Sentimos que Christine de Pisan teve dificuldade em conter o próprio entusiasmo perante essa «coisa mais maravilhosa entre todas». Essa é a última obra que temos dessa mulher que, neste caso, cumpriu tão perfeitamente o seu duplo papel de historiadora e poetisa do seu tempo.

Ela não pôde conhecer a obra de outro poeta, um contemporâneo seu que, por volta da mesma data, em julho de 1429, exaltou Joana não em versos, mas em prosa — em uma prosa poética. Trata-se de Alain Chartier, que se revela como o primeiro autor de poemas em prosa:

> Ei-la aqui, que não parece ter vindo de nenhum lugar do mundo, mas enviada do céu para sustentar com sua cabeça e ombros a Gália, caída por terra ... Ó virgem singular, digna de toda glória, de todo louvor, de honras divinas, és a grandeza do reino, és a luz do lírio, és a claridade, a glória, não só dos franceses, mas de todos os cristãos.

No tumulto de vozes que se elevam acima do tumulto das armas nessa época surpreendente, enquanto em todos os lugares comentam-se os acontecimentos que ocorreram contra todas as expectativas e todas as previsões, da Corte do Imperador na Alemanha às lojas dos comerciantes italianos em Bruges ou Avignon, essas vozes de poetas que se levantam são provavelmente, vistas em retrospectiva, as mais verdadeiras sobre as façanhas da Donzela. Páginas e páginas de comentários serão compostas, multiplicando as mais diversas opiniões e apreciações sobre Joana. A história deve reconhecer o fato, tendo em vista os documentos contemporâneos: foram eles que ofereceram a nota fundamental. Sem dúvida, para falar de Joana — ou melhor ainda, para entendê-la —, é preciso, acima de tudo, ser poeta.

CAPÍTULO V

«Um ano, não mais que isso»

A cerimônia da coroação em Reims transcorreu com a tradicional pompa, ainda que tenha sido organizada às pressas. O rei deixará a cidade somente em 21 de julho, dia em que realizará o gesto, também tradicional, de «tocar a escrófula» na abadia de Saint-Marcoul de Corbény, não muito longe de Reims, para exercer o poder de cura que lhe era atribuído após sua sagração.

A sagração de um rei é, por excelência, símbolo da união dos súditos em torno de seu soberano. Portanto, será mais instrutivo indicar os nomes dos ausentes. Primeiramente a rainha, Maria de Anjou, que deveria também ter recebido a unção e a coroa ao lado do rei. De fato, ela havia sido convocada por Carlos VII, que estava em Gien, mas quando o exército se pôs em movimento ele a enviou de volta a Bourges, talvez por considerar que a operação em que estava embarcando era muito incerta e arriscada. Essa ausência é, no entanto, em si mesma significativa: nessa época de guerra e de batalhas, só os combatentes importam, e a presença da mulher logo será totalmente eclipsada pela do soldado. Se Maria de Anjou não esteve em Reims em 17 de julho, é porque o séquito real considerava que só o rei importava realmente. De fato, a coroação da rainha será considerada uma cerimônia secundária e não ocorrerá em Reims, mas em Paris. A última rainha coroada é Maria de Médici, em 1610. Foram-se os dias de Leonor de Aquitânia e de Branca de Castela! A partir de então, o papel da rainha diminuirá cada vez mais na França.

Outra figura que gostaria de ter participado da cerimônia de sagração era o condestável Arthur de Richemont. Dele seria a honra de carregar a espada da sagração depois da bênção. O senhor d'Albret foi designado em seu lugar para segurá-la, apontada para cima, durante toda a cerimônia. A crônica de Guillaume Gruel, conhecido do condestável, conta como o homem que acabara de participar da extraordinária vitória de Patay insistira muito em acompanhar o rei a Reims, mas que o rei havia recusado tal pedido, apesar das súplicas de Joana, «que ficou muito insatisfeita com isso». Guillaume acrescenta que o rei até declarara «que preferiria nunca receber sua coroação a ver meu senhor ali presente». Aqui devemos notar a poderosa influência que La Trémoille, que se opunha diretamente a Richemont, exercia sobre sobre Carlos VII.

Restam ainda duas notáveis ausências: a do bispo de Beauvais, um dos seis pares eclesiásticos, mas que pode ser muito bem explicada depois que tomamos conhecimento da carreira desse homem que desde sempre fora um devotado agente dos anglo-borgonheses. Por fim, a de Filipe, o Bom, duque de Borgonha, um dos seis pares laicos. Joana lhe escrevera na manhã da sagração, domingo, 17 de julho. Sua carta nos foi conservada pelo Arquivo da cidade de Lille. É um documento emocionante:

> Jesus Maria. Grande e formidável duque de Borgonha, a Donzela requer da parte do Rei Celeste, meu digno e soberano Senhor, que vós e o rei da França estabeleçais uma longa e duradoura paz. Perdoai-vos um ao outro de bom coração, inteiramente, assim como devem fazer os fiéis cristãos. E, se gostais de guerrear, que combatais contra os sarracenos. Príncipe da Borgonha, vos imploro, suplico e requeiro muito humildemente que não mais guerreeis contra o santo reino da França e retireis, incontinenti e o mais rapidamente, vossos soldados que permanecem em algumas praças-fortes e fortalezas do santo reino. E o bondoso rei da França disposto está a fazer as pazes convosco, a despeito de sua honra, e espera que façais o mesmo. E vos informa da parte do Rei Celeste, e soberano Senhor, para vosso bem, vossa honra e vossa vida, que não triunfareis contra os leais franceses, e que todos aqueles que combatem contra o santo reino da França guerreiam contra o

rei Jesus, Rei do Céu e de todo o mundo, meu digno e soberano Senhor. E vos suplico e requeiro com as mãos juntas que contra nós não combatais nem guerreeis, vós, vossos soldados ou súditos, e creiais firmemente que, não importa o número de soldados que enviareis, não triunfareis, e travaremos uma triste e sangrenta batalha se contra nós virdes. Há três semanas vos escrevi e enviei uma carta por um arauto para estardes presente hoje, domingo, dia dezessete do presente mês de julho, na cidade de Reims: a qual não teve nenhuma resposta, e nem tive, desde então, notícias do citado arauto. Recomendo-vos a Deus que vos guarde segundo a Sua vontade. E oro a Deus para que estabeleça a paz. Escrito na referida localidade de Reims, no referido dezessete de julho.

Ao duque de Borgonha

A revanche do conselho da corte

Essa carta fica ainda mais comovente porque Joana ignora a intensa atividade diplomática que ocorre, ao mesmo tempo, entre a França, a Inglaterra e a Borgonha.

Apesar da situação difícil na qual os acontecimentos o colocava, uma pessoa guardara seu sangue-frio e trabalhava para conter os efeitos desastrosos das vitórias de Joana: era João, duque de Bedford, regente da França. Um de seus melhores capitães, John Talbot, acabara de ser feito prisioneiro por Joana e pelo duque de Alençon em Patay. O outro, John Falstolf, foi acusado de fugir dessa mesma batalha quando, na verdade, sua retirada precipitada permitiu que pelo menos seu destacamento fosse salvo. Ademais, Bedford sabia que 350 soldados, incluindo cavaleiros e arqueiros, haviam acabado de desembarcar em Calais no dia 1º de julho. Tratava-se de um exército recrutado por Henry Beaufort, cardeal de Winchester, tio natural do duque de Bedford (um bastardo de seu avô Jean de Gand, duque de Lancaster), para combater os hussitas da Boêmia. Esse exército fora recrutado graças a dízimos especiais arrecadados com a autorização do Papa e completados com seu apoio financeiro.

De comum acordo, tio e sobrinho aquiesceram em desviá-lo de seu objetivo original. Em 15 de julho, as tropas deixavam Calais com destino a Paris, aonde chegariam dez dias mais tarde. Elas constituíam um novo reforço para a batalha travada contra aquele que doravante era reconhecido como rei da França, Carlos VII.

Porém, não satisfeito em ter empregado em proveito próprio uma força militar que o povo acreditava ter enviado para o bem da cristandade, Bedford conduz paralelamente uma ofensiva diplomática de grande envergadura. Seu irmão, Henrique V, era um combatente emérito, enquanto ele é um exímio administrador. Casado com Ana de Borgonha, irmã do duque Filipe — «a mais agradável dama que havia na França nessa época, pois era bela, jovem e boa», declara o *Cidadão de Paris* —, apoia-se nesse laço familiar para obter desse aliado que não parece muito seguro as garantias indispensáveis para afastar as ameaças que pesam sobre a conquista inglesa. Muito habilmente, convida o duque de Borgonha a passar alguns dias em Paris. Entre os dias 10 e 15 de julho, uma série de festas e eventos espetaculares, acompanhada de uma procissão geral e de um sermão na igreja de Notre-Dame, levarão o povo a prometer que «todos seriam bons e leais ao regente e ao duque da Borgonha». *Ó Paris, muito mal aconselhada! Insanos habitantes sem confiança!*, exclamara Christine de Pisan.

O duque de Borgonha retornaria aos seus domínios levando joias no valor de 20 mil libras, bem como a promessa de que a doação seria renovada no final do mês. Em contrapartida, se comprometia a recrutar um exército. Por intermédio de seu arauto, Jarretière, Bedford solicitou rapidamente subsídios à cidade de Londres, argumentando que, sem a aliança borgonhesa, o poderio inglês acabaria «de uma vez».

Outro aspecto ainda mais sério desse jogo diplomático: as negociações que La Trémoille iniciara em 30 de junho com a corte da Borgonha. No dia 16 de julho, o borgonhês Jean de Vimeu deixava Dijon em direção a Arras para informar Filipe, o Bom, em seu retorno de Paris, sobre o estado dessas negociações. Uma delegação liderada por David de Brimeu foi a Reims quando o rei ali se encontrava e, numa carta destinada a informar a rainha Maria de Anjou e sua mãe Iolanda sobre a cerimônia de coroação, expressava a esperança de que o rei estabelecesse um «bom tratado [...] antes de sua partida». Essa carta mencionava Joana: «Ela está certa de que fará que Paris lhe preste obediência». Isso indica claramente quais eram as preocupações de cada um. Enquanto Joana só pensava em dar continuidade a uma ofensiva que se revelara tão frutífera, o rei cogitava negociar, e de fato um «bom tratado» estabeleceria uma trégua... de quinze dias!

Assim, o triunfo vivido em Reims é seguido por um grande desacordo. Essa traição, temida apenas por Joana, começara já no banquete da sagração ao qual fora convidada. Doravante, nenhum de seus atos suscitará apoio. No momento em que seu pai e sua mãe, assim como o devotado Durand Laxart, que os acompanha, retornam a Domrémy ainda maravilhados com a inesperada glória de «Joaninha», ela certamente sentiu, com sua fascinante presciência, que estava por começar o tempo das incertezas, dos fracassos e do calvário, o que explicaria a dolorosa exclamação que deixará escapar na estrada, num lugar exatamente definido nas lembranças do bastardo de Orléans, entre La Ferté-Milon e Crépy-en-Valois: «Como queria que Deus, meu criador, permitisse que me retirasse, abandonasse as armas e voltasse a servir meu pai e minha mãe guardando as ovelhas, com minha irmã e meu irmão, que ficariam muito felizes em me ver novamente!».

Esse tom de pesar, tão inabitual para ela, revela seu desamparo diante da luta que agora se lhe apresenta: a traição furtiva que sente aproximar-se e que, a cada passo, a precede. Devemos lembrar aqui da reflexão de um contemporâneo: «Não fazemos parte do Conselho da Corte, somos os trabalhadores do campo». Doravante, seriam os membros do Conselho da Corte que teriam a palavra.

O contraste entre esses dois estados de espírito parece marcado por dois itinerários: o seguido pelo exército real, na ida, quando é conduzido por Joana, e o do retorno, quando é a vontade, ou melhor, a ausência de vontade real, que o conduz. O primeiro é certeiro como uma flecha; o segundo, tão tortuoso quanto sua diplomacia. O rei leva 36 dias para cruzar os 150 quilômetros que separam Reims de Paris. Podemos imaginar o suplício vivido por Joana, que pensava apenas em tirar proveito do entusiasmo que sentia ao seu redor: «Um francês teria massacrado dez ingleses», ressalta um contemporâneo. Ela queria lançar-se sobre Paris, sem saber que Carlos VII já estava decidido a renunciar a isso. Talvez tenha podido nutrir alguma esperança nas primeiras etapas, em Vailly e depois em Soissons: «[O rei] partiu para Soissons, onde foi recebido com grande júbilo por todos os cidadãos que o amavam e desejavam a sua vinda». De fato, a coroação fez dele o rei, e agora todas as cidades expressavam sua alegria e o desejo de reconhecê-lo. Ele recebe, dessa forma, mensagens de Laon, Château-Thierry, Crépy, Provins, Coulommiers. De Crépy-en-Valois, envia seus arautos a Compiègne, solicitando aos moradores «que lhe prestassem obediência; e responderam que o fariam com muito prazer». Até a cidade de Beauvais, onde Pierre é bispo, canta o *Te Deum* para o rei da França.

Durante sua estadia em Château-Thierry, em 31 de julho, Carlos VII isenta, a pedido de Joana, os moradores de Domrémy e de Greux de qualquer imposto. Foi o único pedido feito pela Donzela, e essa isenção se manteve até o reino de Luís XVI.

Enquanto isso, o regente Bedford aproveitava o inesperado atraso para reforçar as defesas de Paris. Ele deixara a cidade em 4 de agosto no comando de um poderoso exército, subindo o Sena pela margem esquerda. Três dias depois, lançava de Montereau um desafio ao rei da França: «Vós que seduzis e abusais do povo ignorante com o auxílio de pessoas supersticiosas e réprobas, como o de uma mulher desequilibrada e difamada, vestida como um homem e de conduta dissoluta...» Ele lhe propunha um encontro na região de Brie e na Île-de-France, para que pudessem combater face a face. O exército inglês manobraria em direção a Senlis e estacionaria em 14 de agosto perto do vilarejo de Montépilloy. Nesse ínterim, o duque de Bedford tivera a habilidade de nomear o duque de Borgonha como governador de Paris. Assim, um príncipe de sangue real agora exerce autoridade sobre a capital.

Tudo indicava que a batalha decisiva aconteceria em Montépilloy. O curso pacífico do Nonnette, pequeno rio que atravessa a região neste local, serviu de ponto de apoio ao exército de Bedford, reforçado por setecentos homens da Picardia, enviados pelo duque de Borgonha. As tropas francesas vindas de Crépy-en-Valois estão divididas em «batalhas»; a primeira, comandada pelo Senhor de Albret, conta com Joana, o bastardo de Orléans e La Hire.

Novo *suspense* entre franceses e ingleses: um dia inteiro se passa, o de 15 de agosto, no qual, sob um sol escaldante e muita poeira («havia tanto pó», diz Perceval de Cagny, «que não se podia reconhecer nem franceses, nem ingleses»), de ambos os lados espera-se uma ação que pode ser decisiva. Os ingleses, como de costume, refugiaram-se atrás de fileiras de estacas afiadas e carroças como se fossem uma muralha. Carlos VII cavalga com o duque de Bourbon e La Trémoïlle. Bedford, cuja carta tinha um tom desafiador, não se manifesta. Na tarde de 16 de agosto, recebe-se a notícia de que os ingleses estavam voltando para Paris.

«Ficaram o dia todo uns diante dos outros, sem sebes ou arbustos, separados apenas pelo espaço de uma colubrina», escreve o chamado arauto Berry — testemunha ocular daquele dia em que a sorte vacilou — «e não houve combate. À noite, o rei partiu e foi com seu exército para Crépy, e o duque de Bedford foi para Senlis.»

Filipe, o Bom, árbitro da situação

No dia 16 de agosto, outro fato ocorria em Arras. O duque da Borgonha, Filipe, o Bom, sentiu nesse dia até que ponto, fosse em relação aos ingleses ou aos franceses, era o mestre e o árbitro da situação: uma delegação francesa chefiada pelo arcebispo de Reims, Regnault de Chartres, acompanhado de vários notáveis, entre os quais Raoul de Gaucourt, veio literalmente implorar ao «grão-duque do Ocidente», apresentando-lhe, como ressaltaram as testemunhas, «ofertas de reparação muito maiores que as devidas à sua Majestade real». Como expiação pela perda de Montereau, foi-lhe pedido que aceitasse todas as garantias possíveis: «solicitação de resgates, castigos corporais e pecuniários, obrigação e submissão eclesial e secular, as mais fortes que pudessem ser encontradas». Tudo isso em troca de uma simples neutralidade no conflito entre franceses e ingleses.

Os ingleses, por sua vez, enviaram a Arras Hugues de Lannoy, diplomata borgonhês que fazia parte do Conselho Real da Inglaterra. Com habilidade, o duque da Borgonha deu a entender que aceitaria a conferência de paz marcada para 1430, propondo como mediador Amadeu VIII da Saboia, que aparece na maioria dessas negociações.

Nesse ínterim, porém, os cidadãos de Reims, preocupados, dirigiram-se a Joana. Depois que o rei partira, eles se viram isolados na Borgonha, e o movimento das tropas na região poderia legitimamente inquietá-los. Joana respondeu com uma carta que deixa entrever certa preocupação:

> Prometo e certifico que não vos abandonarei enquanto viver. E é verdade que o rei estabeleceu uma trégua de quinze dias com o duque da Borgonha. [...] Não estou nem um pouco satisfeita com essa trégua, e não sei se vou respeitá-la. Mas, caso a respeite, será apenas para guardar a honra do rei.

Ela os incita a «vigiar e guardar a boa cidade do rei». O lugar e a data são muito significativos: «Escrito nessa sexta-feira, 5 de agosto, perto de Provins, no acampamento, a caminho de Paris». Essa carta, assim como a enviada ao duque de Borgonha, não tem assinatura, mas traz a marca da personalidade de Joana e de suas intenções. Esse «a caminho de Paris» é também um desafio.

Mas o desacerto persistirá. Enquanto Joana só pensa em aproveitar o movimento de entusiasmo e empregar o poderoso exército que está reunido, o rei tem apenas negociações e tréguas na cabeça. Em 17 de agosto levam a Crépy, cidade na qual se retirou, as chaves de Compiègne. No dia seguinte, entra na cidade pela Porta de Pierrefonds alguém de quem ainda falaremos: Guillaume de Flavy*, que é recebido pelos notáveis. Trata-se de um capitão mercenário de quem depende, de fato, a defesa da cidade. Poucos dias depois, em 21 de agosto, uma delegação da Borgonha, chefiada por Jean de Luxembourg*, também chegará a Compiègne. Trata-se de outra personalidade da qual falaremos mais a frente.

Após uma semana de árduas negociações, será assinada uma trégua de quatro meses, aplicada a todas as regiões localizadas na margem direita do Sena, de Nogent-sur-Seine a Honfleur. Durante esse período, nem a Borgonha, nem a França, poderiam apossar-se das cidades localizadas nos limites indicados, ou mesmo receber delas declaração de obediência. Garantias mais efetivas, no entanto, não aparecem nas cláusulas, pois foram dadas verbalmente por Carlos VII, que, entre outras coisas, comprometeu-se a entregar ao duque de Borgonha as cidades mais importantes do curso do rio Oise: Compiègne, Pont-Sainte-Maxence, Creil e Senlis. Bedford podia ficar satisfeito por ter retirado seu exército intacto para Paris, e o duque da Borgonha estava mais do que nunca no controle da situação.

Enquanto isso, o agente anglo-borgonhês Hugues de Lannoy escrevia dois memorandos estabelecendo o plano de guerra que seria adotado a partir de então na França. Esse plano insistia na importância de trazer para a França, antes do fim da trégua — isto é, antes do Natal —, um forte exército inglês, «uma boa e grande potência de soldados e de exército». Mais do que nunca, era essencial garantir a aliança do duque da Borgonha, pois sem ele «nenhuma conquista duradoura poderia ser alcançada». Após 1º de janeiro de 1430, quando a trégua expiraria, a Inglaterra aumentaria em dois mil homens o seu contingente e deles se encarregaria; em troca, ele deveria defender Paris.

Mas convinha também que por isso ele fosse recompensado com «grande e notável autoridade», e também com o dom «de um pequeno domínio». Esses dois pontos serão observados à risca pelo duque de Bedford, que sabe admiravelmente como estabelecer e manter as alianças essenciais. Em 13 de outubro, concederá a Filipe, o Bom, «a tenência geral» do reino da França; e, em 12 de janeiro de 1430, os condados de Champagne e de Brie serão expressamente atribuídos a ele pelo poder inglês.

Outras alianças frutíferas estão previstas nesse plano de guerra: garantir-se-ia a adesão do duque da Bretanha concedendo-lhe o condado de Poitou e a do condestável Arthur de Richemont, que poderia ser reconquistado sendo nomeado condestável em nome do rei da Inglaterra, atribuindo-lhe a Touraine, a Saintonge, a região de Aunis e La Rochelle.

Assim, a França continuava a ser dividida em suas várias regiões em benefício dos interesses ingleses. Planeja-se, ao mesmo tempo, uma ofensiva contra Berry, cidade à qual o rei da França tinha se retirado, enquanto tropas seriam enviadas à Guyenne para conter seus aliados, os condes de Armagnac e de Foix. Nada foi, portanto, esquecido para paliar «a enorme necessidade vivida atualmente na França» e para anular o recente êxito alcançado graças à Donzela. Tudo isso ocorre no dia seguinte ao estabelecimento da trégua, que era uma contramedida útil e permitia que tal dispositivo fosse posto em prática. Por outro lado, Hugues de Lannoy aconselhou o envio de delegações aos reis de Castela, de Aragão de Portugal, ao duque de Milão, da Lorena e, especialmente, à Escócia, «aliados nos quais inimigos depositam grandes esperanças e dos quais muito se vangloriam».

O fracasso diante de Paris

Enquanto esses planos eram arquitetados nas sombras, Joana, conforme o testemunho de Perceval de Cagny, ficava cada vez mais impaciente:

> Quando o rei estava em Compiègne, a Donzela ficou bem irritada com o tempo que ele pretendia ali ficar. Chamou o duque de Alençon e lhe disse: «Meu bom duque, prepare vossos homens e os dos outros capitães. Por meu bastão, quero ver Paris mais de perto do que jamais vi.»

Bedford, por sua vez, teve de deixar Senlis e se dirigiu a Rouen, pois as notícias da Normandia eram alarmantes. A província estava repleta de «partidários» — assim eram chamados os resistentes da época. E o cronista continua:

> Na sexta-feira seguinte, dia vinte e seis do mês de agosto, a Donzela, o duque de Alençon e a sua companhia foram alojados na cidade de Saint-Denis. E quando o rei soube que estavam em Saint-Denis, veio a contragosto para a cidade de Senlis. E parecia muito claro que fora aconselhado contrariamente à vontade da Donzela, do duque de Alençon e de sua companhia.

Não poderia haver melhor descrição da situação. Os dias seguintes são passados em escaramuças e, para Joana, num exame das muralhas de Paris, onde a população está em alvoroço e organiza a defesa sob as ordens do borgonhês Louis de Luxembourg, bispo de Thérouanne e chanceler da França em nome do rei da Inglaterra. Entretanto, o duque de Alençon começa uma série de idas e vindas entre Saint-Denis e o lugar de residência do rei, Senlis, e depois também Compiègne: «Não havia nenhum homem, qualquer que fosse a sua posição, que não dissesse: "Ela vai colocar o rei em Paris, mesmo que ele não queira"».

Finalmente, o ataque é ordenado na quinta-feira, 8 de setembro. Partindo de La Chapelle, Joana, o marechal de Rais e o senhor de Gaucourt atacam a Porta Saint-Honoré. O rei havia chegado na véspera a Saint-Denis, levado pelo entusiasmo dos que o cercavam mas decidido, como veremos na sequência, a nada fazer.

Clément de Fauquembergue, o escrivão do Parlamento de Paris que, quatro meses mais cedo, quase diariamente informara sobre a libertação de Orléans, anota nesse dia em seu registro:

> Nessa quinta-feira, 8 de setembro, festa da Natividade da Mãe de Deus, os soldados do senhor Charles de Valois reuniram-se em grande número perto da muralha de Paris, em direção da Porta Saint-Honoré, esperando causar algum impacto e assim oprimir e abalar a cidade e os habitantes de Paris, mais do que pelo poder e força das armas. Por volta das duas horas da tarde, começaram a fingir que queriam atacar a referida cidade de Paris. [...] E nesse momento, pessoas presunçosas ou corrompidas elevaram a voz por todas as partes da cidade, dos dois lados das pontes, gritando que tudo estava perdido, que os inimigos estavam dentro de Paris e que todos deveriam fugir rapidamente para se salvar.

É muito provável que, para grande parte da população, a esperança da chegada do rei da França fosse sincera, e esse movimento de pânico mostra uma profunda indecisão por parte dos habitantes da cidade. Nesse ínterim, entre a Porta Saint-Honoré e a Porta Saint-Denis, o ataque era violentamente efetuado: «A Donzela tomou seu estandarte em mãos e estava entre os primeiros a penetrar nos fossos, perto do mercado de porcos», escreve Perceval de Cagny.

> O ataque foi longo e cruel, e foi maravilhoso ouvir o barulho e o estrondo dos canhões e colubrinas que os que estavam no interior lançavam contra os que estavam fora, e as flechas eram tantas que não poderiam ser contadas. O ataque se estendeu da hora do almoço até o entardecer. E, após o pôr do sol, a Donzela foi atingida por uma seta de besta na coxa, e ferida esforçava-se ainda mais para dizer que estavam cada vez mais perto da muralha e que o lugar seria tomado. Porém, como já era noite, ela estava ferida e os soldados extenuados em razão do longo ataque que haviam efetuado, o senhor de Goucourt e outros vieram buscar a Donzela e, contra a sua vontade, tiraram-na do fosso, e assim terminou o ataque.

Joana foi levada de volta ao acampamento de La Chapelle, onde havia permanecido em oração parte da noite anterior. No dia seguinte, apesar de seu ferimento, pretendia partir na companhia do duque de Alençon, mas «o duque de Bar e o conde de Clermont foram enviados pelo rei» para ordenar a retirada. O duque de Alençon mandara construir uma ponte composta de barcos para retomar a ofensiva: o rei mandou demoli-la durante a noite.

Depois disso, permaneceu em Saint-Denis até a terça-feira, 13 de setembro, de onde ordenou que «retornassem ao rio Loire, para grande decepção da Donzela». Mais do que nunca, segundo as palavras de Poton de Xaintrailles, a vontade dos membros do «conselho da Corte» havia prevalecido sobre a dos «trabalhadores do campo».

Joana, antes de se retirar, foi pendurar na basílica de Saint-Denis como *ex-voto* «um arnês branco completo para soldado com uma espada ganha quando cercava Paris», tomada de um prisioneiro que havia feito quando sitiava o lugar.

Ela «nada temia, exceto a traição», mas a traição tudo permeava nesse retorno da sagração. O arauto Berry conta que, durante sua estadia em Compiègne, antes mesmo do ataque a Paris, o rei havia recebido Jean de Luxembourg, «que lhe fez várias promessas de estabelecer a paz entre

o rei e o duque de Borgonha, que nada mais fez senão decepcioná-lo».
Filipe, o Bom, por sua vez, dirigiu-se a Charles Pierre de Bauffremont,
senhor de Charny, para exigir «que tomasse posse de Paris», dizendo
«que viria a Paris para falar com aqueles que lhe apoiariam. Para isso, era
preciso ter um salvo-conduto. E o referido duque obteve o salvo-conduto
do rei, mas, quando veio a Paris, ele e o duque de Bedford concluíram
uma aliança mais firme do que haviam feito em relação ao rei.»

Essa segunda encenação ocorreu quando Carlos VII já havia retornado para Gien, em 21 de setembro. Naquele momento, o que contava principalmente para Joana era que o tempo das vitórias acabara: ela via desfazer-se o grande exército da sagração que havia reunido tantos homens em torno de uma esperança compartilhada. Essa derrota moral, quando ela cumprira com tanta exatidão as promessas nas quais o rei e todo o seu entorno basearam a sua ação, simbolizava o mais doloroso dos fracassos. O próprio momento de seu triunfo, quando o rei recebera em Reims a unção que o consagrava aos olhos do mundo e, mais ainda, aos de seu povo, marcava uma reviravolta: uma vez coroado, somente a vontade de Carlos passaria a contar dali em diante. Ele pretendia conduzir sua própria política, e essa política estava muito distante dos «trabalhadores dos campos». Sustentava obstinadamente a reconciliação com o duque da Borgonha, talvez para tentar apagar a desastrosa lembrança da «emboscada da ponte de Montereau», na qual João sem Medo havia morrido; e talvez também porque, de acordo com Perceval de Cagny, «ele parecia estar feliz nesse momento com a graça que Deus lhe havia concedido, sem mais nada empreender». O sentimento de desapontamento em relação ao rei por parte das nobres cidades e de todo o seu povo, que agora estavam do seu lado, transparece, porém, na carta circular enviada pela chancelaria real em 13 de setembro. Um único exemplar, enviado aos moradores de Reims, nos foi conservado: o rei deseja claramente tranquilizar seus súditos. Ele fará «uma excursão para além do rio Sena», mas somente porque uma trégua já havia sido estabelecida com o duque da Borgonha e a conciliação está sendo preparada. Se leva consigo seu exército, é porque uma longa estadia «teria significado para nossa região borgonhesa a destruição total».

E que ficassem tranquilos: se o duque da Borgonha não cumprisse a sua promessa, o rei voltaria com um «grande exército».

Carlos VII: «instabilidade, desconfiança e, principalmente, inveja»

O que fazer agora? Em uma frase que resume bem as negociações e as hesitações, escreve o arauto Berry: «Como o rei estava em Gien, o duque de Alençon desejava levar a Donzela e o soldados do rei para a Normandia, mas o senhor de La Trémoille não quis que assim fosse». O cronista do duque de Alençon ainda acrescenta: «E a Donzela permaneceu junto ao rei, [...] muito chateada por não poder partir.» Joana não verá mais o seu «gentil duque»: «Eles não quiseram permitir», diz Perceval de Cagny, referindo-se aos conselheiros, «que a Donzela e o duque ficassem juntos, e ele não mais a protegeu.»

Essa atitude mostra bem quem era o rei Carlos VII. Ele foi magnificamente descrito pelo cronista borgonhês Georges Chastellain, que traçou das principais figuras de seu tempo retratos tão inesquecíveis quanto os que saíram dos pincéis de Jean Bouquet: a «Charles VII», ele atribui três vícios: «instabilidade, desconfiança e, principalmente, inveja». E acrescenta:

> Havia frequentes e variadas mudanças em torno de sua pessoa, porque era seu costume que, com o tempo, quando alguém próximo a ele se destacava ao topo da roda, ele começasse a ficar entediado, e na primeira oportunidade a pessoa era facilmente lançada de alto a baixo.

Não poderia haver melhor descrição do que acontecia então entre Joana e esse rei que ela literalmente conduzira ao trono. É também o que irá se produzir de forma muito parecida com todos os que se aproximaram de Carlos VII, a tal ponto que as rebeliões abundariam em torno de si. Até mesmo o duque de Alençon, separado de Joana pelo temor do que poderia ter produzido esse duplo entusiasmo interrompido nas muralhas de Paris, conspirará um dia com os ingleses. Dunois, o sábio, o fiel, se deixará levar por uma das revoltas da nobreza. Desnecessário lembrar quais foram as relações do rei e de Jacques Coeur; mas, mais próximo ainda, devemos lembrar de sua atitude em relação a seu próprio filho. Cada vez que o delfim Luís conquistava uma vitória, ele se apressava em chamá-lo de volta à corte para neutralizá-lo.

Por ora, ele se dirige sucessivamente a Selles-en-Berry, depois a Montargis, saboreando suas vitórias e recebendo homenagens de seus súditos em Loches, em Vierzon, em Jargeau e Issoudun antes de instalar-se, por volta de 15 de novembro, numa de suas residências favoritas, o castelo de Mehun-sur-Yèvre.

Joana, porém, fora confiada aos cuidados do senhor d'Albret, meio-irmão de La Trémoille, tenente-general do rei em Berry. Ele a conduziu primeiramente a Bourges, onde desfrutaria de três semanas de repouso na casa de Bouligny, conselheiro geral de finanças do rei. Sua esposa, Marguerite La Touroulde, teria mais tarde a oportunidade de relembrar a passagem de Joana por sua casa, suas conversas com a heroína e seus arroubos de risos quando as pessoas simples lhe traziam seus rosários ou outros objetos de devoção: «Toque-os você mesma», dizia ela a Marguerite, «serão tão bons com o seu toque quanto com o meu!» Ela atesta não somente a piedade de Joana — com quem mais de uma vez foi à Missa e, também, ao ofício das matinas —, mas igualmente a pureza de todo o seu comportamento. As duas foram juntas muitas vezes, segundo o costume, aos banhos e saunas e, à noite, dividiam o mesmo leito.

Saint-Pierre-le-Moûtier

Uma ideia, porém, provavelmente vinda de La Trémoille, parecia suscetível de ocupar Joana de forma útil: dirigir seu ardor contra os líderes de bandos. Alguns, entrincheirados nos castelos ou torres de menagem dos quais conseguiram se apossar, tornavam-se, nesse tempo de insegurança, senhores-salteadores que extorquiam como bem lhes parecesse mercadores ou combatentes, semeando o terror nas populações vizinhas. Um deles era então famoso no centro da França: Perrinet Gressart*. Instalado em La Charité-sur-Loire, vendia seus serviços ora ao duque de Borgonha, ora a Bedford, que sabia como tratar o aventureiro e o enchia de favores e de dinheiro. Durante algum tempo, o próprio La Tremoille havia sido feito prisioneiro pelo líder do bando, só escapando após pagar um exorbitante resgate de 14 mil *écus* «de bom peso».

Desde então, Perrinet conseguira fortalecer suas posições nos Nivarnais e trabalhava cada vez mais como agente da Inglaterra. Além de La Charité, controlava Saint-Pierre-le-Moûtier, Dompierre-sur-Besbre ou La Motte-Josserand, de onde se declarava senhor. Sua posição fazia com que temessem tanto os borgonheses quanto os franceses.

Enfrentar uma tal figura certamente não era empreitada simples, mas também não era o que Joana considerava sua missão. Desejava continuar seguindo em direção da Île-de-France ou da Normandia, expulsar o invasor. No entanto, aceitou tal tarefa e, acompanhada de seu intendente Jean d'Aulon e de soldados que lhe foram gentilmente cedidos, preparou-se, seguindo as diretrizes dos conselheiros reais, para investir contra a praça-forte de Saint-Pierre-le-Moûtier, a meio caminho entre Nevers e Moulins, que representava, nas mãos desses soldados mercenários, um posto problemático.

Pouco antes de sua partida para essa expedição, ocorre o encontro de Joana com uma mulher que se dizia vidente, Catherine de La Rochelle, enviada pelo frei Richard, que conhecera durante o cerco de Troyes. Catherine afirmava que todas as noites uma Dama Branca, vestida de ouro, lhe aparecia e ordenava que fosse até o rei, pois lhe mostraria tesouros escondidos graças aos quais os soldados poderiam ser mantidos nos combates vindouros. Joana recebeu essa vidente num lugar chamado Montfaucon-en-Berry (chamado depois de Villequiers), não muito longe de Bourges, perto de Baugy. Velou em sua companhia durante duas noites seguidas sem ver a Dama Branca.

Depois disso, aconselhou Catherine a «retornar para seu marido, cuidar de sua casa e alimentar os seus filhos», e escreveu ao rei que julgava que «esse encontro com Catherine não passava de loucura e não valia para nada».

O cerco de Saint-Pierre-le-Moûtier revelou-se difícil. A expedição estava sob o comando do senhor de Albret, com o marechal de Boussac e o conde de Montpellier. O ataque efetuado pelo exército real foi rechaçado, e a retirada começava quando Jean d'Aulon avistou a Donzela,

> que permanecera na companhia de poucos soldados, e, cavalgando em direção a ela, perguntou-lhe o que fazia assim sozinha e por que não havia se retirado como os outros. Após tirar o capacete da cabeça, respondeu-me que não estava sozinha e tinha ainda em sua companhia cinquenta mil de seus soldados, e que de lá não sairia até que a cidade fosse tomada. No momento em que disse isso, não tinha consigo mais de quatro ou cinco homens. [...] Disse-lhe que deveria partir e se retirar como os outros haviam feito. Então pediu-me que mandasse trazer lenha e treliças a fim de construir uma ponte sobre o fosso da cidade, para que pudessem se aproximar melhor. E, com essas palavras, exclamou em alta voz: «Todos peguem lenha e treliças, pois vamos construir uma ponte!», que rapidamente foi feita e erigida. Fiquei muito maravilhado com isso, pois logo a cidade foi tomada de assalto, sem esboçar grande resistência.

Tudo isso ocorreu em novembro de 1429. Com a cidade uma vez tomada, dirigiram-se ao norte para efetuar o cerco de La Charité-sur-Loire, que era o feudo de Perrinet Gressart. O inverno começara mais cedo naquele ano, e o exército tinha quase esgotado suas munições em Saint-Pierre-le-Moûtier. Foram enviadas cartas de Moulins às cidades de Clermont e Riom, solicitando ajuda: «suprimentos de guerra» como pólvora, salitre, enxofre, flechas de balestra etc. Só temos conhecimento da carta endereçada aos habitantes de Clermont graças ao registro da cidade, que respondeu rapidamente com o envio de dois quintais de salitre, um quintal de enxofre e duas caixas de flechas. Os de Riom contentaram-se em enviar uma soma em dinheiro, que aliás chegou tarde demais. No entanto, conservaram a carta original, datada de 9 de novembro e que apresenta um detalhe precioso: diferentemente das cartas mencionadas antes, essa traz a assinatura «Jehanne», escrita de forma canhestra (cinco pernas ao invés de quatro para formar o n duplo). Mas o fato constitui indício suficiente para provar que Joana, nesse ínterim, talvez tivesse aprendido a ler ou a escrever — o que parece bastante plausível —, ou pelo menos a assinar o seu nome*.

A «grande insatisfação»

O cerco de La Charité começou em 24 de novembro e foi um fracasso: «No momento mais frio do inverno, e contando com poucos soldados diante de La Charité para o cerco, [...] ali permaneceram durante cerca de um mês e partiram vergonhosamente, sem socorrer os que estavam no interior, perdendo bombardas e artilharia», escreve laconicamente o arauto Berry. Outra testemunha desse triste episódio, Perceval de Cagny, acrescenta: «Porque o rei não quis financiar o cerco, não enviando nem víveres nem dinheiro para manter sua companhia, teve de levantá-lo e partir dali com grande insatisfação.»

Podemos imaginar a «grande insatisfação» de Joana, que no Natal estava em Jargeau. E certamente não seriam as cartas de nobreza que o rei lhe concederia no final do mês de dezembro em Mehum-sur-Yèvre que lhe trariam algum consolo:

> Em agradecimento às diversas e magníficas bênçãos da grandeza divina que nos foram acordadas pelo ministério da Donzela Jeanne d'Ay de Domrémy [...], considerando, além disso, os louváveis, graciosos e úteis serviços rendidos de tantas formas pela chamada Joana, a Donzela, a nós e nosso reino e que esperamos continuar no futuro...

O rei também nobilitou seus pais e seus irmãos, e chegou até mesmo a determinar que, no caso de Joana e de sua família, a nobreza seria transmitida pela linhagem feminina, e não mais somente pela linhagem masculina, como era o costume desde o tempo de Filipe, o Belo. Nesse gesto já havia um reflexo do soberano, ou mesmo do ministro, que concede uma condecoração ao funcionário que acabou de demitir. Carlos VII tinha alma de administrador.

Começa então um sombrio inverno para Joana. Ela provavelmente passou a maior parte dele em Sully-sur-Loire, no castelo pertencente à família de La Trémoille, e poucos e insignificantes são os fatos a destacar. Assim, é certo que em 19 de janeiro ela foi convidada a um banquete em Orléans oferecido pela municipalidade. Entre os convivas estava aquele em cuja casa havia sido recebida em Poitiers: Jean Rabateau, procurador-geral da câmara de contas. Os registros municipais atestam que ao menos um dos irmãos de Joana, Pierre, que tinha lhe prestado assistência durante todas as suas campanhas, também foi convidado. Por outro lado, no final de janeiro de 1430, o pintor que havia confeccionado seu estandarte, e que os textos nomeiam como Hauves Poulnoir, iria casar a filha. Joana escreveu ao tesoureiro de Tours solicitando para a jovem noiva a soma de cem *écus,* que lhe permitiria comprar o enxoval. O conselho municipal, após deliberação, julgou que tal dom excedia suas possibilidades e se contentou em pagar o pão e o vinho das bodas, por uma soma de quatro libras e dez tostões.

Outras bodas, essas bastante suntuosas, ocorreram durante esse período em Bruges. O grande duque do Ocidente, Filipe, o Bom, no apogeu de sua glória, esposava, em 8 de janeiro de 1430, Isabela de Portugal. Foi nesse momento, em meio a celebrações incrivelmente luxuosas, que criou a Ordem do Tosão de Ouro, uma ordem de cavalaria em que entrou a nobreza borgonhesa. Entre os cavaleiros que reuniu a seu redor — como o rei Arthur ao redor da Távola Redonda —, Filipe, o Bom, nomeou Hugues de Lannoy, que fora seu negociador na trégua selada com Carlos VII e que havia, além disso, preparado um plano completo de ofensiva militar, o qual não tardaria muito a ser excetuado contra o rei da França.

Em 13 de outubro, Filipe, o Bom, recebeu do rei da Inglaterra o título de tenente-general do reino da França. Em 12 de fevereiro do ano seguinte, Bedford concedeu-lhe os condados de Brie e de Champagne, ficando a seu cargo conquistá-los. Desde o início da conquista ele distribuiu generosamente os domínios franceses a seus capitães ou aos membros de sua família. Para o duque da Borgonha, tratava-se de um presente muitíssimo apreciável, pois esses dois condados situavam-se entre seus domínios da Borgonha e os da Picardia e Flandres, aumentando significativamente seus estados. A cidade de Dijon e os delegados das várias regiões sob a sua soberania votaram um auxílio de guerra de 12 mil libras. Entretanto, a trégua fora prolongada até 15 de março, sob o pretexto que uma conferência de paz poderia ocorrer em Auxerre no início de abril; todavia, outros prazos foram solicitados e a conferência acabou adiada para o mês de junho. Filipe, o Bom, no entanto, não esperou para colocar as guarnições borgonhesas em Roye e em Montdidier, e em março, sem mesmo esperar pelo fim da trégua, enviou a Champagne um exército comandado pelo marechal de Toulongeon.

A ofensiva borgonhesa

Em 15 de fevereiro, Carlos VII deixara sua residência em Mehun-sur-Yèvre para instalar-se em Sully-sur-Loire, onde Joana iria se juntar a ele no início de março. O otimismo que Carlos havia demonstrado estabelecendo tréguas que tão infelizmente destruíram o ímpeto do exército real começava a dar lugar a uma preocupação muito justificada. A atitude do duque da Borgonha, adiando constantemente a data da conferência de paz, cujo prazo coincidia com o final da trégua, ao mesmo tempo que exigia sem demora a entrega das cidades do Oise que lhe foram prometidas como garantia e lançava a ofensiva por Champagne, mostrava-se bastante ambígua. Por outro lado, os movimentos dos «partidários» se manifestavam por toda parte. Em Saint-Denis, onde o borgonhês instalara uma guarnição, fora debelada uma operação repentina; em Melun, tropas inglesas logo seriam expulsas por uma insurreição dos moradores; até mesmo em Paris uma conspiração de envergadura, de caráter popular e burguês, era tramada durante o mês de março por clérigos, artesãos e comerciantes liderados por um homem chamado Jacques Perdriel, cujas conexões eram garantidas pelos religiosos do mosteiro do Carmo, disfarçados de «trabalhadores». A captura de um deles, irmão Allée, fez com que o levante fosse desmantelado. Submetido à tortura, entregara o nome dos conspiradores, e houve mais de 150 prisões e seis execuções públicas nos Halles de Paris, em 8 de abril. Outros, de maneira mais obscura, foram lançados ao Sena. Alguns conseguiram escapar, pagando suborno. A resistência foi ainda mais forte em Compiègne. Quando terminou a trégua, o conde de Clermont viera exigir em nome do rei que os habitantes se rendessem ao borgonhês, pois a cidade fazia parte, assim como Creil e Pont-Sainte-Maxence, das «garantias» dadas para a observância da trégua. Mas a população de Compiègne recusou-se energicamente, e o capitão da guarnição francesa, Guillaume de Flavy, respondera estabelecendo fortificações defensivas. Carlos de Bourbon não podia fazer outra coisa senão confessar diante do duque da Borgonha sua incapacidade de ser obedecido. Os moradores fizeram sua escolha e estavam «determinados a antes perder suas vidas, a de suas mulheres e crianças, do que ficarem à mercê do duque [de Borgonha]».

É provável que o mês de março de 1430 tenha sido aproveitado por Joana para se preparar novamente para a guerra. Ela sabia que o inimigo só seria vencido «na ponta da lança», como havia declarado a Catarina de La Rochelle, que lhe ofereceu acesso aos seus tesouros escondidos. No mesmo mês, escreveu duas cartas aos moradores de Reims, que se sentiam mais do que nunca em perigo: «Caríssimos e amados, mui desejo encontrar-vos, Joana, a Donzela, recebeu vossas cartas mencionando que temíeis um cerco». Sem nomear os inimigos, que conhecemos bem, acrescenta: «Fechai vossas portas, pois logo chegarei e, se eles estiverem aí, farei que coloquem suas esporas com tanta pressa que não saberão como pegá-las e fugirão assaz rápida e imediatamente.»

Essa carta, bem ao seu estilo, data de 16 de março. Alguns dias mais tarde, dia 28, Joana ditará outra. Nesse ínterim era tramado outro complô, ainda em Reims, reunindo alguns moradores que desejavam se render ao duque da Borgonha: «Mui queridos e bons amigos, o rei foi informado de que na boa cidade de Reims havia muitas pessoas más.» Mas o rei sabe também que em sua grande maioria os moradores de Reims lhe são fiéis: «Estejais certos de que contais com sua graça, e, se tiverdes de lutar, ele vos socorrerá quanto ao cerco, e sabe bem que muito sofrereis pela dureza com que sereis tratados por esses traidores borgonheses adversários.» Ambas as cartas levavam a sua assinatura. Trata-se agora de uma bela e firme assinatura que figura nos originais que nos foram preservados.

Nenhuma assinatura, porém, há no texto de outra missiva cujo original foi recentemente encontrado e que fora escrita em seu nome por seu capelão, Jean Pasquerel, aos hussitas da Boêmia*. Redigida em latim, seu conteúdo vai no mesmo sentido das tentativas de aproximação que Carlos VII esboçava com o imperador alemão Sigismundo e com o duque da Áustria, Frederico IV. Os hussitas, discípulos de Jean Hus, eram adeptos de um movimento religioso que tinha repercussões no plano político e cuja força o imperador tentava reduzir havia décadas. Solicitara contra eles uma cruzada, e sabemos que as tropas organizadas na Inglaterra graças aos subsídios coletados para essa cruzada foram, em sua chegada a Calais, desviadas por ordem do cardeal de Winchester, Henry Beaufort, para colocá-las à disposição de Bedford em sua luta contra o rei da França. O rei, portanto, tentava concluir alianças a leste.

Filipe, o Bom, ao mesmo tempo, não se contentou apenas com uma ofensiva diplomática. Em 4 de abril de 1430 ele estava em Péroine, de onde ordenou o ajuntamento de suas tropas. A vanguarda colocou-se em marcha sob o comando de Jean de Luxembourg, cujo nome reaparecerá na história de Joana. No dia 22, o duque parte «com toda a sua força»; em 23 de abril, Bedford espera em Calais a chegada de Henrique VI, que logo desembarcará com dois mil homens e uma «grande provisão de animais e víveres». Nesse ínterim, o pequeno rei de nove anos foi coroado na Inglaterra, em Westminster (6 de novembro de 1429).

Devemos ressaltar que o duque de Bedford encontrou sérias dificuldades para levantar esse contingente: por duas vezes os documentos o atestam — ele teve de tomar medidas pessoalmente e enviar mandados para forçar aqueles que se recusavam a vir para França «por medo dos artifícios da Donzela».

O plano da operação foi cuidadosamente acordado entre borgonheses e ingleses. Filipe, o Bom, deseja antes de tudo apossar-se das cidades que controlam a passagem do Oise, em particular daquelas que recusaram seu domínio: Creil e Compiègne; Bedford acorda com ele a proteção da Île-de-France, principalmente Paris, «coração e capital do reino». As operações começam para o duque da Borgonha no mês de maio. No dia 6, ele se encontra em Noyon, e a fortaleza de Gournay-sur-Aronde, ao norte de Compiègne, é tomada sem batalha. Em seguida, empreende a investida contra Choisy-au-Bac, que controla a passagem do rio Aisne, o que faz no dia seguinte, pessoalmente.

É somente em 6 de maio que Carlos VII decide admitir seu erro e reconhecer que fora enganado por seu primo da Borgonha. O chanceler Regnault de Chartres o proclama abertamente:

> Depois de nos distrair e decepcionar por algum tempo com tréguas e outras coisas, sob pretexto de boa-fé, porque declarava e dizia ter o desejo de alcançar a paz para o alívio de nosso pobre povo que, contra a vontade de nosso coração, tanto sofreu e sofre diariamente por causa da guerra —, o que desejávamos e ainda desejamos, ele se juntou a outras forças para guerrear contra nós, nosso país e nossos leais súditos.

Mas enquanto o duque da Borgonha põe em prática um plano de batalha cuidadosamente preparado e que tem a garantia do reforço do exército inglês, Carlos VII não tem nada preparado. Somente trabalha por ele aquela a quem privara de todos os meios de ação: Joana, a Donzela. A notícia de sua entrada em ação rapidamente se espalhou e disseminou o medo na Île-de-France: «Sua vinda causou muito falatório e burburinho em Paris e outros lugares contrários ao rei», escreve Perceval de Cagny. Segundo esse cronista, foi nos últimos dias de março ou ainda em abril que Joana teria decidido deixar Sully-sur-Loire com uma pequena companhia colocada a seu serviço: um líder de soldados mercenários, chamado Barthélemy Baretta, e cerca de duzentos piemonteses. O cronista chega ao ponto de afirmar que essa partida se deu sem o consentimento do rei e que Joana, sem despedir-se dele, fingiu estar indo «a alguns jogos». Sem voltar para lá, foi diretamente para a cidade de Lagny-sur-Marne — o que soa bastante improvável e pode ser atribuído aos exageros habituais de Perceval de Cagny. Parece, entretanto, que na pior das hipóteses o rei e seus conselheiros a deixaram ir por sua conta e risco. Para resumir a situação, pode-se dizer que na Batalha de Orléans ela fora um comandante de guerra, enquanto em Sully não passava de líder de bando. Acompanham-na seu intendente Jean d'Aulon e seu irmão Pierre, mas não tem um quartel militar, pajens ou principalmente arautos encarregados de missões oficiais. Ela é um capitão entre outros, que recrutara soldados pagos.

Joana se dirige primeiramente à Île-de-France. Estava em Melun, segundo seu próprio testemunho, durante a semana de Páscoa, que caía naquele ano em 22 de abril. A cidade não poderia lhe ser mais simpática nem melhor acolhê-la, pois acabara de expulsar a guarnição inglesa. Dali, Joana foi para Lanny: «Os que estavam na praça-forte guerreavam contra os ingleses de Paris e de outros lugares», com alguns capitães: Jean Foucault, Geoffroy de Saint-Aubin e «Canede», Hugues Kennedy, um escocês.

Ela então participou de uma ação contra um bando de anglo-borgonheses comandados por um famoso líder de soldados mercenários, Franquet d'Arras, cujos companheiros debandam, enquanto ele é feito prisioneiro. Mas ele é solicitado pelo bailio de Senlis, que pretende processá-lo pelo que chamaríamos «crimes do direito comum». Joana, porém, gostaria de mantê-lo para que fosse trocado por um partidário, Jacquet Guillaume, que participara do complô recentemente urdido em Paris e cujo fracasso acabara de ser noticiado — o que nos prova que ela estava informada das palavras e ações dos Armagnacs na capital. Nesse meio-tempo, chega a notícia da morte de Jacques Guillaume, provavelmente condenado e executado como a maioria de seus companheiros. Ela entregou, portanto, Franquet d'Arras à justiça, que, após um julgamento de quinze dias, o condenou à morte como «assassino, ladrão e traidor». Como no caso da maioria desses soldados mercenários, pessoas da pior espécie, seus delitos poderiam render-lhe esse tipo condenação...

Lanny foi também palco de outra lembrança, desta vez comovente: um dia, vieram buscar Joana na casa onde estava hospedada, suplicando que viesse ajudar um recém-nascido que estava morrendo, um bebê de alguns dias que ainda não fora batizado. A mãe estava lá, cercada de amigas, moças da cidade. A criança não dava sinal de vida havia três dias: «ele estava mais escuro que minha cota», Joana declararia. Ela começou então a rezar: «Ajoelhei-me com as donzelas diante de Nossa Senhora para fazer minha oração», quando a criança despertou. Ela bocejou por três vezes e foi batizada antes de morrer, para ser sepultada em solo cristão.

Podemos seguir o rastro de Joana até Senlis, onde chega em 24 de abril. Depois a perdemos de vista até sua chegada a Compiègne, onde se encontra no dia 14 de maio. Nesse dia, as autoridades da cidade lhe oferecem uma recepção. Duas figuras importantes já estão ali presentes: o arcebispo de Reims, Regnault de Chartres, e o conde de Vendôme, Louis de Bourbon. Joana participa de uma operação para socorrer Choisy-au--Bac, comandada por Louis de Flavy, irmão do protetor de Compiègne, Guillaume de Flavy. Mais tarde, um ataque surpresa em Pont-l'Évêque foi reprimido graças à intervenção de um senhor da Borgonha, Jean de Brimeu, a quem o duque de Borgonha confiara a guarda da cidade de Noyon. Poucos dias depois, durante uma emboscada, Brimeu seria feito prisioneiro por Xaintrailles.

A fortaleza de Choisy acabaria sucumbindo à fortíssima artilharia que o duque da Borgonha trouxera consigo. Em 16 de maio, Louis de Flavy e seus homens tiveram de abandoná-la e refugiar-se em Compiègne.

Dois dias depois, Joana, com Regnault de Chartres e o conde de Vendôme, deixou Compiègne em direção a Soissons para tentar cruzar o rio Aisne e pegar os borgonheses pela retaguarda, perto de Choisy. Mas o capitão de Soissons, Guichard Bournel, embora concordasse em deixar a Donzela e os dois importantes senhores passarem, recusou a entrada dos soldados, alegando que os habitantes não queriam oferecer suprimentos aos combatentes. No dia seguinte, diz o arauto Berry, «os referidos senhores foram para Senlis e a dita Donzela, para Compiègne; e, logo após terem deixado Soissons, Guichard vendeu a cidade ao duque de Borgonha e a colocou nas mãos do senhor Jean de Luxembourg: isso foi muito baixo e depôs contra sua honra».

Compiègne

De volta a Compiègne, passando por Crépy-en-Valois, Joana e a tropa reduzida que a acompanha — trezentos a quatrocentos combatentes caminham à noite pela floresta e entram na cidade pela porta de Pierrefonds, «na hora secreta da manhã». Durante o dia, ela prepara com Guillaume de Flavy uma operação surpresa contra um dos postos borgonheses instalados ao longo do Oise ao norte da cidade, em Margny, comandado por Baudot de Noyelles. O borgonhês Chastellain, que não testemunhou o fato, mas está muito bem informado, descreve Joana e nos oferece a última imagem da guerreira:

> Cavalgava armada como um homem, e sob seu arnês portava uma jaqueta de rico tecido brocado; cavalgava um belíssimo corcel imponente e portava seu arnês, comportando-se como um capitão. [...] Dessa maneira, com seu estandarte hasteado e tremulando ao vento, bem acompanhada por muitos nobres, por volta das quatro da tarde, saiu da cidade.

O ataque quase obteve êxito. Em Margny, os homens encarregados de cuidar da praça-forte são primeiramente dispersados, mas se recuperam — não sem dificuldade —, enquanto Jean de Luxembourg e o senhor de Créqui, que cavalgam para vir inspecionar o terreno, são alertados pelo tumulto e dão o sinal às tropas emboscadas em Clairoix. «Batendo as esporas», conseguem juntar-se à batalha. «O barulho que repercutiu em todos os lugares e o grande tumulto de vozes que gritavam fizeram que pessoas de todos os cantos afluíssem em socorro [aos borgonheses], mais do que era necessário.» O alerta é dado em Venette — onde tropas inglesas vieram reforçar as do duque de Borgonha — e se estende até Coudun, de onde o duque se dirige pessoalmente a Margny. Joana declarará mais tarde que por duas vezes fez o inimigo recuar de suas posições e, numa terceira, o fez percorrer a metade do caminho. Porém, vendo chegar os reforços de Venette e de Clairoix, os franceses começaram a recuar em Compiègne. Temendo ficarem sobrecarregados, muitos deles correm para a ponte de barcos que Guillaume de Flavy mandara construir no Oise, e Joana, que parte a contragosto, protege a retirada. A batalha é violenta no acesso à ponte: «E durante esse tempo», declara Perceval de Cagny, «o capitão da praça-forte, vendo a multidão de borgonheses e ingleses quase entrando na ponte, temendo perder sua praça, mandou levantar a ponte da cidade e fechar a porta. Assim, a Donzela ficou trancada fora da cidade, acompanhada por poucos soldados.»

Precisamos evocar uma vez mais a presciência de Joana quando afirmava que nada temia, exceto a traição? Chastellain, no entanto, evoca o momento em que, debatendo-se no último espaço disponível, ela sucumbe:

> Contra sua natureza feminina, a Donzela lutou bravamente e esforçou-se para salvar sua companhia, ficando por último, como convém a um líder e como a mais valente do grupo. [...] Um arqueiro, homem duro e amargo, com grande desprezo pelo fato de que uma mulher da qual tanto se ouvira falar combatia contra tantos homens valentes, [...] a puxou por sua jaqueta de brocado, derrubando-a do cavalo, e Joana caiu estirada no chão.

Alguns detalhes do relato do que ocorreu em Compiègne suscitaram reflexões*. E com razão, pois não fecharam a porta da cidade, mas a porta que dava para a barreira de proteção, que não era indispensável à defesa da cidade e impedia prematuramente a retirada dos combatentes. Isso nos faz pensar novamente no temor de Joana quanto à «traição», embora alguns historiadores tenham descartado essa hipótese.

O relato de Chastellain se refere ao chamado «ritual da rendição na guerra do século XV».[1] Em meio a inimigos que a pressionam e que gritam um mais alto que o outro: «Rende-te a mim e abandona a tua promessa», Joana exclama: «Jurei minha fé e fiz uma promessa a outro, e diante dele a manterei». Em seguida, ocorre o episódio do arqueiro que brutalmente a puxa por sua jaqueta e a lança por terra, enquanto o bastardo de Wamdonne, que se apresenta, recebe a sua rendição.

---

[1] Artigo de Jean Glénisson, em «*Jeanne d'Arc, une époque, un rayonnement*», colóquio do Centro Joana d'Arc de Orléans, outubro de 1979, C.N.R.S., 1982, pp. 113-122.

Esse bastardo é um tenente de Jean de Luxembourg, e dele Joana dependerá doravante como prisioneira. Mas não é o único a acorrer para presenciar sua captura: «O bastardo, mais feliz do que se tivesse um rei em suas mãos, conduziu-a rapidamente para Margny, e ali a manteve sob sua guarda até o final da batalha». Não distante dali, em Coudun, está Filipe, o Bom, que acorre, alertado pelos «brados e pela comemoração causados pela captura da Donzela». Segundo o cronista borgonhês Enguerrand de Monstrelet, que presenciou o fato,

> os do partido da Borgonha e os ingleses ficaram muito felizes, mais do que se tivessem capturado quinhentos combatentes, pois não temiam nenhum capitão ou outro comandante de guerra tanto quanto a Donzela. [...] O duque foi vê-la no lugar em que estava e lhe disse algumas palavras das quais não me lembro bem, embora estivesse presente.

Curiosa amnésia num homem que teve a oportunidade única de presenciar tal encontro e cuja memória é geralmente tão fiel!

O fato é que agora Joana tornou-se prisioneira. «Durarei um ano, não mais que isso», dissera. Para ela, começa um ano que transcorrerá inteiramente nas sombras. Porém, do ponto de vista da história, não será menos rico em lições que o ano anterior.

CAPÍTULO VI

«AO PRISIONEIRO É LÍCITO DESEJAR EVADIR-SE»

«Na semana da Páscoa que acabou de terminar, quando estava no fosso de Melun, as vozes me disseram, isto é, as vozes de Santa Catarina e Margarida, que seria capturada antes do dia de São João e que era preciso que assim fosse e que não ficasse apavorada, mas que me resignasse e que Deus me ajudaria.»

Foi, portanto, entre os dias 17 e 22 de abril que Joana ficou sabendo que seria capturada — e antes do dia de São João, isto é, em dois meses (24 de junho). Pelos interrogatórios do julgamento, sabemos o que essa revelação significou e o quanto lhe custou aceitar o que diziam as «suas vozes»:

— Em Melun, as vozes não disseram que serias capturada?
— Sim, várias vezes e quase todos os dias. E pedia às minhas vozes que, quando fosse capturada, morresse sem ter de padecer um longo tormento de prisão, e minhas vozes me disseram que me resignasse e que era necessário que assim fosse. Mas não me disseram a hora, pois, se soubesse disso, não teria ido. Questionei diversas vezes minhas vozes quanto à hora de minha captura, mas nada disseram.
— Se vossas vozes vos tivessem ordenado deixar Compiègne dando a entender que serias capturada, terias obedecido?

> — Se tivesse sabido a hora em que seria pega, de forma alguma teria ido voluntariamente. Entretanto, teria obedecido à ordem das vozes não importa o que acontecesse.
> — Quando deixaste Compiègne, isso foi revelado ou dito pelas vozes?
> — Não sabia que seria capturada nesse dia e não tive outra ordem para deixar a cidade. Mas sempre me foi dito ser necessário que fosse presa.

Esse diálogo basta para nos fazer sentir todo o drama vivido por Joana nesse 23 de maio de 1430. Um fato que sabe ser inelutável, mas contra o qual luta com todas as suas forças, aceitando-o, finalmente, apenas porque é expressamente essa a vontade de Deus.

Nossa época, que estendeu o universo carcerário para além de tudo o que existira outrora, aplicando a pena de prisão não somente às consequências da guerra, mas também aos crimes de opinião, até mesmo infligindo-o a vítimas totalmente inocentes — se considerarmos a tomada de reféns —, deveria reconhecer em Joana a mulher que viveu todo o infortúnio de uma vida de prisioneira... Porém, se desejarmos mensurar o que representa sua captura para as diversas esferas do mundo no qual isso ocorreu, precisamos tomar conhecimento de três cartas. Todas elas refletem bem o estado de espírito daqueles de quem agora dependerá.

Primeiramente, o duque da Borgonha. Já pudemos ver como expressou sua exultação às boas cidades de seus estados numa circular em que anunciava a captura de Joana. Expressa-se da mesma maneira numa mensagem enviada ao duque da Saboia:

> Aprouve a nosso bendito Criador que a mulher nomeada Donzela fosse capturada, captura por meio da qual será mostrado o erro e a tola crença de todos aqueles que se inclinaram e eram favoráveis aos atos dessa mulher. [...] E isso escrevemos esperando que essa notícia vos traga alegria e consolo e para que agradeçam a nosso Criador, que, por sua bendita vontade, nos concedeu mais do que desejávamos, para o bem de nosso senhor, o rei da Inglaterra e da França, e para o consolo de nossos bons e leais súditos...

Culpada por «vários crimes que cheiram a heresia»

Outra carta foi redigida no dia 26 de maio — portanto, três dias depois da captura de Joana, que ocorrera no começo da noite, provavelmente entre seis e seis e meia. Provinha da Universidade de Paris, que certamente fora informada depois de a notícia ter sido «apregoada» nas ruas da capital em 25 de maio — dia em que foi também registrada no Parlamento. Isso significa que não se perdeu tempo. A Universidade de Paris escreve ao duque da Borgonha em nome do inquisidor da França, para que Joana fosse entregue a ele:

> Como todos os leais príncipes cristãos e todos os outros verdadeiros católicos têm o dever de extirpar todos os erros que se levantam contra a fé e o escândalo deles decorrentes para o simples povo cristão, e porque agora é fato notório que por certa mulher chamada Joana, que os adversários desse reino chamam de Donzela, em várias cidades, bons vilarejos e outros lugares desse reino, foram semeados e publicados diversos erros [...], suplicamos-vos por nossa afeição, a vós, poderoso príncipe, [...] que, tão logo isso possa ser feito de forma adequada e segura, a prisioneira chamada Joana, sobre quem pesa a suspeita de vários crimes que cheiram a heresia, compareça perante nós e um procurador da Santa Inquisição...

Não é preciso mencionar quais sentimentos movem os asseclas da Universidade parisiense. Esses pensadores sequer se deram ao trabalho de pensar. Desde maio de 1429 farejaram a heresia nas vitórias de Joana. Agora, uma vez cativa, ela é aos olhos deles mais do que nunca culpada por «crimes que cheiram a heresia». Ao longo desse segundo ano da vida pública de Joana, eles serão os mais zelosos e eficazes instrumentos de uma vingança cuja rudeza ultrapassa os intentos do duque de Borgonha.

Devemos mencionar uma terceira missiva, a do arcebispo de Reims, Regnault de Chartres, aos habitantes da cidade da Sagração, a fim de dizer que «se Joana foi capturada em Compiègne, foi porque "não queria ouvir nenhum conselho e fazia apenas o que lhe agradava."» E também para atribuir-lhe retrospectivamente todos os tipos de defeitos:

«Ela tornara-se orgulhosa por causa das ricas vestes que ganhara e porque tinha feito não o que Deus lhe ordenara, mas sua própria vontade». Aliás, ele mesmo encontrara para substituí-la «um jovem pastor das montanhas do Gévaudan que não dizia nem mais, nem menos do que a Donzela». Trata-se de um infeliz pastor chamado Guillaume que acreditava ser inspirado. Regnault de Chartres, equiparando-o a Joana, não manifestou uma profunda faculdade de discernimento...

Uma vez mais, era a voz do «conselho da Corte» que se expressava por sua pena, com uma proeminência triunfal em relação à voz dos «trabalhadores do campo». Regnault de Chartres, porém, havia passado algum tempo com Joana durante o mês de maio, e foi com a sua ajuda e a do conde de Vendôme, Louis de Bourbon, que haviam efetuado a investida contra Soissons e sido derrotados pela traição de Guichard Bournel. Mas ambos os senhores se retiraram quando souberam da rendição de Choisy-au-Bac. Eles haviam decidido seguir pelo vale do Marne, enquanto Joana regressara a Compiègne para tentar tranquilizar os moradores e impedir um cerco eminente graças à sua pequena tropa piemontesa. O partido dos prudentes era definitivamente dominante entre os que compunham o entorno de Carlos VII.

De Beaulieu a Rouen

Joana foi levada com seu intendente Jean d'Aulon, o irmão dele, Poton le Bourguignon, e também Pierre, seu irmão, para a fortaleza de Clairoix. Lionel de Wamdonne, que recebera sua rendição, era, como afirmamos, tenente de Jean de Luxembourg. É dele, portanto, que a prisioneira dependerá. Estranhamente, ambos os homens tinham os rostos desfigurados. O primeiro tivera o rosto retalhado durante um combate de machado com Poton de Xaintrailles seis anos antes, em 1423. Isso ocorrera em Arras. No ano seguinte, em Guise, durante outro combate, ele ficara estropiado «de braços e pernas». Quanto a Jean de Luxembourg, perdera um olho em Champagne em 1420; contudo, continuara a ser um bravo guerreiro. Em 21 de agosto de 1421, o duque da Borgonha insistiu para que fosse elevado à categoria de cavaleiro. Porém, nesse mesmo dia, durante um combate com os soldados do delfim em Mons-en-Vimeu, Jean de Luxembourg teve novamente «o rosto rasgado na altura do nariz», como contam os cronistas.

O historiador de *Jeanne prisonnière*, Pierre Rocolle, acredita que a partida de Clairoix tenha ocorrido em 26 de maio. No dia anterior, comemorava-se a Ascensão e era, portanto, dia marcado por uma trégua. Além disso, em 26 de maio, os borgonheses que estavam em torno de Compiègne foram remanejados: Filipe, o Bom, deveria se estabelecer na abadia de Saint-Corneille. Jean de Luxembourg se instalaria em Margny. Ele decidira encarcerar essa prisioneira — em troca da qual, não importa o que acontecesse, poderia pedir um grande resgate — no castelo de Beaulieu-lès-Fontaines, o qual tomara no início de 1430. Em seguida, escolhera justamente Lionel de Wamdonne para ser seu castelão. Portanto, Joana foi transferida ao mesmo tempo que Jean d'Aulon e seu irmão Pierre até Beaulieu, uma dezena de quilômetros ao norte de Noyon. Conta a tradição que, no caminho percorrido por essa estrada de cerca de quarenta quilômetros, teria feito uma parada no castelo de Beaurevoir, próximo ao vilarejo de Élincourt, onde havia um mosteiro dedicado a Santa Margarida. Não seria impossível que ela tenha pedido e sido autorizada a ajoelhar-se por um instante para venerar aquela cuja voz dizia ouvir.

Em Beaulieu, hoje são mostrados os subterrâneos que no século XV constituíam os fundamentos da torre onde provavelmente Joana teria se hospedado — por pouco tempo, aliás, pois um fato inesperado ocorrera. Em 6 de junho, Filipe, o Bom, foi a Noyon na companhia de sua esposa Isabela de Portugal, que expressara o desejo de encontrar a prisioneira. Joana foi convocada e possivelmente apresentou-se diante do duque e da duquesa no Palácio episcopal, próximo à catedral — sabe-se que o bispo de Noyon, Jean de Mailly, tinha se unido à causa borgonhesa e, logo, ao rei da Inglaterra, e dele trataremos mais adiante. Não temos nenhum relato do encontro das duas mulheres e podemos, por falta de detalhes, aceitar uma opinião emitida recentemente: talvez Isabela de Portugal tenha se mostrado inclinada à piedade. Esposa jovem, estava grávida de cinco meses quando foi de Péronne, onde vivia desde o início dos ataques em Compiègne, para Noyon. Portanto, é possível que sua influência tenha sido fundamental na escolha de outra residência para a prisioneira, que foi transferida para o castelo de Beaurevoir, mais amplo e bem frequentado do que uma fortaleza onde o vai e vem de soldados tornava o lugar pouco seguro para uma mulher.

A estadia em Beaulieu-lès-Fontaines foi igualmente marcada por uma fuga frustrada, e aceitaremos a ideia de que essa tentativa ocorreu depois da ida e do retorno a Noyon, quando a cativa soube que seria transferida para mais longe e ficaria separada de seu intendente e de seu irmão. Durante o julgamento, tratar-se-á de uma fuga «entre dois pedaços de madeira», sobre a qual Joana dirá: «Estando nesse castelo, tinha trancado meus guardas na torre, mas o porteiro me viu e me pegou.» Como não sabemos nada além disso, podemos supor que esperasse, depois de trancados os guardas, liberar seus dois companheiros. A tentativa, portanto, fracassou, e a transferência para Beaurevoir provavelmente foi feita na primeira quinzena de junho de 1430.

Entretanto, podemos nos perguntar por que nenhum cronista relatou o segundo encontro em Noyon entre Joana e o duque da Borgonha acompanhado pela duquesa. Sabemos que o conde de Luxembourg e sua esposa, Jeanne de Béthune, também estiveram ali. Ora, em 22 de junho, a Universidade de Paris escreve novamente ao duque intimando-o a entregar a prisioneira para seu julgamento. Desta vez, a carta estava representada por alguém que Joana logo conheceria: o bispo de Beauvais, Pierre Cauchon — naquele momento expulso de seu bispado, pois tivera de deixar Beauvais precipitadamente, assim como abandonara Reims no momento da chegada do exército francês.

Pierre Cauchon estava em Calais no dia em que soube da notícia da captura de Joana, isto é, 26 de maio. Como fazia parte dos conselheiros e era uma pessoa próxima ao duque de Bedford, é bastante provável que projetos tenham sido rapidamente feitos e um plano, esboçado para que a prisioneira fosse entregue o mais rápido possível aos ingleses e aos universitários parisienses. No entanto, percebe-se claramente que Filipe, o Bom, não se apressou em respondê-los. Se essa atitude for comparada à alegria que expressara no momento em que Joana foi trazida a ele depois de sua captura, somos levados a achar que as duas mulheres que o acompanhavam em Noyon o tenham influenciado e provocado um movimento de clemência. A própria Joana testemunhará a simpatia demonstrada pela esposa de Jean de Luxembourg quando a encontrara no castelo de Beaurevoir.

Foi possível reconstituir com alguma verossimilhança as etapas da viagem de cerca de sessenta quilômetros que leva de Beaulieu-lès-Fontaines a Beaurevoir. Supõe-se que Joana tenha feito uma parada no castelo de Ham, local onde muito mais tarde outro prisioneiro, também famoso, deveria ser preso: o futuro Napoleão III. Em seguida, ela teve de passar por Saint-Quentin, e talvez tenha avistado a admirável igreja colegiada que só por pouco foi salva no início do século XX, pois fora inteiramente minada quando o exército francês ali chegara no final da Primeira Guerra Mundial, devendo ter sido explodida como o castelo de Coucy.

Quanto ao castelo de Beaurevoir, resta-nos dele apenas uma torre e algumas muralhas espalhadas pelas propriedades vizinhas. Tratava-se, no entanto, de uma poderosa fortaleza que fazia parte do domínio da família de Luxembourg desde 1270, quando Jeanne de Beaurevoir esposara Waleran I, numa união que dera origem à linhagem dos Luxembourg. O bisneto de Waleran I, Guy de Luxembourg, tivera quatro filhos, entre os quais Jeanne de Luxembourg, nascida em 1363, que teve certa importância na história de Joana d'Arc; e Jean II, que teve três filhos, Pierre, Louis e Jean III de Luxembourg, que foi quem deteve Joana. Fora ele quem esposara Jeanne de Béthune, a qual tinha uma filha de um primeiro casamento também chamada Joana. Ela assinava o nome de seu pai, Robert de Bar, morto em Azincourt.

As «damas de Beaurevoir»

Joana d'Arc será então encarcerada na torre de menagem do castelo de Beaurevoir, onde vivem três outras Joanas — Jeanne de Bar, Jeanne de Béthune e Jeanne de Luxembourg, tia de Jean, de quem depende o destino da prisioneira. Sua estadia será, como ela mesma conta, de cerca de quatro meses. A dureza da situação será atenuada por essas «três Joanas», que demonstram por ela patente simpatia. A forma como a prisioneira se referirá a elas, no momento em que evocará, durante seu julgamento, o tempo passado em Beaurevoir, não deixa dúvidas. Ela contará como essas damas lhe ofereceram uma roupa feminina ou o tecido para confeccioná-la, e acrescenta: «Se tivesse de me vestir com roupas femininas, tê-lo-ia feito com mais solicitude a pedido dessas mulheres do que de qualquer outra mulher da França, com exceção de minha rainha...» Dirá, também, o que é importante: «A senhora de Luxembourg solicitara ao senhor de Luxembourg que eu não fosse entregue aos ingleses».

Não podemos deixar de refletir aqui sobre os respectivos papéis do homem e da mulher em tais situações. Trata-se de uma imagem que se aplica a todas as épocas: essas três mulheres se esforçavam para tratar sua prisioneira de forma humana. Nesse século XV em que a guerra permeia todos os lugares e assume uma aparência implacável, somente as mulheres sabem preservar o caráter de humanidade que o respeito ao outro exige em relação ao mais destituído de todos os seres: o prisioneiro, à mercê do poder de alguém mais forte do que ele. Eis um ensinamento profundo e válido para todos os séculos. Haverá certamente exceções: algumas mulheres de chefes de governo de nossa época demonstraram uma severidade irrestrita em relação a prisioneiros políticos — e isso ocorreu justamente na Inglaterra. Porém, no passado, foi uma rainha da Inglaterra que interveio para implorar ao rei pela vida daqueles que são chamados «moradores de Calais». Em todos os períodos da História, abundam os exemplos de mulheres que souberam dominar a guerra, conservando melhor que os homens sentimentos de humanidade. Grande lição dada por essas três Joanas, em Beaurevoir, em relação a Joana d'Arc!

É verdade também que a atitude dessas mulheres, bem mais do que a de Jean de Luxembourg, é ditada por um correto discernimento acerca da causa que convém abraçar: a do conquistador ou a do país conquistado? Jean de Luxembourg, vassalo de Filipe, o Bom, duque da Borgonha, considera não possuir outra linha de conduta senão a da fidelidade a seu senhor. De fato, esse último encheu-lhe de honras e concedeu-lhe o colar do Tosão de Ouro no mesmo dia em que fundou essa Ordem de cavalaria, em 7 de janeiro de 1430, por ocasião de seu casamento com Isabela de Portugal. Jean de Luxembourg foi um dos 24 eleitos. Para ele seria realmente muito difícil não seguir seu senhor em suas escolhas de guerra. Ele lhe jurou lealdade e poderia esperar todas as formas de represália caso agisse contrariamente. As damas de Beaurevoir são mais livres em seus julgamentos. A própria esposa de Jean não pode se esquecer de que é a viúva de um dos cavaleiros que perecera no campo de batalha combatendo contra Henrique V de Lancastre. Quanto à sua tia, ela foi uma das damas de honra de Isabel da Baviera, rainha da França, e além disso fora escolhida para ser uma das madrinhas de Carlos quando ele nasceu, em 1403 — aquele Carlos que se tornou, depois, Carlos VII, rei da França, sagrado e coroado em Reims no ano anterior. Se Jean de Luxembourg hesita em aderir a outra causa diferente da escolhida — por vingança! — pelo duque da Borgonha, ele não quer desagradar sua tia, de quem é o herdeiro. No exato momento da estada de Joana em Beaurevoir, a senhora de Luxembourg — então «muito idosa», segundo a expressão de um cronista da época (ela tem 67 anos) — vai recolher a herança de seu sobrinho-neto Philippe de Brabant, falecido em Louvain em 4 de agosto de 1430. Os condados de Saint-Pol e de Ligny, senhorios pertencentes a seu irmão Waleran, são a ela destinados na ausência de outro sucessor. Enguerrand de Monstrelet conta-nos como houve um testamento ou uma promessa de testamento da parte da senhora de Luxembourg em favor de Jean «porque ela amava muito cordialmente seu sobrinho, senhor Jean de Luxembourg, destinou-lhe grande parte de seus domínios depois de seu falecimento, com o que o senhor Enghien, seu irmão mais velho, não ficou nem um pouco satisfeito» — Jean de Luxembourg tinha um irmão mais velho chamado Pierre, que, manifestamente, não era muito apreciado pela tia.

Podemos, portanto, imaginar a indecisão, agravada nesse mês de agosto, vivida por Jean de Luxembourg, que tinha fortes razões tanto para não desagradar o seu senhor quanto sua tia. Daí o *suspense* dessa passagem por Beaurevoir, onde se decide o destino da prisioneira.

No segundo plano, porém, não há nenhuma hesitação. Ao contrário, vive-se uma intensa atividade, mas não do lado de onde se espera, isto é, em Bourges, no entorno real. É preciso que nos rendamos à evidência: não possuímos um único documento sugerindo que o rei tenha oferecido resgate ou tentado qualquer medida para libertar Joana d'Arc. Exemplos de ingratidão como essa abundam ao longo da história, mas poucos são tão flagrantes.

Era a Universidade de Paris que não media esforços, temendo sem dúvida que um gesto do rei da França lhe furtasse aquela que cobiçava há mais de um ano (antes mesmo da sagração de Carlos VII!), desde a liberação de Orléans. Pierre Cauchon, seu antigo reitor, que se tornara bispo de Beauvais pela graça do duque de Borgonha logo após o tratado de Troyes, do qual havia sido o principal negociador, percorreu incansavelmente as estradas durante o verão de 1430.

Após passar o mês de junho em Paris, de onde envia as cartas citadas anteriormente a Filipe, o Bom, e a Jean de Luxembourg para solicitar que «entreguem ou mandem entregar essa mulher ao reverendo padre em Deus, monsenhor bispo de Beauvais», ele se dirige a Calais, onde está ainda o duque de Bedford acompanhado por Henrique VI. Este último, apesar da pouca idade, fora sagrado rei da Inglaterra em Westminster, como vimos, e, apesar do que ocorreu em Reims, ainda estava viva a esperança de sagrá-lo rei também da França, concretizando assim a teoria da dupla coroa sobre a cabeça de um mesmo e único monarca. As condições de compra da prisioneira são então fixadas: oferecer um resgate de seis mil libras e sugerir que o preço poderia chegar a dez mil, conforme as regras de qualquer negociação. Lionel de Wamdonne, que a havia capturado, receberia uma pensão de trezentas libras. No dia 27 de junho, Cauchon escreve sem demora mais uma vez a Filipe, o Bom, e a Jean de Luxembourg, especificando essas novas condições. Inquietava-lhe que o duque ainda não tivesse respondido às suas cartas.

Ele partiu então em 7 de julho para Compiègne, e no dia 14 encontrou-se sucessivamente com Filipe, o Bom, e com Jean de Luxembourg, que esperava numa sala contígua o resultado da primeira conversa. Não resta dúvida de que fora convincente, dado que pouco depois os dois homens partiram juntos em direção ao castelo de Beaurevoir. Como ressalta Pierre Rocolle, «esse deslocamento supunha o início de uma conciliação». Sobre o que aconteceu no encontro entre o bispo e a senhora de Luxembourg, ou mesmo com a prisioneira, nada sabemos, mas parece que ali não se obteve nada de positivo. Por outro lado, não seria impossível — a hipótese foi levantada por diversos historiadores sérios — que essa visita tenha sido determinante para a segunda tentativa de fuga de Joana.

> — O que a levou a pular da torre de Beaurevoir?
> — Ouvi dizer que todos os moradores de Compiègne até a idade de sete anos deveriam ser queimados ou mortos à espada, e preferiria morrer a viver após semelhante destruição de pessoas honestas, e essa foi uma das causas que me levaram a pular. A outra foi que soubera que seria vendida aos ingleses, e preferiria morrer do que cair nas mãos dos meus adversários. [...] Depois que me joguei da torre, fiquei durante dois ou três dias sem me alimentar, pois me machuquei tanto com essa queda que não podia nem comer, nem beber. No entanto, recebi consolo de Santa Catarina, que disse que me confessasse e pedisse perdão a Deus por ter pulado e que os habitantes de Compiègne seriam certamente socorridos antes da festa de São Martinho, no inverno. Então, comecei a recuperar a saúde e a comer, e logo fui curada.

A festa de São Martinho é comemorada em 11 de novembro. O «pulo de Beaurevoir» aconteceu, portanto, muito antes.

Entrementes, os acontecimentos militares se precipitarão, enquanto Cauchon retorna a Rouen no final do mês de julho e encontra novamente o duque de Bedford e seu sobrinho, o pequeno rei. A partir desse momento, enquanto o bispo trabalha para levantar um imposto votado pelos estados da Normandia para o rei da Inglaterra, em particular para pagar o resgate da Donzela, o duque da Borgonha decide ativar o cerco de Compiègne e dá a Jean de Luxembourg seu comando e sua condução. O cerco foi estabelecido a partir de 15 de agosto.

Mas o destino de Joana d'Arc não será decidido por uma ação militar. No início de setembro, a senhora de Luxembourg se prepara para ir a

Avignon. Talvez em razão de sua idade, que a obriga a fazer frequentes paradas, ela tenha deixado Beaurevoir mais cedo, pouco após o dia 20 ou 25 de agosto. Ao chegar à cidade dos papas, faz seu testamento em 10 de setembro de 1430. Provavelmente o cansaço que sentiu a fez compreender a necessidade de fazê-lo, e não foi uma vã precaução, pois faleceria em 18 de setembro.

Joana de Luxembourg, condessa de Ligny, realizara essa viagem como uma peregrinação que tinha o costume de fazer todos os anos ao túmulo de seu jovem irmão, o santo cardeal Pierre de Luxembourg. Ele morrera aos dezoito anos, em 2 de julho de 1387. Em sua curta vida, passara por todas as etapas da carreira eclesiástica. Nascido em Ligny-en-Barrois em 20 de julho de 1639 e órfão aos dois anos, fora muito provavelmente educado sob os cuidados da irmã mais velha. Aos dez anos, era cônego de Notre-Dame de Paris e, aos catorze e meio, bispo de Metz. Fora nomeado cardeal pelo Papa (ou melhor, antipapa) Clemente VII, em Avignon; morrera nessa cidade e seu túmulo, situado na igreja dos Celestinos, logo se tornou um local de peregrinação. O martirológio dessa igreja atesta que Joana de Luxembourg viajava para lá todos os anos. Conforme as disposições tomadas, ela seria enterrada na abadia de Montiel, perto de Pont-Sainte-Maxence.

A partir desse momento, Jean de Luxembourg, herdeiro de sua tia, deixa de sentir a influência que ela poderia exercer sobre ele. Por outro lado, teve de suportar, e cada vez mais, a de seu próprio irmão, Louis, que sempre fora um resoluto partidário da causa inglesa: bispo de Thérouanne, vamos encontrá-lo em diversas ocasiões na história de Joana d'Arc, e é muito simbólico que, após ser nomeado, em 1436, arcebispo de Rouen, tenha morrido na Inglaterra como bispo de Ely, em 1443. Em outras palavras, ele estava entre os prelados que, como o bispo de Noyon, Jean de Mailly, aderiram totalmente à causa inglesa.

Aproxima-se, porém, o momento em que a cidade de Compiègne, após ter se defendido bravamente, irá se libertar. Em 24 de outubro, um ataque decisivo é feito pelo marechal de Boussac, que se estabelecera em Verberie e chegara como reforço. Jean de Luxembourg teve de se recolher em Noyon e deixar a praça-forte «vergonhosamente», afirma

Monstrelet, abandonando suas bombardas e suas peças de artilharia. No sábado seguinte, 28 de outubro, as pequenas fortalezas em torno de Compiègne se entregam aos franceses e Jean de Luxembourg retorna ao castelo de Beaurevoir, onde sua decisão valerá como lei. Joana poderia ficar tranquila quanto ao destino de «seus bons amigos de Compiègne», mas cada vez mais certa do que a esperava: «Santa Catarina me dizia, quase diariamente», declararia mais tarde, «que não pulasse e que Deus ajudaria a mim e a todos os moradores de Compiègne. E disse à Santa Catarina que, se Deus ajudasse as pessoas de Compiègne, gostaria também de ali estar. Então Santa Catarina me disse: "Precisas resignar-te, e não serás libertada enquanto não encontrar o rei dos ingleses". E respondi-lhe: "Realmente não gostaria de encontrá-lo, e preferiria morrer a cair na mão dos ingleses"».

A compra

Esse tocante diálogo resume bem o que acontecerá em seguida. Os esforços de Pierre Cauchon durante os «cento e cinquenta e três dias em que esteve a serviço do rei, nosso senhor, em seus negócios, tanto na cidade de Calais como em diversas viagens para encontrar o senhor duque da Borgonha ou o senhor Jean de Luxembourg em Flandres, ao cerco de Compiègne ou a Beaurevoir por causa de Joana, chamada a Donzela» — pelos quais o coletor geral de impostos da Normandia, Pierre Surreau, pagou-lhe a quantia de 765 libras tornezes —, foram bastante proveitosos. O recibo que assinou — o bispo de Beauvoir sabia muito bem como pagar por um serviço — data do último dia de setembro. Em 24 de outubro, dia da libertação de Compiègne, o tesoureiro inglês Thomas Blount reúne as cinco mil libras que ainda faltam para o resgate de Joana d'Arc. É por volta dessa data que devemos situar sua partida do castelo de Beaurevoir. Talvez tenha sido levada pelo coletor geral das finanças de Filipe, o Bom. O certo é que, na sequência, sua presença é mencionada várias vezes em Arras, onde encontramos também Joana, enquanto Filipe, o Bom, estivera ali em 2 de novembro. Sabe-se que Joana recebeu nessa cidade o óbolo solicitado aos cidadãos de Tournais, isto é, uma quantia de 22 coroas de ouro «para empregar em suas necessidades». Fala-se também de um escocês que teria pintado seu retrato nessa cidade, mas é mais provável que, segundo a retificação efetuada pelo padre Doncoeur, trate-se de um erro do escriba que escreveu Arras em vez de Reims e que esse retrato tenha sido feito no momento da coroação*.

O que podemos confirmar é que Jean de Luxembourg foi pago em 6 de dezembro pela venda de Joana aos ingleses, que acabara de ser concretizada. Isso está atestado por um recibo de Jean Bruyse, escudeiro, que recebera também «as dez mil libras tornezes... por guardar Joana, que se autodenomina a Donzela, como prisioneira de guerra». A quantia lhe foi entregue pelo coletor Pierre Surreau. Quanto à Universidade de Paris, ela fizera todo o possível para apressar as negociações. Em 21 de novembro, chegou uma carta a Pierre Cauchon: «Vemos com extrema perplexidade o envio dessa mulher vulgarmente chamada a Donzela ser adiado, para o prejuízo da fé e da jurisdição eclesiástica».

Entretanto, a notícia da traição já se espalhara por toda parte. Uma carta de 24 de novembro, registrada no *Jornal de Morosini* e enviada da filial de Bruges a Veneza por um observador bem informado, confirma que: «É verdade que a Donzela foi enviada a Rouen ao rei da Inglaterra e que o senhor Jean de Luxembourg, que a fez prisioneira, recebeu 10 mil coroas para entregá-la aos ingleses».

De maneira ainda mais direta, Nicolo Morosini, que deixara Bruges em 15 de dezembro, declara em Veneza:

> Ouvimos dizer primeiramente que a senhorita estava nas mãos do duque da Borgonha, e muitas pessoas repetiam que os ingleses a teriam por dinheiro; e, diante dessa notícia, o delfim enviou-lhes uma delegação para dizer que sob nenhuma hipótese aceitaria tal negócio. Caso contrário, ele trataria da mesma maneira aqueles que estavam em seu poder.

Esse simples rumor nos transmite a única notícia de uma tentativa feita por aquele que a crônica chama ainda de delfim, Carlos VII, não para resgatar Joana, mas para impedir que pelo menos fosse entregue ao inimigo.

Mais distante ainda, em Constantinopla, teremos mais tarde a notícia da surpresa causada por um conhecido do duque da Borgonha, Bertrandon de La Broquière, quando contou que a Donzela havia sido presa pelos ingleses: todos se recusam a acreditar nele. Até mesmo o informante de Morosini indica no mês de agosto: «Dizem que essa senhorita foi encarcerada com várias outras em uma fortaleza sob a vigilância de uma boa guarda, mas que, como não existe tão boa vigilância que Deus não possa usar a seu favor, ela escapou e retornou aos seus sem ser molestada.»– Joana não poderia ter sido capturada, nem encarcerada; seu poder era demasiado grande, e Deus certamente a socorreria para que escapasse. Foi mais ou menos isso que as pessoas de todos os lugares pensaram: em Orléans, especialmente, os moradores recusavam-se a acreditar que esse pudesse ser o destino da Donzela. Ao mesmo tempo, não podemos deixar de citar que alguns padres, nas regiões fiéis à causa francesa, ordenaram orações pela sua liberação. Temos o testemunho de uma cidade como Embrun, nos Alpes, em que três orações pedem ao Senhor «que a Donzela detida nas prisões inimigas seja liberada incólume e possa terminar completamente a obra que Vós lhe ordenastes». Em Tours, em Meaux e em Orléans, até mesmo alguns ofícios foram celebrados em sua intenção. Em Arras, a tradição conta que Joana foi encarcerada numa das pequenas fortificações que sobrepujavam a chamada Porta Ronville. Podemos supor que deixara esse local por volta de 15 de novembro. No dia 21, a Universidade de Paris manifesta sua alegria numa carta endereçada «ao excelentíssimo príncipe, o rei da França e da Inglaterra». Os universitários estão exultantes:

> Ouvimos dizer novamente que foi entregue a vosso poder a mulher chamada Donzela, e estamos muito felizes com isso, confiantes em que, por vossa ordem, esta mulher será julgada para reparar os grandes malefícios e escândalos que ocorrem notoriamente nesse reino por causa dela, em prejuízo da honra divina, de nossa santa fé e de todo o vosso bom povo...

Eles solicitam que a presa seja agora colocada em suas mãos e que o bispo de Beauvais possa julgá-la em Paris. Podemos pelo menos concluir que a transferência de Arras para Crotoy tenha ocorrido por volta dessa data, nos últimos dias de novembro, pois era quando o resgate deveria ser pago.

As principais etapas dessa estrada de uma centena de quilômetros foram certamente o castelo de Lucheux e, em seguida, a abadia de Saint-Riquier. É provável que nessa última etapa Joana tenha sido conduzida ao castelo que havia então em Drugy e do qual as instalações de uma fazenda guardam ainda hoje o plano: as atuais caves podem ser uma parte do subterrâneo do castelo, e teria sido ali que o reitor e o capelão principal de Saint-Riquier encontraram Joana quando a buscaram para saudá-la. Como em diversas outras abadias da região normanda, em Fécamp e até mesmo no Mont-Saint-Michel, o abade aderira à causa borgonhesa, mas os monges estavam longe de compartilhar dos mesmos sentimentos. O abade de Saint-Riquier, aliás, estava ausente quando a pequena tropa que escoltava a prisioneira passou pela cidade.

No dia seguinte, em meio aos soldados que a rodeavam, após contornar a grande floresta de Crécy, Joana deve ter chegado ao estuário da Somme. Ela teria visto o mar pela primeira vez — e não sem angústia, pois sabia que do outro lado estava a Inglaterra. Como, então, alimentar alguma esperança de escapar?

Negociações

Mesmo assim, as negociações correriam bem, e Pierre Cauchon trabalhará bastante nesse mês de dezembro; primeiramente, para obter de Bedford um acordo satisfatório sobre o local onde a prisioneira seria julgada; depois, para garantir as condições processuais válidas em termos de jurisdições eclesiásticas. Era preciso que o julgamento acontecesse em um lugar seguro e que, além disso, fosse um «belo julgamento».

Para ter o direito de ser o juiz do caso de Joana, Cauchon teria de conseguir que o julgamento ocorresse em Beauvais. A captura da prisioneira na margem direita do Oise poderia, a rigor, justificar e acreditar sua competência, embora para os tribunais da Inquisição o réu julgado como herege devesse ter cometido o crime de heresia em sua diocese. As aparências estavam salvas devido ao local de sua captura... Mas ela não poderia ser julgada em Beauvais, que tinha se rendido ao rei da França. Bedford decidiu então que o julgamento ocorreria em Rouen, onde a dominação inglesa estava firmemente estabelecida havia doze anos. Uma transferência de território foi solicitada nas formas da lei por parte do capítulo de Rouen e, obviamente, concedida, por ato datado de 28 de dezembro de 1430. Sem perder tempo, Cauchon enviou também à Lorena um agente encarregado de informar-se sobre a juventude, e até sobre a infância, de Joana, bem como de coletar essas informações *in loco*. Desconhecemos o nome desse delegado, mas sabemos que foi a Chaumont acompanhado de Nicolas Bailly, um notário, assim como de um clérigo chamado Gérard Petit, especialista em questões jurídicas. Os três deveriam ir sucessivamente a Domrémy, a Vaucouleurs e, provavelmente, também a Toul. O resultado dessa investigação só chegaria a Rouen no final de janeiro de 1431.

Nesse ínterim, a pedido de Cauchon, uma escolta de cerca de cinquenta soldados partira com ele para proteger o último deslocamento de Joana, de Le Crotoy até a cidade normanda: dois «lances guarnecidos», dizia-se, o que representa uma dezena de soldados, mais 25 arqueiros e todas as pessoas necessárias para carregar as bagagens e transportar o resgate, pago por volta do dia 15 de dezembro.

O itinerário reconstituído por Pierre Rocolle nos parece justificado. De Crotoy, Joana teria sido levada de barca até Saint-Valery-sur-Somme, seguindo na maré alta pelo canal que o rio Somme traça no estuário, enquanto os cavaleiros e suas montarias — a parte mais numerosa da tropa — atravessaram o Somme pela ponte de Abbeville, pois o transporte de mais de cinquenta cavalos e cavaleiros sobre barcas teria apresentado algumas dificuldades. Provavelmente houve parada em Saint-Valéry, ou talvez somente na pequena cidade de Eu, a 24 quilômetros dali, se a travessia do estuário pôde ser feita rapidamente. É provável que tenham seguido depois pela estrada da antiga via romana, por Arques e Bosc-le--Hard. A escolta chegou finalmente ao castelo de Bouvreuil, construído no passado por Filipe Augusto e agora residência daquele que fora designado governador do pequeno rei Henrique VI, o conde Warwick. Chegava-se a ele sem que fosse preciso atravessar a cidade de Rouen.

Era véspera de Natal.

CAPÍTULO VII

«Estou certa de que esses ingleses me matarão»

Doravante, a escuridão é total em torno de Joana: obscuridade da masmorra, incerteza quanto a seu destino — o quinhão de qualquer prisioneiro.

A torre em que ficou detida ainda existia no início do século XIX e era chamada «a Torre coroada», uma das sete que compunham a fortaleza de Bouvreuil e que circundavam um vasto pátio. Contam algumas testemunhas que ela dava para «os campos» — portanto, para a parte externa, e acredita-se que o aposento onde Joana foi encarcerada ficava no primeiro andar. Escavações recentes feitas no local onde se situava o castelo levaram a uma mudança significativa no que se sabia sobre a configuração geral das instalações, mas os resultados ainda não são definitivos e não foram publicados. Há uma única certeza: o que chamamos hoje de torre Joana d'Arc representa o que restou de uma antiga torre de menagem, muito bem restaurada, e não o local exato de sua detenção.

Quanto ao próprio aposento que lhe serviu de cela, uma reconstituição permite supor que contava com três aberturas nas grossas paredes: a primeira correspondente à janela, que certamente contava com grades; a segunda, a uma latrina — que todas as torres desse tipo possuíam; e, finalmente, uma terceira, que comunicava-se diretamente com a escada de acesso e provavelmente dava para uma seteira, permitindo ouvir o que se dizia na cela sem ser visto. É também possível que a vigilância tenha sido feita pelo piso que separava essa sala de sua correspondente no segundo andar. Um escudeiro do rei, John Grey, era o principal responsável por sua vigilância, auxiliado por dois outros ingleses, John Berwoit e William Talbot. Os três tiveram de jurar sobre a Bíblia que se mostrariam vigilantes e proibiriam qualquer visita que não tivesse sido pessoalmente autorizada, com antecedência, por Cauchon ou por Warwick, o governador do castelo. Auxiliam também nessa tarefa «cinco ingleses da mais baixa condição, os chamados franceses *houssepaillers* [valetes]» (termo que deu origem ao verbo *houspiller* [maltratar], o que é bastante significativo).

As mãos atadas, os pés acorrentados

Um pequeno grupo de pessoas esculpidas cuja policromia foi conservada, datado do século XV e parte da coleção do castelo de Plessis-Bourré, mostra uma prisioneira com as mãos atadas entre dois personagens cuja atitude é ambivalente, pois foram descritos ora como «dois carrascos que parecem implorar seu perdão», ora como dois algozes ao lado de Joana acorrentada. Seja qual for a interpretação exata, parece claro que Joana não foi poupada de nenhuma humilhação em sua prisão de Rouen. Onde está o tempo em que as «três Joanas» de Beaurevoir lhe ofereciam um vestido pedindo-lhe, amigavelmente, para com ele se vestir? «Eu a vi na prisão do castelo de Rouen, numa sala muito escura, agrilhoada e acorrentada», declara Isambart de La Pierre, dominicano do mosteiro de Saint-Jacques de Rouen e assessor durante o processo de condenação. Um homem chamado Pierre Daron, adjunto do meirinho de Rouen, detalha que a viu «no castelo, numa torre, com os pés acorrentados a um grande pedaço de madeira; vários guardas ingleses a vigiavam». Os detalhes mais completos foram fornecidos pelo bailio Jean Massieu, cuja responsabilidade era acompanhar a prisioneira do lugar da prisão até a sala onde se reunia o tribunal. Ela estava, conta, nas mãos de «cinco ingleses»: três permaneciam à noite com ela na cela e dois fora.

> E sei que à noite ela se deitava, presa pelas pernas a dois pares de correntes de ferro e amarrada com força por uma corrente aos pés de sua cama, que estava ligada a um grande pedaço de madeira de cerca de 5 ou 6 pés de largura e fechada à chave.

Joana permanecia com os pés acorrentados durante o dia, enquanto à noite esse entrave era preso a uma corrente que, passando pelos pés da cama, estava ligada a um pedaço de madeira que não teria sido capaz de mover. Ele acrescenta, porém: «Quando a levava ou a trazia de volta, estava sempre sem as correntes». De fato, não poderia ter percorrido a distância que separava sua prisão da sala de audiência com os pés acorrentados. Desde seu primeiro comparecimento, Joana reclamou por «ser mantida acorrentada». Na verdade, Cauchon havia previsto algo ainda melhor: em seu pavor de que Joana lhe escapasse, mandara forjar, por um homem chamado Etienne Castille, uma gaiola de ferro onde ela teria sido mantida em pé «presa pelo pescoço, pelas mãos e pelos pés». Mas não parece que tenha sido encarcerada ali.

Podemos imaginar o quanto essas torturas físicas teriam abatido a jovem cheia de saúde e tão apta para a vida ao ar livre, amante das cavalgadas e sempre pronta para a ação. Porém, isso era pouco em vista das torturas morais, isto é, da zombaria dos guardas, cujo nível podemos presumir: «estavam sempre zombando dela, e ela os repreendia». Havia gritos e barulhos hostis sempre que aparecia no pátio do castelo. E, principalmente, a vigilância era feita por homens, carcereiros ingleses como os que, do alto das muralhas de Orléans, tratavam-na como «vadia», «bastarda» ou, ainda, «puta dos Armagnacs». Podemos facilmente entender por que precisou de suas roupas masculinas e de suas meias «bem apertadas e amarradas», como no tempo em que dormia assim vestida com os soldados — que a reverenciavam e a respeitavam —, em suas campanhas às margens do Loire.

Como foi possível, nessas condições, preservar a sua virgindade e continuar sendo «Joana, a Donzela»? O fato é que, segundo o que diria mais tarde o principal escrivão do julgamento, Guillaume Manchon, a jovem temia «que à noite os guardas lhe fizessem alguma violência».

E «uma ou duas vezes queixou-se ao bispo de Beauvais, subinquisidor, e ao mestre Nicolau Loiseleur que um dos guardas quisera violá-la».

Alguém, então, interveio a seu favor. Em Rouen, ela teve de submeter-se novamente ao exame de virgindade a que já se submetera em Poitiers. Esse exame certamente ocorreu enquanto se realizavam as várias investigações feitas na sua região natal, pois fora praticado sob a supervisão de Anne de Borgonha, duquesa de Bedford. Como a duquesa e seu marido haviam deixado Rouen em 13 de janeiro de 1431, a data é fácil de ser deduzida. Sabemos o nome de pelo menos uma das matronas que a examinaram, Anne Bavon, e que sua virgindade foi devidamente constatada; Anne Bedford, comovida, proibiu que os guardas a molestassem.

Prisioneira de guerra ou prisioneira da Igreja?

A ambivalência de sua condição é patente desde seus primeiros dias na prisão de Rouen. Pierre Cauchon pretende acusá-la de heresia; trata-se, portanto, de um julgamento da Igreja durante o qual deveria ficar detida numa prisão eclesiástica, onde seria vigiada por mulheres, com respeito e decência e sob condições relativamente brandas: as vividas por todas as mulheres acusadas de heresia naquela época. No entanto, Joana, ao longo do julgamento, é tratada como prisioneira de guerra, acorrentada e vigiada por soldados. Para contornar essa ilegalidade, o bispo de Beauvais, com a anuência do duque de Bedford, inventou uma história: a fechadura da porta de sua prisão estaria munida de três chaves, uma das quais estava em poder de Henri Beaufort, cardeal de Winchester, que deveria estar presente durante todo o julgamento, e as outras duas em posse dos juízes, isto é, do próprio Cauchon ou do promotor que logo nomearia, Jean d'Estivet, e do vice-inquisidor, também designado pelo inquisidor da França, Jean Graverent. Esse artifício processual só poderia enganar aqueles que quisessem ser enganados. Não valia mais do que a proibição de Cauchon a Joana, durante a primeira ida ao tribunal: «Proibimos-te de sair sem a nossa permissão da prisão que te foi atribuída no castelo de Rouen, *sob pena de ser culpada pelo crime de heresia*». O que não foi suficiente para engodar a prisioneira, que retorquiu rapidamente: «Não aceito esta proibição; se conseguisse fugir, ninguém poderia me culpar de infringir ou violar minha fé». Todo o drama, na verdade, reside na seguinte ambivalência: ou era uma prisioneira de guerra cuja condenação se fazia desejável, ou uma herege suspeita de tal pela Igreja.

A vantagem dessa acusação é que ela permite, ao mesmo tempo, desqualificar Joana e o rei da França que lhe deve a coroa, isto é, a causa por ela defendida. Dito de outro modo, Joana é o arquétipo do prisioneiro político perseguido por perturbar o poder estabelecido e a própria ideologia por ele sustentada, enquanto se busca algum pretexto para condená-lo. Nosso século XX oferece muitos exemplos do gênero para que todos sejam capazes de compreender.

A «justificação» dos acadêmicos

A ideologia, porém, está há muito estabelecida. Joana ainda não havia nascido quando os acadêmicos parisienses, por intermédio de um deles, Jean Petit, justificaram com um grande arcabouço de argumentos o assassinato de Luís de Orléans por seu primo João sem Medo. Pela primeira vez em nossa história, intelectuais haviam defendido o assassinato político, e seriam ouvidos muitíssimo bem. Christine de Pisan denunciou com muito discernimento o lugar cada vez maior ocupado pela Dama Opinião: invasiva, essa força oscilante, sem forma e sem rosto, capaz de suscitar em todos os lugares «rebeliões, debates, comoções e batalhas», mas que, por ser propagadora de falsos julgamentos, hábil em fazer «amar e odiar sem causa», dividiria o povo e os poderosos em benefício do duque da Borgonha. O duque conseguira o apoio dos acadêmicos, de um lado, e, de outro, desses grandes burgueses que eram os mestres da carnificina parisiense e que dispunham de todo um exército de cuteleiros e esfoladores, vistos em ação em Paris durante a revolta cabochiana. São esses mesmos intelectuais que, por volta da mesma época, queriam dominar a Igreja dividida pelo Grande Cisma e que desenvolveram toda a teoria da «dupla monarquia», que legitima na França a conquista inglesa. Assegurando a si mesmos prebendas e consideração, os servos da Dama Opinião nunca se esquecem de seus próprios interesses — e sabem muito bem como ser pagos em moedas tilintantes.

O plano iria funcionar. O Tratado de Troyes, do qual Pierre Cauchon, ex-reitor da Universidade de Paris, fora um incansável negociador, instaurava uma nova legalidade fundamentada na conquista brutal justificada pelo clero. E eis que uma moça miserável, uma camponesa desconhecida, veio ameaçar esse belo edifício, pondo fim às vitórias do conquistador e consagrando o filho de Carlos VI! Mas agora essa filha do demônio fora capturada, e a Universidade de Paris podia apelar ao próprio prestígio da Igreja universal que também almejava dirigir. O Papa Martinho V poderia muito bem ter se tornado novamente o único sucessor de Pedro e conservar sua autoridade como Papa perante o Concílio: a Universidade de Paris, por meio de concílios periódicos, esperava continuar a reger a cristandade como fizera no tempo dos papas de Avignon e governá-la por meio de uma assembleia parlamentar. Era claro que tudo isso estava em jogo na condenação que seria imperativamente infligida a essa filha do povo, grosseira e ignorante, cuja insolência seria fácil reprimir.

No entanto, o belo julgamento já mostrava alguns problemas. O resultado do exame de virgindade que provaria a culpa da Donzela tinha sido negativo e ofereceu certa vantagem para ela. Quanto à investigação conduzida em seu país natal, fora extremamente desastrosa para o bispo de Beauvais. O tabelião Nicolas Bailly, após interrogar doze ou quinze testemunhas em Domrémy e em cinco ou seis paróquias vizinhas, «não encontrou nada sobre Joana que não quisesse ter encontrado em sua própria irmã». Uma troca de mensagens sobre essas informações apenas as confirmou. E, embora tenham sido tratados como «falsos Armagnacs» pelo bailio de Chaumont, os investigadores não relataram nada que pudesse ter incriminado Joana.

Diante disso, paradoxalmente, o juiz não poderá formular nenhuma acusação principal. O cuidadoso estudo realizado por Pierre Tisset sobre o processo de condenação o revela com clareza: Joana só foi condenada com base nos interrogatórios realizados em Rouen, uma evidente falha do julgamento que, para a História, torna-se um testemunho incontestável de quem foi Joana d'Arc. Nada poderia ter sido encontrado para incriminá-la e, por esse motivo, ela fora condenada com base somente em suas palavras, relatadas por seus inimigos. Ao mesmo tempo, são essas palavras que nos dão uma ideia tão elevada tanto de sua grandeza quanto de sua pureza. Cauchon não suspeitava que assim erigiria, com as próprias mãos, o único monumento digno de Joana d'Arc e que permanece imperecível precisamente graças às minutas que foram conservadas.

Compreendemos melhor a demora e a lentidão de um julgamento que, indubitavelmente, tanto Cauchon quanto Bedford gostariam que tivesse terminado logo.

Dupla irregularidade

As dificuldades só aumentaram com a renitência do vigário do inquisidor, um frade dominicano do mosteiro de Rouen chamado Jean Lemaître, que, por direito, deveria ser o principal dos dois juízes no processo da Inquisição. Devidamente convocado, respondera que, «tanto para a serenidade de sua consciência quanto para uma condução mais segura do julgamento, não queria imiscuir-se no presente caso». Alegara que não tinha esse direito pois o seu vicariato abarcava apenas as cidades da diocese de Rouen, e «esse julgamento seria realizado em território emprestado» pelo bispo de Beauvais, na sua própria jurisdição. Foi preciso insistir no caso, enviar uma nova mensagem ao Inquisidor da França, Jean Graverent, em Paris, para que Jean Lemaître aceitasse comparecer, o que só fez na segunda audiência do julgamento, dia 22 fevereiro, quando todas as preliminares já estavam finalizadas. Apesar do cuidado que Cauchon teve para respeitar as formalidades de um julgamento da Inquisição, havia nele uma dupla irregularidade: o inquisidor encontrava-se ausente e as chamadas «informações preliminares» eram anônimas e desconhecidas, de modo particular para o principal interessado: Joana. Como salientou Pierre Tisset, tratava-se de um «fenômeno completamente excepcional»[1] que o julgamento consistisse apenas no interrogatório da

---

1   *Processo de condenação*, tomo III, p. 85

acusada, sem que ninguém soubesse, a começar por ela própria, do que estava sendo incriminada.

Compreendemos então por que Cauchon quis reunir um imponente tribunal — na verdade, um júri, já que ele próprio era o único juiz, com o inquisidor — tanto para compensar essas carências, das quais era o primeiro a ter conhecimento, quanto para impressionar Joana. Multiplicou as cartas oficiais e apelou particularmente ao capítulo de Rouen, que foi informado pelo rei da Inglaterra acerca da «comissão territorial» que permitia ao bispo de Beauvais exercer jurisdição em Rouen. Além disso, ainda em nome do rei da Inglaterra, a prisioneira de guerra de Henrique VI é oficialmente entregue ao julgamento do bispo de Beauvais por uma carta que menciona expressamente a requisição feita a ele pela Universidade de Paris para que o julgamento acontecesse. Os termos dessa carta são reveladores quanto à verdadeira natureza do processo: «Nossa intenção é rever o processo e julgar novamente Joana, caso não seja culpada e condenada por "heresia" ou por outra questão tocante a nossa fé.»

O caráter político do julgamento não poderia ser melhor expresso, nem o destino reservado a Joana, ao qual não poderia escapar.

«Não sei sobre o que me quereis interrogar»

A primeira audiência pública ocorreu na quarta-feira, 21 de fevereiro, por volta das oito horas da manhã. Era Quarta-feira de Cinzas, o primeiro dia de uma Quaresma que para Joana havia começado muito tempo antes... Ela se apresentaria sozinha diante das 44 pessoas elencadas nas atas do dia, entre elas nove doutores em teologia, quatro doutores em direito canônico, um doutor «em ambos os direitos», sete bacharéis em teologia, onze licenciados em direito canônico, quatro em direito civil, mais o promotor Jean d'Estivet. Nenhum advogado a acompanha, o que é contrário aos costumes da Inquisição. A prisão não parece ter diminuído sua capacidade de resistir; Cauchon perceberá isso já na primeira formalidade, que consiste em prestar juramento: «Não sei sobre o que vós quereis me interrogar», ela responde. «Talvez podereis me perguntar sobre algo que não vos responderei.»

O bispo reitera a exortação de forma mais incisiva:

— Jurareis dizer a verdade sobre o que vos será perguntado no que concerne à fé católica e todas as outras coisas que sereis capaz de responder.

— Sobre meu pai e minha mãe, sobre todas as coisas que fiz desde que vim para a França, juraria sem problemas; mas as revelações que Deus me deu, nunca as enunciei ou revelei, exceto para Carlos, meu rei. E mesmo se quiserem cortar minha cabeça, não as revelarei, pois sei por minhas visões que devo guardá-las em segredo.

Diversas perguntas e respostas se repetem até o momento em que Joana, ajoelhada, com as duas mãos sobre o Missal que lhe é apresentado, finalmente jura dizer a verdade sobre o que lhe seria perguntado em matéria de fé e sobre o que saberia responder.

Após esse preâmbulo inesperado, vem o interrogatório propriamente dito, ao qual todo detido ou acusado ainda hoje é submetido para confirmar seu nome, sobrenome e sua condição: «Na região onde nasci era chamada de Joaninha e, na França, chamam-me Joana. [...] Nasci num vilarejo chamado Domrémy-Greux, um lugar de onde Greux é a paróquia principal. Meu pai se chamava Jacques d'Arc e minha mãe, Isabeau.»

Em seguida, ela nomeia seus padrinhos e madrinhas, o padre que a batizou, chamado Jean Minet, que acredita estar ainda vivo, e, finalmente, diz qual é sua idade: «Acredito que tenho cerca de dezenove anos.»

Subitamente, outro obstáculo inesperado. O bispo ordena que recite o *Pater noster*. Ao que responde: «Receba minha confissão e vos recitarei com prazer.» Apesar da insistência e das ordens veementes que recebe, recusa-se a recitar o *Pater* a menos que seja ouvida em confissão. Em seguida, vêm as respostas citadas acima sobre a maneira como é vigiada na prisão por homens ingleses e como era mantida acorrentada. Logo depois, é intimada a comparecer no dia seguinte, na mesma hora.

O desejo expresso por Joana de que o bispo recebesse sua confissão obviamente não estava em conformidade com o costumes de um processo de Inquisição. Tal pedido é bastante perspicaz, pois levava Cauchon a lembrar-se de sua condição de sacerdote, obrigado em sua alma e em sua consciência a dar ao sacramento da penitência a mesma importância atribuída por Joana. De qualquer forma, caso ainda nutrisse alguma ilusão, logo as coisas se esclareceriam para ela.

No dia seguinte, comparece pela segunda vez. A cena do dia anterior se repete com relação ao juramento: «Fiz este juramento ontem; ele deveria bastar. Exigis demais de mim.» Joana, no entanto, concorda «em dizer a verdade sobre os pontos tocantes à fé».

É Jean Beaupère, um dos assessores, quem passa a conduzir o interrogatório. Tudo concorre para que realize esse trabalho: como Pierre Cauchon, fora reitor da Universidade de Paris (em 1412 e 1413), que também o enviou para auxiliar Cauchon durante as negociações do tratado de Troyes, em 1420; foi também ele quem obteve, em 1422, da rainha da Inglaterra e do duque de Gloucester, a confirmação dos privilégios da Universidade. Posteriormente nomeado cônego de Rouen, continuou a atuar como agente do invasor, e logo depois será oficialmente o embaixador do rei da Inglaterra no Concílio de Basileia, para onde vai em 28 de maio de 1431, antes mesmo do suplício de Joana. Em 1435, o rei Henrique VI lhe atribuirá uma renda anual de cem libras «por seus bons serviços prestados na França e no Concílio de Basileia». Ele também é um verdadeiro colecionador de benefícios: não é apenas cônego em Rouen, mas também em Besançon, Sens, Paris, Beauvais, Laon, Autun, Lisieux, embora tenha perdido uma das mãos durante uma infeliz aventura (um ataque surpresa de bandidos na estrada entre Paris e Beauvais) e não pudesse garantir o exercício efetivo desses canonicatos que se estendiam da Borgonha à Normandia. Jean Beaupère faz a Joana perguntas relativas à sua juventude, à «voz» que ouvia e à sua partida de Vaucouleurs até a chegada em Chinon. De fato, é muito pouco questionada sobre suas façanhas de Orléans e Patay, mas fala-se de Saint-Denis, «a escaramuça em frente à cidade de Paris»: «Não era um dia de festa? — Penso que foi um dia de festa. — Foi isso mesmo? — Vamos para a próxima pergunta».

Como podemos perceber, o interrogatório conduz habilmente o relato dos acontecimentos para evidenciar apenas o ataque ocorrido em 8 de setembro de 1429, festa da Natividade de Nossa Senhora, quando houvera o assalto contra a Porta de Saint-Honoré. Após essa audiência, que foi longa, Joana viu-se convocada a comparecer novamente dois dias mais tarde, no sábado, 24 de fevereiro.

Uma surpresa esperava por ela nesse dia: entre os assessores estava Nicolas Loiseleur. Ela o encontrara mais de uma vez: viera visitá-la na prisão, fingindo ser também um nativo das margens do rio Mosa e um prisioneiro como ela. Como padre, propôs-lhe ser seu confessor; e, confiando em suas palavras, ela se confessou a ele. Porém, muito mais tarde, um dos escrivães nomeados para esse julgamento, mestre Guillaume Manchon, iria revelar que, com um dos seus assistentes, chamado Boisguillaume («e testemunhas», acrescenta sem especificar), recebera a ordem para permanecer escondido num dos citados recantos que dava para o quarto da prisioneira e de onde podia ouvir tudo «o que ela dizia ou confessava ao citado Loiseleur». Se não existiam microfones escondidos na época, um método semelhante, que se tornou clássico nos negócios políticos, era empregado sempre que possível.

Joana deve ter compreendido naquele momento até onde iriam os subterfúgios usados contra ela. Desde o início do interrogatório, ela se mostrara extremamente relutante, e agora estava mais obstinada do que nunca a recusar-se a prestar o juramento ao qual a obrigavam. O próprio Cauchon e vários de seus assessores devem ter todos juntos exigido um novo juramento, pois Joana, exasperada, responde primeiramente: «Permitais que eu fale.» E logo nos vem à mente o que o escrivão Jean Massieu relatará mais tarde: nesses interrogatórios, que geralmente duravam de oito a onze horas, era comum que vários juízes fizessem perguntas ao mesmo tempo, de modo que «várias vezes ela disse àqueles que a interrogavam: "Excelentíssimos senhores, perguntem um depois do outro."» Enfim, acabou dizendo: «Estou pronta para jurar dizer a verdade sobre o que puder responder no tocante ao julgamento» — e a minuta traz um acréscimo significativo: «Mas não direi tudo o que sei.»

«Se a voz me proibiu...»

Nesse interrogatório, Joana se coloca deliberadamente em posição perigosíssima, isto é, em comunicação com esse mundo invisível a que nomeia «suas vozes». Indica claramente, portanto, o caráter sobrenatural de sua missão. Assim, quando Beaupère vier a perguntar-lhe se a voz a proibira de responder ao que lhe seria perguntado, ela se reservará o direito de responder: «Se a voz me proibiu, o que achais?» Um instante depois, acrescenta: «Estejais certos de que não foram os homens que me proibiram!» Ela enfatiza a distância entre o mundo com o qual afirma comunicar-se e o que a circunda: «Mais temo desobedecer a essas vozes dizendo algo que as desagrade do que vos responder.»

No entanto, seu tom não é o de uma iluminada. A melhor prova disso é o seu humor, que nesse ponto se torna bravata: «Essa noite mesmo minha voz me disse muitas coisas para o bem de meu rei, que gostaria que soubésseis nesse momento: não bebas vinho até a Páscoa e terás jantares mais felize.» E foi certamente essa bravata que provocou, um pouco mais tarde, uma questão pérfida: «Vossas vozes revelaram que vos evadirias da prisão?» Ao que ela: — «Preciso responder-vos?»

O tom subirá cada vez mais até esse ápice memorável. Joana provocara o interrogador dizendo: «Se não fosse a graça de Deus, nada poderias fazer.» A famosa questão então lhe é feita: «Como sabes se estás na graça de Deus?» E a resposta parece desabrochar como uma flor: «Se não estou, que Deus me coloque; e se estou, que ali Deus me guarde, pois seria a mais dolente das criaturas se não estivesse certa de estar na graça de Deus.» O escrivão Boisguillaume, relatando essa resposta, declararia mais tarde: «Os interrogadores ficaram estupefatos.» E com razão.

Essa resposta é muito parecida com uma oração encontrada em três manuscritos do século XV. Teria Joana se inspirado nela? Por outro lado, não podemos considerar que essa resposta, sublime em sua simplicidade, tenha servido posteriormente à oração? O espanto dos assessores não se justificaria caso se tratasse de uma fórmula usual. O escrivão acrescenta que o interrogatório foi suspenso. O fato é que, no texto do processo, há também uma cesura. As palavras anteriores de Joana, como já apontamos, foram transcritas em estilo direto; a partir desse momento, a redação adota o indireto: «Ela disse, em seguida, que, se estivesse em pecado, achava que a voz não teria vindo a ela, e que gostaria que todos a ouvissem tão bem quanto ela» etc.

Ainda assim, o tribunal não se desarma. Jean Beaupère, que deve ter sua própria ideia do que é a «voz», interroga-a sobre uma árvore de Domrémy chamada «árvore das fadas». A investigação feita no vilarejo teria provavelmente revelado isso, pois circulavam alguns boatos (algumas pessoas o tinham de fato afirmado) de que Joana «teria recebido sua missão da árvore das fadas»; seu próprio irmão afirmara isso, e ela «dissera o contrário». De qualquer forma, essa questão suscita uma poética evocação da festa de seu vilarejo:

> Bem perto do vilarejo de Domrémy há uma árvore chamada árvore das damas, que alguns chamam árvore das fadas, perto da qual há uma fonte. Ouvi dizer que enfermos febris bebem nessa fonte e vão ali buscar água para recobrar a saúde. Eu mesma os vi, mas não sei se são curados ou não. [...] É uma grande árvore chamada faia, de onde provém a bela árvore de maio, que acreditava-se pertencer a monsenhor Pierre de Bourlémont, cavaleiro. Algumas vezes ia ali passear com outras moças e fazia com as folhas dessa árvore guirlandas para a imagem de Nossa Senhora de Domrémy. Muitas vezes vi essas guirlandas sendo colocadas nos galhos da árvore pelas moças, e por vezes eu mesma estava entre elas. Em algumas ocasiões, nós as levávamos; noutras, as deixávamos ali. [...] Não sei se depois que adquiri o discernimento dancei perto dessa árvore; acho possível que tenha dançado com as outras crianças, mas mais cantei do que dancei.

Ela também menciona que perto dali havia o Bosque Chesnu, ou Bosque dos Carvalhos («que pode ser visto da porta da casa do meu pai, distante cerca de meia légua»). E não teme mencionar que circulavam profecias que diziam que, do entorno daquele bosque, surgiria uma donzela que faria coisas admiráveis. «Contudo», disse ela, «nunca acreditei nisso.»

Assim termina esse riquíssimo interrogatório, e uma nova convocação é feita para a terça-feira seguinte, 27 de fevereiro. É nesse dia que Joana revelará os nomes das santas das quais afirma receber revelação: Santa Catarina e Santa Margarida. Também dessa vez é Jean Beaupère quem a interroga. Naturalmente, após perguntar se por acaso Joana jejuava durante a Quaresma, retoma o interrogatório a respeito das vozes: «Joana ouviu essa voz no sábado?» Ela responde com o que poderia ser considerado uma confidência:

— Não entendi direito a voz, e nada compreendi que pudesse vos repetir, até que voltei para meu aposento.
— O que disse a voz quanto retornastes a vosso aposento?
— Disse-me que devia vos responder com ousadia.

Um pouco mais tarde, quando ele insiste: «Trata-se da voz de um anjo?», ela nomeia as duas santas que declaradamente farão parte, doravante, dessa comitiva invisível que Joana afirma acompanhá-la. Vários autores já afirmaram que Santa Catarina, padroeira das moças, era também a padroeira da paróquia de Maxey-sur-Meuse, cidade próxima a Domrémy, bem como uma santa muito popular na Idade Média, a exemplo de Margarida de Antioquia, invocada para as mulheres que davam à luz e cuja imagem, vista provavelmente por Joana na igreja de Domrémy, ainda hoje existe.

Dali em diante, as questões se voltarão insistentemente à aparição das duas santas, às quais, ainda naquela terça-feira, Joana acrescentará espontaneamente São Miguel. Foi São Miguel, disse ela, quem veio primeiro. E também ela se mostra enfática:

«Foi São Miguel que vi diante de meus olhos, e não estava sozinho, mas bem acompanhado pelos anjos do céu. [...] Vi-os com meus olhos corporais, assim como vos vejo. E, quando me deixaram, chorei e desejei que tivessem me levado consigo.»

É durante esse interrogatório que mencionará pela primeira vez o *Livro de Poitiers*: «Se duvidam disso, remetam a Poitiers, onde fui anteriormente interrogada.» Certamente o processo de Poitiers se debruçara sobre essas aparições, e é provável que Joana já tivesse oferecido ali as respostas em que nomeava os santos e as santas dos quais afirmava receber revelações. E o interrogatório prosseguirá nesse assunto até o momento em que a acusada responderá: «Já vos disse o suficiente: que se tratam das santas Catarina e Margarida. Acreditai em mim se quiserdes!» Ela reitera também com veemência o que sustentará durante o processo:

> Vim à França apenas por ordem de Deus. [...] Preferiria ser arrastada por quatro cavalos do que vir à França sem a permissão de Deus. [...] Tudo o que faço é conduzido pelo mandamento do Senhor. [...] Não há nada do que fiz até agora que não fosse uma ordem de Deus [...].

Os trajes masculinos

Também durante esse interrogatório surge uma questão à qual, inicialmente, Joana não dá nenhuma importância:

> — Foi Deus quem ordenou que usasses trajes masculinos?
> — A vestimenta não significa nada, é algo sem importância. E não passei a usar trajes masculinos por conselho de nenhum homem deste mundo. Tudo o que fiz, incluindo o uso dessas roupas, foi feito segundo as ordens de Deus e de seus anjos.

Outras questões relativas a essa forma de se vestir darão ensejo às mesmas respostas citadas anteriormente — nada fizera senão por ordem de Deus —, Deus, sem que se preocupe em nomear expressamente esses trajes masculinos. Na realidade, ninguém, provavelmente nem o próprio Cauchon, suspeita ainda da importância que esses trajes teriam mais tarde, durante o julgamento.

Tenta-se então, pela primeira vez, descobrir algo dessas revelações que ela disse ter recebido a respeito do rei da França:

— Havia um anjo sobre a cabeça de vosso rei quando o vistes pela primeira vez?
— Em nome de Santa Maria! Não sei e nada vi.

Contudo, fará alusão ao sinal recebido pelo rei e que fizera com que confiasse em suas palavras, explicando que esse sinal chegara «pelos clérigos».

A questão remete ao encontro de Chinon e ao processo de Poitiers; e, aparentemente sem que lhe seja solicitado, Joana contará como sua espada fora encontrada em Sainte-Catherine-de-Fierbois: «— Ela recebeu alguma bênção? — Jamais recebeu uma bênção, e não vejo a necessidade disso». Da espada, passamos à descrição do estandarte, o que provoca a famosa resposta à questão: «Preferíeis vosso estandarte ou vossa espada?» Ela: «Preferia quarenta vezes mais meu estandarte que minha espada.». E Joana explicará, posteriormente: «Carregava meu estandarte comigo quando partia para o ataque a fim de evitar matar alguém; jamais matei uma pessoa.»

A audiência termina com uma evocação, como sempre bastante breve, das façanhas de Orléans e de Jargeau.

O tribunal reuniu-se novamente na quinta-feira, dia 1°, e no sábado, 3 de março, a fim de continuar os interrogatórios públicos. Ao que tudo indica, a primeira audiência de quinta-feira foi dirigida por Cauchon. Ele parte de um ponto que poderia confundir Joana e que preocupava sobremaneira os acadêmicos parisienses: o Papa. Lê-se uma carta escrita à Donzela pelo conde de Armagnac sobre uma questão que por muito tempo dividiu a cristandade: quem é o verdadeiro papa? «No que me concerne, creio no senhor Papa que está em Roma», declara Joana sem rodeios. Essa resposta, irretocável tanto do ponto de vista da fé como da disciplina eclesiástica, não poderia deixar de incomodar os acadêmicos que haviam tomado o partido do Papa de Avignon e estavam muito longe de apoiar sem segundas intenções o de Roma, Martinho V, já que iriam escolher o último antipapa da história no Concílio de Basileia. Quanto à carta de Armagnac, Joana ofereceu uma resposta dilatória. E como o programa dessa audiência dizia respeito às relações epistolares, leu-se a primeira carta de intimação de Joana, que não teve nenhuma dificuldade em reconhecer o texto, com exceção de algumas expressões que os clérigos haviam incluído por conta própria. Foi nesse momento que, mais provocativa do que nunca, a Donzela declarou: «Antes que se completem sete anos os ingleses perderão suas conquistas, mais do que perderam diante de Orléans, e perderão tudo na França. [...] E Deus enviará grande vitória aos franceses.»

E com a intenção de que Joana oferecesse mais detalhes (ao que a Donzela se recusa) sobre o dia, a hora e o ano dessa vitória, perguntam-lhe o que disse ao seu guarda inglês John Grey sobre a festa de São Martinho do inverno — o que prova que os guardas também tiveram certo papel nos processos políticos e que seu relatório cotidiano foi utilizado nos interrogatórios da prisioneira.

Em seguida, a inquirição muda de rumo e volta a se concentrar nas santas cujas vozes Joana afirma ouvir: ela não revela nada de importante sobre a aparência delas e acha graça quando perguntam se as santas que lhe aparecem têm cabelos. «Isso é mesmo muito importante!» Tentando fazer com que fale mais, Cauchon a questiona: «— Santa Margarida fala a língua dos ingleses? — Como falaria inglês se não está ao lado dos ingleses?»

O «sinal do rei»

As segundas intenções do bispo ficam cada vez mais claras quando tenta confundi-la com questões sobre bruxaria. Ela será questionada sucessivamente sobre anéis, sobre a árvore das fadas e a fonte de Domrémy. De repente: «— O que fizestes com vossa mandrágora? — Não tenho uma mandrágora e jamais tive!» Depois, por insistirem na questão: «Ouvi dizer que é algo que atrai dinheiro, mas não acredito em nada disso.» E logo completa: «Minhas vozes nunca me disseram nada sobre isso.»

O contraste é evidente: Joana afirma ouvir «vozes» que, como se pode depreender de seu depoimento, não têm nenhuma relação com anéis da sorte ou com aquelas receitas de magia popular em que se concentram os eruditos doutores que estão diante dela. Tal discrepância é confirmada pelo expressivo humor que caracteriza a acusada e do qual temos uma amostra clara nesse interrogatório de 1º de março:

— Qual era era a aparência de São Miguel quando vos apareceu? [...] Ele estava nu?
— Pensais que Deus não tem roupas com que vesti-lo?
— Ele tinha cabelos?
— Por que os teria cortado? [...]
— Ele tinha uma balança?
— Não sei dizer. [...] Fico muito feliz quando o vejo...

Provavelmente Cauchon já vinha ficando desanimado quando voltou a tratar do «sinal do rei»: «Já vos disse que isso não tirareis da minha boca. Perguntem para ele!» Pela primeira vez a coroa real é associada ao sinal. Numa espécie de ofensiva, Joana explica que, além da coroa recebida pelo rei em Reims, «se tivesse esperado, teria recebido uma coroa mil vezes mais esplêndida». E o assunto da coroa voltará diversas vezes...

O interrogatório do sábado seguinte será bem mais longo e tratará de questões bastante diversas. Primeiramente, serão citados os santos e santas que aparecem para ela: «Já vos disse o que sei e não responderei nada mais que isso.» Nesse dia é Jean Beaupère quem lhe interroga. Tratando das vozes, não teme perguntar sobre o destino que aguarda Joana:

— Soubésseis por revelação que vos evadirias?
— Isso não tem relação com vosso processo; quereis que deponha contra mim!
— [...] Vossas vozes disseram algo sobre isso?
— Sim, na verdade, disseram-me que seria libertada, mas não sei o dia, nem a hora; e também disseram para manter bom ânimo.

Libertar, libertação... Palavras que, na linguagem dos místicos, geralmente designam a morte, mas provavelmente não é nesse sentido que Joana as emprega.

Mais uma vez, mudando de tática, Jean Beaupère interroga-a sobre os trajes masculinos: «Sobre isso já vos respondi.» E acrescenta: «E tudo está registrado em Poitiers.» Os teólogos que a interrogaram no passado e que «haviam nela encontrado apenas o bem» tinham, portanto, abordado essa questão sem que fosse, porém, considerada um delito. Esse é um ponto importante a ser destacado nesse início do mês de março, quando sabe-se que, na falta de algo melhor, os juízes acabarão por fazer dos trajes masculinos a única acusação «sólida» contra ela. Joana não é capaz de imaginar a razão de utilizar aquelas roupas e afirma que faz questão de portar-se «em obediência a suas vozes» e por um motivo facilmente compreensível, se pensarmos que na prisão, deitada na cama, suas pernas estão acorrentadas.

As questões seguintes tratam ainda da suspeita de bruxaria que parece assombrar os juízes. Desta vez, é sobre o estandarte e os pendões adotados pelo exército da Donzela e pelos que a seguem que recairão as suspeitas: «Eles foram aspergidos com água benta? [...] Os tecidos foram desenrolados ao redor de um altar ou de uma igreja para a confecção dos pendões?» E as respostas dadas por Joana motivam e justificam a lembrança cheia de rancor guardada por Jean Beaupère quando dirá, a respeito desses interrogatórios, durante o processo de nulidade de sentença: «Ela era bem sutil, como só uma mulher sabe ser.»

Ainda mais insidiosas poderiam ser as questões relativas à criança que Joana reanimara em Lanny apenas para que fosse batizada, ou as relativas a Catherine de La Rochelle. Porém, em ambos os casos, Joana apresenta um relato cuja simplicidade é desconcertante. O mesmo se dá em relação ao salto da torre de Beaurevoir; essa resposta certamente deve ter chamado a atenção do tribunal: «Preferiria entregar minha alma a Deus do que cair nas mãos dos ingleses.»

A portas fechadas

As sessões de interrogatório público durariam exatamente onze dias. Oito dias mais tarde, no sábado, 10 de março, Joana foi surpreendida na sala onde estava encarcerada por uma visita de Pierre Cauchon, acompanhado de três homens que já haviam figurado em vários momentos entre os assessores: Nicolas Midy, Gérard Feuillet e também o mestre Jean de La Fontaine, que, nesse ínterim, fora designado pelo bispo de Beauvais para conduzir os interrogatórios em seu lugar. Também estavam presentes o escrivão Jean Massieu — figura doravante familiar, pois acompanhara Joana em todos os seus deslocamentos da prisão à sala de audiências — e o cônego de Rouen: Jean Secard, advogado eclesiástico, que raramente aparece nos registros da audiência.

Nicolas Midy e Gérard Feuillet fazem parte dos seis acadêmicos delegados pela Universidade de Paris para acompanhar o processo e que são conduzidos a Rouen por Jean de Rinel, agente do rei da Inglaterra e marido da sobrinha de Pierre Cauchon, Guillemette Bidault. Somente Jean de La Fontaine, que também é acadêmico, mestre em artes e bacharel em direito canônico, não é expressamente membro dessa delegação. Cauchon deve ter percebido que ele era um homem consciencioso: de fato, conduzirá seus interrogatórios com diligência, mas isso levará a algumas reticências e até mesmo, segundo o tabelião Guillaume Manchon, a que Joana fosse advertida de que, caso não declarasse sua submissão ao Papa e ao Concílio, estaria «em grande risco». Quando o bispo soube disso, ficou «furiosíssimo»; Jean de La Fontaine, percebendo o perigo, deixou Rouen discretamente. De fato, deixa de conduzir o interrogatório e desaparece completamente das atas a partir de 28 de março.

Durante esse primeiro interrogatório a portas fechadas, Jean de La Fontaine interroga Joana primeiramente sobre as circunstâncias de sua captura e acerca dos avisos que teria recebido de suas vozes: «Se tivesse sabido a hora em que seria pega, de forma alguma teria ido voluntariamente. Entretanto, teria obedecido à ordem das vozes, não importa o que acontecesse.» E frisa que «sempre lhe fora dito ser necessária a sua prisão».

Solicitam também mais informações sobre os recursos de que dispunha: cavalos ou dinheiro [10 mil a 12 mil coroas]. Ela volta a falar do «sinal» do rei, e esse ponto dá ensejo a uma narrativa simbólica à qual vai retornar diversas vezes. Trata-se de uma espécie de parábola ou imagem com a qual parece se comprazer e que é enriquecida de um interrogatório a outro, durante todo o mês. Sua origem pode ser encontrada nas questões do dia 1º de março, quando alude a essa coroa «mil vezes mais esplêndida» que a recebida pelo rei na sagração. A íntegra parece ter sido retomada no artigo 51 do indiciamento redigido pelo promotor Jean d'Estivet:

> Um anjo ofereceu o sinal ao seu rei; [...] sobre esse sinal, Joana jurou a Santa Catarina nada dizer. [...] O anjo assegurou a seu rei quando lhe trouxe a coroa que teria todo o reino da França com o auxílio de Deus. Quanto à coroa, foi entregue ao arcebispo de Reims, que a recebeu e a ofereceu ao rei na presença de Joana. [...] O anjo foi enviado por ordem de Deus. [...] O anjo apareceu ao rei e o reverenciou, inclinando-se diante dele. [...] Havia muitos outros anjos em sua companhia, e também Santa Catarina e Santa Margarida, que foram com o anjo até o quarto do rei. [...] Quanto à coroa, foi enviada por Deus, e nenhum ourives do mundo conseguiria torná-la mais bela ou mais rica.

Questionada novamente, acrescenta que a coroa «conservará um bom odor», contanto que fique bem guardada.

A maior parte desses detalhes foi revelada durante o interrogatório de 13 de março, quando Joana ofereceu outra resposta sublime. Quando Jean de La Fontaine lhe pergunta: «Por que vós, e não outra pessoa?», ela responde: «Aprouve a Deus empregar uma simples donzela para expulsar os inimigos do rei.»

O anjo e a coroa

A linguagem simbólica a respeito do anjo e da coroa desconcertou muitos historiadores e comentadores. Ela faz parte, porém, do espírito da época — ou melhor, do espírito das épocas anteriores, e que parecia estar chegando ao fim: um tempo em que instintivamente prefere-se o uso do símbolo, que parece mais significativo do que qualquer definição. Para nós, é difícil entrar nesse jogo, pois hoje, quando se trata de um arrazoado ou de uma argumentação, admitimos apenas uma definição racional, enquanto na época feudal o símbolo era o instrumento próprio do diálogo, da comunicação. Foi na era feudal que a linguagem heráldica conheceu seu apogeu: uma verdadeira linguagem de signos e cores cujas regras seriam estabelecidas, ou melhor, fixadas, somente mais tarde. A linguagem popular ainda é empregada na época de Joana, um tempo em que a entrega de um torrão de terra significava a venda de um campo e o documento escrito vinha somente para conservar a memória desse ato; não resta ainda algo disso nos apertos de mãos no mercado? A linguagem da imagem nos revela perfeitamente essa maneira de pensar. François Garnier, analisando-a por meio das ilustrações de manuscritos, abriu um novo caminho para as poucas pesquisas sobre a iluminura, que só tende a apresentar uma descrição da realidade a partir dos séculos XIV e XV. Até então ela significava essa realidade, porque tudo ali é simbólico: uma mão levantada, um dedo indicador em riste, significam que era dada uma ordem; os diferentes tamanhos dos personagens indicavam a sua posição na sociedade etc.

Para compreender o apólogo do anjo e da coroa, seria necessário recorrer a essa mentalidade que os intelectuais, já na época de Joana, não conhecem mais, sobretudo os da Universidade parisiense, cuja linguagem é a da dedução, da definição e da análise, ou seja, a nossa.

Podemos imaginar a prisioneira concebendo esse apólogo em sua solidão e seu prazer ao travestir suas ações e o sentido do que viera fazer «na França» nesta imagem do anjo trazendo sua coroa ao rei. Aliás, ela própria oferecerá sem dificuldades a «chave» do apólogo, declarando que, sob essa figura, evocava sua missão, enquanto a coroa recebida pelo rei assinalava que fora enviada por ordem de Deus para restabelecer o seu poder.

O «processo ordinário»

Os interrogatórios a portas fechadas se sucedem no sábado, dia 10 de março; na segunda-feira, dia 12, de manhã e à tarde; na terça-feira, dia 13; na quarta-feira, dia 14, de manhã e à tarde; na quinta-feira, dia 15; no sábado, dia 17, também de manhã e à tarde. Jean de La Fontaine, com o inquisidor e vários acadêmicos parisienses, assim como Pierre Cauchon, retornam ainda no sábado, 24 de março, para esclarecer alguns pontos. O bispo ainda está presente no Domingo de Ramos, 25 de março, com Jean Beaupère, Nicolas Midy e outros dois homens cujos nomes aparecem com frequência — Pierre Maurice e Thomas de Courcelles —, para tentar convencer Joana a abandonar as roupas masculinas tão mencionadas nas questões dos juízes, com a desculpa de que não permitiriam que assistisse à Missa, nem receberia o sacramento da Eucaristia na festa da Páscoa se conservasse tais vestimentas.

Após essa série de interrogatórios, extremamente rígidos, como pudemos constatar, o julgamento de ofício — o que chamaríamos instrução do processo — é considerado encerrado. O «julgamento ordinário» começará na segunda-feira, 26 de março. É bom recordar, ao ler essas páginas, a pertinente observação feita por Pierre Tisset: Joana só foi condenada com base em suas próprias palavras, já que nenhuma acusação foi formulada contra ela e todas as investigações conduzidas por Cauchon durante os meses de janeiro e fevereiro não forneceram nenhum material para autuá-la.

Assim, vale a pena relembrar algumas falas memoráveis da Donzela durante esses interrogatórios de março. Quando o juiz menciona o episódio de seu pseudonoivado:

— O que vos levou a processar um homem da cidade de Toul pela questão de um casamento?
— Não o processei. Foi ele quem me processou, e então jurei diante do juiz dizer a verdade: a este homem não fizera nenhuma promessa.

Não podemos esquecer que, por volta de seus treze anos, quando compreendeu que a voz que chamava por ela no jardim paterno era a de um anjo, consagrou a sua virgindade para guardá-la pelo tempo que agradasse a Deus.

Em seguida, Jean de La Fontaine interroga-a sobre sua partida, sobre seu pai e sua mãe, aos quais nada contara, e obtém uma resposta irretorquível: «Como era Deus quem ordenava, mesmo se tivesse cem pais e cem mães, mesmo se fosse a filha do rei, teria partido.» Ela esclarecerá, quando o assunto volta ao interrogatório dessa tarde de segunda-feira, 12 de março, que a seu pai e sua mãe «em tudo obedecia, exceto no processo que respondeu na cidade de Toul a respeito do casamento.» Foram seus pais, portanto, que arranjaram esse «noivado», e certamente fizeram isso por causa da preocupação causada pelo comportamento da filha. Ela oferece a sua explicação para o caso: «Ouvi meu pai contar à minha mãe o que dissera a meus irmãos: "Se realmente isso que temo a respeito de minha filha acontecer, gostaria que a afogassem; e, caso não o façam, eu mesmo me ocuparei disso.»

De fato, ele sonhara diversas vezes que Joana, sua filha, fugia com soldados, e podemos imaginar a interpretação que esse pai poderia dar a tal sonho.

Ela também teve de dar explicações a respeito do salto de Beaurevoir:

— Não agi assim por desespero, mas na esperança de salvar meu corpo e ir socorrer as pessoas que necessitavam. Depois do salto, confessei-me e pedi o perdão do Senhor.
— Foi-vos infligida penitência por isso?
— Paguei uma parte da penitência pelo mal que causei a mim mesma ao cair!

São as palavras do bom senso.

Outros interrogatórios permitem elucidar casos como o de Franquet d'Arras, que a entregara à justiça, e está claro que não tem nenhum peso na consciência quanto a isso: trata-se de um ladrão, traidor e assassino. Ou ainda acerca de questões secundárias, como uma hacaneia comprada do bispo de Senlis, sobre a qual Joana afirma: «não valia nada para cavalgar».

Outros pontos menos importantes que acabam por revelar a vida mística de Joana são levantados. Assim, durante o interrogatório da manhã de terça-feira, 14 de maio, ela relata quase espontaneamente os seus encontros com as vozes:

> Santa Catarina disse-me que eu seria socorrida, mas não sei dizer se serei libertada da prisão ou inocentada pelo julgamento, no caso de acontecer algum revés que levasse à minha libertação; creio que será por uma dessas duas formas. Mas na maioria das vezes as vozes afirmam que serei libertada por uma grande vitória. E, então, dizem-me: «Resigna-te, não te importes com teu martírio, pois por ele acederás enfim ao Paraíso.» As vozes me dizem isso de forma simples e cabal, ou seja, sem titubeação. Considero martírio as aflições e adversidades da prisão, e não sei se sofrerei algo ainda mais grave; porém, em tudo, confio em Deus.

Em suas confidências sobre as vozes, Joana não irá mais longe do que foi nessa comovente evocação que a leva a passar do que ela própria anela ou deseja ao anúncio do destino que a espera, o qual pressente, apesar de tudo, quando profere a palavra «martírio». Ela gostaria de dar outra interpretação à palavra, mas o aviso das vozes transcende a sua vontade. Perguntam-lhe, então:

> — As vozes garantem que serás salva?
> — Acredito firmemente no que as vozes me disseram, a saber, que serei salva, tão firmemente como se já estivesse salva.
> — Depois dessa revelação, acreditais poder cometer um pecado mortal?
> — Não sei dizer, mas em tudo confio em Deus.
> — Essa resposta é inestimável.
> — Também a considero como um grande tesouro.

O interrogatório se encerra com essas palavras, que certamente pesaram para que Jean de La Fontaine escolhesse deixar Rouen após tentar aconselhar Joana.

«Já estaria morta, não fosse a voz que me conforta todos os dias»

De qualquer forma, fica claro que Joana desfruta constantemente da companhia de suas vozes na prisão — «e realmente preciso muito delas», suspira certo dia. Ou ainda: «Já estaria morta, não fosse a voz que me conforta todos os dias.»

Esse auxílio cotidiano reflete bem a fé inabalável de Joana. Trata-se de uma fé tão sólida quanto um diamante: etimologicamente, a palavra *diamante* significa *indomável*. A fé de Joana possui exatamente essa qualidade — indomável, impenetrável a qualquer ideologia («Nada vos digo que tenha saído da minha cabeça»), transparente, cristalina; e, como se isso não bastasse, de uma absoluta simplicidade. Isso transparece em sua oração do dia 28 de março, quarta-feira, a qual ela nos revela, aliás, sem nenhum constrangimento: «Amável Deus, em honra a vossa Santa Paixão, suplico-vos, se me amais, que me reveleis como devo responder a esses clérigos. Quanto às vestes, lembro-me bem da vossa ordem, mas não sei como expressá-la a eles. Por favor, instruí-me.»

O escrivão teve o cuidado de deixar essa oração em francês — portanto, da forma como Joana a proferiu.

Deus e a Igreja são um só

Da mesma forma, há uma impressionante familiaridade com esse mundo angelical, desconcertante para nosso universo, onde apenas se ouve falar de extraterrestres. Desse ponto de vista, as palavras de Joana assemelham-se mais às de uma heroína da Bíblia, pois tanto o Novo quanto o Antigo Testamento mencionam constantemente a presença dos anjos, que na Criação parecem oferecer equilíbrio ao universo animal e cercam o homem com uma atmosfera de ordem estritamente espiritual. No fim da manhã do dia 12 de março, faz essa surpreendente confidência acerca dos anjos: «Não os vemos, mas os anjos vêm muitas vezes entre os cristãos; vi-os várias vezes entre eles.» Os anjos certamente não se enquadram nas categorias aceitas pelos acadêmicos, mas não seria por crer em anjos que um tribunal da Inquisição condenaria uma acusada de heresia!

Por outro lado, Cauchon provavelmente acreditou estar muito próximo de triunfar quando a questão da Igreja militante surgiu. Em 15 de março, Jean de La Fontaine iniciou o interrogatório perguntando:

> — Caso tenha feito algo contrário à fé, vos submeteríeis às determinações de nossa santa Mãe, a Igreja, à qual deves submeter-vos inteiramente?
> — Que minhas respostas sejam vistas e examinadas por clérigos e que me digam então se há nelas algo contrário à fé cristã. [...] Se algo existe de mal, contrário à fé cristã ordenada por Deus, não o defenderei, e ficaria bastante irritada caso assim não agisse.

Não sabemos se foi ele ou um dos outros acadêmicos presentes, Nicolas Midy e Gérard Feuillet, quem buscou explicar à acusada a diferença entre Igreja triunfante e Igreja militante. Joana, que não está nem um pouco familiarizada com essas categorias abstratas, responde apenas: «Não vou dizer mais nada por enquanto.»

Mas compreendendo, sem dúvida, que tocavam numa questão-chave, os juízes retornavam a ela incansavelmente. Essa submissão à Igreja foi evocada mais de vinte vezes. Em 17 de março, Joana ofereceu uma resposta que teria dissipado qualquer dúvida em juízes de boa-fé: «Acho que Deus e a Igreja são um só e que não devemos complicar as coisas. Por que não aceitais que sejam um só?»

De novo tentam definir a Igreja militante. Joana parece suspeitar claramente de que tal designação faça referência apenas aos eclesiásticos que a importunam, em particular esse bispo que afirma ser seu juiz. Insistirão na questão, perguntando-lhe se sentiria-se obrigada a contar toda a verdade ao Papa. Ao que replica: «Levai-me diante de Nosso Senhor Papa e lhe responderei tudo o que tiver de responder.»

A submissão à Igreja militante

Quando o processo ordinário se inicia, Cauchon sabe que tem uma acusação válida: a submissão à Igreja militante. Jean de La Fontaine, como vimos, não mais a interroga, mas está ainda presente na terça-feira, 27 de março, quando, «na câmara próxima da grande sala do castelo de Rouen», ocorre uma nova audiência pública, durante a qual Pierre Cauchon solicita o pronunciamento dos assessores acerca do libelo que fora redigido pelo promotor nesse ínterim. O primeiro a se pronunciar é Nicolas de Venderès, cônego de Rouen, bacharel em direito canônico. Presente na maioria das sessões seguintes, passará a desempenhar um papel ativo no julgamento. Em sua opinião, a acusada deve ser compelida a prestar juramento: caso se recuse, será excomungada. La Fontaine concorda com seu parecer, e a maioria dos outros assessores solicita que os artigos redigidos pelo promotor sejam lidos para Joana antes de declarada sua excomunhão. Alguns deles, como Pierre Miget, prior de Longueville, um beneditino bastante assíduo durante o julgamento, que mesmo assim votará pelo abandono ao braço secular, sugere que, para os artigos aos quais Joana não soubesse responder, poderiam impor que respondesse apenas sim ou não, como de costume.

Os artigos do libelo são lidos à acusada nos dias 27 e 28 de março: setenta artigos saíram do tinteiro loquaz, pomposo e solene de Jean d'Estivet, que havia sido apelidado de *Benedicite*, devido à sua linguagem chula. Ali se encontram a maioria das questões feitas à Joana, exageradamente ampliadas e sem levar em conta as respostas dadas durante a audiência. No artigo 7, por exemplo, lemos: «Joana tinha às vezes o costume de carregar uma mandrágora em seu seio, esperando com isso adquirir uma próspera fortuna de riquezas e coisas temporais, afirmando que essas plantas tinham vigor e efeito.» A ata, entretanto, contém a veemente resposta da acusada: «Ela nega totalmente o artigo sobre a mandrágora.» O mesmo ocorre com um dos artigos seguintes, a respeito do jovem que se apresenta ao oficial de Toul por uma causa de casamento: «Para o prosseguimento desse processo, ela foi várias vezes a Toul, e nessas ocasiões expôs quase tudo o que tinha» etc.

Pode-se dizer que o libelo foi inteiramente concebido nesse espírito. Outro exemplo ainda melhor a respeito dos trajes masculinos: o artigo 13 reprova Joana por tê-los portado (roupas masculinas «curtas, apertadas e dissolutas»). A resposta categórica que figura na minuta francesa do julgamento não foi inserida nas atas escritas em latim*.

Nesse libelo, os trajes masculinos ocupam um lugar cada vez maior, e essas roupas, cujo uso Joana considera algo muito natural — da mesma forma como os habitantes de Vaucouleurs, seus companheiros durante a primeira viagem, o rei e até mesmo os prelados do processo de Poitiers — tornam-se uma obsessão dos juízes. Em 15 de março, como vimos, chegam até mesmo a exercer uma espécie de chantagem: como a Semana Santa estava chegando, ofereceram a Joana a possibilidade de assistir à Missa caso aceitasse abandonar os trajes masculinos. Joana apresenta sua oferta: «Mandem fazer uma veste longa que vá até o chão, sem cauda, e deem-me para ir à Missa.» Ou, ainda: «Deem-me um vestido como de uma moça burguesa, isto é, uma beca longa, e também um toucado feminino, e os vestirei para assistir à Missa.» Mas não teve sucesso.

Por fim, devemos destacar os artigos totalmente falsos e contrários às declarações de Joana. No 560, lemos: «Joana vangloriou-se diversas vezes de possuir dois conselheiros aos quais chama "conselheiros da fonte", que lhe apareceram após sua captura.» E ainda acrescenta — o que está em conformidade com a obsessão dos juízes — que, nas palavras de Catherine de La Rochelle, «Joana fugiria da prisão com a ajuda do diabo se não fosse bem vigiada.» É compreensível que «a este artigo Joana respondesse que se ateria ao que afirmara anteriormente, e, quanto aos conselheiros da fonte, não sabia do que se tratava». Ou ainda, seguindo a mesma estratégia, dizia-se que teria derramado cera derretida sobre a cabeça de criancinhas para realizar «por esse sortilégio» várias «adivinhações». Imperturbável, Joana nega os supostos atos de adivinhação e remete ao que já respondera. Nesse libelo, fraudulento sob muitos aspectos, são finalmente adicionadas as respostas dadas por Joana em 18 de abril e após essa data. Os últimos artigos evidenciam a submissão à Igreja militante:

— Contanto que não ordene nada impossível de ser feito, o que considero impossível é que retire o que fiz ou disse e o que declarei durante esse processo a respeito das visões e revelações dadas a mim por Deus; não as retirarei por nada neste mundo. O que nosso Senhor me levou a fazer, o que ordenou e ordenará, não deixarei de fazer por nenhum homem que vive; e caso a Igreja queira que faça algo contrário ao mandamento que me foi dado por Deus, não o farei por nada nesse mundo.

— Se a Igreja militante vos disser que vossas revelações são ilusões ou coisas diabólicas, aceitarás submeter-se à Igreja?

— Quanto a isso, submeter-me-ei sempre a Deus, a quem em todo tempo obedeci, e estou certa de que todo o conteúdo desse processo vem por ordem de Deus; e o que nele afirmei ter feito por ordem de Deus teria sido impossível a mim fazê-lo se assim não fosse. Caso a Igreja militante ordenasse o contrário, não me submeteria a nenhum homem deste mundo, exceto a nosso Senhor, de quem sempre recebi ordens justas.

— Considerais que não sois submissa à Igreja de Deus sobre essa terra, isto é, a Nosso Senhor, o Papa, aos cardeais, arcebispos, bispos e os outros prelados da Igreja?

— Sim, a nosso Senhor em primeiro lugar.

— Vossas vozes ordenaram que não vos submetais à Igreja militante que está sobre a terra nem ao seu julgamento?

— Nada do que responderei foi tirado da minha cabeça, mas o que respondo emana da ordem dada por minhas vozes que não ordenam que obedeça à Igreja, mas a Deus, em primeiro lugar.

Em 31 de março, Joana fora novamente interrogada a portas fechadas na sala em que estava encarcerada, e o interrogatório se concentrara mais especificamente na obediência à Igreja. Os dias que se seguiram, de 2 a 7 de abril, foram reservados à redação de doze artigos extraídos dos sessenta precedentes, que seriam enviados aos doutores e prelados designados como consultores, segundo o costume da Inquisição, pois a acusação principal e a súmula das audiências deveria ser submetida a doutores externos, a fim de que se pronunciassem sobre o grau de culpa da acusada.

Joana deve ter passado a Páscoa em sua lúgubre prisão sem poder assistir à Missa. Nesse ano, era no dia da Páscoa, 1º de abril, que a data do ano se alterava, e doravante nas atas do processo constará o ano de 1431. Os artigos foram inicialmente submetidos à deliberação de alguns assessores, entre os quais se encontra, obviamente, os delegados da Universidade de Paris, mais dois prelados ingleses, Guillaume Haiton — um dos que negociara, em 1419, o casamento de Henrique V e Catarina de França — e Richard Prati, que terminaria a vida como bispo de Chichester. Assinalamos também a presença do frade dominicano Isambart de La Pierre, que compareceu com frequência aos interrogatórios a portas fechadas ocorridos a partir de 10 de março.

Tentativa de envenenamento?

A audiência de interrogatório seguinte ocorre na quarta-feira, dia 18 de abril, na prisão de Joana. Como está doente, Cauchon acha de bom-tom dizer «que os doutores e mestres amigavelmente e caridosamente se compadeciam de sua doença, para consolá-la e confortá-la».

Conhecemos alguns detalhes de seu problema de saúde por dois médicos que a visitaram e cujas lembranças são relatadas durante o processo de nulidade de sentença. Jean Tiphaine, médico particular da duquesa de Bedford e que fora, além disso, convocado como assessor do processo, afirma:

> Quando Joana adoeceu, os juízes enviaram-me para visitá-la, e fui levado a ela por um homem chamado d'Estivet. Na presença de d'Estivet, de mestre Guillaume de La Chambre, mestre em medicina, e alguns outros, examinei-lhe os pulsos para saber a causa de sua doença, e perguntei o que estava sentido ou onde doía. Respondeu-me que uma carpa lhe havia sido enviada pelo bispo de Beauvais, que a comera e que pensava ser essa a causa de sua doença. Então d'Estivet a contestou, afirmando estar errada, e chamou-a de vagabunda, dizendo: «Vagabunda, fostes vós quem comestes um sável e outras coisas que vos fizeram mal.»

> Ela respondeu negativamente, e trocaram muitas palavras injuriosas. Em seguida, querendo eu saber mais sobre a doença de Joana, algumas pessoas me disseram que vomitara muito.

A carpa a que Joana atribui sua indisposição levanta também alguns questionamentos para o historiador. De fato, até aquele momento, Joana, cuja constituição era excepcionalmente robusta, não se incomodara com nada, apesar do cansaço e das condições desconfortáveis e muitas vezes extenuantes de suas cavalgadas e campanhas, bem como de seu encarceramento. A exasperação de d'Estivet diante de sua alegação torna o episódio suspeito. Pierre Cauchon teria se valido de um expediente para acabar de uma vez por todas com esse decepcionante processo?

Envenenamento ou intoxicação acidental? Nunca saberemos ao certo. Para esse homem impaciente e que precipita cada uma de suas ações seja para conseguir que uma prisioneira lhe seja entregue, seja para receber pessoalmente o dinheiro acordado pelos estados da Normandia, é compreensível que o «processo» em que se engajara tenha parecido chegar a um impasse. Daí a imaginar uma crise de exasperação...

Contudo, os ingleses pensavam de maneira completamente diferente. Isso é comprovado por Guillaume de La Chambre, outro médico convocado para examinar Joana:

> O cardeal da Inglaterra e o conde de Warwick mandaram-me buscar por conta de sua doença. Compareci diante deles, com o mestre Guillaume Desjardins, mestre em medicina, e outros médicos. Então o conde de Warwick nos disse que Joana adoecera, segundo o que lhe relataram, e que mandou nos buscar para cuidarmos dela, pois o rei não queria que morresse de morte natural por nada neste mundo. De fato, ela era cara ao rei, pois pagara caro por ela, e queria que morresse pelas mãos da justiça e que fosse queimada. E fizemos tanto, visitando-a com dedicação, que acabou se restabelecendo. Ia vê-la, assim como o mestre Guillaume Desjardins e os outros. Apalpamos-na do lado direito e descobrimos estar febril, e por isso decidimos sangrá-la. Ao relatarmos isso ao conde de Warwick, ele nos disse: «Tenhais cuidado ao sangrá-la,

pois é astuta e pode tentar se matar.» Apesar disso, foi sangrada, o que melhorou seu estado imediatamente. Quando já se sentia melhor, certo mestre Jean d'Estivet apareceu, trocou com Joana algumas palavras injuriosas e a chamou de puta, vagabunda. Isso irritou tanto Joana que ficou novamente febril e voltou a adoecer.

Talvez Cauchon dissesse a si mesmo que muitas vozes discordantes se faziam ouvir. Obviamente, a Universidade de Paris, consultada em 12 de abril, concordava amplamente com ele e interpretava à letra os artigos redigidos por d'Estivet. O mesmo vale para boa parte dos assessores: o bispo de Lisieux, Zanon de Castiglione, o de Coutances, Philibert de Montjeu, o abade de Fécamp, Gilles de Duremort, e seu capelão Jean de Bouesgue — figuras que emergiam às expensas do rei da Inglaterra — endossavam irrestritamente suas posições. Mas esse não era o caso dos abades de Jumièges e de Cormeilles, Nicolas Le Roux e Guillaume Bonnel, que escreveram primeiramente para solicitar que todo o caso fosse levado à Universidade de Paris e, em seguida, para que Joana fosse melhor instruída sobre a questão e os artigos fossem relidos em francês, explicando-lhe claramente o perigo que corria. Além disso, onze advogados da oficialidade de Rouen expressaram suas reservas, e três assessores — Pierre Minier, Jean Pigache e Richard du Grouchet — protestaram que as revelações de Joana não poderiam ser mal interpretadas. Outro assessor, Raoul Le Sauvage, considerou que o processo deveria ser submetido à Santa Sé.

Fica claro que não se sabe ainda da morte do Papa Martinho V, ocorrida em 20 de fevereiro de 1431, nem da ascensão, em 3 de março, de Eugênio IV, que durante muitos anos vai se confrontar com os padres do Concílio da Basileia, entre os quais figurará a maioria dos assessores do julgamento de Joana d'Arc, tendo Thomas de Courcelles como líder.

Falta lembrar a hostilidade pouco velada do capítulo de Rouen. Em uma primeira reunião, no dia 13 de abril, os cônegos alegaram que não estavam em número suficiente para deliberar de maneira válida. No dia seguinte, acordaram entre si para dizer que os doze artigos deveriam ser lidos em francês a Joana e que a Donzela deveria ser mais informada sobre tudo o que concerne a submissão à Igreja militante. É muito significativo que essa carta não tenha sido incluída no texto do processo, assim como outra, do bispo d'Avranches, Jean de Saint-Avit, formalmente desfavorável à totalidade do processo — a exemplo de outros clérigos de Rouen: por exemplo, Jean Lohier ou o mestre Nicolas de Houppeville, que seria simplesmente lançado na prisão.

Em suma, não havia unanimidade sobre o caso de Joana, a Donzela. O que sobrava, afinal, para ser utilizado como acusação principal, em última instância? A submissão à Igreja militante, evidentemente. Mas Joana acabara de ser aconselhada por Jean de La Fontaine e outros dois religiosos — um dos quais era, sem dúvida, ninguém menos que Isambart de La Pierre — a mudar sua atitude sobre o assunto. Quanto aos trajes masculinos todos podiam sentir, e Cauchon melhor do que ninguém, que se tratava de um péssimo motivo para a condenação.

No entanto, a vontade dos invasores ingleses era clara: Joana devia ser formalmente condenada, o que desonraria e descreditaria Carlos VII. Cauchon teria fracassado em sua tarefa caso não tivesse perseverado em seu propósito.

A audiência de 18 de abril seria dedicada às chamadas «admoestações caridosas», no vocabulário da Inquisição. Era esperado talvez que Joana, agora enfraquecida, fosse levada a proferir algo comprometedor. Decepção. Ela agradece ao bispo o que lhe enviou «para sua salvação» e acrescenta: «Parece-me, devido à doença de que padeço, que estou em grande perigo de morte. Se estiver certa, que Deus faça a sua vontade, e peço para me confessar, receber o sacramento da Eucaristia e ser enterrada em solo santo».

Aproveitando esse pedido, o bispo continua:

— Já que pedistes que a Igreja vos ofereça o sacramento da Eucaristia, queres vos submeter à Igreja militante? E prometemos dar-vos esse sacramento.

— Aconteça o que acontecer, não farei ou direi algo diferente do que já disse anteriormente nesse processo. Sou uma boa cristã, devidamente batizada, e morrerei como tal. [...] Quanto a Deus, amo-O, sirvo-O, sou uma boa cristã e gostaria de ajudar e socorrer a Igreja com todas as minhas forças.

— Queres que ordenemos uma bela e importante procissão para que recobrais vossa saúde?

— Gostaria muito que a Igreja e os católicos rezassem por mim.

Joana parece estar restabelecida quando ocorre a segunda «admoestação caridosa», na quarta-feira, 2 de maio. Ela é então interrogada pelo mestre Jean de Châtillon, um bacharel em teologia da Universidade de Paris, amigo de Cauchon e de Beaupère. A propósito da Igreja militante, responde de forma inequívoca: «Acredito na Igreja daqui de baixo. [...] Acredito que a Igreja militante não pode errar, nem falhar. Mas quanto às minhas palavras e ações, remeto-as todas completamente a Deus, que me levou a fazer o que fiz.»

Quando lhe falam do Papa, responde: «Levai-me a ele e lhe responderei.»

Oito dias mais tarde, Jean Massieu viria novamente buscar Joana. Não a conduziu à sala de audiência habitual, mas à maior torre do castelo, a que ainda subsiste devidamente restaurada — trata-se, como vimos, da antiga torre de menagem. Joana se encontraria cara a cara com Cauchon e outros assessores que já vira em várias ocasiões: Jean de Châtillon; Guillaume Érard; André Marguerie; Nicolas de Venderès; o inglês Guillaume Haiton; o conhecidíssimo Nicolas Loiseleur; Aubert Morel, advogado da corte de Rouen; assim como o beneditino Jean Dacier, abade de Saint-Corneille de Compiègne. E havia também alguém que Joana não conhecia: Maugier Leparmentier, o carrasco, para o caso de não colaborar. Dessa vez, ameaçam-na com a tortura: «Na verdade», declara Joana, «mesmo se arrancassem meus membros ou separassem a alma do meu corpo, não diria outra coisa. E, caso dissesse, afirmaria depois que foi à força».

Por mais habituados que estivessem às reações da Donzela, evidentemente não esperavam por essa resposta. Cauchon decidiu postergar a sua abordagem para que fosse aprovada por mais pessoas. Para isso reuniu, no sábado seguinte, em sua casa, uma dúzia de assessores, entre os quais somente três declararam que lhes parecia «expediente» expor Joana à tortura para «saber a verdade sobre suas mentiras»: Aubert Morel, Thomas de Courcelles e Nicolas Loiseleur, dos quais poderíamos, evidentemente, esperar tudo. Tudo indica que Cauchon tenha se mostrado sensível ao argumento apresentado por Raoul Roussel, que, como primeiro interrogado, declarou opor-se à tortura «a fim de que um processo tão bem conduzido como esse não fosse passível de ser caluniado».

O que aconteceria no dia seguinte não consta nas atas oficiais, e isso é compreensível. Joana também seria envolvida no episódio. No domingo, 13 de maio, Richard Beauchamp, conde de Warwick, oferecia um importante jantar para o qual foram convidadas várias personalidades envolvidas na história de Joana. Seu famoso *Livro de contas* consagra duas páginas às compras feitas para esse dia, em vez de somente uma, como de costume, e menciona os morangos com creme — os primeiros da estação — servidos como sobremesa. Não há dúvida de que os vinhos mencionados tenham sido servidos com abundância na mesa presidida por sua filha, Margaret Beauchamp, esposa de John Talbot, que ainda estava preso em Patay. Certamente um pouco excitados no final desse jantar formal, os convidados decidiram ir à sala em que Joana estava encarcerada. E foi assim que ela viu entrar em sua cela Jean de Luxembourg; seu irmão, Louis; o bispo de Thérouanne; Humphrey, conde de Stafford; frequentadores do castelo; e o próprio conde de Warwick, acompanhado por um cavaleiro borgonhês que Joana havia já encontrado: Aimond de Macy. Na verdade, faziam parte dos convivas, expressamente mencionados no *Livro de contas*, o bispo de Beauvais, Pierre Cauchon, e Jean de Mailly, o bispo de Noyon. Mas não consideraram oportuno ir até os aposentos da prisioneira... Aimond de Macy relatou a cena:

> [Ligny] dirigiu-se a Joana, dizendo-lhe: «Joana, vim aqui para oferecer a possiblidade de um resgate, contanto que prometais que nunca batalhará contra nós.» Ela respondeu: «Em nome de Deus, zombais de mim, pois sei bem que não tendes esse poder, nem é esse o vosso querer.» E isso repetiu, porque o conde insistia em suas palavras. Então disse: «Estou certa de que esse ingleses me matarão, porque acreditam que após a minha morte vão con-

quistar o reino da França. Mas mesmo se contassem com mais cem mil *godons*[2], não teriam o reino.» Diante dessas palavras, o conde de Stafford ficou indignado e puxou o punhal até a metade para golpeá-la, mas o conde de Warwick o deteve.

Aimond de Macy parece mais atraído por Joana do que teria desejado, pois conta que a vira pela primeira vez quando estava presa no castelo Beaurevoir e que com ela conversou em diversas oportunidades: «Tentei várias vezes tocar em seus seios, brincando com ela, tentando colocar minha mão sobre seu peito, o que Joana não aceitava, e me afastava com toda a sua força. Joana, de fato, tinha um comportamento honesto, tanto em suas palavras quanto em suas atitudes.»

Aimond a reviu ainda uma vez no castelo do Crotoy e ficou satisfeito com o que dizia dela o chanceler da igreja de Amiens, Nicolas de Queuville, que viera várias vezes celebrar na prisão a Missa a que Joana assistia: «Ele falava muito bem de Joana», conta. O cavaleiro borgonhês prolongou sua estadia em Rouen e estaria presente, um pouco depois, durante o episódio da «abjuração de Saint-Ouen»...

Os doze artigos

Durante o jantar de 13 de maio, Warwick deixara claro para o bispo de Beauvais que o julgamento já havia se estendido demais. De outra parte, no dia seguinte, o reitor e a Universidade de Paris enviaram cartas a Pierre Cauchon para informar-lhe de que, após diversas consultas e seríssimas deliberações suscitadas pela visita de Jean Beaupère, Nicolas Midy e Jacques de Touraine, que lhe transmitiram os doze artigos redigidos no libelo de d'Estivet, haviam finalmente formulado «um entendimento unânime» e que era preciso agir de forma «que essa injusta e escandalosa desmoralização dos povos terminasse», provocada, naturalmente, por «uma mulher cujo nome é Joana, chamada de "a Donzela"». Seguiram-se comentários sobre os dozes artigos, que obviamente a declaravam após-

---

[2] Apelido dado aos ingleses pelos franceses durante a Guerra dos Cem Anos, e que era uma deformação da expressão *God damn it*. [N. T.]

tata, mentirosa, cismática e herege. Pierre Cauchon apressou-se então para reunir novamente — no sábado, 19 de maio — os assessores, a fim de que deliberassem com base nas conclusões desses mestres das veneráveis faculdades de Teologia e Decreto (Direito Canônico) de «Nossa mãe, a Universidade de Paris». Mais uma vez, na quarta-feira seguinte, Joana foi formalmente admoestada, e responde à sua maneira:

> O que afirmei e sustentei durante esse processo quero manter, e, ainda que fosse condenada, visse o fogo aceso, a lenha preparada e os carrascos prestes a atear o fogo, e ainda que já estivesse na fogueira, não afirmaria outra coisa e manteria o que disse no processo até a morte.

Essa resposta foi dada ao mestre Pierre Maurice, jovem recém-formado em teologia (licenciatura na qual obtivera o primeiro lugar em janeiro de 1429; seis meses depois, em maio, lograria também o primeiro lugar no mestrado) e homem brilhante, como podemos perceber. É provável que essa resposta o tenha impressionado. Sua juventude seria passível de compaixão? Ainda assim, no último momento, ao ir à prisão de Joana quando ela acaba de saber como irá morrer e grita «Mestre Pierre, onde estarei essa noite?», Pierre Maurice sabe encontrar a resposta certa: «Não tendes inteira esperança em Deus?».

No cemitério de Saint-Ouen

Cauchon, entretanto, decidira organizar, na quinta-feira 24 de maio, depois da festa de Pentecostes, uma encenação para impressionar a prisioneira. No cemitério da abadia de Saint-Ouen foram instaladas várias tribunas: uma destinada a Joana e as outras, aos assessores presentes, sob a presidência do cardeal Henri Beaufort e do bispo de Winchester. Estavam também presentes Louis de Luxembourg; Jean de Mailly; o bispo de Norwich; e William Ainwick, secretário particular dos dois reis, Henrique V e Henrique VI, e responsável por conservar o selo real, ofício mais importante de todos. Encontravam-se ali ainda oito abades de abadias normandas, pois aos de Fécamp, de Cormeilles e de Jumièges tinham se juntado os de Saint-Ouen, de Bec-Hellouin, de Mortemer, de Préaux e também do Monte Saint-Michel, Robert Jolivet, o único que conseguira fugir da corajosa abadia que resistia e permaneceria livre e fiel durante quarenta anos, apesar dos ataques e ameaças dos ingleses instalados na costa. Mestre Guillaume Érard, cônego de Rouen, também mestre da universidade parisiense, e a quem o rei da Inglaterra confiaria a tarefa de representar seus interesses quatro anos mais tarde nas negociações de Arras, proferiu um sermão solene destinado a Joana. Alguns trechos dessa pregação são relembrados pelas testemunhas interrogadas durante o processo de nulidade, em particular o frade Isambart e Martin Ladvenu, outro dominicano do convento de Rouen. Ele recorda como o pregador vociferou: «Ó, Casa da França! Não conheceras ainda nenhum monstro! Mas, agora, eis que desonrada estás por confiar nessa mulher, feiticeira, herege, supersticiosa.» Joana então o interrompeu, gritando: «Não fale de meu rei; ele é um bom cristão!» O escrivão Jean Massieu ocupava evidentemente a melhor posição para narrar o episódio, pois estava ao lado de Joana, sobre o mesmo estrado. O pregador lhe faz um sinal: «Faz com que cale a boca». Quando a pregação acabou, Guillaume Erard dirigiu-se diretamente a Joana:

> — Aqui estão os senhores juízes que por tantas vezes vos intimaram a submeter todas as vossas palavras e ações à Nossa Santa Madre, a Igreja, explicando-vos diversas vezes que em vossas palavras e ações havia coisas que, na opinião dos clérigos, não era correto dizer ou sustentar.
> — Responder-vos-ei. Quanto à submissão à Igreja, disse assim: de todas as obras que empreendi, que isso seja enviado a Roma para nosso Santo Padre, o Soberano Pontífice, a quem, depois de Deus, me submeto. Quanto às minhas palavras e ações, vieram de Deus, e não responsabilizo ninguém, nem a meu rei, nem outra pessoa. Se existe alguma falta, é minha e não de outrem.

Diante de uma nova questão, ela persiste: «Obedeço somente a Deus e ao Santo Padre, o Papa.» Existem diversos exemplos de processos da Inquisição nos quais o recurso ao Papa foi suficiente para interromper o processo.

A cédula

Guillaume Érard repetiu sua exortação por três vezes, enquanto Jean Massieu entregava a Joana uma cédula, isto é, uma carta de abjuração, instando-a para que assinasse. Nesse momento, conta Jean Massieu,

> houve um grande murmúrio entre os presentes. Ao ponto que ouvi [o bispo Cauchon] dizer a alguém: «Com isso obtereis a reparação»... Durante esse tempo, adverti Joana do perigo que a ameaçava com relação à assinatura dessa cédula, e percebi que não compreendia do que se tratava.

Porém, sobre o recurso ao Papa, responderam apenas que era «impossível buscar tão longe nosso Senhor, o Papa». Segundo Massieu, Joana pediu que a cédula fosse vista pelos clérigos e que recomendassem o que deveria fazer. Guillaume Érard respondeu: «Assinai agora, senão ainda hoje terminareis vossos dias na fogueira».

Aimond de Macy, que estava presente, declara que foi o secretário do rei da Inglaterra, Laurent Calot — bastante conhecido, aliás, pois frequenta o castelo como convidado de Warwick — quem tirou da manga uma pequena cédula e a entregou a Joana para que a assinasse. Joana, para escarnecer deles, traçou primeiro um círculo; Laurent Calot segurou a sua mão e fez com que traçasse uma cruz sobre a cédula.

O que havia nessa cédula? De acordo com Guillaume Manchon — que, em sua condição de escrivão, deveria estar atento à conclusão de toda a cena —, Joana ria... Podemos nos perguntar se a cruz que acabara de traçar como assinatura (sabemos que assinara seu nome em várias cartas, desde o final de 1429) não lhe lembrava da cruz que inseria em suas mensagens de guerra — sinal combinado para que quem recebesse sua carta a considerasse nula e sem efeito.

Tudo isso gerou uma estranha confusão: o bispo de Beauvais era criticado pelos ingleses presentes por não ter condenado Joana, enquanto Jean Massieu lia a cédula para a acusada. O texto da cédula, nas palavras das testemunhas oculares, contava com seis a sete linhas, enquanto no texto do processo a cédula de abjuração comporta 47 linhas impressas em sua tradução francesa (44 no texto em latim). Declara Jean Massieu que ela

> me foi entregue para a ler à Joana, e lembro-me bem de que, nessa cédula, estava escrito que no futuro ela não portaria armas, trajes masculinos, nem cabelo raspado. E muitas outras coisas das quais já não me lembro. Estou certo de que essa cédula continha cerca de oito linhas, não mais que isso. Além disso, tenho certeza de que não é a mesma mencionada no processo, pois a que li diferia da que foi inserida no processo, e foi essa que Joana assinou.

Essa cena surpreendeu a todos, «pois os ingleses estavam indignados com o bispo de Beauvais, os doutores e os assessores do processo, uma vez que Joana não fora culpada, condenada e entregue ao suplício». A atitude deles era ameaçadora: «O rei gastou muito mal seu dinheiro convosco.» E outra testemunha ocular, Jean Favé, conselheiro de Estado real, continua:

> Além disso, ouvi algumas pessoas dizerem que, como o conde de Warwick, após essa pregação, queixou-se ao bispo e aos doutores dizendo que o rei via-se em situação ruim porque Joana estava escapando, um deles respondeu: «Senhor, não se preocupe, ainda a pegaremos.»

Mas a conclusão a respeito de Joana é relatada pelo escrivão Guillaume Manchon:

> No início da prédica de Saint-Ouen, após a abjuração da Donzela,

porque Loiseleur lhe disse: «Joana, tivestes um bom dia, se Deus assim quiser, hoje salvastes a vossa alma», ela pediu: «Agora então, vós, prelados, levai-me para vossas prisões, e que seja retirada das mãos desses ingleses». Ao que Monsenhor de Beauvais respondeu: «Levem-na de volta para ali de onde a pegaram», E assim foi conduzida novamente ao castelo de onde partira.

Sabemos bem que somente os relapsos, isto é, aqueles que após abjurarem de seus erros uma primeira vez retornavam a eles, podiam, na verdade, ser condenados à morte por um tribunal da Inquisição e entregues, depois, «ao braço secular» para esse efeito. Cauchon conseguira, em última instância e na falta de outras acusações reais, fazer dos trajes masculinos o sinal proeminente de sua insubmissão à Igreja. Como a cédula continha a promessa de que não mais portaria trajes masculinos, seria fácil fazer de Joana uma relapsa: bastaria levá-la de volta à prisão inglesa, onde estaria exposta à sevícia de seus guardas, para que retomasse as roupas que a protegiam.

«A resposta mortal»

Em que exata circunstância foi forçada a isso? Martin Ladvenu afirma: «Um homem se aproximou dela, secretamente, durante a noite; ouvi da boca de Joana que um milorde inglês entrou na prisão e tentou possuí-la à força.» Jean Massieu oferece uma versão ligeiramente diferente: após ter retomado os trajes femininos na quinta-feira de Pentecostes, no momento em que se levantava na manhã do domingo, dia da Trindade, não teria encontrado seus trajes femininos, que os guardas ingleses haviam recolhido, jogando na cela um saco contendo apenas um traje masculino. Então, «vestiu-se com o traje masculino que lhe deram». Seja por um motivo ou outro, Cauchon foi informado no domingo, 27 de maio, que Joana havia voltado a usar roupas masculinas; e, sem perder um só instante, foi na manhã seguinte à prisão, acompanhado do vice-inquisidor e alguns assessores.

Joana vestia um traje masculino, a saber, túnica, *chaperon* e *gippon* [vestido curto], bem como outras roupas masculinas que outrora, sob nossas ordens, havia abandonado para voltar a usar roupas femininas. Interrogamo-la também para saber quando e por que havia retomado o traje masculino: «Voltei a usá-lo por minha própria vontade», declarou Joana, «porque era mais lícito e conveniente vestir-me como um homem, pois convivo com homens, do que vestir-me como mulher. Voltei a usá-lo porque o que me foi prometido não foi cumprido, isto é, que iria à Missa e receberia o corpo de Cristo, e não ficaria acorrentada».

Ela acrescenta, um pouco mais tarde:

— Preferiria morrer a continuar acorrentada, mas, se me for permitido ir à Missa e que essas correntes sejam retiradas, e que seja colocada numa prisão adequada e seja guardada por mulheres [esse detalhe aparece na minuta, mas não no texto oficial do processo], hei de me comportar e fazer o que a Igreja quiser.
— A contar de quinta-feira, ouvistes as vozes de Santa Catarina e Margarida? — pergunta Cauchon.
— Sim.
— O que vos disseram?
— Deus falou por Santa Catarina e Margarida que ficou muito triste por causa dessa grande traição a que consenti ao assinar a abjuração e a revogação para salvar a minha vida, e que condenava a mim mesma para salvar minha vida.

Nas margens, o escrivão anotou: «Resposta mortal.»
Após explicitar que as vozes lhe haviam dito o que iria acontecer no cemitério de Saint-Ouen naquela quinta-feira, acrescenta: «Tudo o que disse e revoguei, o fiz somente por medo do fogo.» E ainda: «Não afirmei, nem quis renegar as minhas aparições, isto é, Santa Catarina e Santa Margarida.» «Isso dito», acrescenta a ata, «afastamo-nos dela, para proceder segundo o direito e o juízo».

Duas testemunhas confirmaram que, ao deixar esse dramático encontro, Cauchon dirigiu-se alegremente a alguns ingleses, incluindo o próprio Warwick, que o aguardava no pátio do castelo: «Muito bem, preparem a festa, está feito...»

«Bispo, morro por vossa culpa»

Na quarta-feira, 30 de maio, bem cedo, os dominicanos, Martin Ladvenu — que fora um dos assessores do processo — e um jovem frade chamado Jean Toutmouillé, que o auxiliava, entram em sua cela. Este último, jovem e impressionável — do que dará bastante prova — legou-nos um surpreendente relato:

> No dia em que Joana foi entregue ao julgamento secular e enviada às chamas, estive pela manhã na prisão com o frade Martin Ladvenu, enviado pelo bispo de Beauvais para anunciar-lhe a sua morte e induzi-la à verdadeira contrição e penitência, e também para ouvir sua confissão, o que Ladvenu fez com muito cuidado e caridade. E quando anunciou à pobre mulher a forma como morreria naquele dia, tal como haviam ordenado seus juízes, ao ouvir a dura e cruel morte a que estava destinada, começou ela a gritar dolorosa e lamentavelmente, enquanto puxava e arrancava os cabelos. «Ai de mim! Tratam-me de forma tão horrível e cruel que é necessário que meu corpo totalmente puro, que jamais foi corrompido, seja hoje consumido e reduzido à cinzas! Ah! Preferiria ser decapitada sete vezes do que ser assim queimada. Ai de mim! Se tivesse sido colocada na prisão eclesiástica à qual me submeti, e fosse vigiada por pessoas da Igreja, e não por meus inimigos e adversários, esse não seria o infeliz desfecho. Ah! Apelo a Deus, o Grande Juiz, pelas injustiças e violências que cometem contra mim.» E ela lamentava expressamente a opressão e violência que havia sofrido na prisão pelos carcereiros e outros que ali a visitaram.
>
> Após esse lamento, chegou o bispo acima citado, ao qual logo disse: «Bispo, morro por vossa culpa.» E ele começou a explicar-lhe: «Ah, Joana, resignais-vos, morreis porque não cumpristes o que prometestes e retornastes a vosso primeiro malefício.» Ao que a pobre Donzela respondeu: «Ai de mim! Se tivésseis me colocado numa prisão do tribunal da Igreja e me deixado sob os cuidados

de responsáveis eclesiásticos competentes e adequados, isso não teria acontecido. Por isso, apelo a vós diante de Deus.» Depois disso, saí da cela e nada mais ouvi.

O escrivão Jean Massieu, também enviado pelo bispo de Beauvais, conta que depois que Martin Ladvenu recebeu a confissão de Joana, ela pediu para receber «o Corpo do Senhor». O dominicano ficou perplexo: daria a comunhão a uma excomungada? Mandou consultar o bispo de Beauvais, que deu a surpreendente resposta: «Que lhe seja dado o sacramento da Eucaristia e tudo mais o que solicitar...» Massieu foi então buscar uma estola e uma vela para que o sacramento lhe fosse oferecido de forma digna.

Em seguida, Joana é levada à praça do Vieux-Marché, onde, como para a encenação do cemitério Saint-Ouen, vários estrados foram instalados, pois teria de amargar ainda um último sermão, feito pelo mestre Nicolas Midy.

A causa de relapsa, de fato, fora excepcionalmente conduzida. Cauchon, ao constatar que Joana voltara a vestir-se como homem, convocou rapidamente os assessores para o dia seguinte, 29 de maio, a fim de informá-los acerca dessa marca «de insubmissão à Igreja» e deliberar sobre o que deveria ser feito. Conseguira, assim, reunir 42 assessores, aos quais apresentou a questão: «O que fazer com Joana, dado que retornou aos erros que havia "revogado"?»

Durante essa audiência final, certamente deve ter se sentido um pouco contrariado ao ouvir 39 deles declararem convir que a cédula fosse novamente lida e explicada a Joana, «propondo-lhe a Palavra de Deus». Somente três eram da opinião de entregá-la diretamente à justiça secular: Denis Gastinel, Nicolas de Venderès e um homem chamado Jean Pinchon, responsável pelos canonicatos em Paris e Rouen, ao mesmo tempo que era arquidiácono de Jouy-en-Josas.

Tratava-se de um obstáculo inesperado, mas apenas de natureza formal, pois de qualquer maneira os assessores tinham somente uma voz consultiva e ele era o único juiz, com o vice-inquisidor Jean Lemaître, cujo nome não aparece nessa última audiência. Portanto, foi simples ignorá-los e começar os preparativos: «Esse processo já havia durado demais.»

«Ela não passara de seus humildes dezenove anos...»

Com a mesma celeridade, e negligenciando as regras de procedimento ordinário num julgamento da Inquisição, Cauchon envia Joana para a fogueira, já preparada na praça do Vieux-Marché, sem solicitar a sentença de um tribunal secular. Trata-se de uma irregularidade grave, evidenciada pelo adjunto do bailio de Rouen, chamado Laurent Guesdon:

> A sentença foi proferida e Joana, entregue à justiça secular. Logo após essa sentença, ela foi entregue ao bailio sem que ele ou eu mesmo tivéssemos proferido uma sentença, pois cabia a nós fazê-lo. O carrasco, sem mais delongas, pegou Joana e conduziu-a ao lugar em que a madeira estava preparada, e ela foi queimada.

Não custa recordarmos que, num caso exatamente similar, um malfeitor condenado pela justiça eclesiástica fora conduzido ao que chamou de «turba», isto é, o auditório do oficialato, para que a sentença regular fosse proferida.

Tudo isso ocorria na presença de um número imponente de soldados: oitocentos homens armados, declara Jean Massieu. Esse número foi considerado muitas vezes exagerado, e Jean Massieu, convenhamos, nem sempre é muito preciso em suas estimativas. Mas não podemos desconsiderar que, além da guarnição costumeira do castelo, um grande contigente de soldados foi mobilizado na expectativa de um ataque em Louviers.

O escrivão enfatiza esse clima de pressa e a soldadesca que protege e cerca o cadafalso, pronta para conter a multidão:

> Enquanto Joana fazia suas orações e piedosas lamentações, fui pressionado pelos ingleses, em particular por um de seus capitães, a entregá-la para morrer o mais rápido possível. Dizendo isso a mim, que, como podia, a consolava no cadafalso: "Como, padre, vamos jantar hoje?". E incontinenti, sem nenhuma forma ou sinal de julgamento, mandaram-na para a fogueira, dizendo ao encarregado: «Faça o teu trabalho.» Desta forma, foi levada e atada, enquanto continuava seus louvores e lamentações piedosas dirigidas a Deus e aos santos, e sua última palavra foi um brado altíssimo: «Jesus.»

A precipitação, o tumulto, os soldados ingleses, o carrasco — ele se chamava Geoffroy Thérage — tudo isso por uma moça que em voz alta se lamenta e invoca os santos e santas. Um gesto de piedade, no entanto, é esboçado:

> Com grande devoção, Joana solicitou uma cruz e, ouvindo isso, um inglês ali presente fez-lhe uma pequena com a madeira de um bastão, que lhe entregou. Devotadamente, Joana a recebeu e a beijou, fazendo uma piedosa lamentação a Deus, nosso Redentor, que sofrera naquela Cruz ali representada, e colocou a cruz em seu seio, entre seu corpo e suas vestes.

Diante desse pedido, o frade Isambart de La Pierre foi buscar bem perto dali, na igreja de Saint-Laurent, uma cruz «para segurá-la diante de seus olhos até que encontrasse a morte, a fim de que essa cruz onde Deus foi pendido em sua vida estivesse diante dela até o fim». Ele atesta que Joana,

> em chamas, não parou de clamar e de confessar em alta voz, até seu último suspiro, o Santo Nome de Jesus, implorando e invocando o auxílio dos santos e santas do Paraíso; e ainda, além disso, no momento em que entregava seu espírito, inclinando a cabeça, proferiu o nome de Jesus em sinal de sua fé apaixonada em Deus.

Esses clamores ouvidos na praça do Vieux-Marché, muito altos e muito fortes segundo os presentes, e que sobrepujavam o barulho das chamas que crepitavam e o burburinho da multidão, comoveram a assistência, incluindo alguns ingleses. Muitas testemunhas evocaram as lágrimas de Louis de Luxembourg, bispo de Thérouanne, inteiramente devotado à causa inglesa e que morreria mais tarde em Ely. Maugier Leparmentier, o homem convocado para torturá-la na torre de menagem de Rouen, conta também:

> Já em chamas, ela gritou mais de seis vezes: «Jesus!», e, especialmente em seu último suspiro, bradou: «Jesus!», ao ponto de que todos os presentes puderam ouvi-la; quase todos choravam de pena.

A emoção pode ser facilmente compreendida; ela certamente afetara até mesmo os inimigos. Isambart relata um fato que já introduz Joana na Lenda Dourada:

> Um dos ingleses, um soldado, que a detestava manifestamente e que jurara colocar com as próprias mãos um pedaço de madeira na fogueira de Joana, no momento em que fazia isso e ouviu-a gritar o nome de Jesus em seus últimos instantes, foi tomado de estupor e caiu numa espécie de êxtase, conduzido em seguida a uma taverna próxima ao Vieux-Marché para que retomasse as suas forças com a ajuda de uma bebida. Após ter almoçado com um frade da ordem dos pregadores, o inglês confessou ao frade, também inglês, que pecara gravemente e que se arrependia do que fizera a Joana, a quem considerava uma santa mulher. No momento em que Joana entregava seu espírito, o carrasco pensava ter visto uma pomba branca que saiu do lado da França. Naquele mesmo dia, depois do almoço, o carrasco foi ao mosteiro dos pregadores e disse a mim e ao frade Martin Ladvenu que temia muito ser condenado por queimar uma santa mulher.

Pierre Cusquel, que a vira diversas vezes pois fazia trabalhos de marcenaria no castelo, conta que, embora não estivesse presente («porque meu coração não teria suportado e sofreria por causa de Joana»), «ouvi dizer que mestre Jean Tressart, secretário do rei da Inglaterra, retornando do suplício de Joana, aflito e entristecido, chorou amargamente por causa do que tinha visto ali, e disse: "Estamos todos perdidos, pois uma santa e boa pessoa foi queimada"; e pensava "que sua alma estava com Deus, pois, quando estava em meio às chamas, não parava de clamar o nome do Senhor Jesus."»

Até mesmo um de seus assessores, mestre Jean Alespée, cônego de Rouen e um dos agentes do rei da Inglaterra na rendição de Rouen em

1419, chorava copiosamente, dizendo, segundo as testemunhas: «Gostaria que minha alma fosse para onde está a alma dessa mulher.»

O coração de Joana

Warwick ordenou que suas cinzas fossem recolhidas e jogadas no Sena, para que a multidão não as transformasse em relíquias. Mas de boca em boca os boatos se espalham, relata-nos Jean Massieu:

> Ouvi dizer por Jean Fleury, clérigo do oficialato e bailio, que, segundo o carrasco, depois que seu corpo foi queimado e reduzido a cinzas, seu coração permanecera intacto e cheio de sangue. Mandaram-lhe então juntar as cinzas e tudo o que restasse dela para jogar no Sena, e assim fez.

Frade Isambart acrescenta que o carrasco afirmava:

> Apesar do óleo, do enxofre e do carvão que aplicara nas entranhas e no coração de Joana, o fogo não os consumia, e não conseguiu reduzir a cinzas as entranhas e o coração, e diante desse evidente milagre ficou espantado.

Ela não passara de seus humildes dezenove anos
mais que cinco ou seis meses,
e as cinzas de seu corpo
foram lançadas ao vento.

CAPÍTULO VIII

Carlos, o Vitorioso

Nos dias seguintes à fogueira de Rouen, a atitude de Cauchon transparecia certa ansiedade. Devido às acaloradas discussões ocorridas no mosteiro de Saint-Jacques da cidade — ao qual pertenciam os frades Isambart de La Pierre e Martin Ladvenu —, convocou o responsável pelo tumulto: frade Pierre Bosquier. Tendo declarado que os que julgaram Joana haviam cometido um erro, Cauchon condena-o à prisão a pão e água até a Páscoa do ano seguinte: dez meses de encarceramento.

Em seguida, no dia 7 de junho, o bispo convoca alguns assessores próximos e fiéis: Nicolas de Venderès (que redigira a cédula de abjuração); Nicolas Loiseleur (responsável por tentar arrancar confidências de Joana fingindo ser um «conterrâneo», e que não faltou a nenhuma sessão do julgamento durante o qual votou para que ela sofresse tortura); Pierre Maurice, o jovem e brilhante acadêmico; Thomas de Courcelles, a quem será confiada a tarefa de traduzir e organizar as minutas notariais redigidas ao longo das sessões, a fim de compor o texto autêntico do processo* (aproveitando-se disso para riscar seu nome dos que votaram pela tortura); e um acadêmico chamado Jacques Le Camus, cônego de Reims, que deixara precipitadamente a cidade, e a quem o rei da Inglaterra concedera como compensação a cura de La Trinité de Falaise. Cauchon solicitou a sua vinda para a causa de relapsa, e ele o acompanhou à prisão na manhã do suplício. Finalmente, os frades Martin Ladvenu e Jean Toutmouillé. Cauchon também convocou o escrivão do processo, Guillaume Manchon, que se recusou a comparecer: com o término do processo, termina também legalmente a sua responsabilidade, pois tudo o que for adicionado a ele é ilegal, e uma figura oficial e juramentada como um escrivão não tem o direito de participar de algo semelhante. Segundo confidenciou, Guillaume Manchon ficou profundamente triste pelo suplício de Joana: «Nunca chorei tanto por algo que aconteceu comigo, e um mês depois não tinha ainda conseguido me acalmar. Com parte do dinheiro recebido pelo julgamento, esclarece, comprei um pequeno missal, que ainda tenho, para rezar por Joana.»

A intenção de Pierre Cauchon é fazer com que os assessores afirmem que Joana renegara formalmente a suas vozes. É desnecessário dizer que cada um declara, um melhor do que o outro, que ela o fizera expressamente:

> Eles entendiam e sabiam que ela fora enganada pelas vozes. [...] As vozes e aparições que menciona no processo tinham-na enganado, pois lhe prometeram que seria libertada e tirada da prisão, mas reconhecia que o contrário ocorrera. [...] É certo que fora enganada. [...] E, já que foi assim enganada, ela acreditava que não se tratava de boas vozes ou boas coisas. [...] «Não quero mais confiar nessas vozes...»

Nicolas Loiseleur chega a afirmar que ela pedira, «com grande contrição no coração, a indulgência dos ingleses e borgonheses porque, como confessava, colaborara com a morte deles, expulsando-os e causando-lhes diversos danos».

Aliás, não por acaso essas informações foram reunidas em 7 de junho, pois no dia seguinte o rei da Inglaterra enviaria uma carta ao imperador, aos reis, duques e outros príncipes de toda a cristandade. Esse texto é uma espécie de obra-prima. Após «seduzir a população», Joana foi finalmente, pela divina misericórdia, conduzida «a nossas mãos e nosso poder. [...] Não tínhamos, porém, nenhuma intenção de vingar a injúria sofrida ou de entregar rapidamente aquela mulher à justiça secular para ser punida». Mas entregue à autoridade eclesiástica por solicitação do prelado da diocese em que fora capturada, foi declarada culpada por diversos crimes contra a fé e «não reconhecia nenhum juiz sobre esta terra». Enfim, abjurou de seus erros, mas o fogo de seu orgulho «reviveu em chamas pestilentas», de modo que foi entregue ao poder secular. Mas a infeliz, nesse momento, «confessou sem ambiguidade que esses espíritos que afirmava ter repetidamente visto eram maus e mentirosos. [...] Ela confessava ter sido usada e enganada». O teatro do dia anterior fora, portanto, necessário para chegar a tal relato.

No dia 28 do mesmo mês, o rei da Inglaterra envia uma carta circular escrita em termos muito semelhantes aos «prelados, duques, condes e outros nobres, bem como as cidades de seu reino da França», convidando-os a divulgar, «por prédicas, juramentos públicos e outras formas», o que ocorrera com Joana, a Donzela, e como reconhecera, enfim, que os espíritos zombaram dela. Por fim, a Universidade de Paris escreveu, seguindo essa mesma linha, ao Papa e ao colégio dos cardeais.

Sem mais demoras, em 12 de junho, Cauchon solicitara ao rei da Inglaterra «cartas de garantia» para si, para Louis de Luxembourg e para Jean de Mailly, o bispo de Noyon:

> Palavra do rei: caso as pessoas que trabalharam para esse processo sejam contestadas por causa desse processo ou seus adendo, [...] as auxiliaremos e defenderemos, e isso faremos num julgamento e fora dele, às nossas próprias expensas e custos.

Em toda parte ocupada do reino, as pregações e procissões solicitadas pelo rei da Inglaterra ocorreram, especialmente em Paris, onde o inquisidor da França, em 4 de julho (festa de Saint-Martin-le-Bouillant), mandou que uma solene prédica e uma procissão geral fossem feitas em Saint-Martin-des-Champs. O *Journal d'un bourgeois de Paris* — sabemos que foi redigido por um padre da Universidade cujos sentimentos borgonheses não se podiam questionar — resume essa prédica, que evocava a vida de Joana: «cheia de fogo e de sangue, da morte de cristãos, até que fosse queimada». Alhures, descreve a fogueira de Rouen sem esconder os diversos comentários por ela suscitados:

Muitas pessoas diziam ali e em outros lugares que se tratava de um martírio e que ela se sacrificara por seu verdadeiro príncipe. Outros diziam que não, e que agira mal aquele que por muito tempo a protegera. Assim falava o povo, mas, quer tenha feito bem ou mal, foi queimada naquele dia.

Encontramos também, no registro de Clément de Fauquembergue, a inevitável menção registrada pelo consciencioso bailio do Parlamento:

> No trigésimo dia de maio de 1431, por um julgamento eclesiástico, Joana, que se nomeava a Donzela, capturada na porta da cidade de Compiègne pelos homens do senhor Jean de Luxembourg, [...] ardeu em chamas, sendo queimada na cidade de Rouen, [...] e a sentença foi proferida pelo senhor Pierre Cauchon, bispo de Beauvais.

O processo, como afirmamos, seria traduzido e editado durante os meses seguintes sob a direção de Thomas de Courcelles. Pierre Cauchon certamente esperou com nervosismo sua nomeação como arcebispo de Rouen, e sua decepção deve ter sido grande quando lhe foi concedido, no mês de janeiro de 1432, o bispado de Lisieux. Louis de Luxembourg receberia em 1436 o cobiçado arcebispado, enquanto esperava deixar o solo francês, sem dúvida mais rápido do que teria desejado, para se refugiar na Inglaterra e logo ser investido como bispo de Ely, onde faleceria em 1443.

Entretanto, e isso é bastante significativo, a ofensiva militar fora retomada logo após a morte de Joana. O povo percebeu rapidamente que não se tratava de uma simples coincidência: «Como os ingleses são, em geral, supersticiosos» — declararia mais tarde Thomas Marie, prior do mosteiro beneditino de Saint-Michel, próximo a Rouen —, «acreditavam haver algo de mágico em Joana»; e incontinenti, após a fogueira, foram implantar um cerco em frente a Louviers, na crença de que, enquanto ela vivesse, jamais encontrariam glória nem prosperariam na guerra.»

O cerco de Louviers ocorreu imediatamente após a morte de Joana. O conde de Warwick envia suprimentos para uso próprio quando para ali se dirige nos primeiros dias de junho, e em 2 de junho o secretário do rei da Inglaterra, Laurent Calot — que tirara de sua manga a cédula de abjuração que Joana fora obrigada a assinar segurando a sua mão —, dá ordens ao tesoureiro para transferir a verba necessária para as ações militares em frente à cidade.

De fato, uma campanha fora lançada na Normandia em dezembro de 1429 sob a liderança de La Hire, nomeado capitão geral dessa província. O bastardo de Orléans juntara-se a ele exatamente na época do julgamento de Joana, em março de 1431. Porém, tal esforço não foi suficiente, e em 28 de outubro Louviers capitulou. Nesse ínterim, em 30 de junho, novas tropas inglesas desembarcaram em Calais e foram empregadas na Normandia.

O rei Carlos VII ainda seria submetido a outra provação: em 2 de julho desse mesmo ano, o rei René de Anjou, seu cunhado, que esperava receber a herança do duque Carlos de Lorena (aquele que pedira a Joana para visitá-lo e que acabara de morrer em janeiro de 1431), foi derrotado e feito prisioneiro durante a sangrenta batalha de Bulgnéville, onde também morreu Arnaud Guilhem de Barbazan, apelidado de «Coração de prata fina, Flor da cavalaria». Por fim, outra derrota real na região da Champagne, onde, entre Beauvais e Savignies, era travada uma batalha para a qual Regnault de Chartres — cuja atitude vimos no momento da captura de Joana — mobilizara seu famoso pastor Gévaudan, Guillaume, sobre quem dizia que «não fazia nada mais, nada menos que a Donzela». Ele foi capturado por Warwick, enquanto os franceses se dispersavam sob o choque. Fato ainda mais grave: Poton de Xaintrailles foi também capturado na chamada batalha do Pastor. No final de julho de 1431, o rei da França podia dizer que mais uma vez a sua sorte estava mudando...

A «sagração» de Henrique VI

Os ingleses, por sua vez, achavam que a sorte estava a seu favor, mas era necessário ainda empreender uma operação grandiosa para garantir novamente seu poder na França. Depois que as condições em que

Carlos tinha sido sagrado em Reims foram descreditadas na pessoa de Joana, era preciso opor-lhe outro rei, devidamente consagrado rei da França após ter recebido a coroa da Inglaterra. O jovem Henrique VI, coroado em Westminster em 6 de novembro de 1429, seria, portanto, levado à França. A cerimônia, que ocorreria não em Reims, mas na Catedral de Notre-Dame de Paris, deveria ser grandiosa, nobre e popular ao mesmo tempo.

O conde de Warwick e sua família trouxeram então o pequeno rei de nove anos à capital pelo Sena. O cortejo que partiu da Porta Saint-Denis e do burgo de La Chapelle contava evidentemente com os pares eclesiásticos que concretizariam a coroação: Louis de Luxembourg; Pierre Cauchon; Jean de Mailly; o «cardeal da Inglaterra», Henri Beaufort; o bispo de Norwich, William Alnwick; e também os bispos de Paris e Évreux. Também estavam presentes Bedford, o regente da França, e sua esposa, Ana da Borgonha; bem como muitos senhores ingleses estabelecidos na França, como Humphrey, conde de Stafford.

O cortejo seguiu a tradição: precedido por menestréis, arautos e perseguidores de armas, escudeiros carregando as insígnias da majestade real — manto de arminho, espada da justiça —, trazia também entre os arqueiros o infeliz pastor Guillaume, capturado seis meses antes e que seria, em seguida, costurado dentro de um saco de couro e jogado no Sena...

O rei-menino montava uma hacaneia branca. Na entrada do burgo de La Chapelle, os escabinos e o preboste de mercadores pegaram o dossel azul bordado com flores-de-lis douradas para segurá-lo acima de sua cabeça durante toda a entrada solene através da cidade, passando pelo Châtelet e o palácio da cidade até o palacete das Tournelles, onde estava o duque de Bedford, para hospedar-se ali durante toda a sua estadia. Seguindo o costume, os vários mestres parisienses se revezaram, cada um reivindicando a honra de segurar o dossel por um tempo determinado: mestres da tapeçaria, da mercearia, cambistas, ourives, peleteiros, peleiros e, finalmente, mestres do açougue. Ao longo do caminho, em vários intervalos, quadros vivos, fragmentos de mistérios, eram encenados para distrair o príncipe e o povo, como exigia a tradição das entradas reais. No cemitério dos Inocentes havia até mesmo uma imitação de caçada com cães, enquanto, no Châtelet, o quadro vivo representava uma criança da idade de Henrique VI sentada em um trono: duas coroas habilmente manejadas estavam suspensas sobre sua cabeça.

O momento mais emocionante foi a passagem do cortejo em frente ao palacete Saint-Paul, onde a rainha Isabel da Baviera estava hospedada. O *Journal d'un bourgeois de Paris* conta que, «quando viu o jovem Henrique, filho de sua filha, ele tirou o seu chapéu e a saudou, ao passo que ela se inclinou muito humildemente e, em seguida, virou-se para chorar»... Era seu neto que passava por ali, o filho de sua filha Catarina.

A cerimônia de coroação ocorreu no domingo, 16 de dezembro de 1431, na Catedral de Notre-Dame. O ritual foi ali também escrupulosamente observado, mas não podia contar com a santa ampola, o que, nas palavras dos mais apegados à tradição, fazia que essa sagração não passasse de uma paródia. O banquete, oferecido no palácio na «Mesa de Mármore» — a grande sala no nível inferior do que ainda chamamos Palácio da Ilha da Cidade —, não iria contribuir nem um pouco para a popularidade do pequeno rei segundo as palavras do *Journal*, que era, apesar disso, um apoiador da causa inglesa: «Ninguém poderia se vangloriar desse banquete. A maioria das carnes, principalmente as destinadas aos convidados comuns, havia sido preparada na quinta-feira, o que pareceu muito estranho para os franceses.» Por outro lado, os batedores de carteira e outros gatunos do tipo aproveitaram a situação para roubar um grande número de fechos de cinto. Nem mesmo os doentes do Hôtel-Dieu, a quem era sempre reservada parte do banquete, acharam a comida do seu agrado. Mais sucesso obteve, sem dúvida, a música dessa sagração. O *Journal* julga que foi tocada de forma «muito melodiosa». O tema escolhido fora tirado dos salmos: «Enviei meu anjo...» (as páginas anotadas estão conservadas nos *Archives nationales*).

Decepcionante mostrou-se o torneio ocorrido no dia seguinte à sagração: fora tão mal preparado que o *Journal* declara que qualquer morador da cidade teria gasto mais para casar sua filha do que os ingleses gastaram para coroar o seu rei[1].

---

1 Cf. E. Bourassin, *La France anglaise*, Paris, 1981, pp. 220ss.

O efeito de prestígio não foi, portanto, alcançado. O pequeno rei voltou para Rouen, ainda pelo Sena, sob a proteção de seu preceptor, o conde de Warwick, que iria sem tardar para Calais, a fim de cruzar o canal da Mancha e voltar à Inglaterra com a família.

O ano seguinte, 1432, apenas confirmaria essa impressão de fracasso para a dominação inglesa. Em 3 de fevereiro, um golpe de surpreendente ousadia permitiu que um mercenário chamado Ricarville tomasse com seus cem companheiros o castelo de Rouen — o castelo de Bouvreuil, que no ano anterior abrigara simultaneamente Joana d'Arc, Bedford e o conde de Warwick. Embora os ingleses tivessem reforçado a guarnição, somente uma pequena parte dela, comandada pelo conde de Arundel, conseguiu se resguardar na câmara-forte de uma das torres que dava para a cidade. Dali, pela manhã, Arundel discursou para a população tomada de estupor, mas uma flecha acidentalmente lançada por um dos partidários matou uma criança que estava nessa multidão, e não foi preciso mais para que as pessoas aglomeradas em frente à fortaleza aderissem aos ingleses. O conde de Arundel, dentro de um cesto, desceu então da torre até o fosso e, reunindo todas as suas forças disponíveis, cercou o castelo e o bombardeou. Em alguns dias, Ricarville se rendeu com seus companheiros, e todos foram decapitados na praça do Vieux-Marché.

Um pouco mais tarde, em 20 de fevereiro, Chartres seria retomada pelo bastardo de Orléans graças a um ardil de guerra conduzido por um peixeiro orleanês que, com o pretexto de fazer uma entrega de sal e de sável para as pessoas da cidade, conseguiu sozinho bloquear a ponte levadiça com suas charretes, enquanto os franceses «resistentes» matavam os guardas das outras portas da cidade. O bispo Jean de Fétigny foi morto; a população e uma parte da guarnição estavam então na catedral ouvindo o sermão de um padre jacobino que era o cabeça do complô. Naquela mesma noite, Chartres se renderia aos franceses.

Alguns meses mais tarde, o duque de Bedford foi obrigado a levantar o cerco de Lagny, importante praça-forte que permitia bloquear os comboios entre Paris e Champagne. Ele retornou à capital em 15 de agosto «a fim de se confessar», diziam as boas pessoas. Poucos meses depois, em 14 de novembro de 1432, perderia sua esposa, isto é, a sua mais preciosa auxiliar, Ana, irmã de Filipe, o Bom, duque da Borgonha, que por tantas vezes conseguira apaziguar os conflitos que sempre surgiam na aliança anglo-borgonhesa. Bedford sofreu com esse luto, mas logo se casaria novamente, em 1434, com a filha do conde de Saint-Pol, Jacqueline de Luxembourg, de dezessete anos de idade.

Nesse intervalo, uma verdadeira revolução palaciana acontecera na Corte da França: La Trémoille, atacado e segurado, recebeu um golpe de espada que lhe penetrou a gordura e lhe causou um leve ferimento. Os autores do atentado eram três jovens: Jean de Bueil, Prigent de Coëtivy e Pierre de Brézé, que agiam de conluio com a rainha Iolanda da Sicília e sua filha, a rainha Maria de Anjou. Isso ocorreu em Chinon, no castelo onde Joana fora recebida quatro anos antes. Lançado na prisão por um tempo, La Trémoille recebeu a ordem de deixar a Corte, enquanto Arthur de Richemont foi novamente favorecido pelo rei. Uma fase ativa na condução dos negócios do reino estava em preparação.

Já era tempo: um ano mais tarde, uma forte ofensiva inglesa seria dirigida contra o Monte Saint-Michel. O senhor de Scales dispunha de uma grande força de artilharia e, como não conseguia atingir o mosteiro, tentou pelo menos abrir uma brecha nas muralhas da cidade. Chegou até mesmo a fincar o estandarte com figuras de flores-de-lis e de leopardos num dos muros, mas Louis d'Estouteville, o defensor do Monte, o arrancou com as próprias mãos e o lançou no fosso. Oito dias mais tarde ocorre um novo ataque, tão violento que os moradores tiveram de se proteger na abadia; os monges se juntaram a eles para conter o adversário, que logo abandonou o burgo. Os ingleses fugiram em debandada, e ainda hoje mostra-se aos turistas que acorrem ao Monte Saint-Michel todos os anos as «*micheletes*», isto é, as duas bombardas que tiveram de abandonar. Durante algum tempo, os ingleses conseguiram fortificar a ilhota de Tombelaine e ali se manter até o momento em que Louis d'Estouteville os expulsou e retomou também Granville. O Monte Saint-Michel era invencível.

Os franceses assumem a iniciativa

No ano de 1434, a região de Bessin, na Normandia, revoltou-se contra de Bedford, que exigiu as 344 mil libras em forma de impostos a serem votados pelos estados da Normandia. A província era cada vez mais assolada por mercenários, aqueles que legaram à língua francesa o substantivo *brigand* [bandido], originado da *brigandine* [brigantina] que usava esse combatente. A etimologia é aqui bastante significativa: as tropas, cada vez menos controladas; e os capitães, cada vez menos supervisionados, transformavam-se em saqueadores e esfoladores descarados. O cronista Thomas Basin apresenta uma descrição aterrorizante desse período, durante o qual a insegurança na Normandia era total. Em todos os lugares os camponeses se juntavam, tentando escapar ora dos ingleses, ora dos bandidos. O duque de Alençon, com a ajuda de Jean de Bueil, empreendeu sem sucesso o cerco de Avranches e foi obrigado a abandoná-lo depois de alguns dias. Por outro lado, uma expedição do conde de Arundel à região de Caux foi interceptada por La Hire e Poton de Xaintrailles e reduzida a pedaços perto de Gerberoy. Arundel, ferido, morreria no cativeiro em Beauvais.

É extraordinário pensar que, ao mesmo tempo, a cidade de Orléans estava encenando um Mistério que mobilizava todos os cidadãos, composto de várias estações — cenas de teatro montadas em cada uma das portas da cidade. Um magnífico espetáculo foi então apresentado, o Mistério do Cerco de Orléans, cujo manuscrito chegou até nós*. E podemos encontrar nas contas da cidade a menção a um dos companheiros de Joana, Gilles de Rais, nessa vasta empreitada teatral.

Entretanto, a ofensiva diplomática continuava. René d'Anjou, prisioneiro em Dijon, estava em boa posição para trabalhar pela reconciliação com Filipe, o Bom, tal qual desejada por sua mãe, Iolanda. O duque da Borgonha, por sua vez, nunca sentira grande simpatia pessoal pelo regente Bedford; e, como escreve seu cronista, Olivier de La Marche, «o sangue francês fervilhava em seu estômago e corria em seu coração». Em 6 de janeiro de 1435, as negociações começaram em Nevers, e os delegados franceses e borgonheses se despediram depois de três semanas, marcando um novo encontro em Arras.

Em 5 de agosto de 1435, na abadia de Saint-Vaast dessa cidade, uma sessão solene reuniu tanto franceses quanto borgonheses e ingleses, que não demorariam a abandonar a conferência. Além disso, logo seria anunciada a notícia da morte de Jean de Bedford no castelo de Rouen, que havia servido de prisão à Joana d'Arc. Depois da morte de Bedford no dia 12, o mês de setembro de 1435 ainda foi marcado pela morte de Isabel da Baviera, no dia 24. Nesse ínterim, no dia 21, o tratado de Arras era firmado entre a França e a Borgonha: o embaixador de Carlos VII, mestre Jean Tudert, pediu perdão publicamente, ajoelhando-se diante do duque da Borgonha em nome do rei. O duque, por sua vez, jurou não guardar nenhum ressentimento pelo assassinato de seu pai em Montereau. O tratado seria definitivamente selado em 28 de outubro e ratificado em Tours por Carlos VII, no dia 10 de dezembro. A terrível fissura que dividira a França não mais existia: Armagnacs e borgonheses estavam juntos novamente. Tratava-se da «longa e duradoura paz» desejada por Joana d'Arc.

«Maior garantia...»

Levaria mais um ano para que os «ingleses perdessem a maior proteção que tinham na França», ainda segundo a predição de Joana. Em 17 de abril de 1436, o condestável Richemont fazia sua entrada em Paris.

A ação começara pela tomada de Meulan e, em seguida, de Pontoise, em fevereiro de 1436. Dali em diante, os principais cursos d'água seriam controlados pelos franceses com Melun, às margens do Sena, e Lagny, às margens do Marne. Paris padecia cada vez mais com a fome, e o governador nomeado por Bedford antes de sua morte, ninguém menos que Louis de Luxembourg, era detestado pela população por sua arrogância e implacabilidade. Dois mil ingleses enviados em reforço foram aniquilados na planície de Saint-Denis em 6 de abril 1436. Arthur de Richemont, com o auxílio do bastardo de Orléans e de um capitão borgonhês, Villiers de l'Isle-Adam, empreendeu então o cerco que, desta vez, os resistentes que estavam no interior puderam apoiar:

eles entraram pela Porta Saint-Jacques. Enquanto os ingleses esbravejavam contra a traição, conta-se que os cidadãos parisienses lançavam pelas janelas móveis, baús e bancos sobre as tropas que passavam ao seu alcance. Em nome do rei, o condestável prometeu a anistia aos franceses «renegados». Os ingleses se refugiaram na bastilha Saint-Antoine, mas, premidos pela fome, logo pediram para negociar e foram autorizados por salvo-conduto a sair da cidade, pegar um barco no Sena e retornar a Rouen. Enquanto passavam, a multidão gritava: «Por Renard!», «Pelos fundos!». O rei, porém, só faria sua entrada na cidade reconquistada um ano mais tarde, em 12 de novembro de 1437, e permaneceria ali apenas três semanas, para grande decepção dos parisienses.

Outro fato ainda está ligado à história de Joana: o retorno de Carlos de Orléans, em 1440, depois de 25 anos passados nas prisões inglesas: «Eu teria capturado muitos ingleses para reavê-lo», dizia ela no tribunal, pois considerava que o retorno do duque fazia parte de sua missão*.

Provavelmente não foi por acaso que, nesse ano de 1440, no mês de julho, Isabelle Romée, mãe de Joana, tenha ido para Orléans. Ao que tudo indica, após a morte de seu esposo e de seu filho mais velho, ela estava na miséria ou, no mínimo, numa situação difícil. Tocados por essa notícia, os cidadãos de Orléans convidaram-na para morar entre eles. As contas da cidade mostram dali por diante o valor da pensão paga a ela — 48 tostões — e também seus gastos com visitas médicas quando ficava doente. Ela é instalada próxima à igreja colegiada de Saint-Pierre-le-Puellier, que se torna a sua paróquia — e que ainda existe, restaurada. Seu filho Pierre, que ficara durante muito tempo preso com Joana, junta-se a ela e estabelece-se na cidade com a esposa e o filho, chamado Jean. Em 1443, recebeu uma doação do duque de Orléans, a chamada Île-aux-Bœufs, no rio Loire.

Durante esse tempo, pelos menos alguns orleaneses teriam sido explorados por uma aventureira chamada Claude, que se passava por Joana e que supostamente teria escapado da prisão inglesa*. Como está escrito na *Crônica* do deão de Saint-Thiébault de Metz, ela interpretava «tão bem seu personagem que muitos foram enganados». Ela apareceu primeiramente na região de Meuse, onde fora recebida, entre outras, por Élisabeth de Görlitz, uma representante da família de Luxembourg.

O terceiro irmão de Joana, que se chamava Jean ou Petit-Jean, teria se aproveitado da situação, voluntariamente ou não, para obter subsídios na cidade de Orléans — uma soma de doze francos — com a desculpa de que desejava «ir ver a irmã». A falsa Joana casou-se com um senhor chamado Robert des Armoises e encontrou um meio para ser recebida em Orléans, onde ainda, em 28 de julho de 1439, as contas mencionam uma festa de recepção que lhe fora oferecida. O *Journal* conta como ela fora publicamente desmascarada no Palácio. Temos notícia de duas outras aventureiras que conseguiram, naqueles tempos incertos, explorar a credulidade das pessoas simples e fazer-se passar por aquela que ninguém podia acreditar que os ingleses conseguiram prender e matar.

A retomada da Normandia

Foi preciso esperar o ano de 1449 para que ocorresse o episódio decisivo relacionado à história de Joana d'Arc: a retomada da Normandia. A tomada do castelo de Fougères por um mercenário aragonês a serviço dos ingleses, chamado François de Surienne*, foi o estopim. Tratava-se da ruptura da trégua acordada entre a França e a Inglaterra — para o alívio de todos — cinco anos antes, quando, em 28 de maio de 1444, ficara decidido o noivado do rei Henrique VI e uma filha da França, Margarida de Anjou, filha de René de Anjou e sobrinha da rainha Maria. O acontecimento foi recebido em toda a Europa como o símbolo de um primeiro passo em direção ao estabelecimento da paz entre os dois reinos. O casamento foi celebrado em Nancy no mês de fevereiro seguinte, e o coroamento da jovem rainha ocorreu em Westminster, em 28 de maio 1445, um ano após o acordo.

No momento em que o ataque de Fougères comprometeu a paz finalmente restabelecida, Carlos VII dispunha de um exército reorganizado e dotado de uma poderosa artilharia. Com o equilíbrio das forças rompido, ele estava agora em vantagem, enquanto o rei da Inglaterra encontrava dificuldades para ser obedecido por seus próprios vassalos. Robert de Flocques*, um mercenário, tomaria Conches; logo depois, graças à conivência de um morador de Verneuil (o moleiro cujo moinho ficava encostado na muralha), Carlos VII, a partir de agosto, comandou pessoalmente as operações e estabeleceu-se em Louviers. Comunicado acerca de uma revolta dos habitantes de Rouen, dirigiu-se à cidade, e lá fez sua entrada solene em 10 de novembro de 1449. O governador inglês, Somerset, conseguira deixar a cidade são e salvo entregando alguns reféns e também algumas praças-fortes, como Caudebec e Honfleur. Retirando-se para Caen, tentou reunir as forças inglesas que estavam espalhadas pela Normandia.

O anúncio da chegada do novo exército inglês, que, num supremo esforço, fora reunido por Henrique VI — penhorando para isso as joias da coroa — e desembarcaria em Cherbourg sob o comando de um capitão, Thomas Kyriel, lançou uma ofensiva francesa. O exército francês, comandado pelo conde de Clermont, estava em desvantagem e quase derrotado quando Arthur de Richemont chegou com 15 mil soldados. A vitória foi retumbante: deu-se em Formigny, em 15 de abril de 1450.

A reabertura do arquivo

Nesse meio-tempo a história de Joana voltara à tona. Talvez essa tenha sido a única moção de reconhecimento da parte de Carlos VII, numa decisão tomada logo após sua entrada em Rouen. Ali, certamente deve ter ouvido os moradores relembrarem o suplício de Joana e, sem dúvida, deve ter mandado trazer os documentos do processo conservados no arcebispado. Em 15 de fevereiro de 1450, ditou a seu conselheiro Guillaume Bouillé uma carta que abriria um capítulo de decisiva importância para a memória de Joana d'Arc:

> No passado, Joana, a Donzela, foi capturada e aprisionada por nossos antigos inimigos e adversários, os ingleses, e trazida a essa cidade de Rouen. Contra ela foi instaurado um processo conduzido por pessoas nomeadas e delegadas por eles. Nesse julgamento foram cometidos diversos erros e abusos, tanto que, por causa desse processo e do grande ódio que nossos inimigos sentiam contra

ela, mataram-na iniquamente e contra a razão, de forma muito cruel. Posto isso, queremos saber a verdade sobre o citado julgamento, a maneira segundo a qual foi conduzido e como nele se procedeu. Exigimos, ordenamos e determinamos expressamente que investigueis e vos informeis bem e diligentemente sobre tudo o que foi aqui citado. E a informação que obtiverdes, apresentai-a selada e lacrada diante de nós e dos membros de nosso Conselho, [...], pois para tal tarefa outorgamos poder, comissão e mandato especial por essa carta. [...] Escrito em Rouen, no décimo quinto dia de fevereiro, ano de graça de 1449 [segundo o antigo estilo, ou seja, 1550].

De todo modo, Guillaume Bouillé iria realizar rapidamente essa investigação, que já revelava por si mesma «a verdade sobre o citado julgamento» realizado dezenove anos antes: o escrivão do processo de condenação, Guillaume Manchon, é ouvido durante todo o dia 4 de março; no dia seguinte, seis outras testemunhas comparecem: quatro frades dominicanos do mosteiro de Saint-Jacques, entre os quais dois haviam acompanhado Joana até a fogueira — Isambart de La Pierre e Martin Ladvenu —, e também Guillaume Duval e Jean Toutmouillé, que desempenharam apenas papel secundário. Foram interrogados também o meirinho Jean Massieu e, por uma feliz coincidência, mestre Jean Beaupère, que tantas vezes fora o braço direito de Cauchon durante os interrogatórios. Ele não temera vir a Rouen — para exigir os rendimentos de seu canonicato! — quando, na verdade, vivia normalmente retirado em Besançon.

As informações recolhidas nessa primeira investigação eram já instrutivas quanto à maneira como o processo fora conduzido. Elas bastavam para demonstrar a parcialidade dos juízes que conduziram o julgamento e a forma como uma prisioneira de guerra, tratada como tal, fora acusada do crime de heresia e depois condenada como relapsa em condições muito suspeitas.

No entanto, condenada por um tribunal da Inquisição, Joana só poderia ser inocentada do crime de heresia pela própria Igreja. Assim, é indispensável esboçar, pelo menos em suas linhas gerais, o que ocorrera nesse intervalo entre o tempo em que a ideologia edificada pelos mestres da Universidade de Paris inspirava o processo político conduzido em Rouen e o tempo em que essa ideologia era desmantelada, enquanto aos olhos do mundo cristão ficava claro que decididamente não era a Universidade de Paris que detinha a «chave da cristandade».

Sabemos que, após ter passado por graves divisões internas durante todo o século XIV, com a presença dos papas em Avignon, a Igreja fora abalada durante quase quarenta anos pela crise profunda chamada de Grande Cisma. De 1378 à data em que o Papa Martinho V foi eleito, em 1417, dois, às vezes três papas disputavam a tiara, uns em Roma, outros em Avignon, estes apoiados pelos acadêmicos parisienses, cuja tendência geral era considerar que a autoridade da Igreja deveria ser exercida por concílios periódicos, numa espécie de assembleia parlamentar substituta de uma pessoa: o Papa, sucessor de Pedro. A essas contestações doutrinárias e institucionais misturavam-se reivindicações de ordem financeira — quanto à colação dos benefícios, por exemplo. Os vazios criados pela peste e pelas guerras haviam provocado o acúmulo de benefícios, dos quais citamos alguns exemplos a propósito dos assessores do julgamento de Joana d'Arc.

Muitos desses se reuniram no Concílio da Basileia em julho de 1431, logo obtendo de Eugênio IV decretos que aboliam seu papel na colação dos benefícios e anulavam alguns dos honorários dos quais gozavam a Cúria romana. Porém, diante das exigências da assembleia quanto às prerrogativas papais, Eugênio IV decidiu transferi-la para Ferrara e, depois, para Florença, onde, em 1439, uma delegação do imperador bizantino proclamaria a união das Igrejas grega e romana — união que não foi melhor aceita e ratificada no Oriente do que aquela que outro concílio havia declarado dois séculos antes, em 1274.

Nesse ínterim, os padres que permaneceram na Basileia, em plena rebelião, depuseram Eugênio IV e elegeram em seu lugar um leigo: Amadeu VIII, duque de Saboia, que, com o nome de Félix V, seria último antipapa da História. Thomas de Courcelles, que fora agente ativo dessa eleição, apressou-se para que lhe fosse outorgado o chapéu de cardeal...

O antipapa abdicaria somente dez anos mais tarde, em 1449. Entre os negociadores que conseguiram convencê-lo estava uma figura bem conhecida na história de Joana: Jean, conde de Dunois. Entrementes, o rei Carlos VII havia tomado por si uma série de medidas decididas por uma assembleia do clero da França que, em 1438, ele reunira em Bourges e que ficou conhecida como a Pragmática Sanção: a tentativa de estabelecimento de uma Igreja nacional. Entre outras coisas, estavam abolidos os impostos cobrados pelo Papa das paróquias ou bispados da França, as colações de benefícios lhe eram retiradas, enquanto se afirmava como superior à autoridade do Papa a do concílio que deveria se reunir a cada dez anos. A Pragmática Sanção jamais foi aceita pelo papado, e Luís XI a aboliria logo que chegasse ao poder, em 1461.

Entretanto, apesar de tantas desordens e pretensões para guiar a vida espiritual do povo cristão, a Igreja se manifestaria com um surpreendente vigor no Jubileu de 1450, que levou a Roma multidões de peregrinos cuja devoção contrastava de forma impressionante com o tumulto das assembleias de prelados e acadêmicos reunidos na Basileia e alhures.

Foi então que o Papa Nicolau V — que decidiu reconstruir São Pedro em Roma — enviou à França um legado papal, Guillaume d'Estouteville, um dos apoiadores do Papa Eugênio IV durante seu tão turbulento pontificado. Ora, Guillaume era o irmão de Louis d'Estouteville, o vigoroso defensor do Monte Saint-Michel; era também parente próximo do rei Carlos VII e sua avó materna, irmã do «sábio rei» Carlos V. Ninguém melhor do que ele para compreender que, após a longa e extenuante série de guerras, de sofrimentos e divisões vivida pela população para a qual representava a autoridade papal, uma questão ainda estava pendente: o julgamento de Joana, símbolo da divisão trazida pelo invasor e sustentada pela ideologia do mundo acadêmico.

Após ser recebido pelo rei em Tours, em fevereiro de 1452, como legado papal, Guillaume d'Estouteville dirigiu-se, dois meses mais tarde, para Rouen. Naquele momento, a Normandia estava liberada, e a campanha de Guyenne já havia sido em grande parte começada por aquele que não era mais chamado bastardo de Orléans, mas conde de Dunois, com o apoio da artilharia que fora reorganizada pelos irmãos Jean e Gaspard

Bureau. O inquisidor da França era então um normando: Jean Bréhal, prior do mosteiro de Saint-Jacques de Paris.

A investigação

Em 2 de maio de 1452 ocorre a primeira investigação oficial aberta por Guillaume d'Estouteville e por Jean Bréhal na cidade de Rouen, cuja população, segundo o registro das paróquias, passara de 14.992 a 5.976 habitantes durante o sinistro período da ocupação inglesa. Eles elaboraram um interrogatório-modelo após o estudo do texto do processo de condenação, auxiliados por dois prelados italianos, Paul Pontanus e Teodoro de Lellis, que faziam parte da comitiva do legado. O primeiro interrogatório continha doze artigos, correspondentes aos doze artigos com base nos quais Joana d'Arc fora condenada. Na audiência das cinco testemunhas que compareceram nos dias 2 e 3 de maio — tratava-se de Guillaume Manchon, o escrivão; Martin Ladvenu e d'Isambart de La Pierre, outro dos assessores do primeiro processo; Pierre Miget e um cidadão de Rouen, o mestre de construções Pierre Cusquel —, logo ficou claro que as doze questões não abarcavam completamente as condições nas quais havia ocorrido o processo de condenação. O interrogatório foi então acrescido, em 4 de maio, de 27 artigos que serviriam em seguida de base para todos os interrogatórios: diziam respeito à parcialidade do processo, ao ódio que os ingleses sentiam pela acusada, à falta de liberdade dos juízes, até mesmo dos escrivães, à falta de um advogado — o que contradizia o costume dos processos da Inquisição —, às condições da detenção de Joana, aos sentimentos reais — especialmente relativos à submissão ao Papa e à Igreja — e às discordâncias entre os textos latinos e francês (o escrivão Guillaume Manchon entregara as minutas em francês que ele próprio redigira). O questionário abordava também o grau de competência dos juízes, as condições da execução e suas irregularidades, a atitude de Joana em seus últimos momentos e, por fim, a causa real de tudo: o desejo de descreditar o rei e a Casa da França.

A investigação foi retomada em 8 de maio. As testemunhas eram em sua maioria assessores do primeiro julgamento, mas os principais personagens estavam mortos: Cauchon, o primeiro, falecera subitamente dez anos antes, em 14 de dezembro de 1442; Nicolas Midy, o pregador da praça do Vieux-Marché na manhã da morte de Joana, morrera de lepra por volta da mesma data, após ter a honra de proferir uma arenga em dezembro de 1431 diante do pequeno rei Henrique VI, quando de sua entrada em Paris. O promotor Jean d'Estivet fora encontrado afogado num esgoto em 20 de outubro de 1438. Quanto ao vice-inquisidor Jean Lemaître, que participara muito pouco do julgamento, não sabemos ao certo se ainda estava vivo — os textos, em todo caso, deixam de mencioná-lo a partir de 1452.

Após o término dessa investigação, Jean Bréhal redigiu um resumo do caso, chamado *Summarium*, e que deveria ser apresentado, seguindo o procedimento usual dos tribunais eclesiásticos, a especialistas — juristas, doutores em direito canônico, teólogos —, para julgarem o mérito da causa. Houve também uma série de consultas, na França e também no exterior, pois o *Summarium* foi transmitido a um teólogo da Universidade de Viena: Léonard de Brixenthal.

Guillaume d'Estouteville seria nomeado arcebispo de Rouen em 1453 — um ano repleto de acontecimentos. Talbot, o velho Talbot (81 anos), que no passado Joana d'Arc havia aprisionado em Patay, reapareceria em Bordeaux e ali se juntaria àqueles que não haviam deixado de considerar os ingleses como seus senhores, naquela Guyenne onde efetivamente desfrutavam de direitos de senhorio e não haviam se comportado como conquistadores e invasores, como no resto da França. Mas fora morto na batalha de Castillon, que, em 17 de julho de 1453, decidiu o destino dessa província. Ao mesmo tempo, chega à França e também a Roma a notícia da queda de Constantinopla e de como a invasão otomana vinha submergindo o Oriente Próximo antes de vir ameaçar a Europa.

Entretanto, Jean Bréhal retomava o processo de nulidade. Em sua viagem a Roma, conseguiu fazer com que esse novo processo fosse aberto graças a um rescrito do Papa Calisto III — que sucedeu Nicolau V em 8 de abril de 1455. Três comissários foram nomeados para acompanhar o caso em seu nome: o arcebispo de Reims, Jean Juvénal des Ursins; o bispo de Paris, Guillaume Chartier; e o bispo de Coutances, Richard Olivier.

Em 7 de novembro de 1455 ocorreria em Notre-Dame de Paris uma cerimônia extraordinariamente emocionante: a mãe de Joana, Isabelle Romée, rodeada por um grupo de moradores de Orléans que fizeram questão de acompanhá-la, dirigiu-se aos três prelados nomeados pela Santa Sé:

> Eu tinha uma filha, nascida de um casamento legítimo, a qual havia provido dignamente dos sacramentos do Batismo e da Confirmação e educado no temor de Deus e no respeito à tradição da Igreja, conforme permitiam a sua idade e a simplicidade de sua condição. Ainda que tenha crescido entre lavouras e pastagens, frequentava assiduamente a igreja e recebia todos os meses, após devida confissão, o sacramento da Eucaristia, apesar de sua pouca idade, e dedicava-se aos jejuns e orações com grande devoção e fervor, pelas necessidades então tão grandes pelas quais o povo passava e das quais se compadecia de todo coração; [...] apesar disso [...] alguns inimigos [...] transformaram-no em julgamento de fé e, [...] sem que nenhum auxílio tenha sido concedido à sua inocência, num julgamento pérfido, violento e iníquo, sem o mínimo de direito, [...] a condenaram de forma sórdida e criminosa, e a mataram muito cruelmente na fogueira.

O verdadeiro processo

O verdadeiro processo de Joana estava para começar.

Sob a condução dos delegados papais, as testemunhas das investigações anteriores e mais algumas requisitadas para a ocasião — ao todo foram 115 interrogados — deporiam, com sua liberdade garantida por «cartas de abolição» (isto é, de anistia) emitidas pelo rei, sobre sua participação durante o processo de condenação e nos acontecimentos que o acompanharam. O tribunal mudou-se de Paris, onde aconteceram as primeiras audiências a partir de 17 de novembro, para Rouen, onde as audições se deram entre os dias 12 e 20 de dezembro, na grande sala do palácio arcebispal. Em seguida, ocorreu a investigação na região natal de Joana, iniciada em 28 de janeiro de 1456. Por fim, houve uma audiência em Orléans, entre 22 de fevereiro e 16 de março, por onde passou uma multidão eufórica que se lembrava de sua libertação. A família de Joana estava representada por seu advogado, Pierre Maugier, e por vários procuradores, sendo Guillaume Prévosteau o principal deles. Dois meirinhos designados para lavrar as atas, Denis Lecomte e François Ferrebouc, apuseram devidamente suas assinaturas em todas as páginas do original do processo, que foi elaborado em três exemplares (todos conservados até hoje).

É outra imagem de Joana que emerge de todos esses testemunhos, com novas nuances e marcas próprias. Junto aos assessores do processo de condenação — acometidos muitas vezes por uma impressionante amnésia — vemos suceder-se seus antigos companheiros de armas ou de juventude, os príncipes de sangue, como Dunois ou o duque de Alençon, e os simples cidadãos de Orléans. O retrato da Donzela é traçado por aqueles que a conheceram e corresponde precisamente àquele que emerge das palavras de Joana respondendo a seus juízes. Duas imagens, uma única pessoa.

Em 7 de julho de 1456, na grande sala do palácio arquiepiscopal de Rouen, foi solenemente proferida a nulidade do primeiro processo, do qual um exemplar foi simbolicamente lacerado diante da multidão. Várias cerimônias ocorreram em seguida, primeiro na praça do Vieux-Marché, depois em várias cidades da França, entre elas Orléans, onde foram celebradas festas em 27 de julho na presença de Guillaume Bouillé, que realizara a primeira investigação, e de Jean Bréhal, que conduzira o caso do começo ao fim, redigindo a *Recollectio*, onde as acusações foram refutadas ponto por ponto graças ao depoimento das testemunhas.

Isabelle Romée estava entre a multidão. Ela morreria dois anos mais tarde, provavelmente no pequeno vilarejo de Sandillon, em 28 de novembro de 1458.

CAPÍTULO IX

«Como os outros»

A referência à infância de Joana só surge durante o processo de nulidade.
   Na manhã de 28 de janeiro de 1456, quatro pessoas se instalavam no presbitério da igreja de Domrémy, enquanto na praça se reunia uma multidão de moradores. No domingo anterior, do alto do púlpito, as pessoas foram convocadas: todos os que conheceram Joana, a Donzela, estavam convidados a comparecer diante do tribunal da Igreja para depor e contar suas lembranças. Entre os responsáveis pela investigação estava o mestre Simon Chapitault, promotor da causa de revisão do processo da Inquisição, que viera diretamente de Paris; os outros foram nomeados pelos comissários papais: mestre Réginald Chichery, deão da igreja de Notre-Dame de Vaucouleurs; um cônego da catedral de Toul chamado Wautrin Thierry; e, finalmente, um jovem clérigo da mesma catedral que deveria desempenhar o papel de escrivão, Dominique Dominici.
   Em 1456, fazia exatamente 27 anos que Joana deixara Domrémy. Se estivesse viva, teria cerca de 44 anos. As pessoas interrogadas têm essa idade ou «por volta dela», segundo a expressão da época: a idade em que as lembranças de infância passam a contar realmente; é nesse momento que, à medida que os cinquenta anos se aproximam, essas lembranças afloram na memória e ganham importância. As testemunhas de Joana estão nessa idade extremamente favorável em que nos lembramos: para

os jovens, a infância conta muito pouco; menos ainda para o homem e a mulher em plena atividade, entre vinte e quarenta anos: os primeiros estão demasiadamente absortos pela sua juventude; os outros, tomados pela ação, as ambições e os amores da idade madura. A infância só aparece em todo o seu frescor e colorido com o recuo proporcionado pelos cinquenta anos e, pouco a pouco, suplanta as outras lembranças, mais próximas, que se apagam mais facilmente da memória — as do dia anterior, por exemplo.

Os moradores de Domrémy, vizinhos de Joana, podem falar dela pois se encontram na situação mais adequada para isso: conviveram com a jovem durante dezesseis ou dezessete anos, e podemos confiar em suas memórias.

A população de Domrémy

Jean Moreau, lavrador de cerca de setenta anos e residente no povoado de Greux, foi quem prestou um dos depoimentos mais detalhados. Ele vira nascer e crescer Joaninha — como a chama —, estivera presente quando foi batizada na igreja dedicada a Saint-Remi, pois fora um dos padrinhos da criança, e oferece também os nomes das madrinhas: a esposa de Étienne Royer, Béatrice, viúva de d'Estellin (ambos ainda viviam em Domrémy) e Joaninha, viúva de Tiercelin de Viteau, que mora em Neufchâteau. Ele conhecia bem seu pai, Jacques d'Arc, e sua mãe, «Isabelzinha», ambos lavradores como ele, mas em Domrémy. Fiéis católicos, bons agricultores, gozavam de boa reputação. Joaninha era amada por quase todos os moradores de Domrémy. Fora educada adequadamente na fé e nos bons costumes: conhecia a sua religião como toda menina de sua idade! Ela era «decente em todas as suas palavras», respondendo da maneira adequada para uma criança da sua posição, pois seus pais não eram «muito ricos». Era vista arando a terra ou, às vezes, guardando os animais no campo, e fazia também «os trabalhos femininos, fiar e o resto».

O que mais impressiona nela é sua extrema devoção: «Ela encontrava prazer em frequentar a igreja.» Quando ouvia os sinos, se estivesse no campo, vinha «à cidade e à igreja» para assistir à Missa. Jean Moreau confirma ter visto isso. Fala de um ermitério, Notre-Dame de Bermont, ao qual Joaninha ia sempre — quase todos os sábados à tarde, detalhou um homem chamado Colin, filho de Jean Colin, de Greux, que era um dos colegas de Joaninha e que muitas vezes, com outros camaradas, zombavam dela por causa de sua piedade; outro camarada, Michel Lebuin, então agricultor em Burey, estava sempre com ela: «Quando era jovem, muitas vezes a acompanhei em peregrinação ao ermitério de Notre-Dame de Bermont. Ela ia quase todos os sábados a esse ermitério com sua irmã, para depositar velas.»

Ele tem a mesma idade de Joana — 44 anos — no momento desse interrogatório, e declara com uma ponta de orgulho: «Eu era amigo dela.» Na Páscoa e em outras festas solenes, ela se confessava ao padre da paróquia, senhor Guillaume Front. Ele havia morrido, mas um de seus confrades, o padre de Roncessey, próxima a Neufchâteau, chamado Étienne de Sionne, confirma que várias vezes o senhor Guillaume Front lhe disse:

> Joaninha, conhecida como a Donzela, era uma menina boa e simples, piedosa, bem educada e temente a Deus, como não havia outra em sua cidade; frequentemente confessava a ele seus pecados, e ele dizia que, se Joana tivesse dinheiro, teria oferecido a seu padre para que rezasse missas. Esse padre dizia que todos os dias, quando celebrava a Missa, ela estava presente.

Ele dizia, segundo o já citado Jean Colin, que «não havia melhor pessoa em sua paróquia».

Quando chegamos às confidências de suas amigas mais próximas, Mengette e Hauviette, ouvimos as mesmas apreciações: uma vida bastante simples, marcada somente por essa extrema devoção que impressiona e até desconcerta os que a rodeiam. Hauviette — inseparável de Joana desde Péguy! —, agora esposa de Gérard de Syonne, um camponês de Domrémy, parece claramente feliz ao lembrar-se sua amiga:

> Em minha juventude conheci Joana, a Donzela, que nasceu em Domrémy de Jacques d'Arc e Isabellette, casados, honestos, trabalhadores e verdadeiros católicos de boa reputação. Sei disso porque, sendo sua amiga e sempre estando com ela, frequentava a casa de seu pai.

Ela acrescenta que Joana era um pouco mais velha: «Três ou quatro anos, parece.» Trata-se de uma contradição, dado que declarara ao padre que tinha «cerca de 45 anos».

Os partidários da tola hipótese de uma Joana «bastarda de Orléans»* não deixaram de apontar, por causa disso, que Joana poderia ter nascido mais cedo; assim, negligenciando a primeira parte do testemunho de Hauviette, datam seu nascimento simplesmente de antes de 1407, data da morte de Luís de Orléans. De fato, esse é o pai que atribuem sem nenhum fundamento a Joana d'Arc, omitindo o início do depoimento de Hauviette, que estabelece, como todos os outros, tão claramente a filiação de Joana d'Arc.

As lembranças de Hauviette são bastante simples:

> Joana era uma menina boa, humilde e doce que sempre tinha prazer em ir à igreja e aos lugares sagrados, e muitas vezes sentia vergonha porque as pessoas diziam que ela ia mui piedosamente à igreja. [...] Suas ocupações eram como as de todas as moças: ela fazia os trabalhos domésticos e fiava, e algumas vezes a vi guardando os rebanhos de seu pai.

«Como as outras...» De um depoimento a outro, essa expressão, quase irritante em sua simplicidade, se repete: ela era como as outras, agia como todas as outras e se diferencia dos que a cercam apenas por alguns traços particulares. Por exemplo, gostava de ouvir os sinos da igreja dobrarem. «Quando eu não anunciava as missas, Joana me interpelava e me repreendia, dizendo que não agira bem.» Perrin Drappier, o sacristão de Domrémy — já na casa dos sessenta anos —, relembra que Joana não ficava contente quando ele se esquecia de tocar os sinos: ela lhe prometia presentinhos para que fosse mais fiel à sua tarefa. Seus vizinhos também ressaltaram a sua caridade: «Ela distribuía muitas esmolas», conta Perrin Drappier. Também lembra-se desse fato Mengette, cuja casa era quase contígua à do pai de Joaninha e que andava na sua companhia, ou com ela fazia os outros trabalhos domésticos. Michel Lebuin diz o mesmo: «Por amor a Deus ela tinha prazer em dar tudo o que tinha em mãos». Isabellette, esposa de Gérard d'Épinal, vai ainda mais longe: «Tinha prazer em distribuir esmolas e acolhia os pobres; ela queria dormir sob a lareira para que os pobres dormissem em sua cama.» Mais delicada e mais comovente ainda é a lembrança de um menino, Simonin Musnier — que tornara-se lavrador e tem 44 anos quando depõe —, pois na infância tivera uma saúde frágil: «Ela cuidava dos doentes e dava esmolas aos pobres; isso vi quando era criança, pois eu mesmo era doente, e Joana vinha me consolar.»

«*Ela ficava feliz*»

Mas, sobretudo, cita-se essa devoção exemplar que diferencia Joana, bem como uma expressão que aparece em todos os testemunhos: «Ela ficava feliz.»

> Ela ficava feliz em ir à igreja e aos lugares sagrados, [...] ficava feliz em frequentar a igreja, [...] ficava feliz em se ocupar dos animais da casa de seu pai, [...] ficava feliz em confessar-se, [...] ficava feliz com o trabalho e se ocupava de diversos trabalhos, fiava, fazia os trabalhos domésticos, participava das colheitas, e algumas vezes guardava os animais fiando. [...] Ela ficava feliz em trabalhar, em ir à igreja...

Nenhuma expressão é mais repetida que essa nesses depoimentos que se assemelham e compõem um retrato da tranquilidade do trabalho cotidiano, da alegria também. Que essa jovem sujeita a semelhante destino tenha se dedicado tanto aos outros a ponto de parecer com eles sem que ninguém desconfiasse do segredo de sua existência é talvez o que as lembranças dos moradores de Domrémy nos trazem de mais surpreendente.

E que decepção para todos os que imaginam a «religião popular» como um emaranhado de superstições, pequenas tolices rituais, minissortilégios que os pobres ignorantes teriam realizado inconscientemente! Dessa religião popular — que em nosso tempo tantos estudos eruditos, pesquisas e colóquios analisaram, sempre com um infinito desdém, mui pouco disfarçado com alguma indulgência aqui e ali —, onde encontrar melhor reflexo do que nas palavras desses camponeses, em seu vilarejo, falando de uma dos seus? É claro: assim como ocorreu com Joana, não foi possível extrair deles uma definição de Igreja militante, mas que retidão na forma de se expressar, de julgar, de se lembrar! Como o essencial da «religião» está claro para eles! E quanto ao essencial da vida, como lhes parece justo que a Eucaristia, a oração, o recurso aos sacramentos e, principalmente, à confissão frequente sejam o essencial de uma existência cristã! E como lhes parece também natural que o amor e o respeito pelos outros, o ímpeto do acolhimento, da ajuda mútua, do trabalho alegre na vida cotidiana, andem de mãos dadas com uma piedade genuína! Não podemos deixar de citar aqui a tão oportuna expressão de Francis Rapp: «Na vida deles o cristianismo flui naturalmente.» O Evangelho ali deu frutos até nos detalhes da vida, e não é de impressionar que um dia um fruto raro e perfeito tenha ali amadurecido.

O questionário preparado para os interrogatórios de Domrémy tocava evidentemente em todos esses pontos propícios a estarrecer os sensatos intelectuais: «a árvore das fadas», por exemplo, ou as danças «perto da fonte». Lembramos da evocação poética feita por Joana desses dias ensolarados em que os jovens da região se encontravam sob a árvore para cantar e dançar: é espantoso que a mesma lembrança seja relatada por todos esses camponeses, por todas essas camponesas que evocam, sem o menor constrangimento, as lendas que cercam a árvore das fadas e as celebrações que ali se perpetuam todos os anos entre os jovens da região. Eles extraem desse folclore antigo uma cultura particular que transmitem de geração a geração. O padrinho de Joana conta com prazer o que ouviu dizer a respeito dessa «árvores das fadas»:

> Muitas vezes ouvi dizer que outrora mulheres e feiticeiras chamadas fadas vinham dançar sob essa árvore, mas parece que, desde que lemos o Evangelho de São João, elas não vêm mais aqui. Em nosso tempo, aos domingos, quando cantamos no introito da Missa a *Laetare Jerusalem*, os jovens de Domrémy vão até essa árvore e, sob a sua sombra comem; no retorno, vão à fonte dos Rains, passeando e cantando, bebem a água dessa fonte, ali se divertem e colhem flores.

A madrinha de Joana, Béatrice, acrescenta: «É uma bela árvore»; Gérardin d'Épinal dirá: «Na primavera, essa árvore é bela como o lírio e muito frondosa; suas folhas e ramos tocam o solo.» Em nenhuma fala, de nenhuma testemunha, há o menor indício de sortilégio ou bruxaria!

O que Joana deixou transparecer de seu extraordinário segredo? Jean Waterin, um lavrador de sua idade ou pouco mais velho, conta:

> Convivi bastante com Joaninha, a Donzela, e na minha juventude conduzi com ela a charrete de seu pai, e com ela e outras moças ia ao campo e às pastagens. Por diversas vezes, enquanto nos divertíamos juntos, Joana se retirava e falava, ao que me parecia, com Deus.

E acrescenta: «Mas tanto eu quanto os outros zombávamos dela.» A Michel Lebuin, esboçara uma confidência da qual o jovem lembrava-se muito vivamente. Ele sempre a acompanhava a Notre-Dame de Bermont, e muitas vezes também a vira confessar-se:

> Certa vez, a própria Joana me disse, na véspera de São João Batista, que havia uma Donzela, entre Coussey e Vaucouleurs, que dentro de um ano sagraria o rei da França, e no ano seguinte o rei foi consagrado em Reims. E não sei mais nada.

Essa confidência, feita na noite de São João, certamente entre a alegria das fogueiras, foi uma lembrança que o marcou. Há também um «borgonhês» de Domrémy, esse terrível Gérardin d'Épinal sobre quem

Joana dizia, sem dúvida, brincando: «Ficaria feliz se lhe cortassem a cabeça!», acrescentando, imediatamente: «Se isso agradasse a Deus!» Certa vez, ela lhe dissera: «"Amigo, se não fôsseis borgonhês vos contaria uma coisa"; e eu achava que talvez se tratasse de um companheiro com quem ela gostaria de se casar.» Por mais borgonhês que fosse, foi com outros, inclusive Michel Lebuin, ao encontro de Joana e do cortejo real no momento da coroação; em Châlons, os quatro camponeses a encontraram.

Transparência

Podemos ler e reler esses interrogatórios de Domrémy a Greux: a impressão que temos de todos eles é uma espécie de transparência, essa mesma transparência que encontramos nas palavras, nas ações e na própria pessoa de «Joaninha». Contudo, essa transparência da vida cotidiana que compõe o seu ambiente torna-se, no caso dela, a transparência da ação de Deus. Entre todos esse seres límpidos, ela possui uma limpidez particular, como se esse fosse o efeito do puro reflexo do mundo invisível com o qual se comunica.

Os profetas do Antigo Testamento consideravam-se os portadores de uma mensagem que não lhes pertencia: transmitiam o que lhes era ditado. Em seu tempo, Joana foi saudada como uma heroína bíblica. E essa é exatamente a impressão que, na verdade, emana dela: seu profetismo provém do fato de que transmite o que chama de mensagens das suas vozes, sem tirar nem pôr. «Nada do que vos digo foi tirado da minha cabeça», diz ela a seus juízes. Durante o processo, tem-se constantemente a impressão de que ela teme sobretudo ir além do que suas vozes lhe ditaram. Teme não ser um instrumento suficientemente fiel, e é acima de tudo, por meio de uma extrema pureza, deixando-se guiar pelo Espírito que transmite o que lhe vem do além. «Peço que seja enviada de volta a Deus, de onde vim», diz certo dia. Mas compreendemos melhor essa pureza natural em uma menina educada entre pessoas que, como fica claro, não ultrapassam o nível das pessoas medianas, mas cujo espírito é reto e sabe apreciar a retidão: «Só havia coisas boas nela.»

«Como os outros»

Em que consiste essa religião popular que suscita o desprezo dos acadêmicos da Sorbonne daquele tempo e nos faz dar de ombros hoje? Ficamos admirados com a importância que todos os moradores deram ao batismo. Para eles, não se trata de um simples rito; basta perceber o quanto se importam em ser padrinho ou madrinha. Uma das testemunhas diz, sobre Joana: «Era a minha comadre», o que significa que eram ambas as madrinhas de um menino chamado Nicolas. Isso significava muito para todos. «Sou uma boa cristã, devidamente batizada», protesta a própria Joana. E o único acontecimento que foi interpretado como realmente miraculoso em sua ação foi o fato de ter feito com que um bebê que parecia estar morto voltasse à vida para que lhe fosse administrado o batismo — o episódio de Lagny.

Ser batizado significa, de fato, pertencer expressamente à Igreja, fazer parte dessa comunhão dos seres que se reconhecem remidos pelo sangue de Cristo. A Igreja dos tempos clássicos aparece como uma hierarquia: o Papa, os bispos, os padres e uma multidão anônima que os segue. No tempo de Joana, ao contrário, tem-se ainda a consciência de pertencer à sociedade dos batizados, amados por Deus e recebidos graças ao batismo a uma participação na vida divina. É o que expressam os textos do Vaticano II: reencontramos hoje o sentido da Igreja dos tempos medievais, a dos camponeses de Domrémy, para os quais o bom cristão é aquele que permanece fiel a seu batismo, e é seu senso das exigências batismais que inspira suas ações, seu respeito pelo próximo, sua ética diária, seu recurso aos sacramentos da Igreja — sem com isso negligenciar as alegrias que essa vida cotidiana lhes oferece, mesmo nos tempos mais duros, quando vão dançar perto da árvore das fadas sem nenhuma superstição, mas porque a árvore é bela (e por isso inspirou lendas) e porque faz parte de seu cenário natural, ao qual dão valor.

É esse mesmo senso cristão que os leva a render homenagem a Joana, essa jovem que viveu entre eles como as outras e que tudo fazia de bom coração, antes de oferecer, aos ideólogos — os que procedem por definição ou sistema — diante da multidão calada, no Vieux-Marché de Rouen, a prova mais contundente da sua fé, quando exclamou entre as chamas o nome de Jesus.

SEGUNDA PARTE

Os personagens

Os personagens dos quais apresentamos uma breve biografia foram escolhidos porque encontraram-se com a Donzela em algum momento de sua vida ou, ainda, porque a história pessoal deles lança luz sobre a história da França na época em que viveu Joana d'Arc.

O primeiro de todos é o «seu» rei, Carlos VII, herdeiro do reino, cujas esperanças Joana d'Arc renova. Depois, o primo dele, Carlos de Orléans, o príncipe-poeta, com quem Joana nunca se encontrou pessoalmente, mas cujo ducado ajudou a salvar. O personagem que marca a partida de Joana d'Arc de Domrémy e de Vaucouleurs é Robert de Baudricourt. Aparecem, em seguida, todos os seus companheiros de armas: apresentamos Gaucourt, capitão da cidade de Orléans; depois La Hire, Étienne de Vignolles e Poton de Xaintrailles, os dois mercenários que se tornaram seus fiéis capitães, assim como um príncipe de sangue, Jean de Alençon, seu «belo duque». Finalmente, não poderíamos deixar de mencionar a figura do célebre Dunois, bastardo de Orléans, filho do príncipe Luís.

Oferecemos também três biografias de ingleses: Salisbury, pois, embora Joana d'Arc não o tenha encontrado pessoalmente, foi o responsável pelo cerco da cidade de Orléans; John Talbot, que entregou sua espada à Donzela após a vitória de Patay; e Richard Beauchamp, conde de Warwick, seu carcereiro em Rouen.

Uma figura emblemática do final do século XV é Perrinet Gressart, o mercenário que derrotou Joana d'Arc e foi o pivô da luta anglo-borgonhesa. Jean de Luxembourg, personagem que começa a ficar mais conhecido atualmente, merece também nossa atenção, pois guardou a prisioneira durante quatro meses e a entregou aos ingleses. Por fim, não podemos nos esquecer do juiz Pierre Cauchon e de mencionar as últimas descobertas em relação à redação do processo de condenação.

Robert de Flocques, embora não tenha sido companheiro de Joana d'Arc, foi um desses personagens do final da Idade Média que viveu a maior parte da vida em guerra, e podemos acompanhar um pouco da sua vida quando a retomada do reino se inicia: sua história pessoal é muito semelhante à dos companheiros de Joana. Finalmente, Jacques Gélu e Jean Gerson evocam a espiritualidade de Joana d'Arc e a atitude de parte da Igreja diante da jovem camponesa.

I
Carlos VII

Os historiadores o julgaram muitas vezes com severidade. A fraqueza que deixa transparecer nos primeiros anos de seu reino, seu «covarde abandono» de Joana d'Arc, sua ingratidão a Jacques Cœur e, enfim, os últimos momentos de sua vida, consagrados mais aos prazeres do que aos deveres de seu cargo, fazem dele um personagem que desperta pouca simpatia. Apesar disso, não podemos perder de vista tudo o que realizou para restaurar o reino.

Georges Chastellain, cronista borgonhês, assim descreve a França do início do século XV: «Caótica, pisoteada pelos homens, entorse dos ingleses e capacho dos saqueadores!»

Completamente diferente será a herança deixada por Carlos VII a seu filho quando morre, em 1461, após reinar por 39 anos: «Quando faleceu, deixou seu reino em tanta paz, justiça e tranquilidade como não se via desde o rei Clóvis, primeiro cristão»[1].

Os inimigos tentavam acusá-lo de ser filho ilegítimo da rainha Isabel, mas a sagração de Reims, desejada e possibilitada por Joana d'Arc, o transformou em «rei da França pela graça de Deus», o que garantiu a sua legitimidade. A partir desse momento, Carlos VII começa a trabalhar pela reconquista do reino, que passava pela reconciliação entre Armagnacs e borgonheses efetivada pelo tratado de Arras, em 1435.

---

[1] *Chronique abrégée jusqu'à Louis XII*, B.N., Ms fr. 4954.

Em seguida, o rei se livra dos bandos de esfoladores, enviando-os a combater fora do país, na Suíça e na Alemanha. E, principalmente, com a ordenança de Orléans, em 1439, lança as bases para a existência de um exército permanente e institui o trabalho dos francos-arqueiros, precursores de nossos policiais modernos.

Suas reformas militares não são nem compreendidas, nem imediatamente aceitas por seus contemporâneos, pois o aquartelamento do exército e a nomeação de comandantes pelo rei são algo muito distante do espírito medieval. Em 1440, elas provocarão a revolta dos grandes senhores feudais conhecida como a *Praguerie*. Carlos VII se dedica também à reforma do poder judiciário, com as importantes ordenanças decretadas em Montils-lès-Tours em 1436. Em 1454, ordena a redação dos costumes[2] e restaura as três Câmaras tradicionais: a Grande Câmara, a Câmara das Investigações e a Câmera dos Pedidos. Por meio da Pragmática Sanção de Bourges, em 1439, regulamenta as relações entre a Igreja da França e o papado, limitando os seus poderes, posto que é o próprio soberano quem passa a nomear os bispos e os superiores dos mosteiros. Finalmente, o processo de reabilitação de Joana d'Arc, executado entre 1450-1456, é uma obra pessoal de justiça visando a reconciliação do povo francês.

Esse rei, chamado por seus contemporâneos de «o Vitorioso», é considerado em 1429, pelos moradores de Châlons, «um homem bom, doce, gracioso, piedoso e misericordioso, de conduta reta e profunda sabedoria»[3]. Piedade e misericórdia por seus súditos são os dois traços de sua personalidade mais ressaltados por seus biógrafos. A própria Joana d'Arc, durante seu processo, afirma: «Não falem de meu rei, ele é um bom cristão!» Porém, quando se trata de seus favoritos, sua bondade muitas vezes beira à fraqueza. Georges de La Trémoille é um dos mais hábeis em ser retribuído com poder e as mais variadas pensões.

Jean Juvénal des Ursins, um dos mais importantes bispos de sua época, também nos legou um retrato do rei: «Sua vida e seu governo são

---

2   O costume era um elemento do direito na Idade Média. Essencialmente oral e variável, baseava-se na prática jurídica precedente e deveria ser reconhecido pelos membros de uma mesma comunidade. Nessa época, apenas o Direito canônico havia sido redigido. [N. T.]

3   «*Lettre aux habitants de Reims*», citada por Quicherat, t. IV, p. 298.

belos, honestos e agradáveis a Deus.» Carlos VII era um homem culto: bom latinista, excelente em história e nas ciências sagradas, sabia ser cativante e tinha um tom de voz agradável; amava as artes, costumava tocar harpa e tinha pouco gosto pela caça.

Às vezes, o rei sentia um terrível pânico relacionado a acontecimentos que marcaram sua infância e o início da juventude: não suportava ter um pavimento acima de sua cabeça, lembrando-se do acidente de La Rochelle; também não conseguia atravessar uma ponte de madeira a cavalo — o assassinato perpetrado em Montereau o assombrou por toda a vida. Ficava igualmente desconfortável diante de estranhos: conta-se que, caso percebesse algum enquanto jantava, encarava-o durante toda a refeição, esquecendo-se até mesmo de comer.

Além disso, sua aparência não era das mais atraentes: «Era muito delgado e de corpulência magra, tinha um fraco apoio nas pernas e um modo estranho de andar», descreve Chastellain. De estatura mediana, seus membros eram desproporcionais: quando usava túnicas, seus joelhos desiguais podiam ser vistos, e por esse motivo devia usar vestes longas, mas dessa forma parecia majestoso.

Os retratos que chegaram até nós mostram um homem com um ar triste e preocupado, um rosto não desprovido de encanto, mas marcado pelo sofrimento e pelo cansaço. Ilustram perfeitamente a apreciação de seus contemporâneos: «Era solitário, bastava-lhe apenas o necessário para viver.»

Foi também o primeiro dos reis da França a ter uma favorita: Agnès Sorel.

Ao longo de sua vida, Carlos VII soube ser «bem servido». Mesmo os seus inimigos sabiam apreciar as suas qualidades – o conde de Suffolk, por exemplo, afirma sobre ele: «Vi no rei da França tanta honra, que desejo que todos saibam que vou servi-lo apesar de tudo e contra todos, exceto meu senhor.» Essa declaração, proferida em 1445 durante os esforços de reconciliação na França e na Inglaterra, e embora marcada por certa adulação, revela a opinião positiva que os contemporâneos, adversários ou não, tinham sobre «Carlos, o Bem Servido».

II

Carlos de Orléans, o príncipe-poeta e príncipe dos poetas

No momento em que Joana levanta o cerco de Orléans, o duque Carlos está preso na Inglaterra desde a batalha de Azincourt (25 de outubro de 1415), onde foi dado como morto. Na época com 24 anos, jovem corajoso, combateu na vanguarda com a força dos desesperados; encontrado ferido entre os cadáveres, permanecerá por 25 anos nas mãos dos vencedores.

Henrique V, rei da Inglaterra, tinha plena consciência da importância dessa captura, dado que uma das cláusulas de seu testamento especifica que «sob nenhuma circunstância o líder legítimo do partido Armagnac deve ser libertado». Na Inglaterra, Carlos se junta a seu irmão, conde de Angoulême, também prisioneiro; o caçula da família, conde de Vertus, morreria pouco tempo depois. Dessa maneira seu meio-irmão, o futuro conde de Dunois — Jean, bastardo de Orléans —, se tornará o cabeça da família na França.

A sua primeira prisão foi o castelo de Windsor. Em 1421, é transferido de Pontefract para o castelo de Fotheringay, em Northampton; e, em maio de 1422, para Bolingbroke. Finalmente, é transferido para Londres em 1430.

Em carta-patente datada de 27 de maio de 1422, foi consignado que seus guardas receberiam vinte soldos por dia. O governo inglês considerou, porém, um valor muito alto para os cofres públicos, e sua custódia foi posta em adjudicação: foi o conde de Suffolk — derrotado por Joana e pelo exército real em Orléans e em Patay — quem ficou responsável por ele, pagando quinze soldos e quatro denários por dia. Mas era o próprio duque, obviamente, quem pagava por sua pensão. Carlos de Orléans passaria os últimos anos de seu cativeiro, de 1435 a 1440, no castelo de Wingfield.

Dessas sucessivas residências, continua a administrar como pode os negócios de seu apanágio. Manda vender suas joias e pedrarias para pagar o resgate de vários companheiros de infortúnio, gere também suas rendas de forma a preparar o próprio «livramento» e recomenda a seus oficiais equilíbrio nas contas e medidas importantes de economia. Para efetuar essas tarefas, conta principalmente com seu chanceler e seu tesoureiro geral, ambos sob o comando do bastardo. Seu meio-irmão parece não poupar esforços para cuidar de tudo, e as contas da cidade de Orléans mostram seus constantes deslocamentos por todo o ducado. Raoul de Gaucourt, o chanceler, e Jacques Boucher, seu tesoureiro geral, viajam às vezes à Inglaterra, mas é um escudeiro quem regularmente assume a responsabilidade do contato entre o príncipe-poeta e sua cidade.

Desde o início de sua detenção, ou seja, desde o início da retomada das hostilidades entre a França e a Inglaterra, o duque de Orléans procura diminuir os danos causados pelo exército à população. Às tropas que vivem no território, dá ordens para que toda a sua ação seja regulamentada, e esforça-se também para conseguir que as cidades de seu ducado, mais especialmente sua capital Orléans, sejam poupadas da guerra. De fato, Orléans deveria ter sido poupada pelos ingleses porque seu legítimo senhor estava preso, mas nesse final do século XV ninguém se importava em seguir as regras de cavalaria estabelecidas nos séculos anteriores. De 1424 a 1426, as contas da cidade mencionam diversas vezes questões relacionadas à trégua:

> Outras receitas de empréstimos feitos pela cidade a seus negócios. Estabelecer Pierre Framberge, ex-procurador da cidade, pelas mãos de Guillaume Garbot, como tutor das crianças Oudin du Loich, no valor de cem escudos de ouro antigos, [...] emprestar dele para

entregar ao senhor de La Trémoille em relação a alguns valores que lhe foram concedidos pelos moradores da citada cidade de Orléans, e os condados de Blois e de Dunois, para continuar a manter a abstenção da guerra junto ao duque da Borgonha nas citadas regiões...

Muitos outros empréstimos são mencionados: «De meus senhores, os deões e capítulo da igreja de Sainte-Croix, [...] de Jacques Boucher, [...] em razão das "abstenções" de guerra junto ao duque da Borgonha ou ao rei da Inglaterra.». Um primeiro tratado entre o duque, o bastardo e a Borgonha é assinado em 17 de julho de 1427 em Londres, mas não é ratificado por Bedford, e por esse motivo as hostilidades recomeçam. A cidade de Orléans precisava então preparar a sua defesa. Mais uma vez, o duque acompanha os preparativos de perto: manda fazer um inventário de seus castelos, fortalezas e cidades para repertoriar bestas, setas, canhões e pólvora. A vigilância é reorganizada; as fortificações, consolidadas; e os arrabaldes, destruídos. O inimigo pode atracar: a cidade está pronta para se defender, o que fará durante sete meses.

Há um detalhe bastante comovente em relação à história de Joana d'Arc: o presente oferecido pelo duque à libertadora de sua cidade (Carlos de Orléans, normalmente bastante prolixo, nunca se refere a Joana d'Arc nos manuscritos que chegaram até nós). Quando ele retorna, em 20 de junho de 1429, após as vitórias de Jargeau, Meung, Beaugency e Patay, para agradecê-la por seus bons serviços, fez que se confeccionassem trajes de gala com as cores de Orléans: durante a Idade Média era costume presentear seus soldados com roupas ou fardas.

Sobre esse ponto, as contas da cidade são loquazes: «A Jaquet Compaing, por meio *aulne*[1] de dois tecidos verdes comprados para confeccionar as urtigas das túnicas da Donzela, trinta e seis soldos *parisis*»[2]. Esse recibo de despesas data de 16 de junho de 1429, e em 30 de setembro de 1429 encontramos outro:

---

1   Antiga unidade de medida que corresponde a aproximadamente 118,84 centímetros. [N. T.]
2   Moeda de ouro cunhada em Paris. [N. T.]

> Carlos, duque de Orléans e de Valois, conde de Blois e de Beaumont e senhor de Coucy, às amadas e fiéis pessoas citadas em nossas contas, saudação e dileção. A soma de treze escudos de ouro antigos com o peso de sessenta e quatro marcos foi paga por nosso querido e justo tesoureiro geral Jacques Boucher em junho, a Jean Lhuillier, comerciante, e Jean Bourgeois, alfaiate, residentes em Orléans, por uma túnica e uma capa que os membros de nosso conselho mandaram fazer e entregar a Joana, a Donzela, que está em nossa cidade de Orléans, em agradecimento pelos bons, leais e agradáveis serviços que nos prestou contra os ingleses, antigos inimigos do rei e nossos.

Esta cédula é, portanto, bastante explícita: o duque de Orléans mandou fazer uma túnica e uma capa masculinas para Joana em agradecimento pela libertação da cidade. A parte final do texto oferece outras explicações:

> Pagos ao citado Jean Lhuillier, por dois *aulnes* de fina bruxela vermelha com a qual foi feita a túnica, por quatro escudos de ouro a *aulne*, totalizando oito escudos de ouro; para o forro foram pagos dois escudos de ouro; e, por uma *aulne* para fazer a capa, dois escudos de ouro; ao citado Jean Bourgeois, para a confecção da túnica e da capa, pelo cetim branco, cendal e outros tecidos, pagamos ao todo um escudo de ouro...

Esse recibo foi redigido em Orléans no último dia de setembro, em 1429, ano de nosso Senhor. A fina bruxela é um belo tecido de lã feito na cidade de mesmo nome, enquanto o cendal é feito de fios de seda — os dois são tecidos muito caros.

Adrien Harmand reconstituiu essas roupas numa obra bastante documentada[3] que traz os modelos que poderiam ter servido para confeccionar a túnica e a capa de Joana. No final de um longo estudo detalhando as roupas, o penteado, os sapatos e o equipamento militar utilizados pela Donzela, numa época em que as roupas masculinas não passavam do joelho, o autor conclui que «Joana d'Arc, proporcional e forte, bela e de

---

3 Adrien Harmand, *Jeanne d'Arc, ses costumes, son armure*, Paris, 1929.

boa constituição, deveria medir aproximadamente 1 metro e 58, dado que o comprimento de sua túnica de fina bruxela era de 80 centímetros.»

Esse é um detalhe interessante a ser observado nas contas. Podemos também notar que a folha de urtiga foi durante algum tempo, justamente nesses anos, um dos emblemas da família Orléans. Quanto à cor verde-escuro, alguns autores explicam que os Orléans mandavam fazer roupas em verde-escuro ou verde descorado[4] para expressar o luto por seu legítimo senhor que estava preso na Inglaterra... Falta-nos somente uma informação para a reconstituição das roupas de Joana d'Arc: a origem da pele que deveria necessariamente ornar a túnica e a capa. Essas peças não deveriam jamais ser usadas juntas: a capa era usada diretamente sobre as roupas de baixo ou sobre a armadura, para que os soldados de sua companhia pudessem reconhecê-la e também para diminuir os reflexos ofuscantes do sol.

O duque de Orléans mostra-se igualmente generoso com seu irmão, o bastardo, tenente-general do rei: além de uma pensão anual, recebe também, em 1439, os senhorios de Romorantin e Blois, em reconhecimento pelos serviços prestados, bem como o dom do condado de Dunois, com direito a utilizar esse título. O bastardo exerce ainda pleno poder nos estados de Orléans e de Tours, assim como nas conferências de Arras, Calais e de Gravelines.

Em 1435, a esperança renasce para o prisioneiro. Vinte anos depois de sua captura em Azincourt, os ingleses começam a sentir os efeitos da derrota de Orléans e a serem expulsos da França. O tratado de Arras assinado entre o rei da França e o duque da Borgonha; a morte do regente Bedford; o casamento acordado entre o conde de Charolais, filho de Filipe, o Bom, e a filha de Carlos VII; o cerco de Calais realizado pessoalmente pelo duque Filipe de Borgonha — todos esses fatos contribuem para a mudança na situação do conflito e permitem entrever o fim da Guerra dos Cem Anos. De prisioneiro, Carlos de Orléans passa a ser o mediador entre França e Inglaterra. Ele acompanha a delegação inglesa nas conferências de Arras, mas seu pedido de libertação — obviamente, mediante

---

4   Em francês, *vert perdu*, que se opõe ao *vert gay* (alegre) e corresponde ao verde-claro em português. [N. T.]

um resgate caríssimo — é mais uma vez negado, e ele tem de retornar para sua prisão de Wingfield em maio de 1436. A duquesa da Borgonha, Isabela de Portugal, ficou muito sensibilizada com o infortúnio desse príncipe e, assistida pelo cardeal de Winchester, um dos membros mais influentes do Conselho de Londres, empenha-se na libertação do poeta.

Porém, passam-se ainda cinco longos anos antes que isso aconteça, e durante esse tempo muitas coisas ocorrerão: o condestável de Richemont coloca sua espada a serviço do rei vitorioso; o bastardo, Xaintrailles e Gaucourt dão continuidade à obra começada por Joana, e pouco a pouco cidades e fortalezas são restituídas ao domínio real. Paris é libertada em 1437; os Estados gerais são convocados em 1439 na cidade de Orléans, momento em que a paz definitiva entre os dois reinos é solicitada. No final de 1439, acontecem duas conferências a fim de estabelecê-la.

Uma boa-nova chega então a Orléans. Um mensageiro anuncia que o duque acaba de desembarcar em Calais. Orações públicas são rezadas em todas as paróquias da cidade e, a pedido dos procuradores, são ordenadas procissões para que Deus «conceda a paz e livramento ao Senhor de Orléans». Mais uma vez faz-se apelo à generosidade da população orleanesa, que é também forçada a «pagar 2 mil escudos de ouros ao senhor tesoureiro com o pedido para ir pessoalmente e sem demora levá-los ao duque em Calais»[5]. Devido a algumas dificuldades, a tão esperada trégua não foi alcançada imediatamente, e levaria ainda alguns meses para ser estabelecida.

Em fevereiro de 1440, as negociações são retomadas em Gravelines, e a liberação do duque é definitivamente aceita. É pago o resgate, fixado em doze mil escudos de ouro, valor considerável para a época. Inacreditavelmente, alguns anos antes, o duque da Borgonha oferecera-se para pagar um quarto desse valor com seus bens pessoais, e o delfim e alguns senhores se apresentaram como fiadores do restante. O príncipe é então posto em liberdade condicional. Após 25 anos, Carlos de Orléans tem a alegria de retornar à França. O duque e a duquesa da Borgonha estão presentes para recebê-lo em Gravelines. Oito meses mais tarde, em 16 de novembro de 1440, casa-se com a filha do casal, Marie de Clèves, e uma suntuosa festa marcará esse acontecimento. Em 2 de janeiro de 1441,

---

5   *Comptes de commune de Gillet Morchoasne*, de 30 de dezembro de 1439.

o duque faz sua entrada solene na capital de seu ducado em companhia de sua esposa.

Os orleaneses comemoram com honra e alegria o retorno do duque. O rei da França autorizara o Conselho da cidade a cobrar um imposto de duas mil libras, depois outro de quatro mil escudos, para as despesas com essa solenidade[6]. A população organiza a apresentação de mistérios, entre os quais *Davi e Golias*, bastante popular na época, assim como outra peça intitulada *As virtudes morais*. Mesas repletas de vitualhas são instaladas nas esquinas, e de duas fontes jorram vinho clarete e leite. Os tocadores de alaúde se apresentam nas ruas acompanhados de vários menestréis. Um dossel de brocado, adornado com seis *aulnes* de cendal e franjado com seda, é preparado para receber o duque e a duquesa; os sinos da igreja tocam sem parar, e as relíquias dos santos protetores da cidade, Santo Aignan e Santo Euverte, são conduzidas em procissão de ação de graças pela cidade. Orléans oferece a seu duque Carlos um vaso contendo quatro mil escudos de ouro, assim como louças de prata (pesando mais de 211 marcos), quando parte da cidade para Blois. A louça foi gravada com as suas armas e da Duquesa por ordem do «senhor Tesoureiro Geral», Jacques Boucher.

O duque de Orléans está, portanto, livre, mas precisa ainda encontrar o dinheiro para pagar seu resgate. O tesoureiro geral, assistido por Etienne Le Fuselier, conselheiro do duque, é requisitado novamente e se empenhará para satisfazer seu mestre. Devemos lembrar que parte do ducado já estava comprometido por ordem expressa de Carlos, então prisioneiro em Londres, em cartas de 2 de abril de 1437. Por outro lado, vimos também que Filipe, o Bom, se oferecera para pagar parte do resgate e que Carlos VII, por sua vez, fizera consideráveis doações com as rendas do reino.

Conforme as cartas-patentes conservadas em Orléans e datadas de 20 de abril de 1440, o rei considera

---

[6] *Comptes de commune de Gillet Morchoasne*, 1438-1440; carta de Carlos VII, 21 de dezembro de 1441.

as grandes despesas e encargos de seu querido primo, o Duque Carlos, Duque de Orléans, por causa da guerra, por ocasião da qual ele e o Conde de Angoulême, seu irmão, foram mantidos por muito tempo prisioneiros na Inglaterra, e, desejando com isso vir em seu auxílio, concede-lhe e outorga por um ano, a contar de primeiro de outubro de 1440 até o último dia de setembro de 1441, todos os ganhos e emolumentos das gabelas e celeiros de sal estabelecidos nos ducados de Orléans e de Valois, condados de Blois e de Dubois e outras terras e senhorios pertencentes a ele e a seu irmão em todo o reino.

Dessa forma, dá-se ordem para que os semeadores dos ducados, condados e senhorios entreguem nas mãos de Jacques Boucher os denários provenientes das gabelas. A cidade de Orléans é autorizada por Carlos VII a impor uma talha de três mil libras para quitar parte do resgate. Essas cartas são registradas nas contas da cidade em 1438 e em 1440. Em 24 de agosto de 1440, os procuradores votam uma nova soma de seis mil libras, proveniente de empréstimo, para «ajudar no pagamento do resgate do senhor duque». Finalmente, o rei, em carta datada de 6 de dezembro de 1441 e escrita de Saumur, após mencionar o sacrifício dos orleaneses, autoriza que dividam entre si uma talha de quatro mil libras, para ajudar o seu duque «tanto em seu resgate, como para manter seu estado».

Carlos de Orléans findará seus dias em Blois, de onde reconciliará Carlos VII e Filipe, o Bom. Também servirá de mediador tanto entre o duque da Borgonha e Carlos de Bourbon quanto entre Carlos VII e seu filho, o delfim Luís.

Em seu castelo, recebe todos os príncipes da França, a começar, obviamente, pelo bastardo de Orléans, passando pelo duque de Bourbon e o duque de Saboia. Como não tem filhos, praticamente adota Pierre de Beaujeu, filho de Carlos de Bourbon, educado em Blois.

Carlos também corresponde-se e mantém contato com seu irmão, o conde de Angoulême. Após dezesseis anos de casamento, sua esposa lhe dará uma filha, a quem chamará Marie; em seguida um filho, chamado Luís, destinado a subir ao trono da França sob o nome de Luís XII, e cujo padrinho será Luís XI; e, finalmente, uma terceira filha chamada Ana, que será a abadessa de Fontevraud.

Carlos de Orléans morre na madrugada do dia 5 de janeiro de 1465, aos 69 anos. Ele estava em Amboise, pois voltava da assembleia de Tours, reunida por Luís XI. Seu corpo, transportado para Blois, foi sepultado na igreja do Saint-Sauveur. A cerimônia fúnebre foi conduzida pelo noivo da pequena Maria de Orléans, o famoso senhor de Beaujeu, Pierre de Bourbon; vinha, em seguida, a Companhia do falecido — composta de 44 cavalheiros, cinco padres, treze coristas e um organista —, depois o chanceler geral das finanças acompanhado pelos tesoureiros, os valetes, os boticários e os barbeiros. Marie de Clèves, sua viúva, usava um vestido longo de fino tecido de seda preta, chapéu e um casaco longo forrado com pele de gato da Espanha e de cordeiro branco, com as barras de um delicado veiro e debruado com arminho branco. As amas acompanhavam as crianças: a pequena noiva de sete anos, Maria, vestia um casaco e um vestido de tecido preto de Rouen; Luís de Valois, de dois anos e meio, acompanhado por dois pajens, estava vestido com um tecido escuro, forrado de pele de cordeiro também escura; e a pequena Ana tinha apenas alguns meses. A duquesa estava acompanhada de suas damas de honra, lavadeiras e camareiras. Marie de Clèves instituiu em Orléans uma Missa em memória de seu marido e fez diversas doações em seu nome.

Luís XII, a partir daquele momento, passou a dever respeito à sua mãe, e, quando ela morreu, reuniu os restos mortais de seus pais no mosteiro dos Célestins de Paris.

III

Robert de Baudricourt, capitão de Vaucouleurs

Em 1415, Robert de Baudricourt tornou-se o sucessor de seus tios Guillaume, bastardo de Poitiers, e Jean Daunois como bailio de Chaumont e capitão de Vaucouleurs. Ocupava também o cargo de conselheiro de René de Anjou.

René, segundo filho de Louis d'Anjou e de Iolanda de Aragão, foi adotado pelo duque de Bar e prometido em casamento à filha de Carlos II, duque da Lorena. Ele passou por diversos problemas: obrigado a prestar obediência a Henrique VI, pois parte de seu ducado estava no território da coroa francesa, foi solicitado diversas vezes a cumprir seus deveres de vassalo. Sua recusa, porém, o colocou numa posição difícil, em aberta revolta tanto contra Louis, cardeal de Bar, seu tio-avô, súdito da Inglaterra, quanto contra Carlos II, seu sogro, que, por sua vez, sentia grande simpatia pelo duque da Borgonha. René jura obediência em 29 de abril de 1429, por intermédio de seu tio, o cardeal, junto a Bedford. Porém, pouco tempo após a sagração, desfará o seu juramento.

Robert de Baudricourt e o jovem René d'Anjou são muito próximos, e podemos considerar que a viagem de Joana a Nancy para apresentar-se diante do duque Carlos tenha sido organizada e acertada entre o capitão e o duque de Bar. René não teria visitado, nesses últimos dias de janeiro de 1429, seu sogro em Nancy[1]? Sabemos também que, em 29 de janeiro, enviou uma mensagem a Robert de Baudricourt, e podemos nos perguntar se essa troca de cartas entre eles não partiu do desejo de colocar Joana à prova. Antes de enviá-la diante do delfim Carlos, ambos desejam saber do que ela é capaz.

Robert de Baudricourt continuou muito próximo ao duque de Bar. Sabemos que esteve ao seu lado em 2 de julho de 1431, na batalha de Bulgnéville, que foi um desastre, pois, apesar de todos quererem combater, estavam sob a autoridade do duque que não sabia comandar. O próprio Barbazan percebeu à primeira vista o quanto seria difícil atacar, mas os mais jovens e ardorosos entre os capitães quiseram lutar, dizendo: «Quem tem medo de folhas que não venha ao bosque.» Guilhem de Barbazan foi morto, e Robert de Baudricourt só conseguiu se salvar porque fugiu (e certamente não merece a alcunha de «fujão de Bulgnéville» que lhe foi dada[2]).

De qualquer maneira, foi um dos que, desde o começo, acreditaram em Joana. É compreensível que não tenha cedido imediatamente a seu primeiro pedido, que tenha tomado a precaução de pedir outras opiniões e, principalmente, que tenha enviado um mensageiro a Chinon para perguntar se ela poderia ser recebida.

---

1   Siméon Luce, *Jeanne d'Arc à Domrémy*, Paris, 1886.
2   Henri Bataille, «Qui était Baudricourt?», *Revue Lorraine populaire*, 1983, a. 9, n. 51, pp. 140-142; n. 52, pp. 184-188.

IV

Raoul de Gaucourt, governador de Orléans

Raoul de Gaucourt começou a servir Carlos VI como escudeiro trinchador e fez seu juramento de armas em 1396. Nomeado camarista do duque de Orléans, participou do cerco de Harfleur, onde foi capturado, e ficou preso durante dez anos na Inglaterra. Seu pai, bailio de Rouen, foi assassinado pelos moradores da cidade durante uma revolta. Arruinado após o pagamento de seu resgate a Henrique V, Raoul de Gaucourt possuía na França apenas os bens de sua esposa, Jehanne de Preuilly, que ficavam em Touraine e na região de Berry.

Depois de sua libertação, participa de muitas batalhas: estará ao lado de La Hire na tomada de Montargis — o que lhe custará caro, pois será obrigado a penhorar uma coroa de ouro cravada de pedras preciosas que costumava usar sobre seu capacete durante os torneios. O rei o recompensará concedendo-lhe a capitania de Chinon. Em 1428, nomeia-o bailio de Orléans. Mais tarde se tornará o governador de Dauphiné, assistido por seu adjunto Jean Juvénal des Ursins. Em 1449, acompanha Carlos VII em sua entrada em Rouen, pois é membro do conselho real. Raoul de Gaucourt irá ainda encontrar-se com o Papa Calisto III a pedido de Carlos VII, a fim de solicitar a revisão do processo de Joana d'Arc.

No momento do processo de nulidade de sentença, ele tem oitenta anos, e seu depoimento será um dos mais completos.

V

Étienne de Vignolles, conhecido como La Hire

É tienne de Vignolles, mais conhecido como La Hire, permaneceu no imaginário popular francês: ele é o valete de copas do baralho. Seu apelido é muitas vezes interpretado como um traço de sua personalidade: «a ira». Tratava-se, portanto, de um personagem violento, pronto para explodir. Os ingleses, por derisão, chamavam-no «Santa Ira de Deus» ou «Doce Ira de Deus» — mas de longe, sem ousar aproximar-se!

Nascido em Préchacq-les-Bains[1], esse gascão guarda de sua infância perturbada pela dominação inglesa a necessidade de independência e o gosto pelas armas, preocupando-se muito pouco com a vida intelectual, espiritual ou afetiva.

Tem seu batismo de fogo ao lado do condestável de Armagnac. Se esteve em Azincourt? Nenhum texto permite afirmá-lo, mas com seu fiel companheiro Poton de Xaintrailles juntou-se ao delfim Carlos já em 1418. Sua primeira façanha de guerra foi a tomada de Coucy, quando adotou como divisa: «Rei não sou, nem príncipe, nem duque, nem conde também: sou o senhor de Coucy.» No ano seguinte, é traído por uma camareira que liberta os prisioneiros borgonheses, os quais retomam rapidamente o controle do castelo. Essa perda, no entanto, não abala o seu prestígio, e Carlos VII continua a empregar esse «bravo capitão» em

---

[1] Francis Rousseau, *La Hire de Gascogne, Étienne de Vignolles*, 1380-1443. Mont-de-Marsan, 1968.

outras expedições.

La Hire e Poton lutam então nas regiões do Vermandois e do Laonnois e, depois, na Lorena, onde combatem pagos pelo cardeal de Bar. Em 1421, combate em Baugé, e nesse mesmo ano quebra uma perna, mas não em combate: enquanto dormia numa hospedaria, a chaminé desaba em cima dele. O acidente irá incapacitá-lo para as batalhas pelo resto da vida, e ele passará a mancar; isso, porém, não o impede de prosseguir com a vida de aventureiro e mercenário.

Na segunda-feira, 25 de outubro de 1428, «chegaram a Orléans, para apoiá-la, socorrê-la e ajudá-la, vários nobres senhores, cavaleiros, capitães, [...] e Étienne de Vignolles, conhecido como La Hire, que tinha um grande renome, estava acompanhado de muitos outros combatentes.[2]» Podemos acompanhar todos os seus deslocamentos entre 1428-1429 no *Diário do cerco de Orléans*. O capitão do Vermandois é o responsável por anunciar ao rei a perda do forte das Tourelles e solicitar reforços e importantes subsídios de guerra. Os mandados do tesoureiro de Chinon, Pierre de Fontenil, atestam a atenção que Carlos VII lhe dedica:

> A Étienne de Vignolles [...] cem escudos de ouro e 825l. t., que por comando e ordenança do rei foi entregue [...] várias vezes e em diversos lugares. [...] A Xaintrailles e Etienne de Vignolles, conhecido como La Hire, tanto para seus estados quanto para o pagamento de 59 pagens no valor de 512l. t.[3]

Em Orléans, La Hire mostra-se bastante ativo. Em 3 de fevereiro, com Jacques de Chabannes, persegue os ingleses até o bulevar Saint-Laurent. Mas, durante a «batalha dos arenques», no sábado, 12 de fevereiro, La Hire sente-se «muito dolente». De fato, não entende as ordens do conde de Clermont pedindo que esperasse a sua chegada para atacar, o que deu aos ingleses tempo para se recomporem e organizarem sua defesa. A Poton e La Hire restará apenas proteger a vanguarda...

La Hire, incansável, continua então a percorrer o trajeto que ligava

---

2   *Journal du siège d'Orléans*.
3   *Chambre des comptes*, Ms fr. 2342, fól. 42, citado por Vallet de Viriville.

Orléans a Chinon para solicitar fundos. Não sabemos se estava em Chinon no momento em que Joana chegou. De qualquer maneira, foi um dos primeiros a «confiar nela» e tornou-se um dos companheiros mais fiéis de Joana d'Arc, que usou da influência que exercia sobre ele para forçá-lo a se confessar: «Instigado por ela e a seu pedido, La Hire confessou-se, assim como outros de sua companhia.[4]» Foi também depois de conhecer Joana que La Hire passou a jurar somente por seu bastão[5].

O bravo capitão participa de todas as operações para libertar Orléans e a região do Loire. Para agradecê-lo, Carlos VII nomeia-o capitão geral da Normandia. Quando Joana d'Arc é queimada na fogueira, La Hire está preso em Dourdan. Carlos VII pagará uma parte de seu resgate aos borgonheses, o que permite que retome sua vida de mercenário pago pelo rei. Após ter resistido ao frio, às epidemias e a vários ferimentos, ele adoece em Montauban durante a reconquista do sudoeste e morre em 11 de janeiro de 1442.

Resta-nos a sua oração: «Que tu faças para La Hire o que gostarias que La Hire tivesse feito por Ti, se tu fosses La Hire e La Hire fosse Deus.»

---

[4] *Processo de nulidade*, depoimento de Maître Pierre Compaing.
[5] Na Idade Média, os juramentos eram codificados e deveriam ser feitos sobre objetos ou escritos (espadas, bastões, cetros, livros, códigos). [N. T.]

VI

JEAN II D'ALENÇON,
O «BELO DUQUE»

«Sou Alençon, e me rendo.¹» Já era tarde quando o duque Jean de Alençon sucumbira no campo de batalha de Azincourt. Seu desejo era render-se a Henrique V, mas vinte braços se ergueram para golpeá-lo mortalmente.

Seu filho Jean II, de oito anos, torna-se o duque de Alençon quando seu irmão mais velho, Pierre, filho de Marie de Bretagne, morre em 1415. Com a notícia da morte de seu marido, a duquesa de Alençon é obrigada a deixar seu ducado — que é dado a Bedford — e confia seu filho Jean ao delfim Carlos. Na verdade, não fora atendida pelo duque da Bretanha, a quem pedira que interviesse junto a João sem Medo, então senhor de Paris, a fim de negociar a tomada de seus bens.

A partir de então, o duque de Alençon passa a morar com o delfim, que o nomeará em 1420, aos treze anos, tenente-geral do ducado de Alençon², em resposta à atribuição do ducado feita por Henrique V a seu irmão Bedford.

Jean d'Alençon tem seu batismo de fogo em La Broussinière. Em Verneuil, no dia 6 de agosto de 1424, é encontrado entre os feridos e

---

1   Monstrelet, *Chroniques*.
2   Carta de Carlos VII, 23 de junho 1420, Arch. de la Manche, H. 15344, publicado por Siméon Luce, *Chroniques du Mont-Saint-Michel*.

feito prisioneiro. Nesse ínterim, Carlos VII nomeia-o padrinho de seu filho, o futuro Luís XI.

Sob a custódia do duque de Clarence, Jean de Alençon deve pagar um altíssimo resgate, e essa dívida, que irá assombrá-lo durante toda a vida, será a fonte de boa parte de seus problemas. O valor de oitenta mil *saluts*[3] de ouro só será quitado em 21 de fevereiro de 1429. Enquanto isso, o duque deveria encontrar uma solução: sua esposa Joana, filha do duque de Orléans, também prisioneiro, penhora suas joias, e ele tem de conceder seu título de barão de Fougères ao duque da Bretanha, seu tio, assim como seu senhorio de Saint-Christophe, na Touraine, a Ardouin du Bueil, bispo de Angers. Ele é dispensado de seu juramento em maio de 1429, após a batalha de Orléans[4].

No processo de nulidade, em 1456, Jean d'Alençon se lembra bem de seu primeiro encontro com Joana:

> Quando Joana veio ao encontro do rei, ele vivia então na cidade de Chinon e eu, em Saint-Florent. Enquanto passeava e caçava codornas, um mensageiro veio me contar que se apresentara diante do rei uma donzela que afirmava ser enviada por Deus para expulsar os ingleses e levantar o cerco posto por eles diante de Orléans[5].

O duque de Alençon, portanto, acorre a Chinon, onde encontra Joana no dia seguinte. Recorda-se de que ela ficara intrigada ao vê-lo e de que teria perguntado ao delfim quem era ele, proferindo, em seguida, essas famosas palavras: «Sois muito bem-vindo. Quanto mais numerosos forem os de sangue real da França, melhor será.» E não esconde sua alegria ao ver junto ao delfim aquele a quem passará a chamar pelo epíteto de «belo duque».

---

3   Moeda cunhada na França por Carlos VI e Henrique V. Numa das faces trazia a Virgem Maria recebendo a saudação (*salut*, em francês) angélica. [N. T.]

4   *Quittance* de Bedford de 15 de maio 1429, B.N., ms. fr. 18945, citado por Pierre Gourdin, «Monseigneur d'Alençon le beau duc de Jeanne en Touraine», *Bulletin de la Société archéologique de Touraine*, 1980.

5   Deposição do duque de Alençon, ed. Raymond Oursel, *Procès de réhabilitation*, p. 329.

Joana e o duque de Alençon treinam juntos, e ele, surpreso e encantado pela habilidade com que ela maneja as armas, oferece-lhe um cavalo. O duque também estava presente quando Joana disse ao delfim que não temesse, pois retomaria seu reino e, além disso, iria «oferecer seu reino ao Rei dos Céus». Alençon é também o comandante do exército na campanha do Loire, quando conquistam Jargeau. Em Patay, ainda ao lado de Joana, vence a batalha. Sabemos também que ela conheceu sua mãe e sua esposa, também chamada Joana, durante os dias que passou em Saint-Florent, cidade próxima a Saumur. Esse episódio deve ter ocorrido entre os dias 22 de maio e 2 de junho[6]. Foi nessa ocasião que a Donzela prometeu a Joana de Orléans que enviaria seu marido de volta são e salvo, e até «melhor do que antes»!

Ainda durante o processo de reabilitação, Jean de Alençon se recorda de uma situação vivida ao lado da Donzela. Estamos em Jargeau:

> Os arautos gritam: ao ataque! A própria Joana diz: «Avante, gentil duque, ao ataque!» E como me parecia precipitado começar o ataque tão rapidamente, Joana disse-me: «Não duvide, a hora chega quando a Deus apraz», e também que era necessário agir quando Deus assim queria: «Aja e Deus agirá.» E disse mais tarde: «Ah, gentil duque, por que temes? Acaso não sabes que prometi à vossa mulher levá-lo de volta são e salvo?»

O companheiro de Joana recorda-se também de que lhe salvara a vida:

> Em certo momento, Joana disse-me que me retirasse do lugar onde estava, e que se assim não fizesse, essa máquina — mostrando uma máquina que estava na cidade — «te matará». Retirei-me, e pouco depois, nesse mesmo lugar, o senhor do Lude ali morreu. Fiquei ao mesmo tempo assustado e maravilhado com as palavras de Joana após esses acontecimentos.

---

6 Pierre Gourdin, «Le commandement de Jean II d'Alençon et la date du voyage de Jeanne d'Arc en Anjou», *Actes du 5e Congrès National des Sociétés Savantes*, Caen, 1980.

Jean de Alençon estava entre os cavaleiros da coroação, pois havia sido sagrado cavaleiro naquele mesmo dia em Reims por Carlos VII. Assim como Joana, queria continuar a combater os ingleses, e ambos sitiam Paris pela Porta Saint-Honoré, quando chega uma ordem de Carlos VII: abandonar o combate e retornar para Gien, onde o exército se dispersa em 21 de setembro.

O duque continua a guerrear no Maine, em Anjou e na Normandia. Suas relações com Carlos VII são tensas. Joana gostaria de tê-lo acompanhado para socorrer o Monte Saint-Michel sitiado, mas preferem enviá-la para as margens do Loire, a La Charité.

Durante quase vinte anos, isto é, até 1444, Jean de Alençon continua a combater. Irá opor-se ao rei na revolta da *Praguerie*. Somente em 1449 retornará à sua cidade, onde é aclamado pelo povo; mas, apesar disso, está arruinado. Há algum tempo desejava casar sua filha, Catherine — cuja mãe era Marie de Armagnac, tomada como esposa depois da morte de Joana de Orléans, em 1435 — com o filho mais velho do duque de York. Esse projeto não era do agrado de Carlos VII, que chegaria até mesmo a mandar prendê-lo na mesma época do processo de reabilitação de Joana d'Arc. A Dunois é confiada essa dolorosa missão, que assim se dirige ao duque: «Senhor, desagrada-me amargamente a comissão dada pelo rei relativa à vossa pessoa. Preciso prendê-lo e encarcerá-lo por ordem do rei[7].» Jean de Alençon foi levado ao rei, que o encarcerou na fortaleza de Aigues-Mortes.

Em 1458, é julgado por seus pares reunidos em forma de parlamento em Vendôme. Depois de condenado, é levado a Loches, onde sua custódia é confiada a Guillaume de Ricarville, que recebeu instruções muito duras quanto ao prisioneiro: «Não deveria jamais ficar sozinho, não poderia falar com ninguém além de seus guardas e não receberia nem escreveria nenhuma carta; poderia, porém, ler e jogar xadrez com seus guardas, mas nunca deveria ter dinheiro consigo.»

Com a morte de Carlos VII, em 1461, Luís XI libertará seu padrinho, devolvendo-lhe seus direitos, que, em contrapartida, deveria prometer entregar três praças-fortes, assim como a guarda de seus filhos René e Catherine, até que o rei decidisse casá-los com quem lhe aprouvesse.

---

7 Georges Chastellain, *Chroniques*, Ed. Kervyn de Lettenhove, 1864, t. III, p. 100.

O duque não concorda com isso, assim como não aceita as condições para sua libertação. Assim, é novamente preso e levado para o castelo de Rochecorbon; depois, para Loches e, finalmente, para Paris. Um novo processo é instaurado no Parlamento, e ele é condenado à morte em 18 de julho de 1474. Não chega, porém, a ser executado: mantido prisioneiro no Louvre, ali morre em 1476. Luís XI, por sua vez, rapidamente anexa o ducado de Alençon à coroa, faz sua entrada na cidade de Alençon e expulsa dali Marie d'Armagnac, que se refugia em Mortagne, onde morre em 1473.

VII

POTON DE XAINTRAILLES

Poton de Xaintrailles (ou Saintrailles) faz parte dos aventureiros que têm a guerra por profissão. Com seu companheiro La Hire, é nomeado capitão por Carlos VII «por sua bravura», como bem especifica Martial d'Auvergne.

Sob a bandeira borgonhesa participa, em 1424, da batalha em Hainaut contra os ingleses; em seguida, passará para o lado dos Armagnacs, lutando com Joana d'Arc contra os inimigos do reino, como já vimos. No entanto, não sabemos explicar como, após ser capturado pelos ingleses na batalha do Pastor em 11 de agosto de 1431 e ser levado com Joana para Rouen, é convidado, no dia seguinte, para tomar assento na mesa de Warwick, no castelo Bouvreuil.

As contas da residência de Richard Beauchamp, conde de Warwick, durante os anos de 1431-1432[1], foram conservadas. Diariamente, o administrador do castelo anotava o nome das pessoas que ali comiam, no almoço ou no jantar. Encontramos a menção: *Poton prisoner cum 1 scutifero*, o que pode ser traduzido por: «Poton prisioneiro com um escudeiro.» Poton é Poton de Xaintrailles. A.J. Pollard, em sua tese[2], mostra que Richard Beauchamp cogitou, num primeiro momento, trocar o senhor

---

1 *Le registre de comptes de Richard Beauchamp, comte de Warwick*, 14 mars 1431-15 mars 1432, dissertação defendida na École Hautes Études en Sciences Sociales por Marie-Véronique Clin-Meyer.
2 A.J. Pollard, *The Family of Talbot, Lords Talbot and Earls of Shrewsbury in the Fifteenth Century*, Londres, 1956.

de Barbazan por seu genro Talbot. Mas quando La Hire libertou seu companheiro em Château-Gaillard, Warwick decidiu trocar Xaintrailles por Talbot. É evidente que o capitão estaria mais protegido pelas espessas muralhas do castelo de Rouen do que em qualquer outra cidade de onde poderia ser libertado. Essa menção é também interessante para a história de Joana, pois vemos a diferença de tratamento entre Joana, uma plebeia, e Poton de Xaintrailles, que, como Jean de Luxembourg, é recebido pelos poderosos da Inglaterra e pelo pequeno rei Henrique VI na grande sala de recepção do castelo presidida pela mulher de Talbot, a filha de Warwick, Margaret.

É possível acompanhar a história do encarceramento de Poton. Sabemos que em 15 de novembro ele é levado a Dieppe. Alguns dias depois, toda a família de Richard Beauchamp parte para Paris a fim de assistir à coroação de Henrique VI. Eles o reencontrarão em Dieppe no dia 14 de janeiro. Nessa data, lemos: «*Item in 4 equis emptis pro Poton prisoner cum 1 scutifero 2 valletis cum illo de Depe ad Abville...*». Portanto, foram comprados quatro cavalos suplementares: um para Poton, outro para seu escudeiro e mais dois valetes, enquanto toda a família vai para Abbeville, onde chegam na noite de 17 de janeiro. No dia 21, Warwick e sua comitiva se encontram em Montreuil, chegando a Calais no dia 23, na hora do almoço. O embarque ocorre em 9 de fevereiro, mas o registro de Poton desaparece das contas a partir dessa data. Podemos supor que também tenha sido levado para a Inglaterra...

Em 1435, o reencontraremos à frente de um bando de esfoladores que lutavam ao lado de camponeses revoltados durante a chamada «insurreição da Normandia». Depois é nomeado por Carlos VII bailio de Bourges, o que não o impede de continuar a praticar sequestros com seus amigos Robert de Flocques, La Hire ou Pierre de Brézé. Como relata Jean Chartier, ganha assim «uma abundância de animais, tanto animais com chifre quanto que dão lã, com grande quantidade de prisioneiros de diversas condições».

Poton de Xaintrailles é expressamente nomeado pelo rei quando ordena que os esfoladores parem de cometer crimes.

O delfim, futuro Luís XI, porém, vê nele um companheiro e um homem capaz de comandar e de servi-lo, pois o nomeia escudeiro, e como tal o acompanha à Alemanha, em 1444. Isso não o impede de continuar a estuprar, pilhar ou roubar: ele faz parte das tropas que cercam Metz. Mas mudará de vida depois dessa expedição e participará da retomada da Normandia. Em 10 de novembro de 1444, não estaria ao lado do rei durante sua entrada solene, carregando a grande espada?

VIII

Jean, conde de Dunois, bastardo de Orléans

Seu nome está indissoluvelmente ligado à história de Joana e, de maneira mais geral, à história do reinado de Carlos VII. Fruto do adultério de Louis de Orléans com Mariette de Enghien, nasceu no mesmo ano em que o rei: 1403. Deu seus primeiros passos no castelo de Beauté-sur-Marne, sob a supervisão de sua governanta, Jeanne du Mesnil. Durante seus dez primeiros anos de vida, foi educado com o delfim Carlos, e esse companheirismo estendeu-se aos duros anos da guerra. Muito anos depois, no momento da «reconstrução do reino da França», Carlos VII recorda-se ainda desse tempo:

> Em consideração aos serviços que nosso querido e amado primo Jean, bastardo de Orléans, conde de Dunois e grão-camarista da França, nos prestou enquanto viveu, tanto em nosso lar, onde foi por muito tempo educado, como nas guerras contra nossos antigos inimigos e adversários, em vários exércitos e batalhas; desde a sua juventude, desde que soube manejar as armas e portar o arnês, sempre com atenção e diligência, empregou toda a sua força para a recuperação do nosso senhorio.

A carreira de Dunois está inteiramente contida nesse texto. Ele foi educado com Charles e, aos dezesseis anos, pegou em armas para defender o reino. Desde cedo, o jovem bastardo teve de aprender a tomar decisões e a lutar. Como sabemos, seu pai fora morto em 1407, a mando do duque da Borgonha. Valentine Visconti encarregou-se então da educação desse menino que não era seu filho: ela o considera bastante precoce e espera que vingue o seu pai, mas morre um ano depois de seu marido. Em 1415, uma vez que seu irmão, o duque Carlos, torna-se prisioneiro dos ingleses, Jean é incumbido de uma nova missão: fazer o que estivesse ao seu alcance para angariar o valor que pagaria pelo resgate do duque. Em 21 de setembro de 1417, combate também contra as forças de João sem Medo, duque da Borgonha.

Outro fato interessante a respeito da sua vida: o bastardo é capturado pelos borgonheses e ficará preso durante dois anos sob estrita vigilância. Durante esse tempo, os parisienses veem-se sob o completo domínio do duque da Borgonha, e a revolução cabochiana explode em Paris, deixando a cidade em chamas e tingindo-a de sangue. Jean é então libertado do castelo de Saint-Germain e vai ao encontro de sua família em Blois, mas sua alegria dura pouco: seu meio-irmão, Philippe de Vertus, morre, deixando-o no comando da Casa de Orléans. Nesse meio-tempo, as hostilidades contra Henrique V são retomadas. Em Baugé, o bastardo de Orléans participará de sua primeira batalha campal, na qual se sai muito bem. Nessa ocasião será sagrado cavaleiro, antes mesmo de alcançar a idade exigida de 21 anos. Dali em diante, poderá comandar uma companhia, comer à mesa do rei, carregar a espada presa ao cinto militar (e, caso ganhe um processo, receberá uma indenização dupla, enquanto, se perder, deverá pagar duas vezes). Além disso, poderá usar o tabardo bordado com seu brasão sobre a armadura. Depois de Baugé, continua a combater no exército do delfim Carlos, que se refugiou em Bourges em 1422, e ali vai esposar a filha do presidente Louvet.

Por muitos anos, o bastardo de Orléans viverá problemas financeiros. O resgate de Carlos de Orléans é alto; o país, devastado pela guerra, não dá o devido retorno; e os salários dos capitães pesa fortemente no orçamento.

Ocorre então um novo incidente: ele é exilado na Provença por ordem do futuro Carlos VII. O herdeiro do trono havia se desentendido com o presidente Louvet, e toda a família caíra em desgraça. Nessa época, o rei está sob a influência de outros conselheiros, como o senhor de Giac. Seu exílio dura cerca de um ano, e logo uma nova ofensiva inglesa faria com que Jean fosse requisitado novamente.

Em 1427, os ingleses se aproximam do ducado de Orléans e investem contra Montargis. O bastardo de Orléans, então com vinte anos, cavaleiro experiente e capitão valoroso, se encarregará de defender a cidade e impedir que os ingleses a tomem. Em 5 de setembro, Montargis e seu castelo foram liberados e a estrada do Berry, preservada. Em seguida, os ingleses cercam Orléans, e conhecemos o célebre episódio da vinda de Joana a Chécy e sua altercação com Dunois, que, no processo de nulidade, oferecerá um bom relato dos feitos e das ações de Joana em Orléans, expressando sua admiração por ela. Os nomes de Joana e do bastardo estarão para sempre associados à cidade de Orléans.

Após a morte de Joana, o bastardo continua a lutar pela recuperação do reino. Para recompensá-lo por seus grandes feitos, Carlos VII nomeia-o grão-camarista, isto é, o primeiro oficial da Câmara do rei, no lugar de Georges de La Trémoille.

Jean, «um dos melhores escritores franceses que se expressa na língua da França», como a ele se refere Jean Chartier, redige o tratado de Arras entre França, Inglaterra e Borgonha. É também ele quem recebe de Carlos VII a tarefa de pôr fim ao Grande Cisma, obrigando Amadeu VIII da Saboia, o antipapa Félix V, a demitir-se e fazendo com que Nicolau V seja nomeado em 11 de outubro de 1447.

Viúvo, o bastardo de Orléans casa-se novamente em 1440 com Marie de Harcourt, condessa de Tancarville, na catedral de Orléans. O casal vai morar em Beaugency, pois não podem viver na rude fortaleza de Châteaudun. Marie d'Harcourt, como Valentine Visconti, vai acolher em sua casa o filho natural que Dunois teve com Isabelle de Dreux. Desta união nascerá, em 1440, uma filha chamada Marie.

Em Blois começam os preparativos para receber o príncipe-poeta, finalmente libertado pelos ingleses. Dunois, incansável, também servirá como mediador entre o delfim Luís, de quem é o mentor, e o rei Carlos VII. Assim, participa da primeira expedição de Luís a Dieppe e salva a cidade em 11 de agosto de 1443, o que vai levar à redução do poder inglês na Normandia e, em 1449, à tomada de Rouen. Nasce-lhe então um filho que não chegaria à maioridade.

Nesse momento, porém, negocia com Carlos de Orléans o resgate de seu irmão Jean d'Angoulême, que ainda é prisioneiro dos ingleses.

Dunois tornou-se conde de Longueville e interessou-se pela reconstrução de sua capital, Châteaudun, pois gostaria de morar no castelo. Todavia, os trabalhos de restauração seriam muito árduos. Tendo já passado dos cinquenta anos, o bastardo é obrigado, apesar disso, a retomar sua espada e dirigir-se a Guyenne.

Quando Carlos VII morre em 22 de julho de 1461, Dunois não se entende com o novo rei, que o trata como indigno e o afasta da Corte. Enquanto viaja à Bretanha para resolver alguns desentendimentos entre Jean de Angoulême, Carlos de Orléans e Luís XI, sua mulher adoece, e ele tem de voltar rapidamente para casa. Ela morre pouco tempo depois e será enterrada em Cléry. Dunois falece em 23 de novembro de 1468, reconciliado com Luís XI, o que garantirá definitivamente a posição da Casa de Orléans-Longueville. Atendendo a seu desejo, Dunois é enterrado ao lado de sua querida esposa na cripta da igreja colegiada de Notre-Dame de Cléry.

IX

Thomas de Montaigu, conde de Salisbury

O cronista borgonhês Monstrelet relata assim a morte do conde de Salisbury enquanto observava a cidade de Orléans do alto do forte das Tourelles:

> Ele escrutava os degraus em torno da cidade para ver como e de que maneira poderia tomá-la e subjugá-la. Então, quando estava diante da janela, veio subitamente da cidade, voando, a pedra lançada por uma colubrina, a qual atingiu a janela onde estava o conde, que já se retirava do local devido ao som emitido pelo disparo. Mas ainda assim foi atingido e ferido grave e mortalmente, tendo parte de seu rosto arrancado[1].

Sua morte ocorreu apenas três dias depois do início do cerco inglês à capital do ducado cujo príncipe estava preso do outro lado do canal da Mancha, e isso soa como um julgamento de Deus. De fato, o conde deveria ter poupado a cidade privada de seu legítimo senhor para defendê-la. Além disso, não permitira que seus soldados saqueassem o santuário de Notre-Dame de Cléry? A *Chronique de Normandie* relata que, em 1428, quando Salisbury reunira as tropas em Chartres e as informara de sua

---

1   Enguerrand de Monstrelet, *Chroniques*, Paris, 1835.

intenção de sitiar Orléans, um «feiticeiro» chamado mestre Jean de Meung havia lhe dito para que «protegesse a cabeça». Fora, portanto, avisado!

Thomas de Montaigu, um dos mais estimados e amados capitães ingleses, é considerado «o mais hábil, experiente e bem-sucedido entre todos os capitães da Inglaterra». Está presente desde o início da Guerra dos Cem Anos: sagrado cavaleiro pela Ordem da Jarreteira em 1414, já no ano seguinte lutava junto a Henrique V na batalha de Azincourt e, depois, nos cercos de Caen, de Harfleur e de Rouen. Em 1419, é nomeado tenente-general do rei na Normandia e recebe muitas terras, como o território de Neubourg (que pertencia a Yves de Vieux-Port), o condado do Perche e as terras de Longwy. Bedford concede-lhe ainda, em nome de Henrique VI, todas as propriedades de João V localizadas fora do ducado da Bretanha[2].

Salisbury participa da elaboração do tratado de Troyes; depois, do cerco de Melun; e, em 1420, está no campo de batalha de Baugé, em Paris, onde substitui o duque de Clarence, que foi morto. Torna-se, depois disso, o governador da Champagne e de Brie, vence a batalha de Cravant em 1423 e, no ano seguinte, sob as ordens de Bedford, luta na batalha de Verneuil, voltando depois para a Inglaterra, a fim de buscar reforços, «com grande pompa, ricamente adornada». Conta-se que participou com Gloucester e Bedford de uma conspiração contra Filipe, o Bom, somente porque ele cortejava sua esposa, a bela Eleonora de Quent. Dedicando-se a expandir as suas posses no continente, não se esquecia, porém, de seus domínios ingleses, e sua mulher era riquíssima...

Em 1428, Salisbury atravessa o canal da Mancha como comandante de um batalhão. Em 24 de março de 1428, assina em Westminster uma

---

2   Henrique V e, depois, o duque de Bedford, em nome de Henrique VI, redistribuíram as terras pertencentes aos Armagnacs a seus capitães ingleses. Na Normandia, muitas propriedades foram concedidas pelo próprio Henrique V: foi assim que concedeu a seu «querido primo» William de La Poole, conde de Suffolk, as propriedades de Bricquebec e Hambye — essas propriedades haviam pertencido ao «falecido Foulques Paynel» —, lesando assim Joana, sua esposa. Outro companheiro de Henrique V, Lancelot de L'Isle, recebe o senhorio de Nohant; Henri FitzHugh recebe do rei o castelo de L'Aigle e a fortaleza de Chambois. Também sabemos que o ducado de Alençon será o apanágio de Bedford. Muitos outros feudos são distribuídos, tanto na Normandia, Picardia e Beauce quanto em Paris, onde os palacetes do Marais são divididos entre Bedford, Warwick, Stafford etc.

endenture[3] com outros membros do conselho real. Quando retorna à França, seu batalhão está organizado por seis meses a contar de 30 de junho de 1428 e dispõe, em princípio, de seis cavaleiros que carregam o estandarte, 34 cavaleiros bacharéis, 559 soldados, 1.800 arqueiros, com a facilidade de substituir um soldado por três arqueiros. A quitação da *endenture* mostra que, na realidade, ele recebeu um único cavaleiro para carregar o estandarte, oito cavaleiros bacharéis, 440 soldados, 2.250 arqueiros; entre os soldados, há quatro artilheiros que ganham um pouco mais que os outros; e, entre os arqueiros, dez mineiros e oitenta carpinteiros, pedreiros e fabricantes de arcos e flechas etc.

A *endenture* de Salisbury apresenta uma condição bastante particular para o recrutamento:

> Contanto que o referido conde não receba em seu batalhão, como soldado ou arqueiro, nenhum homem que já esteja no reino da França, nem os que, sem serem dispensados por Jean, duque de Bedford, primo do rei, nosso soberano senhor e regente de seu reino da França, voltaram para a Inglaterra e receberam terras, rendimentos, salários ou outras posses no citado reino da França, os quais deveriam combater em nome do rei, nosso senhor.

Um homem, portanto, não deveria ser pago duas vezes. Desde que possua um salário assegurado no continente, não pode ser remunerado uma segunda vez, pois deve, por obrigação, servir ao rei. A continuação da *endenture* define as punições em que incorrem os homens que se en-

---

3   A *endenture* é uma particularidade do exército inglês — uma espécie de contrato de serviço militar — cujo nome provém de uma disposição material análoga à das partes de uma sola de sapato: o texto é escrito duas vezes numa mesma folha de pergaminho, cujas partes são depois separadas seguindo uma linha pontilhada, para serem entregues a cada um dos contratantes. Basta então juntar as duas partes para assegurar a autenticidade dos documentos, pois cada contratante assinou a parte entregue ao outro. Esses documentos são bastante detalhados, definindo os efetivos, o equipamento dos soldados, sua remuneração, o número e o tipo dos combatentes, a destinação de seu serviço, seu pagamento e diversas obrigações. Indicam também as recompensas que os soldados poderiam reivindicar e, por fim, a duração do serviço, que podia ir de quarenta dias, às vezes um trimestre, a um ano ou dois, «como aprouvesse ao rei». O valor era pago adiantado, na maioria das vezes por um trimestre. Do lado francês, a *endenture* correspondia à «carta de reserva», bem menos detalhada e diferente de um contrato, na medida em que não estipulava a duração do serviço.

gajassem novamente com Salisbury. Esse texto menciona ainda algumas disposições particulares relativas à remuneração dos que morressem:

> Além disso, caso algum dos soldados morra ou seja morto a serviço do rei, nosso senhor, nos seis meses que restam do ano acima citado, não será por esse motivo feito nenhum corte nas verbas.

Quanto aos doentes, um comissário deveria verificar se o soldado havia mesmo adoecido.

De retorno à França com esse novo batalhão, Salisbury conquista as cidades de Rambouillet, de Meung, de Beaugency e de Jargeau; em 12 de outubro, sitia Orléans.

O *Journal du siège* relata em 27 de outubro que «faleceu nessa noite o conde de Salebris na cidade de Meung-sur-Loire [...], falecimento que surpreendeu e entristeceu os ingleses que cercavam a cidade». Mortalmente ferido, o capitão inglês foi levado para a cidade de Meung, onde morreu em 3 de novembro. Seu corpo foi trasladado para a Inglaterra e sepultado no priorado de Bisham, ao lado de seu pai. Privado de descendentes masculinos, é seu genro, Robert Nevill, quem recebe o título de conde de Salisbury.

X
John Talbot

John Talbot, conde de Shrewsbury, é conhecido na literatura inglesa como «Aquiles». Por ser um dos altos comandantes do exército, o rei da Inglaterra lhe concede o título de «primo».
Nascido em 1373 em Blechmore, na Inglaterra, servirá ao rei durante mais de sessenta anos e morrerá com as armas empunhadas, aos oitenta! Sua família, originária da região de Caux, teria se mudado para a Inglaterra na época da conquista normanda. John Talbot adquirira uma posição financeira importante graças a seu casamento com Maud Neville, sua primeira esposa, que lhe deu três filhos — dois deles morreriam em 1450 na batalha de Northampton, durante a Guerra das Rosas. Com Margaret Beauchamp, sua segunda esposa, teve ainda duas filhas e três filhos; o mais velho deles, John, morreu ao seu lado em Castillon, no ano de 1453.

Sua carreira militar começou muito cedo, quando recebeu de Henrique de Lancastre a missão de combater os gauleses entre 1404 e 1407. No momento da ascensão de Henrique V ao trono, está preso na Torre de Londres, mas sairá de lá rapidamente para ser enviado pelo rei como tenente para a Irlanda — nessa época, a coroa inglesa enfrentava muitas dificuldades nessa ilha. Mais tarde, acompanhará seu senhor na França, participando dos cercos de Caen e de Rouen; depois retornará para a Inglaterra, sob o comando de Henrique VI. Participa então da batalha de Verneuil, o que lhe rende a entrada na Ordem da Jarreteira. Pela segunda vez é nomeado tenente do rei na Irlanda, e mais uma vez Bedford solicita o seu retorno: é nesse momento que receberá as mais belas honrarias.

Ele luta na batalha de Montargis, perdida por Warwick, participa da conquista de Laval, da retomada do Mans em 1428 e do cerco de Orléans e de Patay, onde é capturado. Sua libertação só se dará em 1433. Bedford, por sua vez, enche-o de títulos: tenente-general do rei e do regente da guerra na Île-de-France e nas regiões entre o Sena, o Oise e o Somme, conde de Clermont-en-Beauvaisis e capitão de Saint-Germain-en-Laye e de Poissy, mais uma renda de trezentos *saluts* de ouro.

Após a morte de Bedford, em 14 de setembro de 1435, e a assinatura do tratado de Arras por Carlos VII e Filipe, o Bom, Talbot trabalhará apenas para impedir a derrota da Inglaterra. Protege a Normandia, auxilia o conde de Willoughby a conquistar Ivry e Pontoise, mas não pode impedir o avanço do exército francês. Em vão tenta salvar Meaux; torna-se o senhor de Harfleur, mas Pontoise é perdida no ano seguinte, em 1441. Sofre um novo revés durante o cerco de Dieppe e tem de embarcar novamente para a Irlanda, de onde foi mais uma vez nomeado o governador. Atravessará ainda o canal da Mancha no momento da capitulação de Rouen, em 1449, quando será capturado por Carlos VII, que o libertará somente no ano seguinte. É então que, como tenente-general de Henrique VI na Guyenne, subjuga prontamente essa província. Sua carreira militar acabará na batalha de Castillon em 1453, onde morre igualmente seu filho John. Estimado pelos ingleses, Talbot também o era pelos franceses, «pois lutava de forma honrada».

Seu nome é constantemente citado durante o cerco de Orléans, pois trouxera reforços em 1º de dezembro e, no dia 30 desse mês, tomara a bastilha de Saint-Laurent, reorganizando, mais tarde, a de Saint-Loup. Depois do levante do cerco, defendeu as cidades de Meung e Beaugency. Em Patay, quisera afrontar Falstolf em vez de ouvi-lo. Sua «carta de reserva» para o cerco de Orléans, assinada no dia 29 de janeiro de 1429, menciona 58 homens e cem arqueiros.

Talbot não tinha muitas propriedades só na França, mas também na Inglaterra, onde, ao longo de toda a vida, esforçou-se para adquirir heranças, em particular a dos Berkeley, cujos herdeiros diretos espoliou. Como outros poderosos da Inglaterra, sua pretensão ao baronato era evidente. A principal obsessão dos Talbot consistia em serem próximos ao rei e aumentarem a própria influência...

XI

Richard Beauchamp, conde de Warwick

Entre os mais importantes senhores ingleses que Joana d'Arc encontrou, há um de particular importância: seu carcereiro, Richard Beauchamp, conde de Warwick.

De uma antiga família inglesa, Richard Beauchamp segue sua carreira militar a serviço de Henrique V. Além de ser um de seus conselheiros na tentativa de legitimar-se, é também um de seus melhores amigos. Assim, quando perto de morrer, Henrique V nomeia-o preceptor de seu filho.

Em 23 de dezembro de 1430, quando chega a Rouen, Joana se encontra diante da imponente fortaleza construída por Filipe Augusto — o castelo do Bouvreuil —, na condição de prisioneira do capitão do castelo e da cidade de Rouen[1], cargo que Warwick ocupa desde 1427.

Richard Beauchamp nasce em 1380 e é sagrado cavaleiro da Ordem do Bain. Após a morte de seu pai, em 1401, é recebido na Ordem da Jarreteira. Em 1408, viaja para visitar a Terra Santa e, nessa ocasião, passa por Paris, onde é recebido por Carlos VI. Em sua honra, um banquete

---

1   Em 1419, quando, após um terrível cerco no qual quase um terço da população morreria, a cidade se rendeu a Henrique V, o vencedor exigiu, além de um oneroso resgate, que um novo castelo fosse construído: o «novo palácio». O canteiro de obras é imediatamente aberto, mas, como a sua construção durará muitos anos, o rei inglês nunca verá a obra terminada. Portanto, foi no castelo de Bouvreuil, na «torre que dava para os campos», que Joana foi encarcerada — a torre em Rouen atualmente chamada «torre Joana d'Arc», é, na realidade, como vimos, a torre de menagem do castelo.

é organizado no mês de novembro desse ano. Em seguida, embarca de Veneza para Jaffa, munido de um salvo-conduto de quinze dias para fazer a sua peregrinação a Jerusalém. Quando retorna à Inglaterra, passando por Malta, encontra em Londres um novo rei, Henrique V. Doravante, o destino de ambos estarão ligados. Warwick coloca sua espada e seu talento a serviço do rei dos Leopardos e está entre os que acertam o casamento do soberano com a bela Catarina da França. Mesmo ocupando-se eficazmente dos negócios de seu senhor, não se esquece de si mesmo e esposa uma das mais ricas herdeiras da Inglaterra, Elizabeth Berkeley, com quem terá três filhas; uma delas, Margaret, se casará com o célebre Talbot. Após a morte de Elizabeth Berkeley, casa-se novamente com outra herdeira, Isabel Despenser, que lhe dará um filho e uma filha.

Na França, Richard Beauchamp comanda a guerra para o jovem Henrique VI; em 1427, lidera as tropas a Montargis, cidade em que o «estandarte de Warwick» seria por muito tempo conservado. Durante todos esses anos, executa frequentes travessias entre a Inglaterra e o continente para solicitar subsídios, preparar a guerra e, também, para resolver seus próprios problemas de sucessão.

Nada sabemos sobre as relações entre a Donzela e seu carrasco, mas Joana é, de fato, prisioneira nesse castelo onde é submetida a interrogatórios: está, portanto, sob o comando de Warwick, que também paga, junto com Bedforf, os juízes de Rouen. Beauchamp intervém quando Joana é agredida na prisão pelos soldados de baixo escalão que a vigiam e também quando adoece, a fim de que não morra devido à doença, mas na fogueira.

Por um documento totalmente imparcial — pois se trata das contas do castelo —, sabemos também que Joana jamais figura entre os convidados à mesa de Warwick, enquanto seus juízes, inclusive Cauchon, aparecem ali frequentemente. Em 13 de maio, por exemplo, são convidados para um grande banquete presidido pelo preceptor de Henrique VI, o juiz Cauchon, o bispo de Thérouanne, o cavaleiro borgonhês Haimond de Macy, Stafford, o chanceler da Inglaterra etc. Esse documento se torna também bastante comovente quando, dois meses após a morte de Joana, encontramos ali o nome de Xaintrailles, então prisioneiro de Warwick.

Esta é a diferença entre a jovem pastora e o capitão de guerra: Xaintrailles toma assento na mesa dos senhores.

Richard Beauchamp morre em Rouen em 1439, e seus restos mortais são transportados para a Inglaterra e enterrados na capela da pequena cidade de Warwick. Seu nome ficaria na História graças a seu genro, Richard Neville, que recebeu seu título com a morte do último herdeiro direto do preceptor de Henrique VI e que seria conhecido como «criador de reis».

XII

Perrinet Gressart

Perrinet Gressart foi um aventureiro a serviço da Inglaterra cuja vida é bastante representativa de certa categoria de homens: a do mercenário.

Quer sejam pagos pelo rei da França, pelo rei da Inglaterra ou pelo duque da Borgonha, mudando de lado como bem lhes aprouver ou agindo em causa própria, homens como Perrinet Gressart, La Hire, François de Surienne ou Robert de Flocques tendem todos ao mesmo objetivo: a guerra, com seus saques, seus sequestros, seus abusos contra a população. É verdade que por vezes alguns foram movidos por um ideal superior, mas o que lhes interessa sobretudo é a aventura e o combate.

Perrinet Gressart é o capitão de La Charité-sur-Loire quando Joana d'Arc visa essa praça-forte. No final de setembro de 1429, ela inicia os preparativos para uma nova campanha, pois as chuvas de outono vão encher o rio Loire e permitir que o transporte dos equipamentos do exército real e o abastecimento das tropas sejam feitos com mais facilidade. Pelo rio é levada uma das bombardas usadas no cerco de Orléans: «a pastora», que estava em Jargeau, onde derrubara três grandes torres da cidade. Essa bombarda chega com o exército de Joana e de Albret e será tomada por Perrinet Gressart, que a emprestará depois ao duque da Borgonha. (As tropas de suprimento e de equipamento formavam um importante comboio. Assim, embora desmontada em duas partes —

o cano e a câmara —, «a pastora» tinha de ser puxada por 29 cavalos, conduzidos por doze carroceiros para o cano e sete cavalos para a câmara. Foi necessário também consolidar as pontes e refazer as estradas. Por esse simples exemplo, podemos imaginar o esforço despendido para sitiar uma cidade.)

Em La Charité, o exército era comandado por Charles d'Albret, meio-irmão de Georges de La Trémoille, nomeado tenente-general pelo rei. Ao seu lado estão Louis de Bourbon, conde de Montpensier, e Joana. A Donzela chega no final de outubro em Saint-Pierre-le-Moûtier, cujo cerco fora bastante árduo. Por esse motivo, Joana e Charles d'Albret decidem ir imediatamente para La Charité, solicitando no caminho reforços ao ducado de Bourbon, quando passaram por Moulins. O exército marcha pelo norte, e a ele se juntam os homens do marechal de Boussac. O cerco, estabelecido pouco antes de 24 de novembro de 1429, seria um completo fracasso. Para explicá-lo, usa-se como desculpa o clima rigoroso ou a falta de tropas.

Mas Perceval de Cagny esclarece que «o cerco não foi estabelecido porque o rei não enviou nem víveres, nem dinheiro». La Trémoille também foi acusado de desviar a verba destinada ao exército, mas devemos nos render à evidência: a cidade estava bem protegida por Perrinet Gressart. Pago pelo rei da Inglaterra, ele dependia, portanto, do duque da Borgonha. Mas quando a trégua foi firmada com a Borgonha — estendendo-se também ao Nivernais —, Gressart não recebeu mais ajuda, assim como Joana e Charles d'Albret.

Mas quem era ele? Suas origens são incertas[1]. Plebeu, passa em 1417 a intitular-se «nobre homem» e sela suas atas com o selo de seu brasão — um escudo dividido no meio com três flores de cinco pétalas —, tornando-se «nobre pelas armas». Não costumam dizer que «as armas enobrecem o homem, não importa quem seja»[2]?

Sua carreira começa na Picardia. É encorajado pela atitude inconsistente do duque da Borgonha, João sem Medo, que permite que os aventureiros

---

1   Cf. a bela tese de André Bossuet: «Perrinet Gressart et François de Surienne, agents de l'Angleterre», *L'étude des relations de l'Angleterre et de la Bourgogne avec la France, sous le règne de Charles VII*, Paris, 1936.

2   Jean de Bueil, *Le Jouvencel*, Paris, 1887, t. II, p. 80.

borgonheses se espalhem por todo o interior do Sancerrois. Perrinet tornar-se-á então líder de bando, vendendo seus serviços a quem pagasse mais, recebendo resgates e acumulando fortuna às custas dos camponeses. No Nirvanais, costumava praticar mais sequestros, mas dará preferência a servir os interesses do duque da Borgonha. Em 1420, quando os ataques dos Armagnacs se tornam cada vez mais intensos contra o ducado, Perrinet vai barrá-los, estabelecendo-se em Paray-le-Monial no comando de uma companhia paga pelo duque. Com um de seus companheiros, vai também defender a região de Charolais. Nosso mercenário sobe gradualmente na escala social: em 1426, compra uma pequena fortaleza chamada La Motte-Josserand e dá a si mesmo o título de senhor de La Motte-Josserand. Trata-se de um homem que sabe impor suas ordens e ser respeitado pelos bandidos que o cercam. Embora seja duro com seus comandados, sabe protegê-los e garantir que recebam cartas de perdão quando são obrigados a deixar uma região. Também cuida de sua família: casa-se com uma boa mulher chamada Huguette de Corvol, e seu vice, François de Surienne, casa-se com uma de suas sobrinhas.

Em 1426, Gressart estabelece-se em La Charité-sur-Loire para proteger a população dessa cidade e garantir também um ponto de apoio quando efetua suas incursões nos arredores do Nivernais. La Charité-sur-Loire é uma importante praça-forte e ocupa uma posição estratégica, pois é uma das únicas passagens possíveis sobre o Loire, nessa região onde suas margens são íngremes. De mercenário, Perrinet Gressart passa a senhor submisso ao duque da Borgonha, e aceitando tratar apenas com ele diretamente ou com seu chanceler, Nicolas Rollin.

Como os pagamentos do duque da Borgonha são bastante irregulares, Perrinet Gressart não se contenta mais com a função de serviçal de Filipe, o Bom, e torna-se agente de Bedford. O regente da Inglaterra vai utilizar essa arma contra a Borgonha, que precisa que Gressart conserve a posição de La Charité em seu nome e não quer que os ingleses se tornem mais poderosos. Por isso, assina acordos com Perrinet e esforça-se para pagar o que lhe é devido, isto é, o custeio da guarnição: 2.400 libras por mês.

Perrinet Gressart, no entanto, negocia não somente com os borgonheses, mas também com os Armagnacs — primeiramente com Richemont, o instigador da trégua, e, claro, com La Trémoille. Em 1427, a trégua é firmada, devidamente rubricada diante de dois tabeliães e selada com o próprio selo de Perrinet, que se compromete a não mais praticar sequestros na região. Porém, para ele, tal tratado não passa de um pedaço de papel, e as reclamações começarão a chegar de todos os lados: ele saqueia Berry, não poupa nem mesmo os habitantes do Nivernais, e chega até a sequestrar La Trémoille, líder de uma delegação Armagnac, enquanto cruzava La Charité, munido obviamente de um salvo-conduto e acompanhado do marechal da Borgonha, assim como de muitos oficiais da casa ducal. Com François de Surienne, fazem com que assine, no mesmo dia de sua captura, 30 de dezembro de 1425, uma nota promissória de resgate no valor de 14 mil escudos de «bom peso». La Trémoille aceita assinar, pois quer se ver livre o mais rápido possível, temendo ser diretamente entregue aos ingleses. De La Charité escreve a seu irmão, a Jean de Vecel e ao marechal da França, a fim de suplicar que sua libertação seja rápida e que as condições de Gressart sejam imperativamente respeitadas. Ele fecha os olhos a tudo, demonstrando gratidão pela forma como foi tratado, sem esquecer dos presentes com os quais cobre a mulher de Perrinet, Huguette de Corvol.

Perrinet Gressart sabia que a captura de La Trémoille não seria bem vista pelo duque da Borgonha, mas, pensando em todos os detalhes, exigiu que La Trémoille assinasse um termo de isenção de responsabilidade. O cativeiro do duque não foi longo, e logo ele estaria em Tournai ao lado de Filipe, o Bom, que acabara de vencer Jaqueline da Baviera e se preparava para retornar aos seus domínios. Em julho de 1426, Carlos VII o autoriza a coletar todos os impostos, contribuições e talhas nas terras que possuía no Poitou, Limousin, Anjou, Berry e no ducado Orléans, no intuito de cobrir as suas despesas e recuperar o valor que pagou por seu resgate, o que consolaria todo o sofrimento e medo pelos quais passara.

Enquanto isso, Perrinet continua levando sua vida de criminoso, servindo um dia a Inglaterra e, no outro, a Borgonha. Assim, quando La Hire oferece aos ingleses uma vantagem diante de Montargis e os franceses se reúnem em Gien, Bedford lhe promete um reforço de quatrocentos a quinhentos «ingleses da Inglaterra»[3]. Mas Perrinet Gressart não ousa aceitar esse reforço, temendo desagradar ao duque da Borgonha, o que não o impede, porém, de aceitar os bens oferecidos pelos ingleses. Esse bandido, portanto, está ligado a Henrique VI da Inglaterra por laços feudais e lhe rende homenagem como seu vassalo.

Durante o cerco de Orléans, Perrinet Gressart e suas tropas ocupam parte do Nivernais em nome dos ingleses: eles tomam Saint-Pierre-le--Moûtier e muitas outras fortalezas, como Rosemont — passagem sobre o Loire entre Decize e Nevers —; Passy, na estrada entre La Charité e Versy; Dompierre-sur-Nièvre; e La Motte-Josserand, no vale do Nohain, de onde Perrinet pode ameaçar Gien. Isso mostra o quanto sua posição era sólida.

A situação mudará completamente quando o exército francês começa a obter as suas primeiras vitórias. Porém, para que o rei possa tirar proveito dessas vitórias contra os ingleses, a Borgonha precisa permanecer neutra. Os conselheiros de Carlos VII trabalham então para estabelecer uma trégua, e por essa razão, enquanto marchavam em direção a Reims, não tomam Auxerre de assalto, mas negociam. Os borgonheses adotam posição semelhante. Muito mais conciliadores, não impõem nenhum obstáculo à tropa que se dirige à sagração. No dia seguinte à coroação, a trégua é assinada e durará até o Natal. Esse acordo com o rei da França não implica necessariamente no rompimento das boas relações entre a Borgonha e a Inglaterra. Os borgonheses estão preocupados, pois viram o exército real marchar pela fronteira do ducado e tomar as importantes praças-forte ao longo do Oise, Compiègne e Creil, que governam a Picardia; por pouco, ademais, Paris não mudara de lado. A própria Normandia não é mais uma fortaleza segura para os ingleses.

Perrinet Gressart não perdoou ao duque da Borgonha a situação desagradável pela qual passou quando foi convocado ao palacete Artois e escoltado até Paris pelo conselheiro do duque, Jean de Mazilles, um escudeiro. Ele relata o episódio em carta a Guillaume de Vienne:

---

[3] Archives de Côte-d'Or, B 11916.

> Quando cheguei ao meu destino [o palacete Artois], colocaram-
> -me num quarto e disseram que não falaria com ele [o duque],
> com o que fiquei assustado, e não sem motivo, visto que havia me
> convocado e me manteve prisioneiro enquanto esteve ausente
> da cidade de Paris[4].

Maltratado e desprezado pelos borgonheses, Gressart era, por outro lado, tratado com consideração por Bedford, que o cobria de dons e de presentes.

Gressart temeu perder La Charité quando foi sitiada por Joana. Ele sabia muito bem quem havia dado a ordem: «Essa cidade foi sitiada a pedido do senhor La Trémoille», afirma[5]. É evidente que ele não lhe perdoara por sua captura e pelo pagamento do resgate. Além disso, o rei precisava proteger o Berry, ainda ameaçado pelas incursões desse mercenário e seu bando. Os moradores de Bourbon, domínio do conde de Clermont, estavam igualmente sob ameaça, e é compreensível que La Trémoille e Clermont quisessem se livrar de Gressart. Enfim, La Charité era uma importante praça-forte no Loire, e o comércio ao longo do rio continuava ativo, embora bastante prejudicado pelos ataques dos mercenários.

Após o impulso dado por Joana d'Arc aos Armagnacs para a reconquista do território, Carlos VII se sentirá forte o suficiente para abandonar a política da trégua e explorar as suas vitórias, o que enfraquecerá a Borgonha consideravelmente. Nesse momento, sua esposa terá de penhorar suas joias em Genebra junto a um banqueiro, e um tesoureiro do duque, Jean Abonnel, deverá partir em missão para coletar fundos em todo o ducado. Um acordo de paz será celebrado em 22 de novembro de 1435 entre Perrinet e Carlos VII, que lhe devolverá as praças-fortes que possuía e irá nomeá-lo capitão de La Charité, com um soldo de quatrocentas libras por ano, a ser descontado dos rendimentos dos celeiros de La Charité e de Cosne. Além disso, deve receber dois mil *saluts* de ouro a cada três meses, mais oito mil que seriam pagos pelo duque da Borgonha, que se comprometeu a pagar até mesmo os mil *saluts* devidos pelo rei da Inglaterra a Perrinet Gressart.

---

4   Arch. Côte-d'Or, B 11916.
5   Perrinet Gressart, *Lettres*, Arch. Côte-d'Or, B 11918.

Gressart deve ter percebido rapidamente que o vento estava soprando em outra direção, mas nem por isso concedeu ao duque da Borgonha e aos Armagnacs um prazo para o pagamento: chega até mesmo a proteger dos ingleses os comboios de tonéis e barris de moedas de prata destinados a ele[6]!

A partir de então, Gressart não trata mais com o duque da Borgonha, mas diretamente com o rei da França. É nomeado oficial do conde de Nevers e livra a região dos bandos de saqueadores — dos quais, porém, é um representante. As últimas menções a Gressart aparecem em setembro de 1438, provavelmente a data de sua morte.

É surpreendente que nem os ingleses, nem o duque da Borgonha tenham tirado proveito de Perrinet Gressart e de sua habilidade para o combate. Jean de Wavrin, cronista borgonhês, traça um retrato bastante elogioso dele:

> Enquanto viveu, Perrinet combateu contra o rei Carlos mais do que qualquer outro de sua condição. Era sábio, prudente e homem de grandes feitos, sabendo como agir em todas as situações. Eu, autor da presente obra, o acompanhei em diversas competições e torneios em sua honra[7].

Podemos reconhecer nele certo talento, pois foi capaz de resistir durante doze anos, ao mesmo tempo, a ingleses, borgonheses e Armagnacs — apesar dos esforços de Joana d'Arc —, tendo conseguido acumular tanto fortuna quanto glória.

Contudo, houve um aventureiro que não soube aproveitar as mesmas oportunidades: François Surienne. Escolhido para ocupar o lugar do filho que não teve, Gressart lhe ensinou tudo e ainda o declarou herdeiro quando Surienne casou-se com sua sobrinha. Mas François não seguiu até o fim o exemplo de seu tio, que em 1435 afastara-se completamente dos ingleses. Ao contrário, comprometeu-se ainda mais com eles. O próprio Gressart deixara de confiar nele e, em 1432, mudou seu testamento em

---

6   Arch. Côte-d'Or, B 1660.
7   Jean de Wavrin, *Éd. de la Société de l'Histoire de France*, t. I, p. 264, citado por Bossuat, p. 250.

favor de outra sobrinha — que de toda forma não iria receber a herança, já que os bens de Gressart foram destinados a Jean Juvénal des Ursins, amigo de Carlos VII.

Em Montargis, Surienne continua leal aos ingleses e dali efetua ousadas incursões. Lembrando-se do tempo em que combatia ao lado de Gressart, os orleaneses ficam amedrontados. De Montargis, ponto de apoio bastante conveniente, organizaria expedições para saquear a Île-de-France. Em 1437, Xaintrailles, munido de um salvo-conduto, o visitaria e celebraria com ele um acordo pelo qual seria nomeado bailio de Saint-Pierre-le-Moûtier em nome de Carlos VII e receberia um soldo de doze mil *saluts* de ouro. Enquanto aguardava o primeiro pagamento, Surienne deveria proteger o castelo de Montargis com suas tropas, garantir que a cidade ficasse neutra e que os franceses pudessem ali se estabelecer. Mas, enquanto aceitava — ou fingia aceitar — a oferta do rei, tentou negociar com os ingleses: em 1438, Henrique VI renovou por mais um ano seu título de capitão da cidade e do castelo de Montargis. O bastardo de Orléans, por sua vez, entregou-lhe o valor acordado em nome dos Armagnacs, e o aragonês deixou o castelo, retomando imediatamente sua vida de mercenário e de aventureiro a serviço de Talbot e do duque de York.

Como os ingleses lhe confiaram a proteção de Verneuil, tentará, em seguida, estabelecer-se na Normandia, assim como fizera seu tio no Nivernais. Casa suas filhas com descendentes de importantes famílias normandas, e um de seus filhos vive na Inglaterra na companhia do duque de Gloucester. Ele continua a ignorar a trégua firmada entre França e Inglaterra e a levar sua vida de saqueador, sequestrando Dreux. Para expressar sua estima por ele, os ingleses não hesitam em nomeá-lo cavaleiro da Ordem da Jarreteira e conselheiro do rei Henrique VI — com uma gratificação de mil libras por ano —, além de atribuir-lhe diversas pensões e o castelo da capitania de Porchester, no Hampshire. Ele torna-se, assim, vassalo do rei da Inglaterra.

Apesar da trégua, e levando em conta todos os riscos — pois sabia que sua família seria desonrada —, investirá contra Fougères, cujo ataque será um verdadeiro massacre. Os saqueadores não poupam ninguém, e a pilhagem ultrapassa a enorme soma de 2 milhões de libras, parte da qual é enviada à Inglaterra. A cidade, no entanto, logo será retomada, pois o aragonês não tinha soldados o suficiente para defendê-la e a população lhe era hostil.

A situação fica ainda mais insustentável quando o exército de Carlos VII volta a triunfar e retoma Verneuil: o aragonês capitula mediante dez mil escudos de ouro. Em novembro de 1449, tropas bretãs invadem Fougères. Por fim, com a capitulação dos ingleses na Normandia, Surienne perde todos os bens que possuía. É então recebido por Carlos VII, mas, como nada obtém dele, decide retornar à sua terra natal, Aragão, com seus filhos e esposa (que adoecera). Para isso, Carlos VII lhe concede um salvo-conduto de seis meses. Antes de partir, querendo justificar a tomada de Fougères, afirma que agira por ordem dos ingleses e lhe devolve a ordem da Jarreteira da qual tanto se orgulhava.

Afonso V de Aragão escreve a Carlos VII para solicitar que todos os bens de François de Surienne lhe sejam devolvidos. Ele retorna à França e compra Pisy, no Auxerrois, do senhor de Arguel, tornando-se assim vassalo de Carlos VII[8]. Mas não é recebido nem pelos franceses, nem pelos ingleses, restando-lhe apenas retornar a Borgonha e oferecer seus serviços ao duque: combate os moradores de Gand ao lado do bastardo, a quem impede de cometer erros. Nomeado capitão de Gâvre, em Flandres, conservará essa função até 1457. Conselheiro e grão-camarista do duque da Borgonha, tornar-se-á em 1452 senhor de Châtelgérard, continuando a residir, entretanto, em Pisy. Assim retorna à sua primeira situação, recebendo rendas e honras que outrora lhe eram concedidas pelos ingleses.

---

8   A.N. PP. 110 f., ata de 7 de setembro de 1461.

XIII

JEAN DE LUXEMBOURG

Joana d'Arc foi capturada em Compiègne pelo bastardo de Wamdonne, vassalo de Jean de Luxembourg que a entregou a ele. Podemos nos perguntar se tinha ou não a possibilidade de não vendê-la aos ingleses. Poderia tê-la entregue a Carlos VII mediante o pagamento de um resgate?

Jean de Luxembourg é totalmente devotado ao duque da Borgonha, mas também é pago pelo rei da Inglaterra, recebendo todos os anos a quantia de quinhentas libras como conselheiro de Henrique VI. Seu irmão Louis, cardeal da Inglaterra, tem assento no conselho real. Na mesma noite da captura da Donzela, envia uma carta para contá-lo a seu irmão, que a recebe em 25 de maio, em Paris. Joana ficará presa por quatro meses, e é provável que Jean de Luxembourg não pudesse ter feito outra coisa senão notificar o rei da Inglaterra, de quem era vassalo. Na verdade, deveria ter entregue a prisioneira imediatamente.

Em Beaurevoir, Joana é bem recebida pela tia do conde, Joana de Luxembourg, e por sua esposa, Joana de Béthune. Conta-se que Joana de Luxembourg, madrinha de Carlos VII, havia pedido expressamente a seu sobrinho que não vendesse Joana aos ingleses, mas que Luxembourg não havia hesitado um só instante em renunciar à promessa feita à sua tia quando ela parte para Avignon, sem saber que ali morreria em 18 de setembro de 1430.

Pierre Cauchon também não perde tempo. Em 26 de maio de 1430, chega a Beaurevoir uma carta enviada pela Universidade de Paris solicitando que Joana fosse entregue à Inquisição. É provável que o bispo de Beauvais tenha sido o instigador dessa carta. Em 14 de julho, é enviada uma nova intimação para que a prisioneira seja entregue. Em 4 de agosto de 1430, os estados da Normandia votam um imposto de 120 mil libras tornezes para a continuação da guerra, e 10 mil são alocados para a compra de Joana. O bispo de Beauvais vem duas vezes visitar a prisioneira e tentar fazer com que Jean de Luxembourg ceda. Ele explica ao carcereiro que está descumprindo seu dever de cristão ao não entregar a Donzela para ser julgada pela Universidade por motivos religiosos. A compra de Joana é acertada pelos próprios ingleses, e ela não se engana quando diz a Cauchon: «Bispo, morro por vossa culpa!» Cauchon não age somente em nome da Universidade, mas também em nome do rei Henrique VI.

No entanto, o uso do termo «resgate» pode levar a um mal-entendido. Na Idade Média, um «resgate» não servia para garantir a liberdade de um prisioneiro? Nesse caso, representava principalmente a garantia dada pelos ingleses àqueles que capturaram Joana.

Dessa forma, Jean de Luxembourg não teve outra escolha senão entregar Joana d'Arc ao bispo Cauchon. Durante quatro meses, porém, parece ter hesitado em fazê-lo. Concedamos a ele o mérito da dúvida.

XIV

Pierre Cauchon

Tudo indica que tenha nascido em Reims por volta de 1371. Seria de uma família de viticultores, como propõe Jean Juvénal des Ursins, ou descendente de uma família nobre que se mudara para Reims depois dos caso dos Templários? Não sabemos ao certo. Entretanto, podemos estabelecer os laços familiares que unem Pierre Cauchon a Jean de Rinel, futuro secretário de Henrique VI. Marido de sua sobrinha Guillemette Bidault, ele era seu sobrinho-neto. Ao longo de suas vidas, ambos trabalharam juntos para a glória do rei da Inglaterra.

Depois de brilhantes estudos, Pierre Cauchon torna-se reitor da Universidade de Paris. Graças às suas habilidades jurídicas e oratórias, esse graduado em direito canônico é nomeado embaixador em 1407 para pôr fim ao Grande Cisma; em seguida, é nomeado cônego de Reims e de Beauvais, embora não pudesse ter acumulado essas duas funções[1]. Vidame (senhor temporal) da Igreja de Reims, Pierre Cauchon está subordinado ao duque da Borgonha, Filipe, o Bom. Em Paris, onde frequenta a corte ducal, torna-se um dos líderes da revolta cabochiana. Instigado por seus discursos, o populacho parisiense tenta tomar a Bastilha, devasta os palacetes de Guyenne e de Artois e chega a entrar no quarto do delfim, após neutralizar seus oficiais. Depois disso, a opinião pública não mais

---

[1] O acúmulo de benefícios eclesiásticos é uma das pragas da Igreja dessa época: os vazios criados pela Peste Negra deixaram vagos os benefícios dos quais certos clérigos argutos recebem atribuição sem exercer as devidas funções.

os apoiará, e a Grande Carnificina de Paris será desmantelada. Em 27 de setembro de 1413, o conde de Armagnac fará sua entrada na capital e Cauchon será banido dali. O duque da Borgonha envia-no então ao Concílio de Constança, onde defende as teses de Jean Petit, o grande apologista do tiranicídio.

Nomeado conselheiro de estado real, Cauchon faz várias missões em nome da Universidade Paris: enviado a Troyes, elabora com seu sobrinho Rinel o famoso tratado que deserda o delfim Carlos. Devido à crise e à discórdia entre Armagnacs e borgonheses, Henrique V interfere cada vez mais na política francesa. Os borgonheses tomam Paris, e a carnificina não pode ser evitada. Tanguy du Châtel salva o delfim levando-o no meio da noite para Vincennes. Pierre Cauchon é então nomeado bispo-conde de Beauvais sob a proteção do duque da Borgonha, a quem servirá usando todo o seu poder para derrubar o capítulo de Paris: instigado por Bedford, também consegue afastar Courtecuisse, o bispo parisiense — que fora nomeado pelo Papa —, enviando-o para Genebra. Dessa forma, conquista a confiança do regente. Totalmente apoiado pela Universidade de Paris, Cauchon é seu representante junto ao Papa Martinho V, e também é o enviado do rei da Inglaterra. Durante nove anos exercerá o cargo de bispo de Beauvais.

Em 1429, após a libertação de Orléans, Joana d'Arc conduz o rei a Reims. Alguns dias antes da sagração, em 26 de maio, Cauchon estivera em Reims, onde carregara o Santíssimo Sacramento durante o Corpus Christi. Fugindo da cidade com o objetivo de retornar a seu bispado, teve de refugiar-se em Rouen porque a população de Beauvais expulsara os ingleses e os borgonheses. Conselheiro de Henrique VI, rei da Inglaterra, o bispo recebia uma pensão de cem libras tornezes por ano[2]. Bedford tentou nomeá-lo bispo de Rouen, mas sem sucesso: o clero da cidade não o aceitou, e Bedford, sem querer indispor-se, não insistiu. Cauchon acaba recebendo apenas o bispado de Lisieux.

Em nome de Henrique VI, Cauchon se ocupa do resgate de Joana para que seja julgada por um tribunal da Inquisição na capital da «França inglesa», valendo-se de sua condição e de seu direito como bispo de Beauvais,

---

2 Paris, B.N. ms. fr. 20882, fol. 61 (Comptes de Pierre Surreau).

território em que Joana foi capturada. Para isso, vai a Compiègne e depois a Beaurevoir a fim de falar com Jean de Luxembourg. Após um esforço de meses, conseguirá, como sabemos, processá-la pelo crime de heresia.

Depois da morte de Joana d'Arc, Cauchon assiste à coroação de Henrique VI em Paris, em 16 de dezembro de 1431, como atesta o cronista Monstrelet:

> Estavam consigo, da nação da Inglaterra, seu tio, o cardeal de Winchester e o cardeal de York; seu tio, o duque de Bedford e o rico duque de York ; os condes de Warwick, Salisbury, Suffolk, bem como outros nobres cavaleiros e escudeiros da Casa da França; estavam ali presente os bispos de Thérouanne, chamado senhor Louis de Luxembourg; de Beauvais, mestre Pierre Cauchon; de Noyon, Mestre Jean de Mailly[3].

Bedford conseguira que os Pares da França favoráveis a seu rei assistissem à sagração, e o bispo participou até mesmo do jantar solene que se seguiu à Missa e à cerimônia:

> E nessa mesa, ao lado da câmara do Parlamento, estavam o cardeal de Winchester e mestre Pierre Cauchon, bispo de Beauvais, e o mestre Jean de Mailly, bispo de Noyon, como pares da França[4].

Como bispo de Lisieux, Cauchon recebe em Rouen o palacete da residência Saint-Cande, ou palacete de Lisieux, que não era do agrado do clero de Rouen. Não obstante, continua sua missão como embaixador de Henrique VI e vai a Calais em 1433, no momento das negociações para a libertação do duque de Orléans; depois, ao Concílio da Basileia, em 1435. Ali se encontra na boa companhia de Thomas de Courcelles, Jean Beaupère e Nicolas Loiseleur, que foram seus assessores e cúmplices durante o julgamento de Joana. Com a morte de Bedford, seguida logo pela morte do arcebispo de Rouen, Louis de Luxembourg, é nomeado

---

3   Monstrelet, *Chronique*, I, cap. 109.
4   *Ibidem*.

à sé da capital normanda, onde é auxiliado pelo juiz de Joana. Os dois compadres estão em Paris quando a cidade é tomada pelas tropas de Carlos VII e acabam tendo de buscar refúgio na Inglaterra e em Rouen.

Cauchon morrerá em Rouen em 18 de dezembro de 1442, antes mesmo da derrocada final das posições inglesas. Dessa forma, não poderá responder por seus atos no processo de reabilitação de Joana, mas seus sobrinhos-netos, que negociam sua herança, terão de fazê-lo. E como não querem tomar parte nessa polêmica, escrevem aos juízes da reabilitação, por intermédio do procurador Jean de Gouvis, para que a responsabilidade seja colocada sobre os inimigos:

> Ouvimos dizer que Joana, a Donzela, apesar de sua vida cristã, pura e sem mácula, foi vítima do ódio dos ingleses, que não lhe perdoaram o fato de lhes ter causado grandes perdas na guerra e ter tão bem servido o rei da França.

«Os herdeiros querem continuar a viver tranquilamente no casarão da rua de Cayne. O processo não lhes diz respeito», declaram, «porque nessa época éramos todos muito pequenos, ou ainda nem tínhamos nascido.»

Sua família não queria de forma alguma ter problemas com o novo governo, e por isso o repúdio enérgico.

XV

ROBERT DE FLOCQUES

Esse famoso esfolador assina Floquet, se autodenomina Robinet, mas se chama, na verdade, Robert de Flocques. A denominação de esfolador deve-se ao fato de que «todas as pessoas que com ele se encontravam, tanto de seu partido como de outros, eram totalmente despidas, até ficarem só com as roupas de baixo». Esses homens armados fizeram dos anos 1435-1444 um dos períodos mais tenebrosos de nossa história. Os bandos de esfoladores eram compostos de homens muito diferentes entre si: descendentes de importantes famílias da França, como Chabannes; nobres de segunda linha afastados de seus feudos, como Robert de Flocques; camponeses levados pela miséria, padres destituídos e prostitutas... Eles sequestram, estupram, matam, saqueiam com violência nas regiões de Hainaut, de Touraine, no Auxois, ou ainda na Champagne. Praticavam o que hoje chamaríamos de «extorsão», pedindo a um vilarejo, cidade ou indivíduo pagamentos negociados a fim de escapar ao saque. Se o valor não chegasse rápido o suficiente, efetuavam os saques necessários.

Mas Robert de Flocques, assim como seus companheiros La Hire, Chabannes e Xaintrailles, permanece fiel a Carlos VII. «Saquear e sequestrar lhes parecia menos condenável se os bens angariados lhes permitissem manter-se em pé de guerra à disposição do rei[1].»

---

1   André Plaise, *Un chef de guerre au XVe siècle, Robert de Flocques, bailli royal d'Évreux*, Évreux, 1984.

Poucos sabemos sobre os primeiros anos de atividade de Robert de Flocques. Esteve em Orléans? Participou da campanha do Loire ao lado de Joana? Esteve em Compiègne? São questões que permanecem abertas. A primeira vez que seu nome aparece é em 1432, no Beauvaisis: ali sequestra um poeta borgonhês que deveria ser executado por ordem de Carlos VII. Para levar seu trabalho a cabo e angariar os mil *saluts* de ouro do resgate, é auxiliado por La Hire e Poton de Xaintrailles.

Em 1437 vai para Tancarville, onde luta contra os ingleses; de fato, ao longo de toda a sua vida combaterá os ocupantes. Mas, para encontrar recursos, é obrigado a recorrer também às terras do duque da Borgonha, que, não contente com isso, solicita a Carlos VII que os compromissos assumidos em Arras sejam respeitados. A reação do rei é imediata: em carta, ordena que os saques sejam interrompidos e desautoriza expressamente os capitães Poton de Xaintrailles, Gauthier de Brussac, o bastardo de Bourbon, Antoine de Chabannes e Robert de Flocques etc.

Os estados da Borgonha vão desembolsar mais de seis mil *saluts* de ouro para que os bandos de esfoladores deixem seu território, ao que vão atacar Lorena, depois a Alsácia, onde espalharão um inimaginável e indescritível terror. Impedidos de atacar as protegidas cidades de Estrasburgo e Basileia, vingam-se na Bélgica, queimando mais de cem vilarejos. Em seguida, voltam para a Borgonha. Desta vez, a reação de Carlos VII será a ordenança de 2 de novembro de 1439: «Os capitães e soldados guardarão as fronteiras permanentemente.» Doravante, haverá apenas capitães escolhidos e nomeados pelo rei, que assegurará os seus salários. Era o início do exército permanente, mas essa ideia «revolucionária» não foi compreendida nem aceita por todos, pois até então a guerra era a atividade dos nobres e dos príncipes. Para combater os esfoladores, Carlos VII pune exemplarmente Alexandre de Bourbon: o ex-cônego companheiro de Rodrigue de Villandrando, preso em 1441 e julgado sumariamente, é lançado no rio, dentro de um saco, desde a ponte de Bar-sur-Aube. No calor do momento, o impacto dessas condenações foi grande, mas os esfoladores não demoraram muito para retomar a vida bandida.

Carlos VII realmente tinha condições de se privar desses homens? Se a *Praguerie* fracassara definitivamente, foi em parte porque os esfoladores se aliaram a ele, seguindo o exemplo de Rodrigue de Villandrando. Xaintrailles, Pierre de Brézé e Robert de Flocques participaram também das primeiras expedições, depois perseguiram os rebeldes até a Auvergne. Mas a trégua de 22 meses — de 1º de junho de 1444 a 1º de abril de 1446 — acabaria afigurando como um problema: o que fazer com os esfoladores? Carlos VII garantiria que fossem enviados para longe, usando como pretexto as dificuldades enfrentadas por Ferdinando III da Áustria nos cantões suíços e de René d'Anjou com os Messins. Mas, enquanto oferecia esse auxílio, colocando o delfim Luís à frente deles, causaria problemas ao duque da Borgonha, que ficara irritadíssimo com isso.

Os esfoladores perpetram então terríveis massacres, e seu retorno à França é igualmente sangrento: depois da Alsácia, vão saquear e sequestrar no território da Borgonha. Porém, graças à retomada da Normandia, um exército real será finalmente organizado, fazendo com que aceitem permanecer em quartéis: devidamente pagos pelo rei, não terão mais de garantir sua subsistência saqueando. A retomada da Normandia, embora tenha incorrido em alguns excessos, «foi um golpe de mestre».

Robert de Flocques participará de todas as reconquistas das cidades que, na perspectiva dos ingleses, são tomadas por «traição» — ou por «astúcia», quando é um francês quem relata a «rendição». De fato, ele e seus companheiros tinham espiões e pessoas com quem podiam contar em todas as cidades. Flocques foi muito bem recompensado por Carlos VII, que ofereceu-lhe, entre outras coisas, o palacete que pertencia a Talbot em Honfleur. Não pôde participar da entrada real de Rouen, pois quebrara a perna. Um detalhe engraçado sobre o caso: os cônegos da catedral, para fazê-lo esquecer um pouco de suas dores, enviam coristas para cantarem hinos para ele.

Até o final de sua vida, permaneceria nesse cargo e figuraria entre os mais importantes capitães de Carlos VII. Possuía uma centena de soldados e duzentos arqueiros sob seu comando, e os conservaria, como mostram os levantamentos realizados regularmente a cada três anos.

A vida de Robert de Flocques é representativa da história desses esfoladores que, de meros bandidos, passaram a ser no final de suas vidas semelhantes aos honrados Dunois ou Pierre de Brézé.

XVI

Jacques Gélu

Assim como Gerson, Jacques Gélu, arcebispo de Embrun, escreveu um tratado sobre o advento da Donzela. Homem de renome, Jean Girard, presidente do parlamento de Grenoble, e Pierre Lhermite, conselheiro íntimo de Carlos VII, lhe escrevem para pedir sua opinião sobre a «maravilhosa» chegada de Joana a Chinon. Eles mencionavam que ela já havia sido examinada em Poitiers por doutores da Igreja. Gélu exorta o delfim a ter cuidado e não se deixar enganar por uma aventureira, explicando

> que não se pode dar prontamente atenção às palavras de uma moça, uma camponesa, de um sexo frágil, que teve tempo para alimentar ilusões e é tão suscetível a elas; não se pode expor ao ridículo diante de nações estrangeiras, pois os franceses já são bastante difamados por sua tendência natural a serem enganados.

Por intermédio de Lhermite, Gélu recomenda ao rei exercícios espirituais para que tome a decisão correta e solicita que essa moça seja investigada. Três coisas a tornam bastante suspeita, acrescenta: 1. ela vem da região da Lorena, fronteira com os inimigos borgonhês e loreno; 2. é uma pastora «fácil de ser seduzida»; e 3. é uma moça, e «não lhe cabe pegar em armas, conduzir capitães, tampouco pregar, fazer justiça ou advogar». Recomenda, porém, não dispensá-la e tratá-la com respeito.

Gélu era um homem de grande cultura, cuja opinião era sempre solicitada por seus contemporâneos. Nascido no ducado de Luxembourg, estudara em Paris para ser advogado, onde se destacara. Isso o levou a ficar amigo do duque de Orléans. Com a morte de seu irmão, Carlos VI o nomeia presidente da província do Dauphiné, mas Gélu, que decidira abraçar a batina, pede-lhe o canonicato de Embrun. Carlos VI, no entanto, o chama de volta à Corte e o encarrega das finanças antes de enviá-lo ao Concílio de Constança, onde realiza a delicada tarefa de fazer com que Bento XIII retrocedesse em sua decisão de manter o cisma — sem sucesso. Em seguida, vai ao seu encontro em Perpignan, onde consegue estabelecer uma aliança entre o rei da França e Castela. De volta à Constança no momento da eleição do novo Papa, angaria alguns votos, mas é Martinho V o eleito. Em seu retorno a Paris, Gélu faz de tudo para impedir o tratado de Troyes: escreve ao rei da Inglaterra e aos senhores bretães que o apoiavam. Mas, diante de seu fracasso, retorna a Roma, onde é nomeado arcebispo de Embrun.

Logo que constatou que a Donzela havia «feito maravilhas», passou a apoiá-la e compôs um tratado dedicado a Carlos VII, que começa assim: «As maravilhas que acabam de acontecer para a eterna glória de Vossa Alteza e da Casa da França, e que ressoam em todos os ouvidos, tiveram uma jovem como instrumento.» E o arcebispo retoma toda a polêmica em torno de Joana d'Arc para mostrar a Carlos VII o caminho a seguir. Recordando que ele próprio havia duvidado dela, insistia nos fatos que não podiam ser refutados: através da obra de Joana, era possível ver a mão de Deus. Resumia, além disso, as calamidades sofridas pela França, o terror exercido sobre o povo pelos ingleses, que dividiam entre si o reino, e como o rei estava tão enfraquecido que lhe faltava até mesmo o necessário para a sua própria subsistência e a da sua Casa. Ele não poderia mais contar com nenhuma ajuda humana: foi exatamente essa aflição e essa miséria que levaram Deus a enviar essa jovem com «vestes viris» — pois aceitava as roupas adotadas por Joana. Insistia, em seguida, na legitimidade de Carlos VII: seus pais não podiam afastá-lo do trono, o que era contra os direitos naturais, divinos e humanos. Evocava também os gloriosos méritos dos predecessores do rei. Apesar de todas as convulsões provocadas pela guerra, escreve, o povo nunca havia deixado de crer na misericórdia e na bondade de Deus.

Gélu enfim afirma, para rebater todos os rumores segundo os quais Joana seria uma enviada do demônio, que: «A prova é que Deus agiu de uma só vez, de maneira instantânea. [...] A Donzela há muito começou a sua obra, sem tê-la ainda terminado.»

Para concluir, pede ao rei que recorra a Joana todas as vezes que tiver um problema a resolver, visto que é uma enviada de Deus — sem, com isso, negligenciar os meios humanos —, e lhe recomenda que «todos os dias faça uma obra particularmente agradável a Deus, e Ele lhe agradecerá com a Donzela».

Jacques Gélu morreu alguns meses depois de Joana d'Arc.

XVII

Jean Le Charlier de Gerson

Mais conhecido como Gerson — em referência ao lugar de seu nascimento —, Jean Le Charlier foi um dos maiores teólogos de seu século. Jean Gerson, como se autodenominava, nasceu em 14 de dezembro de 1363 nas Ardennes e morreu em 1429, pouco antes de Joana. Contudo, ainda teve tempo de julgar as suas ações e se posicionar a respeito dela.

Criança talentosa e estudiosa, logo foi notado pelo padre de seu vilarejo, o que permitiu que fizesse estudos brilhantes, ainda que tivesse origem humilde. Ingressou no famoso colégio de Navarre, em Paris, onde obteve seu doutorado em teologia em 1388, aos 25 anos. Tornou-se então professor nesse mesmo colégio, antes de ser nomeado chanceler aos 32 anos.

Escreveu diversos tratados criticando a idolatria, a magia, a astrologia e a superstição. Defendendo uma reforma do ensino popular, redige vários estudos sobre a questão também em francês, a fim de ser compreendido por todos. Seu papel mais importante foi desempenhado no Concílio de Constança, pois estava entre os que acabaram com as desordens do papado. Sobre esse assunto, escreve um opúsculo: *Da supressão do Papa pela Igreja*, mostrando que um Papa, mesmo eleito de forma regular, está sujeito ao julgamento de um concílio. Graças à sua ação, João XXIII, sucessor de Alexandre V, foi deposto em 29 de maio de 1415; Gregório XII abdicou e Bento XIII foi deposto, após muitos contratempos, em julho de 1417. O colégio eleitoral elege então Martinho V, o que põe fim a um cisma que já durava 36 anos.

Em Constança, Gerson também obteve a confirmação da condenação do célebre apologista do assassinato do duque de Orléans, Jean Petit — apoiado pelo duque da Borgonha —, contra quem sempre se opusera. Por essa razão, foi perseguido durante os distúrbios cabochianos de Paris e só escapou da massa refugiando-se nas torres da igreja de Notre-Dame. Sem esperar pela conclusão do concílio a respeito de Petit, achou melhor, por medo do duque da Borgonha, retornar a Lyon em vez de Paris, cidade onde o bispo Cauchon e alguns de seus partidários estavam prontos para livrar-se dele.

No entanto, a obra que aqui nos interessa é uma apologia de Joana. Em Lyon, recebera uma demanda para expressar sua opinião a respeito dela. Entre os examinadores do «processo de Poitiers» estava Gérard Machet, confessor do rei, que era seu amigo e discípulo. O opúsculo de Gerson seria lido e amplamente distribuído em todo o país, até mesmo na Itália, pois o comerciante Morosini envia um exemplar à sua família e ao doge de Veneza. Intitulava-se *De mirabili victoria cuiusdam Puellae de postfoetantes receptae in ducem belli exercitus regis Francorum contra Anglicos*[1] [A miraculosa vitória de uma Donzela que, de pastora de ovelhas, passou a comandante do exército do rei da França na guerra contra os ingleses[2]]. Gerson expõe os fatos e mostra que a «Donzela» não empregara nenhum sortilégio proibido, nenhuma superstição ou habilidade fraudulenta, e que não buscava seu interesse pessoal. Pelo contrário, sua vida é apresentada como a prova de sua fé. Assim, conclui, é possível apoiá-la tranquila e piedosamente. Ele solicita também que a posição em que o reino da França se encontra seja considerada: é absolutamente necessário que os ingleses sejam expulsos.

Em conclusão, o teólogo apresenta três princípios para justificar «o uso das roupas masculinas». É muito interessante constatar que antes mesmo do julgamento de Joana já corria a ideia de que «ela não deveria

---

1 Bibliothèque nationale, ms. lat. 14904 (Vict. 516): 14905 (Vict. 699), superv. por Dupin; ms. lat. 5970, superv. por Quicherat.

2 J.-B. Monnoyeur, *Traité de Jean Gerson sur la Pucelle*, Paris, 1930.

usar roupas diferentes das destinadas à sua condição feminina». O fato de um acadêmico tê-la defendido e justificado o uso das vestes masculinas mostra que, caso tivesse comparecido diante de um tribunal eclesiástico e não político, sem dúvida teria sido salva, ou pelo menos a questão teria se resolvido de outra maneira. Não é proibido usar essas roupas, explica, já que Joana expõe-se como guerreira e como soldado, e faz bem em cortar seus cabelos a fim de portar seu capacete de combatente.

Gerson morreria dois meses depois dessa profissão de fé na Donzela, que havia assim datado: «Em Lyon, 1429, 14 de maio, véspera de Pentecostes, após a vitória de Orléans e o fim do cerco dos ingleses, esse opúsculo foi escrito pelo chanceler Gerson».

Com a notícia de sua morte, em 12 de julho, ouviu-se nas ruas de Lyon: «O Santo se foi!»

TERCEIRA PARTE
Debates

I
O NOME DE JOANA D'ARC

«**N**a região onde nasci era chamada Joaninha, e na França, me chamam Joana», responde Joana durante a primeira sessão do processo de condenação, quando lhe perguntam o nome e sobrenome.

Em sua época, Joana nunca fora chamada *Joana d'Arc*. Via de regra, no século XV, era costume usar apenas um primeiro nome, acrescentando o nome do lugar de residência ou de nascimento e, às vezes, um nome seguido por um apelido. A mãe de Joana, Isabelle, é chamada nos textos Isabelle Romée [romeira], apelido advindo de uma peregrinação que teria feito. Joana explica também que em sua região as moças carregam o nome da mãe. Mas ela se autodenomina «Joana, a Donzela», e esse apelido é motivo de orgulho, o próprio sinal de sua missão.

Na *Carta aos ingleses*, ditada em 22 de março de 1429, em Poitiers, ela assim se dirige ao regente e a seus tenentes: «Devolvam à Donzela, enviada aqui por Deus. [...] Creiam firmemente em que o Rei Celeste enviará à Donzela força muito maior do que toda aquela de que podeis dispor». Em 5 de maio, numa intimação aos ingleses, seu escriba escreve o que lhe dita: «o Rei Celeste vos ordena e vos intima, por intermédio de Joana, a Donzela, que abandoneis as vossas fortalezas e retorneis a vosso país.» Aos moradores de Tournai, em 22 de junho de 1429; aos de Troyes, em 4 de julho desse ano, ou ainda a Filipe, o Bom, duque da Borgonha, em 15 de julho de 1429, ela se denomina sempre «Joana, a Donzela».

Os moradores de Reims, em agosto de 1429, e o conde de Armagnac no dia 22 do mesmo mês, conhecem-na também por esse nome. Nas três cartas que assina de próprio punho, o lemos assim grafado: «Jehanne». Para os homens do partido armagnac, para os cidadãos de Orléans, para seus companheiros de armas, ela é «Joana, a Donzela». Seus inimigos também a conhecem dessa forma; Bedford diz, por exemplo: *«called the Pucelle.»* Para o duque de Bedford era «a chamada Donzela», para seu pior adversário, Cauchon: «Joana, conhecida como Donzela», e, finalmente, para a Universidade de Paris: *«mulier quae Johannam se nominebat»* (mulher cujo nome era Joana).

Quer fossem favoráveis aos armagnacs ou aos borgonheses, os cronistas como Jean Chartier ou William Caxton, o autor do *Journal du siège d'Orléans*, Antonio Morosini ou Georges Chastellain também nunca se referem a «Joana d'Arc». Quanto aos poetas, Christine de Pisan ou François Villon referem-se a ela como «a Donzela», «Joana, a boa lorena», «a Donzela da França» ou a «Donzela de Deus».

O historiador vai se deparar com o nome «Joana d'Arc» somente na abertura do processo de nulidade de sentença. Em 1455, Calisto II assim nomeia seus irmãos no rescrito: «Pierre e Jean Darc e sua irmã *quondam Johanna Darc»*; o arcebispo de Reims, por sua vez, faz menção à família Darc: «Isabelle Darc, Pierre e Jean Darc, mãe e irmãos *defunctae quondam Jeannae Darc, vulgariter dictae* a Donzela». E, na petição da família, podemos ler: *«Ysabellis Darc, mater quondam Johannae vulgariter dictae la Pucelle»*. A expressão «Donzela de Orléans» surge apenas no século XVI. A primeira grande biografia sobre Joana, escrita por Edmond Richer, será publicada em 1630 com o título de *Histoire de Jeanne, la Pucelle d'Orléans*.

Qual seria, portanto, a grafia exata do patronímico de seu pai e de seus irmãos? Os grandes historiadores, como Quicherat, Siméon Luce, Ayroles, Champion, escrevem d'Arc. Pierre Tisset adota essa mesma grafia em sua tradução do processo de condenação. Na tradução do processo de nulidade de sentença, Pierre Duparc também adota essa grafia convencional.

Por outro lado, se recorremos aos textos originais, encontramos uma grande variedade de grafias: Darc ou d'Arc, mas também Dars, Day, Dai,

Darx, Dare, e Tare, Tard ou Dart: na época de Joana, portanto, não havia uma grafia fixa. No século XV, o apóstrofo não era indicado: Dalebret, Dalençon ou Dolon eram escritos como uma única palavra. Foi a grafia moderna que introduziu a conotação de origem ou de título nobiliárquico. Assim o duque de Alençon, o duque de Armagnac e Jean d'Aulon, Jean d'Auvergne, Guillaume d'Estivet indicam uma origem geográfica.

Em relação à família da Donzela, as pesquisas se orientaram em duas direções: algumas concluem que Joana recebeu uma origem popular, e outras, uma origem aristocrática.

Em seu *Traité sommaire tant du nom et des armes que la naissance et parenté de la Pucelle d'Orléans et de ses frères, fait en octobre 1612 et revu en 1628*, Charles du Lys escreve no capítulo II: «O próprio brasão dos ancestrais e outros descendentes de Jacques Darc traziam um arco com uma faixa de três flechas». Os descendentes de Joana, portanto, não utilizam o apóstrofo e assinam Darc. Charles du Lys, «homem esclarecido, em ação judicial junto a Luís XII a fim de obter a permissão de acrescentar o brasão do ramo mais antigo da família ao seu, não negligencia uma só vez em seu Tratado — destinado a justificar o seu pedido — a separação da partícula «Du» de seu sobrenome «Lys». Assim, se não emprega o apóstrofo no sobrenome Darc, é porque não tinha o direito de fazer isso[1].»

A atribuição de um brasão «azul com um arco dourado, apresentado de frente[2]» ao pai da Donzela, indicaria a origem nobre da família. A questão que devemos colocar então é esta: por que Carlos VII teria nobilitado essa família, concedendo a ela um brasão diferente do que já tinha? Esse brasão, cujo símbolo se referia exatamente ao nome Darc [do arco], não existia antes da nobilitação, sendo imaginado posteriormente.

O padre Doncœur conclui: «Consideramos que, salvo provas contrárias, a grafia Darc não tem nenhuma razão de ser escrita d'Arc. Os textos latinos nos quais esse sobrenome pode ser encontrado são uma contraprova formal. Se o patronímico indicasse uma origem geográfica o nome do lugar deveria, em latim, ser precedido pela partícula *de*.

---

[1] Bouquet, «Faut-il écrire J. Darc ou J. d'Arc?» Travaux de l'Académie de Rouen, 1865.
[2] Baron de Coston, «Origines éthymologiques et signification des noms propres et des armoiries».

Por essa razão, Guillaume Destouteville será grafado em latim *de Estoutevilla;* Guillaume Destivet, *de Estiveto;* Georges d'Amboise, *de Ambasia* ou *Ambasianus.* Jacques d'Arc teria escrito em latim *de Arco,* como em 1343 Pierre Darc, cônego de Troyes, se denominaria *Petrus de Arco*[3]. Essa grafia não é mencionada em nenhum texto.

Para alguns autores, o apóstrofo teria uma conotação aristocrática. Reportamo-nos à conclusão do *Moniteur du soir* que escrevia, em 1886, sobre a polêmica em torno da grafia do sobrenome do pai de Joana d'Arc: «Portanto, concluímos que a forma Darc parece preferível às outras, pois está em conformidade com as regras etimológicas e com a origem popular da jovem que se tornou ilustre por sua coragem e patriotismo.»

Outro documento interessante a ser consultado é a *Minute française* conservada em Orléans, que traz a forma Tart, respeitando a pronúncia da Lorena.

---

3   Père Doncœur, «Nouvelles littéraires», n. 1.198, 1950.

II

Orléans na época do cerco

Quando as tropas inglesas chegam para tomar Orléans, em 12 de outubro de 1428, veem-se diante de uma das mais belas cidades do reino, uma cidade-forte cercada de muralhas, reforçadas por torres construídas em intervalos regulares.

Construída a partir da antiga cidade galo-romana à qual se juntou no século XIV o antigo burgo de «Avenum», Orléans é, em 1345, a capital do ducado transformada em apanágio por Filipe VI de Valois em benefício de seu segundo filho, Filipe. Com a morte dele, em 1375, o ducado é novamente anexado ao Domínio real em 1392 e dado pela segunda vez como apanágio a Luís, irmão de Carlos VI. Desta vez, porém, não sem conflitos, pois os orleaneses estavam determinados a fazer valer os seus direitos. Assim conseguem obter uma carta de franquia em virtude da qual poderiam eleger doze procuradores num escrutínio de dois turnos.

Luís de Orléans, no entanto, com bastante diplomacia, logo ganhou aceitação popular. Em 1393, oferecendo uma esplêndida festa pública, convidou os procuradores de sua capital para dela participarem; lisonjeados, os magistrados compareceram, trazendo em nome dos moradores «vários gansos e catorze minas de molhos de nabos[1]». Essa festa foi oferecida em comemoração ao nascimento do filho do duque, ocasião em que Luís de Orléans criou a ordem do Porco-espinho, com a qual condecorou vários importantes magistrados da cidade.

---

1   Comptes de la ville d'Orléans, citados por Lemaire em *L'Histoire d'Orléans*.

As entradas do duque em sua cidade eram sempre motivo de festa para os moradores. As janelas eram decoradas com cortinas, tapetes e guirlandas de flores; fontes de vinho, de leite e de água perfumada eram erigidas em todos os cruzamentos.

Orléans contava com o duque como seu protetor. Desde a metade do século XIV a situação se tornara difícil, e todos se lembravam bem dos ataques comandados em 1358 por Robert de Knowles, que causaram pânico na cidade. Em 1367, as tropas do príncipe de Gales aterrorizaram a população, e igrejas colegiadas, assim como capelas das redondezas, foram destruídas. Muitos outros edifícios tiveram esse mesmo destino, como a igreja de Saint-Euverte, destruída pelos normandos no século IX, reconstruída e novamente demolida em 1358. Voltando a funcionar alguns anos mais tarde, seria mais uma vez devastada em 1428, quando os ingleses cercam a cidade.

As dificuldades aumentaram em 1380 com a cavalgada do duque de Buckingham. É compreensível que os orleaneses tenham buscado ajuda de seu protetor natural, Luís, e que passassem a dar atenção a sua defesa. As contas da fortaleza e da comuna o confirmam.

As muralhas que cercam a cidade passam por manutenções regulares. As cinco portas também passam por cuidados constantes: a porta da Borgonha, que dava para a estrada de Gien; a porta Parisis, localizada próxima ao *Hôtel-Dieu*[2], será murada durante o cerco e empregada apenas para a passagem de pedestres; a porta Bernier dava para a estrada de Paris, enquanto a porta Renard, perto da qual se situa a residência de Jacques Boucher, onde Joana ficara hospedada, dava para a estrada de Blois; finalmente, a porta Sainte-Catherine, no cais, correspondia à entrada da ponte. Cada porta é ladeada por duas torres com grades, e estão ligadas por uma ponte-levadiça ao bulevar que serve de ponto de defesa avançado, também fortificado e protegido por um parapeito de terra e por paliçadas.

---

2 Na Idade Média, o Hôtel-Dieu designava uma instituição administrada pela Igreja que prestava assistência e acolhia todas as pessoas que necessitassem de cuidados, não somente doentes mas órfãos, idosos, mendigos e peregrinos. [N. T.]

A ponte sobre o Loire era vigiada do lado da cidade pela torre do Châtelet e, na margem esquerda, por uma fortificação: as Tourelles, compostas de duas torres, uma com o telhado retangular e outra com o telhado redondo, construída no próprio rio. A ponte começava na rua das Hostelleries e na porta Sainte-Catherine, tinha dezenove arcos irregulares e atravessava uma ilha dividida em dois: a Motte aux Poissonniers, de um lado, e do outro lado a capela e a casa assistencial de Saint-Antoine-du-Pont.

A preocupação constante dos orleaneses aparece nas ordens de despesas das contas da fortaleza, que mencionam o pagamento das obras executadas para a manutenção das muralhas e da ponte:

> A Gillet por dois dias de trabalho de carpintaria para restaurar duas escadas, a primeira localizada na torre do Champ Hégron, a segunda próxima à Torre Saint-Flo, [...] por cinco soldos e quatro denários por homem, por dia, no total, dez soldos e oito denários.

(Para acessar algumas torres da muralha era preciso subir por uma escada localizada fora da torre). Cuidam também da segurança da ponte: «Uma fechadura na grade da ponte da qual Jehan Mahy tem a chave, quinze soldos».

Nesse período instável, a vigilância é também uma preocupação: «A Bernard Josselin, sentinela de Saint-Pair-Empont, pelo trabalho do mês de abril. A Jacquet le Prestre, pelas despesas do dia vinte e sete de abril com a visita para verificar os celeiros e a quantidade de trigo, e às citadas pessoas pela segurança da cidade: oito procuradores, oito cidadãos, oito notários e oito sargentos.»

Como podemos notar, nada é deixado de lado, e chegam até mesmo a pensar no conforto das sentinelas:

> A Jacquet Champon, no dia vinte e quatro de maio, pela compra de uma cama com colchão, travesseiro e colcha, [...] para que dois cidadãos durmam na torre Neuve[3].

---

3   Essas ordens de despesa foram extraídas das Contas de Jacques Deloynes, CC 549, anos de 1425-1427.

Obviamente, quanto mais nos aproximamos do cerco, mais frequentes essas intervenções se tornam. Durante o cerco, o cuidado com as muralhas é uma preocupação diária:

> Jean Boudeau, por cento e oito libras de ferro para a forja da cidade. [...] A Humbert François, pedreiro, por quatro dias de trabalho selando os ferros das tábuas da porta Bernier. [...] A Jean Chomart, em dezesseis de abril, em prata, pela compra de uma *toise*[4] de madeira [...] e pregos para o assoalho da torre do Heaume. [...] A André Godet, serralheiro, por uma fechadura instalada na barreira do bulevar da porta Bernier. [...] A Jean Coust e a dois outros carpinteiros, por dois dias de trabalho no bulevar da porta Parisis para fazer a carroça dos canhões[5].

Além do que poderíamos chamar de armamento defensivo, isto é, a manutenção das torres, das muralhas e da ponte, os procuradores de Orléans também cuidam do armamento de ataque. É novamente o livro de contas da fortaleza que nos fornece informações precisas acerca das compras de bombardas e canhões, bem como de sua instalação:

> A Jean Chomart, [...] por dezessete dias de trabalho de carpintaria para a construção das carroças dos canhões, e por mudar os canhões de lugar. [...] A Jean Volant, pagos a ele em prata por onze dias de trabalho de carpintaria e quatro dias de trabalho dos pedreiros que levaram e instalaram o canhão de Montargis à torre dos pomares de Saint-Sanson etc.

Compram também chumbo e preparam pólvora para o canhão: «A Jehan Savore, [...] por oito dias de trabalho fabricando a pólvora para o canhão. [...] A Jacques Boucher, tesoureiro do senhor de Orléans, pela compra de duzentas libras de pólvora para canhão que a cidade comprou dele, para cada um cento e vinte e um escudos de ouro[6]».

---

4   Antiga unidade de medida que correspondia a aproximadamente 2 metros ou 6 pés. [N. T.]
5   *Compte de forteresse*, CC 550.
6   Conta CC 550 de Jean Hilaire.

Além da compra de setas de besta, um atirador é designado para a defesa da cidade: trata-se de Colin le Lorrain. A análise dos documentos permite identificar que uma guarnição de cerca de duzentos homens fora organizada em Orléans.[7]

No pavimento superior à sala de reuniões dos procuradores fica o local onde são armazenadas as setas e a pólvora. Todos colaboram para a defesa da cidade, e cada uma das corporações de ofício se dedica a reforçar as barreiras e as paliçadas, mas surge um problema: os membros da Universidade, mais uma vez, declaram-se isentos do trabalho e não querem tomar parte. Carlos VII precisa então enviar cartas-patente lembrando que todos os habitantes, sem exceção, estão sujeitos a serem convocados para o serviço de vigia e de guarda e a pagar os impostos para a fortificação da cidade.

Para defender ainda melhor a sua cidade, os orleaneses não hesitarão, como vimos, em destruir os arredores. Os ingleses, por sua vez, vão edificar fortificações nos acessos às principais estradas e as nomearão Londres, Rouen e Paris — as cidades que estão em seu poder. Essas edificações estão ligadas entre si por paliçadas e bulevares fortificados: a cidade, portanto, está isolada. De qualquer maneira, três de suas portas estão bloqueadas: a porta Parisis, a porta Bernier e a porta Renard; apenas a porta da Borgonha permanece aberta.

A escolha de sitiar Orléans é bastante justificada: no final da Idade Média era, de fato, uma belíssima cidade, sede de uma conceituada Universidade de direito e importante centro comercial com o mercado de grãos da Beauce. Era também um dos maiores portos do Loire. Além disso, era uma cidade bem populosa para a época, com cerca de 30 mil habitantes.

---

[7] Françoise Michaud-Fréjaville, *Colloque d'histoire médiévale*, Orléans, outubro 1979: «Une cité face aux crises: les remparts de la fidélité de Louis d'Orléans à Charles VII d'après les Comptes de forteresse de la ville d'Orléans, 1391-1427».

III

A Batalha dos Arenques
(12 de fevereiro de 1429)

Do momento em que os ingleses sitiaram Orléans em outubro de 1428 até a chegada de Joana d'Arc, em 29 de abril de 1429, toda a atividade militar parece ter cessado; no entanto, vários fatos são relatados no *Journal du siège d'Orléans*[1].

Essa obra é, de fato, a compilação, feita por um orleanês, provavelmente um clérigo, dos eventos ocorridos durante esse período. A relação começa exatamente no momento da chegada dos ingleses, para terminar quando Joana libera a cidade. Esse texto oferece diversos detalhes sobre as forças militares, as idas e vindas dos diferentes arautos do rei ou dos senhores que estão no comando. Ele também nos dá uma ideia de como eram as fortificações, do trabalho feito pelos moradores e, principalmente, o estado de ânimo dos sitiados. A importância dada à chegada de comboios de porcos ou de ovelhas à cidade faminta mostra como importam os detalhes do dia a dia.

O *Journal du siège* também traz diversos fatos corriqueiros, mas reveladores, sobre a guerra no final da Idade Média, sobre o respeito à trégua — como no Natal, quando os menestréis cantam serenatas, e durante a qual todos se abstêm da guerra. Ele conta ainda que os poderosos da Inglaterra e os capitães designados para a defesa da cidade pelo delfim se convidam para jantar, trocam presentes etc.

---

[1] *Journal du siège Orléans*, Charpentier et Cuissard, Orléans, 1896.

Há ainda notícias, como a morte do conde de Salisbury, em 27 de outubro, bem no início do cerco; e depois a chegada de seu substituto no comando do exército inglês, John Talbot, em 1º de dezembro. O novo comandante vem acompanhado por mais de trezentos soldados bem equipados com víveres e munição, em particular diversas bombardas que entram imediatamente em ação e alcançam o seu objetivo, pois no final do mês várias casas são danificadas:

> Lançavam pedras contras as muralhas e no interior da cidade de forma contínua e com ainda mais força do que antes fizera o conde Salisbury enquanto era vivo, pois essas pedras pesavam 824 libras e causaram diversos males e danos a várias casas e belos edifícios da cidade. [Ninguém morreu, acrescenta o redator, para a surpresa de todos, pois na rua nos Petits-Souliers uma pedra caiu sobre a mesa de um homem, enquanto jantava.]

Um dos defensores da cidade, Jacques de Chabannes, ao tentar escapar, é atingido no pé; em 2 de janeiro, os ingleses tentam «escalar» o bulevar pela porta Renard, mas o alerta é imediatamente dado pela sentinela, e os ingleses são tão vigorosamente repelidos que só lhes resta dar meia volta, «e só ganharam um banho, pois nessa hora chovia muito forte». Em 6 de janeiro, relata-se uma saída dos orleaneses; cinco dias depois, Mestre Jean, o responsável pela colubrina, soube mirar bem, pois parte do telhado das Tourelles desaba, matando seus inimigos. No fim desse mês, a sentinela avista do alto das muralhas os ingleses enquanto arrancam as estacas das vinhas de Saint-Ladre e de Saint-Jean-de-la--Ruelle, para se aquecerem com essa madeira, os orleaneses saem então e fazem alguns prisioneiros. Nesse mesmo dia 30 de janeiro, o bastardo de Orléans parte para Blois para encontrar Carlos, duque de Clermont, filho do duque de Bourbon.

Alguns dias mais tarde, Jacques de Chabannes e La Hire saem da cidade e se colocam diante dos ingleses, que não esboçam nenhum movimento, e eles têm de retornar para dentro das muralhas. As tropas inglesas logo serão reforçadas por Falstolf, que chega com 1.200 combatentes; os orleaneses, por sua vez, têm a alegria de receber o condestável da Escócia, Jean Stuart, no comando de mil homens; o senhor d'Albret e La Hire também retornam com reforços.

É nesse momento que os orleaneses ficam sabendo que um comboio de víveres destinado aos ingleses deixou Paris e conta com cerca de trezentas carroças e charretes repletas de setas, canhões, arcos, mas também com barris de arenque — estavam perto da Quaresma e os combatentes deveriam respeitar os princípios da Igreja que prescrevia o consumo exclusivo de peixe durante esse período. O comboio deixa Paris em 12 de fevereiro sob a condução do Senhor «John Fascot» e do Senhor «Simon Maurier», reitor de Paris, além de vários cavaleiros e escudeiros ingleses, sendo escoltado por mais de 1.500 ingleses, picardos e normandos.

Os defensores de Orléans organizam então uma saída sob o comando do marechal de Sainte-Sévère e de Dunois, enquanto o conde de Clermont traz mais 4 mil combatentes; mas os dois batalhões não conseguirão efetuar a sua junção... Clermont vai para Rouvray-Saint-Denis, ao passo que La Hire e Poton decidem interceptar o inimigo e atacá-lo. Percebendo o movimento das tropas, a vanguarda dos ingleses detém o comboio e «estacionam suas carroças em forma de barreira», cercando-as com estacas afiadas para impedir que a cavalaria francesa se aproxime. Todos esperam o ataque montados em seus cavalos, exceto os arqueiros e os atiradores de setas, prontos a revidar. Vendo isso, o conde de Clermont envia repetidas mensagens proibindo qualquer ataque antes da chegada dos reforços. Mas o condestável da Escócia, impaciente, seguido pelo bastardo de Orléans, Guillaume Stuart, senhor de Mailhac e cerca de quatrocentos combatentes, ataca

> corajosamente, mas isso de nada adiantou, pois quando os ingleses viram que o grande batalhão que estava bem distante se aproximava covardemente e não recebera o reforço do condestável e de outros homens a pé, eles saltaram rapidamente a barreira que haviam construído com as carroças e atacaram os franceses que se aproximavam caminhando, dispersando-os.

Os franceses se encontram imediatamente em desvantagem e perdem quatrocentos homens. Os ingleses perseguem a infantaria, que, como relata o *Journal du siège*, estava completamente desorganizada: «os soldados estavam tão distantes uns dos outros que seu estandarte podia ser visto a menos de uma seta de besta do lugar de onde os franceses haviam atacado». La Hire e Poton, que não aceitam «fugir dessa forma tão vergonhosa», reúnem-se novamente com cerca de sessenta combatentes e perseguem os ingleses dispersos com tanto ardor que «matam vários». Mas se os dois valentes gascões conseguem reunir alguns homens, o conde de Clermont não ataca e parte. «Muitos foram os nobres e bravos capitães e chefes de guerra», conta o *Journal*, «que ali encontraram a morte.» Entre eles, os senhores Guillaume d'Albret e Jean Stuart, o condestável da Escócia, Jean Chabot, o senhor de Verduran etc. «Seus corpos são levados para Orléans e enterrados na igreja Sainte-Croix, onde recebem um honroso funeral.» Muitos homens ficaram feridos, entre eles o bastardo de Orléans, que teve o pé atingido por uma seta de besta, atirada «com grande dificuldade» por dois arqueiros. Quanto ao conde de Clermont, que fora sagrado cavaleiro naquele mesmo dia, sua atitude foi muito mal recebida pelos orleaneses: «Eles partiram em direção a Orléans, não honestamente, mas vergonhosamente.»

Os ingleses não perseguem a tropa e as carroças partem para suas bastidas. O retorno à cidade foi penoso para todos depois da «derrota» do exército. La Hire, Poton e Jamet du Tillet foram os últimos a entrar na cidade, a fim de garantir que «os das bastidas», ou seja, os ingleses, não saíssem e destroçassem o exército.

Esse seria o feito de guerra mais marcante e mais significativo dos sete meses de cerco. Se os orleaneses ficaram decepcionados com os seus defensores, ficariam ainda mais alguns dias depois, pois, em 18 de fevereiro:

> Partiu de Orléans o conde de Clermont, dizendo que iria a Chinon ver o rei, que ali estava. Levou consigo o senhor de La Tour; senhor Louis de Culan, almirante; senhor Regnault de Chartres, arcebispo de Reims e chanceler da França; senhor Jean de Saint-Michel, bispo de Orléans, nativo da Escócia; La Hire e vários cavaleiros

e escudeiros de Auvergne, de Bourbon e da Escócia, mais 2 mil soldados. Os habitantes de Orléans, vendo-os partir, não ficaram felizes.

A fim de tranquilizá-los, disseram aos moradores que retornariam para socorrê-los, trazendo comida e outros reforços. Permaneceram na cidade apenas o bastardo e o marechal de Sainte-Sévère. Foi então que os moradores se apavoraram, enviando Poton de Xaintrailles perante o duque da Borgonha, Filipe, o Bom e a Jean de Luxembourg para pedir--lhes que interviessem em seu favor e os colocassem sob sua proteção, já que o duque estava preso. Bedford recusa essa solução, e Filipe, o Bom, retira suas tropas, o que irrita o regente.

Um das figuras importantes da cidade que não intervém durante o cerco é seu bispo, o escocês Jean de Kirk-Michael (ou de Saint-Michel), porque foge da cidade no momento em que ela é sitiada pelos ingleses, refugiando-se em Blois. Ele fora nomeado pelo delfim Carlos para agradar os escoceses sempre dispostos a oferecer o seu auxílio. Desta vez, em 1420, mais de 6 mil escoceses desembarcam na França, comandados por John Stuart, condestável da Escócia, e Guillaume Stuart, o conde de Buchan. O primeiro é filho do duque de Albany, regente do reino da Escócia e tio de Jacques Stuart, preso na Inglaterra. Ele é nomeado condestável por Carlos VII. O segundo é filho de Alexandre, duque de Darnley, e, para agradecê-lo, em 1423 o rei lhe concede o território de Aubigny, em Berry, e o condado de Évreux, em cartas-patentes datadas de 26 de janeiro de 1426. Esses dois senhores foram sempre muito bem recebidos quando passavam por Orléans: em 1420, por exemplo, os procuradores doam-lhes bebidas, o conde de Buchan recebe dois barris de vinho, e o condestável, um. Em 1421, o condestável institui uma missa na catedral Sainte-Croix, que deveria ser cantada diariamente por coroinhas. Em 24 de setembro de 1425, recebe ainda 18 litros de vinho e quatro frangos capão bem cevados. Muitos escoceses passariam a morar na região, e até meados do século XIX havia ainda uma comunidade próxima a Henrichemont, na floresta de Saint-Palais.

As tropas escocesas sofreram muito nos confrontos com os ingleses: parte dos soldados morreu no campo de batalha de Cravant, em 1423, e em Verneuil, em 1424. Havia entre quinhentos e seiscentos escoceses nas tropas fiéis a Carlos VII.

O *Journal du siège* relembra a chegada deles: «Entraram em Orléans muitos bravos soldados devidamente vestidos, e entre eles estava Guillaume Stuart, irmão do condestável da Escócia.» Jean e Guillaume Stuart morreriam ambos na Batalha dos Arenques alguns dias depois.

Os escoceses também estarão ao lado de Joana ao longo de sua jornada. Fazem parte do comboio de suprimentos que deixa Blois em 27 de abril uma centena de soldados e quatrocentos arqueiros escoceses comandados por Patrick Ogilvy, condestável do exército escocês na França[2]. O bispo Jean de Saint-Michel, que veio com o exército de reforço escocês, acompanhará Joana na procissão de ação de graças que passou por todas as igrejas da cidade liberada em 8 de maio.

Os escoceses permaneceram leais a Carlos VII, e essa aliança será reforçada pelo casamento do delfim Luís com Margarida da Escócia, celebrado em Tours, na primavera de 1436. Mas a pobre delfina morreria em agosto de 1444, proferindo as seguintes palavras que resumem o que fora sua vida na França: «Vida infame! Já basta![3]» Enterrada em Châlons-sur-Marne, seus restos mortais foram mais tarde transportados para Saint-Denis.

---

2   B.N., fonds français, Ms 7858, fol. 50 v.

3   *Liber pluscardensis*, ed. Félix J.H. Skene, Edimburgo, 1870-1880, t. II, p. 288 (citado por Élie de Comminges, «Charles VII et les Écossais», *Cahier d'archéologie et d'histoire de Berry*, n. 43, dezembro, 1975).

IV

O ARMAMENTO NA ÉPOCA DE JOANA D'ARC

Após a investigação de Poitiers, como vimos, Carlos VII mandou fazer uma armadura para Joana no momento em que montava seu quartel-general. As contas de seu tesoureiro, Hémon Raguier, indicam explicitamente a compra desse armamento em abril de 1429: «Foi pago e conferido pelo tesoureiro, ao mestre de armaduras, por um arnês completo para a Donzela, 100 libras tornezes.» Com esse arnês, portanto, Joana estava equipada como os soldados de sua época. Jean Chartier especifica que ela fora «armada com um arnês completo, como se fosse um cavaleiro nato da Corte real». Ou seja, estava equipada como um cavaleiro de alta patente, pois 100 libras tornezes representavam um valor alto. Estima-se que para um soldado a compra do equipamento correspondia a um ou dois anos de salário.

Essa armadura ou arnês de Joana d'Arc foi conservada? Jean-Pierre Reverseau, curador do Museu do Exército, já não afirmou que «a cada vinte anos descobre-se uma armadura de Joana d'Arc?[1]». No catálogo da coleção de armas antigas reunidas no castelo de Amboise, em 1499, encontramos a menção a um «arnês da Donzela, munido de um *garde-bras*[2], de um par de manápulas, de um ornamento de cabeça onde há um um

---

1   J.-P. Reverseau, *Armement au temps de Jeanne d'Arc*, Conferência, Orléans, novembro, 1984.
2   Parte da armadura que cobre os braços, do cotovelo ao pulso. [N. T.]

gorjal de cota de malha, com as bordas douradas e o interior forrado de cetim vermelho». Se esse foi realmente o arnês usado por Joana, não podemos saber, mas poderíamos imaginar que sim. Por outro lado, os cronistas e os depoimentos do processo de nulidade afirmam o mesmo. Louis de Coutes, seu pajem; o duque Jean d'Alençon ou ainda Jean d'Aulon afirmam que, «para a sua proteção, o citado senhor mandou fazer à Donzela um arnês adequado a seu corpo». O escrivão da prefeitura de Albi, que a viu, conta que «Joana estava armada com ferro branco, da cabeça aos pés». Outros testemunhos, como o de Gui e André de Laval, que a viram perto de Romorantin, são mais marcantes, «armada toda de branco, exceto a cabeça, empunhando um pequeno machado, sobre um imenso corcel negro».

Uma das peças de armadura que pode ter pertencido à Joana é o bacinete — hoje exposto no *Metropolitan Museum of Art* de Nova York e proveniente da coleção Dino-Talleyrand-Périgord —, que teria sido deixado como ex-voto na igreja Saint-Pierre-du-Martroi, em Orléans. Na época, o bacinete era considerado uma proteção independente do restante da armadura — o termo arnês designava os vários componentes da armadura, como a armadura «da cabeça» ou «dos braços». Cada peça, portanto, era independente das outras, como atestam as contas dos mestres de armaduras a quem eram encomendadas separadamente: um arnês de pernas, um arnês de braços ou uma manopla.

No inventário de Amboise, a proteção da cabeça era uma cobertura, mais exatamente uma touca de cota de malha, com a borda dourada. Essa descrição se aplica, de acordo com Reverseau, a um bacinete: a menção à «borda dourada» pode corresponder tanto ao interior do bacinete de Joana quanto às fileiras de anéis de latão que circundavam o gorjal. A oposição cromática entre a cor do latão e o azul do gorjal — de fato, essas peças eram azuladas — era frequente. O capacete, proteção mais comum para a cabeça, era completo por uma pequena viseira móvel, por uma cobertura para nuca um pouco acentuada e, no alto, por uma saliência. Joana também usava uma capeline de abas largas, utilizada frequentemente nas escaladas das praças-fortes. Mas os contemporâneos também ressaltaram que muitas vezes ela costumava ficar com a cabeça descoberta, o que não é uma surpresa, pois os comandantes de alta patente usavam apenas um capuz ou um simples chapéu.

Joana também usava uma vestimenta de guerra de origem oriental, feita de lâminas de metal retangulares (em geral, de aço), o *jaseran*, muito utilizado no século XIV, e ainda uma brigantina — colete no interior do qual havia uma infinidade de lâminas de metal unidas por rebites, cujas cabeças formavam um desenho geométrico. O braço direito era protegido de forma mais leve para que a espada ou lança pudessem ser manejadas mais facilmente; o esquerdo, ao contrário, era dobrável para que pudesse segurar as rédeas do cavalo. As armaduras eram decoradas segundo um estilo «pomposo e extravagante» que correspondia «ao ideal estético da época em que se fazia abstração das considerações funcionais e refletia a exacerbação do gótico tardio[3]».

No século XV, os grandes mestres de armaduras eram milaneses e em todos os cantos da Europa as proteções para o corpo eram as mesmas. Christine de Pisan evoca reiteradamente os arneses que Carlos V mandara fazer nessa cidade — nos arquivos de Datini podem ser encontrados todos os detalhes relativos à fabricação dessas armaduras.

A infantaria, os arqueiros e todos os outros soldados que não faziam parte da cavalaria cobriam o tronco com uma jaqueta — vestimenta de lona costurada sobre couro e atada na frente — ou uma brigandina, protegiam as pernas com arneses e a cabeça com um capacete. Eles lutavam com uma *voulgue* (cutelo de haste), uma lança ou, ainda, um martelo de guerra para atravessar e quebrar os arneses.

---

[3] J.-P. Reverseau, *Les Armes et la vie*, Paris, Dargaud, 1982.

V
As espadas de Joana d'Arc

No texto do processo de condenação, Baudricourt relata que ofereceu a Joana uma espada quando partira de Vaucouleurs.

> Além disso, confessara que, na partida de Vaucouleurs, estava vestida como homem, carregava uma espada que lhe fora dada por Robert de Baudricourt, sem qualquer outra arma, e era acompanhada por um cavaleiro, um escudeiro e mais quatro servos[1].

Mandou então buscar uma segunda espada que estava atrás do altar da igreja de Sainte-Catherine-de-Fierbois:

> Contou ainda que enquanto estava em Tours, ou em Chinon, mandou buscar uma espada que se encontra na igreja de Sainte-Catherine-de-Fierbois, atrás do altar; e logo a encontraram toda enferrujada.

Questionada sobre como soubera que havia uma espada ali, respondera:

> Essa espada estava enterrada, enferrujada e trazia cinco cruzes gravadas. Pelas vozes, ela sabia que a espada estava ali e nunca vira antes o homem que foi buscá-la. Escreveu aos clérigos do lugar para que concedessem a ela essa espada e eles a enviaram. [...] Ela não estava enterrada muito profundamente, e os clérigos,

---

[1] Tisset, *op. cit.*, t. II, p. 52.

> no momento em que a encontraram, a esfregaram para limpar a ferrugem. [...] Um armeiro de Tours foi então buscá-la; [...] os prelados de Tours lhe presenteiam com uma bainha, assim como os moradores de Tours; ao todo, portanto, tinha duas bainhas, uma de veludo vermelho e outra de brocado; e ela manda confeccionar ainda uma de couro bem resistente. [...] Quando foi capturada não carregava essa espada, mas a que tomara a um borgonhês.

«Possuía ainda uma espada tomada de um borgonhês[2].» Trata-se, portanto, de uma terceira espada. E havia ainda uma quarta, tomada também de um borgonhês, bem como todo seu armamento, que foi oferecido por ela em Saint-Denis. Questionada quanto ao paradeiro desse objeto, respondeu «que oferecera uma espada e uma armadura na abadia de Saint-Denis». Cercada por perguntas, explicou que «nada diria sobre a espada encontrada em Sainte-Catherine-de-Fierbois, pois isso não tinha nenhuma relação com o processo e, por enquanto, não responderia». O duque da Borgonha, por sua vez, enviara-lhe uma adaga após a liberação de Orléans e «a cidade de Clermont lhe presenteou com duas espadas e uma adaga».

Algumas testemunhas do processo de reabilitação afirmaram que, em certa ocasião, Joana quebrara sua espada nas costas de uma moça em Auxerre ou Saint-Denis, mas Louis de Coutes os contradisse formalmente em seu depoimento, afirmando:

> Ela não queria que houvesse mulheres entre os soldados e certa vez, perto de Château-Thierry, ao notar uma prostituta, perseguiu-a com a espada desembainhada, mas sem feri-la, limitando-se a admoestá-la com brandura e caridade para não mais procurar pelos soldados, senão ela, Joana, tomaria as medidas necessárias.

Existe realmente alguma relíquia de Joana? Costuma-se citar uma espada conservada em Dijon na qual estão gravados os nomes de Carlos VII e de Vaucouleurs, com o brasão da França e o de Orléans. Depois de análises, concluiu-se que essa espada teria sido gravada no século XVI pelos membros da Santa Liga, que tinham verdadeira adoração por Joana[3].

---

2   Tisset, *op. cit.*, t. II, p. 52.
3   *Ibid.*, p. 76.

VI

A LÍNGUA DE JOANA D'ARC E DE SEUS CONTEMPORÂNEOS

Vamos recordar a resposta de Joana a Seguin Seguin, um dos juízes de Poitiers, quando lhe pergunta: «Que tipo de linguagem fala a sua voz?» «Melhor que a vossa», ela diz. Seguin Seguin explica que falava o dialeto limosino com um sotaque pronunciado.

Pelos depoimentos do processo de nulidade conhecemos algumas expressões utilizadas pela Donzela. Jean Pasquerel, seu confessor, relata a apóstrofe dirigida a Glasdale: «Glasidas, renda-se, renda-se ao rei celeste![1]» Também sabemos pela carta aos moradores de Reims, de 16 de março de 1430, que pronunciava as letras «j» ou «y» com o som de «ch». Dessa forma, o padre, que não entendeu direito a palavra *joyeux* [alegre], grafou *choyeux*. Em seguida, levando em conta o sotaque de Joana, riscou a palavra e a escreveu corretamente. Quanto à expressão retomada por Haimond de Macy e por Colette, esposa de Millet, *«en nom Dé»* [em nome de Deus] trata-se de uma expressão típica da Lorena. Dunois também fala *«fille Dé»* [filha de Deus], isto é, *«fille de Dieu»*, em francês.

Joana, portanto, falava francês, ou seja, uma língua românica, mas com o sotaque da Lorena (que é o mesmo até hoje). Na pronúncia dessa região, costuma-se acrescentar um «i» no final das palavras e pronunciar o «é» de forma fechada. Domrémy, «esse remanso do Alto Mosa, quer

---

[1] Em francês: *«Glasidas, rends-ti, rends-ti, au roi du ciel»*; o correto seria dizer *«rends-toi»*.

pertencesse ao reino ou ao Império, era francês em seus modos e sua língua, e sua maneira de falar românica era marcada por influências da região da Champagne, assim como suas instituições e sua arte[2]».

A partir do século XIV, explica Philippe Contamine[3], um dialeto prevalece nas camadas superiores da sociedade — o dos franceses, isto é, dos habitantes de Paris e da Île-de-France, que logo se estenderá à administração real. No norte, fala-se a língua «d'oïl» e no sul a língua «d'oc». Algumas regiões conservaram seus idiomas próprios como a Bretanha, a Gasconha e o País Basco; o flamengo é falado em Flandres, no Boulonnais e na Calésie. No sul, a língua falada é o romano ou língua vulgar, por oposição ao latim; no Limousin, fala-se o «lemosi» e, na Provença, o «prouensal» [provençal], por oposição à língua do rei, o francês. Em todo o sul, nos séculos XIV e XV, o latim continua dominante nos atos administrativos e jurídicos.

Na Inglaterra, a unificação da língua é feita a partir do dialeto londrino. Da conquista normanda até o século XIV, fala-se ali um francês deturpado, o anglo-normando, com uma predominância social e cultural do francês, mas isso muda no século XIV. Nos anos 1300-1324, o autor anônimo do *Cursor mundi* proclama: «Escrevi este livro para que pudesse ser lido na língua inglesa, e por amor ao povo inglês, o povo inglês da Inglaterra [...] Cada um com a sua língua, assim não desrespeitamos ninguém[4]». A mudança ocorre com os Lancastre, que falam apenas o inglês. Eduardo III, por exemplo, solicita que os julgamentos ocorram em inglês e sejam registrados em latim: em 1363, pela primeira vez uma sessão do parlamento em Westminster ocorrerá em língua inglesa. O rei seguinte, Ricardo II, fala inglês, mas ainda compreende muito bem o francês. Os que mais demorarão a utilizar o inglês em seus negócios serão os cervejeiros de Londres, que empregarão a língua em seus atos administrativos somente a partir de 1422.

Desta forma, os dois países têm cada um a sua língua própria e querem definir-se em relação a ela. Henrique V, por exemplo, ordena que o

---

2   Pierre Marot, *Jeanne la bonne Lorraine à Domrémy*, Nancy, 1980.
3   *La vie quotidienne pendant la guerre de Cent Ans en France et en Angleterre*, Paris, 1976.
4   Citado por Philippe Contamine, *op. cit.*

tratado de Troyes seja traduzido para o inglês e possa ser conhecido na Inglaterra; com Salisbury, dirige-se aos cidadãos de Londres em inglês para anunciar-lhes as vitórias e solicitar subsídios. Bedford, em carta a Henrique VI, insere ali muitas palavras francesas para explicar que suas derrotas se devem à intervenção da Donzela:

> *And Alle thing there prospered for you, til the tyme of the siege of Orleans taken in hand, God knoweth by what advis. At the whiche tyme, after the adventure fallen to the persone of my cousin of Salisbury, whom God assoille, there felle, by the hand of God, as it seemeth, a greet strook upon your peuple that was assembled there in grete nombre, caused in grete partie, as y trowe, of lakke of sadde beleve, and of unlevefulle double that thei hadde of a disciple and lyme of the Feende, called the Pucelle, that used fals enchauntements and sorcerie. The which strooke and discomfiture nought oonly lessed in grete partie the nombre of youre people [...].*

Nos documentos militares como as *endentures*[5], as expressões variam a depender de quem as escreve: na Inglaterra, um escriba inglês, ou na França, um secretário francês que transcreve o que ouve. O respeito à língua nacional não é expressamente definido no tratado de Troyes, mas subentende-se, pois ele facilita «as relações dos conquistadores com as populações conquistadas, sem ferir o seu orgulho. Isso permitia encontrar facilmente na região funcionários e escribas, sem ter de trazê-los do outro lado do canal da Mancha[6]». Por essa razão, encontramos muitos nomes de escribas franceses no exército inglês. Na França, em documentos militares, os ingleses tentam adotar gradualmente o francês e afrancesar os seus nomes: John of Pothe se torna Jehan Avothe e, depois, John Abote. Os descendentes dos companheiros de Guilherme, o Conquistador, também têm seus nomes traduzidos: é o caso de William, Alexandre, John Pole que se torna La Poule, de la Poule.

---

5   Cf. página 275.
6   *La langue employée dans les documents anglais de la guerre de France au moment du siège d'Orléans*, Bulletin S.H.A.O., 1982.

Outro exemplo de mistura do francês, do inglês e do anglo-normando é o da língua usada pelo mordomo de Warwick em Rouen, em 1431-1432. Suas contas fornecem diariamente preciosas informações sobre as pessoas recebidas à mesa de Richard Beauchamp. Ali encontramos frases como: «Venerunt Madame Talbot cum 1 damicella, 1 scutifero; 2 marchaunts ville», ou, ainda, «Item expense: un panyer makerelles, 4 sole empta, [...] 50 creveys»[7].

A hipótese normalmente formulada de que, se não fosse Joana, «o francês teria maiores chances de sufocar o inglês nascente» não parece ter muito respaldo.

Como aponta François de Coudenberg[8], o francês era além de tudo a língua da heráldica e tornou-se também a da diplomacia; por essa razão, era falado sobretudo nas cortes, pela nobreza e pela alta burguesia.

---

7   Marie-Véronique Clin-Meyer, *Le registre de comptes de Richard Beauchamp, comte de Warwick, 14 mars 1431-15 mars 1432*, Mémoire de diplôme, École des Hautes Études en Sciences Sociales, maio, 1981.

8   F. de Coudenberg, «Jeanne d'Arc. Faut-il la brûler de nouveau? », *Intermédiaire des Chercheurs et des Curieux*, outubro, 1981.

VII

A CAPTURA DE JOANA D'ARC DIANTE DE COMPIÈGNE

Joana d'Arc foi traída diante de Compiègne em 23 de maio 1430? Em outras palavras, Guillaume de Flavy mandou içar intencionalmente a ponte-levadiça para que ela não pudesse se refugiar na cidade? Podemos também nos perguntar se a cidade de Compiègne estava realmente em perigo e se Flavy deveria fechar essa porta. Em seu livro *La prise de Jeanne d'Arc devant Compiègne et l'histoire des sièges de la même ville*[1], publicado em 1889, Alexandre Sorel consideraria Guillaume de Flavy um traidor; porém, em 1934, J.-B. Mestre afirmaria: *Guillaume de Flavy n'a pas trahi Jeanne d'Arc* — «Guillaume de Flavy não traiu Joana d'Arc[2]». O que aconteceu de fato?

Em 1430, o futuro de Compiègne parecia sombrio: os moradores têm ainda frescos na memória os oito ataques sofridos entre 1415 e 1430. A cidade foi tomada sucessivamente pelos armargnacs, pelos borgonheses e pelos ingleses. Os moradores, porém, haviam decidido após deliberação «servir bem e lealmente ao rei». Dessa forma, é fácil compreender o carinho que Joana demonstra por eles durante seu cativeiro e o desejo de protegê-los em razão de sua lealdade ao rei Carlos.

---

1   Paris, 1889.
2   Paris, 1934.

Logo que souberam das vitórias de Orléans e de Patay, depois da marcha em direção a Reims, os moradores de Compiègne expulsaram a guarnição inglesa dali e enviaram as chaves da cidade a Carlos VII e à Donzela, além de substituírem Jean Dacier, abade de Saint-Corneille e partidário dos borgonheses, por Philippe de Gamaches, abade de Saint-Faron de Meaux; Boudon de La Fontaine, um notável também acusado de conluio com os borgonheses, foi expulso sem a menor cerimônia pelos próprios moradores.

Nesse mês de maio de 1430, os borgonheses decidiram retornar ao combate ao lado dos ingleses e o pequeno rei Henrique VI desembarcara em Calais em 23 de abril com uma frota de 47 navios trazendo mais de 2 mil homens. Vinha acompanhado pelo cardeal de Winchester, pelo duque de Norfolk, de Huntington, de Warwick, de Stafford, d'Arundel etc. O bispo Pierre Cauchon foi enviado especialmente para recebê-lo em Calais. Nesse ínterim, recomeçam as hostilidades entre ingleses e borgonheses; Carlos VII não se engana quando escreve ao duque da Saboia para informá-lo do acordo de paz independente que deseja oferecer a seu primo Filipe da Borgonha: decepcionado, propõe um novo encontro em Auxerre, em 1º de julho. Ele logo perceberia que os ingleses não vieram para estabelecer o acordo, pois não haviam trazido os duques de Orléans e de Bourbon e o conde d'Eu de volta à França. Compiègne e Creil também não foram devolvidas a Jean de Luxembourg.

Enquanto o exército inglês estava ocupado com o cerco de Pont-à--Choisy, Joana entra em Compiègne no dia 13 de maio e é recebida com todas as honras pelos escabinos da cidade. Ela dispõe de cerca de 2 mil homens e se propõe, como de costume, surpreender os ingleses. O ataque ocorre no dia 15, ao amanhecer, e o efeito-surpresa funciona; a tropa armada, porém, deve bater em retirada e recuar para dentro de Compiègne. Joana então planeja montar uma nova operação para separar as diferentes tropas cortando a linha de comunicação Ourscamp-Sempigny-Noyon. Com esse objetivo, vai até Soissons, mas o capitão da cidade, Guichard Bournel, não autoriza a entrada de suas tropas, que têm de acampar nos campos ao redor da cidade. Ele negociara algum tempo antes com Jean de Luxembourg e conquistara o bispo da cidade, Regnault de Fontaine, para a sua causa. Após a chegada de Joana, entregará Soissons a Jean de Luxembourg por 4 mil *saluts* de ouro.

Como não pode atravessar o Aisne pela ponte de pedra de Soissons, Joana, furiosa por ter sido ludibriada por Boumel, precisa retornar a Compiègne e ir em direção a Crépy-en-Valois. Filipe, o Bom, por sua vez, não ficou parado, e mandou construir uma ponte improvisada sobre o Oise. Seu exército vem acampar diante de Compiègne, na margem norte — e o cerco começa.

Alertada, Joana parte em 22 de maio e atravessa a floresta durante a noite. Na manhã do dia seguinte, já está diante de Compiègne. Ela será capturada enquanto tenta escapar em direção de Margny. Para compreender a sua captura foi possível, é necessário examinar a configuração do terreno e o mapa da cidade no século XV.[3]

Em 23 de maio ela sairá, portanto, para escaramuçar contra os ingleses, mas se verá diante de um exército bem maior do que o previsto. Então é dada a ordem para recuar e encontrar refúgio no interior das muralhas. As portas estão fechadas — e que portas são essas?

Joana não encontrou a porta da cidade fechada, e sim a porta da ponte, mais exatamente a do bulevar: a porta da paliçada da escarpa que circundava a ponte. Não era fundamental, portanto, que Guillaume de Flavy a fechasse para manter a salvo sua cidade.

Compiègne estava bem protegida, a artilharia estava disposta sobre as muralhas, havia a grande torre fortificada, assim como a porta Notre-Dame, e a ponte de 150 metros que atravessava o Oise também era controlada por um mecanismo bastante confiável. Mais adiante havia um bulevar, fossos cheios de água e a famosa paliçada da escarpa. Foi, portanto, nessa fortificação que Joana não conseguiu entrar para refugiar-se. O bulevar que impedia o acesso à ponte era composto de tábuas, de terra e de palha e formava uma proteção bastante eficaz, pois as bolas de canhão ricocheteavam ou se engolfavam ali sem causar danos.

---

[3] Colonel de Liocourt, *La Mission de Jeanne d'Arc*, Nouvelles Éditions Latines, t. I et II.

Há três testemunhos que sugerem a traição de Guillaume de Flavy. A *Crônica de Flandres*[4] aponta que:

> Desde então disseram e afirmaram que, por inveja, os capitães da França, com o apoio que alguns membros do Conselho do rei davam a Filipe de Borgonha e ao senhor Jean de Luxembourg, buscavam uma forma de enviar a Donzela à fogueira.

O Diarium ou *Crônica de Heinrich Token:*

> Por traição dos capitães que não aceitavam bem que uma jovem os comandasse e que a glória da vitória por eles reivindicada fosse atribuída a ela, Joana foi então vendida aos ingleses pelo bastardo da Lorena [*sic*], que a prendeu por traição[5].

O terceiro testemunho é do advogado Rapioux, que, em pleno Parlamento, afirmou:

> E não devemos acreditar que recusou 30 mil escudos, visto que fechou as portas à Joana, a Donzela, levando à sua captura, e dizem que por ter feito isso recebeu muitos lingotes de ouro[6].

Esse advogado, que não foi processado por isso, fazia alusão à quantia oferecida pelo duque da Borgonha para que Guillaume de Flavy entregasse a cidade de Compiègne.

Um argumento essencial da tese de J.-B. Mestre transforma o capitão de Compiègne no homem que «protegeu» sua cidade dos borgonheses. A defesa da cidade é, portanto, um ponto a favor de Flavy. Mas isso significa fazer um amálgama inconcebível entre o patriotismo e a devoção à Joana. Guillaume de Flavy, na verdade, não seguia outra regra senão a de seu interesse pessoal. E seu interesse, depois de se livrar da Donzela, foi defender o lugar que adotara como a capital de seu exíguo principado.

---

4   *La Chronique de Flandres*, XIX, 1882, p. 62.
5   *Un nouveau témoignage contemporain de Jeanne d'Arc*, BEC, 1928, pp. 455-456.
6   Archives nationales, X2 A24, Registre du Parlement; citado por Ayroles, *La vraie Jeanne d'Arc*, t. IV, p. 93.

Além disso, segundo Jean Chartier[7], a defesa heroica de Compiègne contra os anglo-borgonheses deve-se a Philippe de Gamaches. Parece evidente que J.-B. Mestre não estudou muito bem a defesa da cidade. De fato — e consideramos que esse seja um argumento crucial — não havia perigo mesmo se a primeira porta-paliçada tivesse ficado aberta, o que teria permitido que Joana d'Arc encontrasse refúgio. Na pior das hipóteses, mesmo se essa porta tivesse sido tomada, a proteção da cidade continuaria assegurada.

---

[7] J. Chartier, *Chronique de Charles VII*.

VIII

Joana d'Arc, bastarda real?

Todos os anos são lançados pelo menos dois livros anunciando aos quatro ventos que, «finalmente», foram descobertos novos documentos que permitem afirmar que Joana d'Arc não foi queimada ou que era uma bastarda, filha de Isabel da Baviera e de Luís de Orléans, logo, irmã de Carlos VII. E como não há limites para o absurdo, afirma-se também que ela teria fugido, que Cauchon, Bedford e Warwick fizeram de tudo para garantir que não fosse queimada, que outra pessoa foi colocada na fogueira em seu lugar etc.

Seja em *Moi, Jeanne obéissance*, em *Jeanne d'Arc et la Mandragore*, ou, ainda, em *Secret de Jeanne d'Arc, la Pucelle, d'Orléans*, todos esses livros não são nem um pouco originais e apenas se repetem entre si. Alguns deles retomam as pseudo-demonstrações dos séculos XVII e XVIII, os outros — os defensores da bastardia — retomam as alegações de um homem chamado Pierre Caze, sub-prefeito de Bergerac, que, certamente para aliviar o tédio, publicou em 1805 o primeiro livro que afirmava que Joana d'Arc era fruto do adultério de Isabel da Baviera.

Mas voltemos à tese da evasão: temos a informação de que uma mulher chamada Claude des Armoises se fez passar por Joana e durante certo tempo conseguiu enganar algumas pessoas. Em 1436, os orleaneses que ouviram falar dessa mulher enviam a Arlons um mensageiro chamado Coeur de Lys, que parte em 31 de julho e retorna em 2 de setembro. Nesse ínterim, Petit-Jean, irmão de Joana, presente em Orléans em 5 de agosto, afirma trazer notícias da parte de sua irmã. Oferecem-lhe um jantar, e depois disso vai ao encontro do rei em Loches. Ele retorna a Orléans em 21 de agosto, reclamando que os oficiais não lhe pagaram os 100 francos que o rei ordenara, mas apenas 20. Os orleaneses, por sua vez, lhe dão a módica quantia de 12 francos. Outro homem diretamente enviado por «Joana» é também recebido em Orléans: trata-se do mensageiro Fleur-de-Lys, que está na cidade em 9 de agosto e, depois, no dia 25. A chamada *Crônica do Deão de Saint-Thibault-de-Metz* nos conta a extraordinária aventura da tal Claude:

> No ano de 1436, o senhor Philippin Marcoult era mestre escabino em Metz. Nesse mesmo ano, no vigésimo dia de maio, a Donzela Joana, que esteve na França, veio à Grange aux Ormes, perto de Saint-Privas. Ela viera falar com alguns senhores de Metz, se autodenominava Claude e, nesse mesmo dia, vieram encontrá-la seus dois irmãos, um dos quais era cavaleiro e se chamava senhor Pierre, e o outro, Petit-Jean, escudeiro. Eles acreditavam que ela tivesse sido queimada, mas, quando a viram, logo a reconheceram, e ela também os reconheceu. Em seguida, Claude des Armoises encontrou o senhor Pierre Louve, conselheiro do duque da Borgonha, que lhe deu um cavalo, e seu equipamento de guerra masculino ficou completo graças a um senhor de Boulay e um homem chamado Nicole Gronart, que lhe ofereceu uma espada.

O cronista indica ainda que essa «Joana» falava por meio de parábolas, que veio de Metz a Arlon ao lado da senhora de Luxembourg e que permaneceu em Metz, onde se casou com o cavaleiro Robert des Armoises.

Alguns autores não hesitaram em identificar essa duquesa de Luxembourg como a que estivera com Joana durante sua prisão em Beaurevoir. Essa «senhora de Luxembourg», porém, era Isabel, filha de Jean de Luxembourg, duque de Görlitz. Trata-se, portanto, da sobrinha por aliança do duque da Borgonha, e não deve ser confundida com Jeanne de Luxembourg, que morreu solteira, antes de Joana d'Arc, em 1430. Devemos também indicar que a *Crônica do Deão de Saint-Thibault-de-Metz* foi reescrita, e seu próprio autor nos oferece esta segunda versão:

> Nesse ano surgiu uma jovem que dizia ser a Donzela da França e interpretava tão bem seu personagem que muitas pessoas foram enganadas, especialmente todas as pessoas importantes.

Essa suposta Joana de vida aventureira reaparece em Trèves e oferece seu parecer acerca de dois homens que discutem na sé episcopal. Por influência do conde de Würtemberg, vai também a Colônia. Os detalhes dessa visita são oferecidos pelo inquisidor Jean Nider, prior dos dominicanos de Nuremberg e, mais tarde, da Basileia, doutor da Universidade de Viena e autor de um manual de inquisição: o *Formicarium*. Nider conta como seus dois colegas disputavam a sé arquiepiscopal de Trèves e a falsa Donzela

> vangloriava-se de poder e de querer, como a virgem Joana fizera outrora pelo rei Carlos da França, introduzir um dos dois. Além do mais, essa Joana dizia-se enviada por Deus.

Mas essa «Joana» logo teve problemas com o inquisidor de Colônia, Henri Kalt Eysen, que a convocou. Jean Nider explica que ela teria feito alguns truques de prestidigitação diante dos assistentes maravilhados, como quebrar um copo que voltava a ficar intacto ou rasgar ao meio uma toalha de mesa que reaparecia inteira. O conde que a protegia não permitiu que ficasse por muito tempo em Colônia, onde o inquisidor não se agradava de suas farsas. Ainda segundo Nider, a falsa Donzela casou-se com o cavaleiro Robert des Armoises. Ele conta também outra história, dizendo que ela viveu em concubinato com um padre, mas isso parece absolutamente improvável. O que parece certo é que realmente tenha se casado com Robert des Armoises, senhor de Tichemont, após setembro de 1436. Pouco se sabe sobre esse homem cuja família era originária de Champagne e dependia da Lorena. Robert des Armoises morava em Metz e Luxemburgo certamente porque era um proscrito. Ele teria transferido seu feudo de Norroy para mãos estrangeiras sem o consentimento de René d'Anjou, duque de Bar. Seus bens foram, portanto, confiscados em 1435, e portanto ele deixou de ser o senhor de Tichemont, embora continuasse a usar o título. Seu castelo passara a pertencer a Geoffroy d'Apremont.

Parece muito provável que Robert des Armoises tenha buscado refúgio nos dois locais hostis ao duque René. O casamento de Robert e Claude deve ter ocorrido por volta de 7 de novembro de 1436[1]. Claude agora se chamava Joana. Não ouvimos falar dela durante dois anos, e então a encontramos em Orléans, em 1439, onde é recebida em 18 de julho com um banquete regado a vinho. Em 1º de agosto, recebe uma quantia em dinheiro pelo «bem que prestou à cidade durante o cerco». Ela desaparece abruptamente durante a preparação de um jantar em sua homenagem. Teria sido a chegada do rei, anunciada para o mesmo dia, que a fez fugir? Ela vai então em busca de Gilles de Laval, senhor de Rais, para que declare guerra contra o rei. E o destino de Gilles de Rais é bem conhecido: um ano mais tarde, em 1440, será preso e julgado, condenado ao enforcamento e depois queimado.

A senhora des Armoises se dirige então a Paris, segundo o *Journal d'un bourgeois de Paris*. Algumas pessoas começam a acreditar que ela é mesmo a Donzela, mas acaba confessando sua impostura diante da Universidade de Paris. Quer tenha sido desmascarada pela Universidade de Paris, pelo rei ou pelo Parlamento, a partir de 1440 não ouvimos mais falar de Claude-Jeanne des Armoises.

A pergunta que todos fazem é por que seus irmãos, ou pelo menos um deles, Petit-Jean, a reconheceu imediatamente e a seguiu de 20 de maio ao início de setembro de 1436 — a partir desse momento nenhum membro da família de Joana será visto junto a Claude des Armoises. Podemos imaginar que Petit-Jean tenha pensado por um momento tirar proveito da aventureira para solicitar subsídios ao rei ou tentar enriquecer-se às suas custas.

Seu outro irmão, Pierre, esteve junto da Donzela ao longo de sua gloriosa carreira: foi capturado com ela diante de Compiègne e permaneceu por muito tempo como prisioneiro dos ingleses, arruinando-se com o pagamento de seu resgate. Somente a *Crônica do Deão de Saint-Thibault--de-Metz* relata que teria reconhecido sua suposta irmã. Mais tarde, ele se mudará para Orléans, e o duque lhe concederá a Île-aux-Bœufs, situada diante de Chécy, rio acima, para compensá-lo por ter sido preso e obriga-

---

[1] «Acte publié par dom Calmet », *Histoire de Lorraine*. t. III.

do a vender a herança de sua mulher para pagar seu resgate. Pierre du Lys, que reside no castelo de Bagueneaux, recebe novamente em 1450 o auxílio financeiro do duque de Orléans e, em 1452, manda construir uma casa em Orléans, na rua dos Africanos. Finalmente, em 1454, começa a receber uma pensão anual de 61 libras pagas regularmente, e, depois de sua morte, é seu filho Jean quem passa a recebê-la. Pierre estava ao lado de sua mãe na abertura do processo de reabilitação.

Quanto a seu irmão mais velho, Petit-Jean, que reconhecera a suposta irmã, depois de tentar receber subsídios do rei retorna rapidamente à sua região, para Domrémy ou Ceffonds. Casa-se com sua sobrinha, a filha de seu irmão mais velho, Jacquemin d'Arc, que morava em Vouthon. Em 1452, Jean du Lys, como era chamado, foi nomeado bailio de Vermandois e capitão de Chartres, um cargo considerado importante. Ele seria substituído em 1457, mas em troca lhe oferecem a capitania de Vaucouleurs, mais próxima de Domrémy. Ele ocupou esse cargo por mais de dez anos, e quando a capitania de Vaucouleurs foi dada a Jean, bastardo de Calane, filho do duque da Lorena, já ultrapassara os seus sessenta anos e passou a receber uma pensão de 25 libras. A carreira desse homem não pode ser considerada a de um pobre coitado. Durante alguns meses fora cúmplice de Claude des Armoises, mas, ao que tudo indica, em seguida empenhou-se para que a causa de reabilitação de sua irmã fosse acatada e também para reunir, tanto em Paris quanto em Rouen, as provas de sua inocência. Assim que a reabilitação foi concedida, solicita uma cópia da sentença para si.

Outras aventureiras ainda tentaram se passar por Joana d'Arc. Uma carta de remissão (publicada por Lecoy de La Marche) datada de fevereiro de 1457 e concedida a Jeanne de Sermaize, casada com um angevino chamado Jean Douillet, indica que ela ficara detida na prisão de Saumur por mais de quatro meses por ter se passado indevidamente por Joana, a Donzela. Essa carta de remissão é concedida pelo rei René[2]. Mais um documento que revela que, na época de Joana, as pessoas não eram bobas e sabiam diferenciar o verdadeiro do falso.

Mas os adeptos da tese da «sobrevivência» de Joana não se importam com essas contradições. Alguns, como Jean Grimod, escrevem que o cro-

---

2   Archives nationales, p. 734, cote 10, fól. 199.

nista Monstrelet «simplesmente ignora a prisão e a morte de Joana». Ele também quer demonstrar que, pelo menos do lado borgonhês, ninguém era bobo. O cronista, no entanto, relata a captura de Joana,

> levada amarrada pela justiça ao velho mercado de Rouen e queimada publicamente diante de todo o povo [...] Depois disso, o rei da Inglaterra enviou cartas ao duque da Borgonha para que essa execução judicial fosse publicada em vários lugares, tanto por ele quanto pelos outros príncipes, e que sua população e súditos estivessem doravante resguardados e advertidos para não crer nesse erro ou em outros semelhantes que reinaram por causa da Donzela[3].

Todos são, portanto, informados da morte de Joana, assim o *Bourgeois de Paris* comenta o fato:

> No dia da festa de Saint-Martin-le-Boullant foi organizada uma procissão geral a Saint-Martin-les-Champs, e o sermão foi pregado por um frade da ordem de São Domênico, que era inquisidor da fé [...] e falou então sobre todas as ações de Joana, a Donzela, até o momento em que foi queimada [...] pois foi entregue à justiça que a condenou à morte[4].

Por fim, não podemos ignorar a ata oficial de Cauchon e do vice-inquisidor Lemaître condenando o dominicano Pierre Bosquier por ter declarado que os juízes haviam agido mal ao condenar Joana como herege e entregá-la à justiça secular. Da mesma forma, não podemos deixar de citar a ata oficial da Universidade de Paris digirindo-se ao Papa para informá-lo da condenação e do suplício de Joana. Henrique VI, oito dias depois do suplício, envia cartas ao Imperador, aos reis, duques e outros príncipes da cristandade, para informá-los sobre a condenação e a morte de Joana. Em 28 de junho de 1431, são notificados os «prelados, duques,

---

3   Monstrelet, *Chronique*, éd. Douet d'Arcq, 1862, t. 4, pp. 442-448.
4   Éd. de Tuetey, p. 270.

condes e outros nobres, assim como as cidades de seu reino da França». Para se proteger da opinião pública, Cauchon solicita cartas oficiais assinadas pela chancelaria real da Inglaterra, para colocar «sob sua proteção real todos aqueles que participaram do processo de condenação de Joana e a entregaram à justiça secular». Há ainda as palavras das testemunhas do processo de reabilitação, que depuseram sob juramento e afirmam ter assistido ao suplício: Pierre Cusquel, L. Guesdon, J. Riquier, Guillaume de La Chambre, bispo de Noyon, Jean de Mailly e também os escrivães Guillaume Manchon, Guillaume Colles, e Nicolas Taquel. Sem contar os testemunhos dos frades Martin Ladvenu, Isambart de La Pierre e, ainda, de Jean Massieu. Se Joana não tivesse realmente morrido, teríamos de encarar o processo de nulidade de sentença como uma grande farsa organizada pela mãe enlutada de Joana, Isabelle Romée, que solicitava a reabilitação de sua filha queimada pelos ingleses; e a Igreja que a reabilitou por ordem do Papa Calisto III seria acusada de perjúrio ao declarar que Joana fora queimada.

Tais autores, porém, não dão atenção a esses documentos. Para eles, Joana teria conseguido fugir, e outra mulher fora queimada na praça do Vieux-Marché em Rouen, na manhã de 30 de maio de 1431. Afirmam, como prova, que seu rosto estava coberto, mas isso mais revela a ignorância em relação a como as execuções eram feitas naquele tempo. Os textos afirmam que ela usava uma mitra e que fora colocada numa posição suficientemente elevada para que todos pudessem ver que era Joana quem seria ali queimada e que depois sua morte pudesse ser comprovada. Passam então a afirmar que Joana, Bedford — e Warwick, para dar mais peso a hipótese — fugiram por uma passagem subterrânea. Porém, infelizmente, as escavações no castelo de Rouen não encontraram vestígio dessa famosa passagem. Sem se importar com isso, inventam um subterrâneo com base numa das frases do processo de nulidade: «*Quod dux Bedfordiae erat in quodam loco secreto ubi videbat eamdem Johannam visitar*»; «*loco secreto*» torna-se, então, subterrâneo. A frase, na verdade, quer dizer: «O duque de Bedford tinha um esconderijo de onde podia ver Joana receber suas visitas», mas passa a ser interpretada como: «Uma passagem subterrânea que ia da cela ao quarto do regente».

A tese da bastardia vende muito bem, principalmente a partir do século XIX, embora seja sempre retomada e refutada. No entanto, como mostra Loch Ness, ela reaparece com frequência. Para alguns, Isabel da Baviera teria sido amante de Luís de Orléans, seu cunhado, com que tivera uma filha escondido, em Domrémy, recebida pela família d'Arc na ocasião de seu nascimento. O problema é que o duque foi assassinado em 7 de novembro de 1407. Mas isso não tem nenhuma importância! Assim, o nascimento de Joana dataria dessa época; porém, durante o julgamento, ela teria então aproximadamente vinte e quatro anos, e não dezenove, como afirma. Essa criança deveria ter sido concebida antes de 23 de novembro de 1407, data da morte de Luís de Orléans. Mas em 10 de novembro de 1407, Isabel dá à luz um filho chamado Filipe, que morre prematuramente. Um cronista, o Religioso de Saint-Denis, registra:

> Na véspera da festa de São Martinho do inverno, por volta das duas horas da manhã, a augusta rainha da França deu à luz um filho. [...] Essa criança viveu muito pouco, e a família do rei teve apenas tempo para dar-lhe o nome de Filipe e batizá-lo sem nenhum rito especial.

Eis mais um texto que os partidários da bastardia ignoram.

Se essa bastardia fosse verdadeira, Joana teria então cometido perjúrio. Durante o processo de condenação, ela jura sobre os Evangelhos quando a questionam especialmente sobre o lugar de seu nascimento, sobre os nomes de seus pais, e responde «que seu pai se chamava Jacques d'Arc, e sua mãe, Isabelzinha». Indica também que nasceu em Domrémy. Se acusamos Joana de perjúrio, também acusamos Isabelle Romée e zombamos do julgamento de nulidade. Na verdade, é sob juramento solene que Isabelle Romée pede a anulação da sentença de Rouen em favor de «sua filha nascida de um casamento legítimo».

Não podemos esquecer também que nesse processo testemunharam os padrinhos, as madrinhas e os vizinhos da família. Todos eles afirmam que Joana nasceu em Domrémy, de Jacques d'Arc e de Isabelle Romée. Os pseudo-historiadores afirmam que todos sabiam do caso, sem falar de

Carlos VII, do duque de Alençon ou de Dunois, ou ainda de Bertrand de Poulengy, que acompanhou Joana de Vaucouleurs a Chinon. Na época todos haviam se calado e não havia nenhuma suspeita. Não podemos observar, dizem eles, que o brasão concedido a Joana leva uma barra de bastardia? Mas não consideram que a espada é também assim representada nos brasões? Além disso, se um brasão é concedido a Joana, por que concedê-lo também a seus pseudo-irmãos? Eles teriam sangue real?

Nenhuma dessas teses merecem a nossa atenção. Até que tenhamos novos documentos para corroborá-las, não podemos dar-lhes qualquer importância.

IX

A ISENÇÃO DE IMPOSTOS PARA OS HABITANTES DE DOMRÉMY E DE GREUX

Joana d'Arc solicita ao rei Carlos VII a isenção de impostos para os habitantes de sua paróquia natal, isto é, Domrémy e Greux, e tem o seu pedido concedido em 31 de julho de 1429. A ata oficial não foi conservada, mas segundo Charles du Lys, advogado geral na Corte dos Auxílios sob o reinado de Luís XIII, os aldeões da Lorena tiveram de lutar para manter seu privilégio. Em 6 de fevereiro de 1459:

> No registro do tribunal de contas, esses dois vilarejos são isentos com esta menção: «por causa da Donzela», e nos registros das talhas para Domrémy e Greux, lemos : «isento, a Donzela»[1].

Uma cópia da ata original[2] datada de 1769 encontra-se nos *Archives nationales*:

> *Cartas-patentes de Carlos VII que isentam de impostos os habitantes de Domrémy e de Greux. 31 de julho de 1429.*

---

1   *Traité sommaire au nom des armes... de la Pucelle*, Paris, 1633.
2   A.N., section domaniale H, 15352.

Carlos, pela graça de Deus, rei da França. Ao bailio de Chaumont, aos governantes e comissários nomeados para impor os auxílios, talhas, subsídios e subvenções ao citado bailio, e a todos os outros oficiais de justiça, ou a seus adjuntos, saudação e dileção. Informamo-vos que, em favor e a pedido de nossa querida Joana, a Donzela, e pelos grandes, excelentes, notáveis e proveitosos serviços que nos prestou e presta diariamente para a retomada de nosso senhorio, outorgamos uma graça especial aos citados residentes e moradores das cidades e vilarejos de Greux e Domrémy, ao bailio de Chaumont-en-Bassigny, de onde Joana é natural, para estarem agora liberados, quites e isentos de qualquer talha, auxílio, subsídio e subvenções devidas ao bailio. Ordenamos a todos aqueles a quem de direito que, por nossa presente graça, liberação, quitação e isenção, permitais que os residentes e moradores dela desfrutem plenamente, sem nada lhes cobrar, sem colocar nenhum obstáculo ou impedimento, nem agora, nem no futuro. E caso os moradores sejam obrigados a pagar talhas e auxílios, que cada um de vós os libere disso, e fiquem quites e tranquilos. Pois essa era nossa vontade e ordenamos que assim seja, não obstante qualquer ordenança, restrição, proibição ou mandatos que sejam contrários.

Escrito em Chinon, no último dia de julho do ano de Nosso Senhor, mil quatrocentos e vinte e nove, e sétimo ano de nosso reino. O rei e seu conselho

FIM.

Embora esse documento mencione Chinon, é provável que naquele momento o rei estivesse em Château-Thierry. No maço de documentos conservados nos *Archives nationales*, uma menção assinada pelo notário real Vivenot foi acrescentada em 8 de novembro de 1769, depois da cópia desse ato. Ela indica que a nota foi cotejada pelos moradores de Greux e Domrémy. Os de Domrémy protestavam porque seus vizinhos de Greux sempre desfrutaram dessa isenção, enquanto eles já não se beneficiavam desse privilégio há mais de dois séculos. O intendente geral da Lorena, em resposta, explicaria posteriormente que «o vilarejo de Domrémy passara para o domínio dos duques da Lorena em sua qualidade de duques de

Bar e fora, portanto, desmembrado da província de Champagne». Em 1771, foram citados aos moradores de Domrémy os éditos de 1614 e 1634:

> [...] Que os descendentes dos irmãos da Donzela de Orléans, que desfrutam agora de nobreza, gozem no futuro dos privilégios da nobreza e que essa nobreza seja transmitida pela linha paterna, mesmo aqueles que para isso obtiveram nossas cartas-patentes e acórdãos de tribunais soberanos; mas aqueles que não viveram nem vivem como nobres não gozarão mais no futuro de nenhum privilégio. Também as filhas e mulheres descendentes dos irmãos da Donzela de Orléans não mais nobilitarão seus esposos no futuro.

O artigo VII do édito de 1634 estipulava

> que os descendentes dos irmãos da Donzela de Orléans que são nobres e vivem agora como nobres desfrutem dos privilégios da nobreza, e que essa nobreza seja transmitida pela linha paterna. Mas aqueles que não viveram nem vivem como nobres não gozarão mais no futuro de nenhum privilégio, assim como as filhas e mulheres descendentes dos irmãos da Donzela de Orléans não mais nobilitarão seus esposos no futuro.

Retomando esses dois argumentos, foi decidido em 1771 que as exonerações haviam sido revogadas pelos éditos de 1614 e 1634... Dois anos após a ascensão de Luís XVI ao trono, uma segunda decisão foi tomada em 18 de fevereiro de 1776:

> O pedido dos moradores de Domrémy já foi rejeitado em 1771, pois os éditos de 1614 e 1634 extinguiram os privilégios concedidos à família da Donzela, dessa forma, não achamos mais ser necessário que os moradores do vilarejo onde ela nasceu fossem tratados com mais privilégios. Foi por esse motivo, Senhor, que recentemente o Conselho recusou-se a acolher o pedido de confirmação de privilégios que os moradores de Greux desejavam renovar com a ascensão de Sua Majestade ao trono. Assim, os moradores de Domrémy

não mais verão com inveja essa diferença que apenas servia para exacerbar sua vã pretensão, sem lhes oferecer mais solidez.

Os moradores de Greux, ao mesmo tempo que os de Domrémy, solicitaram também a confirmação de seu privilégio. O intendente de Champagne, Bouillé d'Orfeuil, respondeu em Paris, em 15 de setembro de 1775, utilizando os mesmos textos: os privilégios foram confirmados com a ascensão ao trono de Luís XI; de Carlos VIII e de Francisco I; depois disso, pelas cartas-patentes de Henrique II (9 de abril de 1551); de Francisco II (15 de outubro de 1559); de Henrique III (25 de janeiro de 1584); de Henrique IV (24 de março de 1596); de Luís XIII (junho de 1610); de Luís XIV (março de 1656); de Luís XV (19 de agosto de 1723). Os éditos de 1614 e de 1634, observava, não tinham nenhuma relação com esses privilégios e não concerniam os moradores de Greux, pois Carlos IX cedera Domrémy a Carlos III, duque da Lorena, em 1571, quando o vilarejo passara a depender dessa província. Em 1767, acrescentava, ele voltara a pertencer à França e fazia parte da região geral da Lorena. Ele solicitava que os moradores de Greux tivessem seu privilégio confirmado, mas seu pedido fora rejeitado.

X

Joana d'Arc
depois de Joana d'Arc

O levante do cerco por Joana d'Arc permaneceu profundamente inscrito no coração e na memória dos orleaneses. Já na segunda metade do século XV, por volta de 1416, o *Journal du siège*, redigido com o auxílio de crônicas e testemunhos, atesta o desejo de transmitir essa história à posteridade.

Cem anos depois, uma nova versão do levante do cerco, desta vez em latim, sai do tinteiro de J.-L. Micqueau, diretor do colégio de Orléans. E o conselheiro Léon Tripault publica, em 1583, em latim e em francês, *Les faicts, pourtraict et jugement de Jeanne Darc dicte la Pucelle d'Orléans*, (editado por Éloi Gibier, em Orléans). Essa edição será republicada diversas vezes, às expensas do escabinos da cidade.

No século XVII, os historiadores de Orléans têm o cuidado de reservar um grande espaço para a epopeia joanina, como *Symphorien Guyong*, em 1647, no livro *L'histoire de l'Eglise et diocèse de la ville et l'université d'Orléans*.

Os historiógrafos de Carlos VII; de Henrique VI da Inglaterra ou do duque da Borgonha também citam a história de Joana. Para alguns deles, a Donzela é o instrumento de Deus ou do diabo; para os outros, trata-se de um fenômeno despertado pelo entorno do rei. Após a extraordinária reabilitação de 1456, os textos dos processos são copiados e, do final do século XV à metade do século XVI, podemos encontrar cerca de trinta exemplares. Entre eles, podemos citar a cópia conservada pelo arquivo da Rainha Cristina da Suécia, na Biblioteca do Vaticano, e a feita por Diane de Poitiers, chamado Manuscrito de Armagnac, conservado pelo Victoria and Albert Museum, de Londres.

Joana d'Arc figura também entre as heroínas de diversos livros dedicados à mulheres virtuosas, como o de Alain Bouchard, *Mirouer des femmes vertueuses* (1546); o de Guillaume Postel, *La merveilleuse histoire des femmes du nouveau monde* (1553); e ainda *Le fort inexpugnable de l'honneur du sexe féminin*, de François de Billom.

Em 1570, Girard du Haillan escreve *De l'estat et mercy des affaires de France*, que é, segundo o historiador Pierre Marot, a primeira história nacional publicada na França. Du Haillan, aliás, expressa claramente a sua opinião, pois questiona o aspecto miraculoso da missão de Joana d'Arc e faz coro com os rumores vindos do outro lado do canal da Mancha, segundo os quais Joana teria sido a amante de Dunois, de Baudricourt ou ainda de Poton. Essas afirmações, ou melhor, essas insinuações, levam François de Belleforest a reagir; nos anos 1570, ele se empenha para mostrar a verdadeira face da Donzela analisando o texto dos dois processos. É também nessa época, em meio às Guerras de Religião, que Joana d'Arc se torna pela primeira vez a representante de uma causa: ela é a santa padroeira dos católicos em luta contra os reformados.

A história literária do século XVI não pode ser concluída sem mencionar a grande figura de Étienne Pasquier, que, em suas *Recherches de la France* (1580), escreve em defesa de Joana e lhe atribui o mérito de ter salvo a França. Na virada do século, ela se torna também, como logo veremos, uma popular heroína de teatro.

No início do século XVII, estava na moda ser um descendente da Donzela. Jean Hordal e Charles du Lys estabelecem sua genealogia e celebram a gloriosa antepassada. O livro de Hordal, *Heroïnae nobilissimae Ioannae Darc*, é interessante principalmente devido a uma de suas ilustrações, pois a gravura de L. Gaultier dá origem a toda uma representação iconográfica de Joana como guerreira. Entre os autores do século XVIII, podemos citar ainda Jean-Baptiste Masson que, em *L'histoire mémorable de la vie de Jeanne d'Arc appelée la Pucelle d'Orléans. Extrait des interro-*

gatoires et réponses à iceux au Procès de sa condamnation et des dépositions de 112 témoins ouys pour sa justification en vertu des bulles du pape Calixte III en l'an 1455, publicada em 1610, apresenta um procedimento bastante «científico» para sua época: «Amigo leitor, desejo advertir que este pequeno livro não foi compilado da mesma forma que os outros livros que tratam das ações de Joana, chamada Donzela de Orléans.» Constatamos o mesmo recurso aos textos autênticos no famoso livro *L'Histoire de la Pucelle d'Orléans*, do teólogo Edmond Richer, mas a obra permaneceria como manuscrito por quase dois séculos. Em sua introdução, já solicitava a publicação dos textos dos processos que corriam o risco de se perderem devido às «injúrias causadas pelo tempo.

Ainda no século XVII, Joana d'Arc é também apresentada como modelo para as mulheres da corte por Nicolas Caussin, confessor do rei, e pelos jesuítas Porré e Latrier em seus respectivos livros. Pierre Lemoyne, na sua *Galerie des femmes fortes*, e Vulson de La Colombière, em *Portraits des hommes illustres*, também a apresentam de forma positiva. Em 1656, Chapelain evoca a história de Joana na forma de uma epopeia mitológica de doze cantos, *La Pucelle ou la France délivrée*. O livro vale principalmente pela ilustração de Claude Vignon, que compôs toda uma série de cartões para as tapeçarias de Aubusson. E embora Joana d'Arc despertasse o interesse de pessoas respeitáveis e fosse qualificada com o epíteto de santa nas dioceses de Langres e de Orléans, não deixava indiferentes os libertinos que elaboraram diversas hipóteses sobre o caráter divino de sua missão. No final do Grande Século, os autores, talvez fartos da obra de Chapelain, deixam de se interessar por Joana, ainda que a literatura histórica lhe reserve um pequeno espaço com o livro capital de Denis Godefroy e também o de Baudot de Jully, *Histoire de Charles VII* (1697).

No século das Luzes, a história de Joana é essencialmente marcada pela obra hostil de Voltaire intitulada *La Pucelle d'Orléans*. Durante quase dez anos o livro circulou clandestinamente entre os intelectuais antes de receber uma edição oficial e definitiva em 1762. A partir de então, foram publicadas mais de sessenta edições, atestando a popularidade de um texto que apresenta a Idade Média como uma civilização corrompida, bárbara e ignorante. Outros importantes autores desse século como Beaumarchais e Montesquieu escreveram sobre Joana, mas sem compreendê-la, encarando-a como uma farsante preocupada apenas com questões políticas; Daniel Polluche, por sua vez, teve mais dificuldade para apresentar Joana de maneira negativa em seus livros. Vilipendiada pelos «filósofos», a Donzela, porém, aparecia com frequência como heroína de peças de teatro. E, apesar de tudo, não é esquecida pelos franceses: cidades como Orléans continuam a celebrar sua memória e diversos artistas seguem prestando-lhe homenagem através de de gravuras; sob Luís XV, ela encarna a oposição aos ingleses. Em 1754, quando todos se perguntavam se Joana teria mesmo sido queimada, Gaspard de Toustain-Richebourg respondera a essa questão em *Les affiches de Haute-Normandie*.

A historiografia também não pode ignorar o nome do abade Nicolas Langlet Dufresnoy, que trouxe os textos autênticos novamente à baila, pilhando — e essa é a palavra correta — a obra de Richer. Mas foi principalmente Clément de L'Averdy que, em 1790, demonstrou uma verdadeira erudição ao publicar *Notices et extraits des manuscrits de la Bibliothèque du roi*, onde analisava os dois processos de Joana d'Arc. Quicherat reconhecera que «a honra será sempre dele, por ter composto sobre a Donzela o primeiro repertório exato, o primeiro livro digno da ciência moderna». L'Averdy morre no cadafalso em 1793, após ser condenado pelo tribunal revolucionário (Joana d'Arc, aliás, não agradava à Revolução: as festas em sua homenagem foram suprimidas em 1793, suas estátuas fundidas, e seu chapéu, queimado).

Em 1795, o inglês Robert Southey transforma Joana d'Arc numa heroína republicana e a compara à Senhora Roland. Mas a verdadeira resposta a *La Pucelle* de Voltaire veio da Alemanha, em 1801, com a tragédia *Die Jungfrau von Orléans*, de Schiller. Nesse ínterim, Bonaparte autoriza novamente as comemorações de Joana d'Arc em Orléans no dia 8 de maio. «A ilustre Joana d'Arc», afirma, durante a promulgação do decreto, «provou não haver milagre que o gênio francês não possa produzir nas circunstâncias onde a independência nacional está ameaçada.».

O início do século XIX busca compreender e explicar a impressionante aventura de Joana d'Arc. Chaussard, recusando-se a encará-la como uma iluminada, exalta a patriota. É nessa época também que Pierre Caze emite a tese que veio a obter grande sucesso: a da bastardia de Joana d'Arc, filha de Isabel da Baviera. Após a ocupação da Lorena em 1815 pelos Aliados, a Donzela é alvo de um renovado interesse. O conselho municipal de Orléans oferece uma medalha de ouro às pessoas que conservaram a casa onde ela nasceu e Luís XVIII concede os fundos necessários para a construção de um monumento em Domrémy. Berriat Saint-Prix e Le Brun des Charmettes, por sua vez, seguindo o caminho traçado por L'Averdy no século anterior, escrevem a história da heroína a partir dos textos do processo. Le Brun des Charmettes dá à sua obra uma dimensão mais política: Joana d'Arc é incorporada pelos restauradores da monarquia.

Com os românticos e a moda da Idade Média surgem muitas séries de coleções de documentos destinadas a elucidar os problemas históricos. Seguindo essa linha, em 1819, Petitot publica *Mémoires concernant la Pucelle d'Orléans*; Bûchon, em 1827, edita as *Chroniques et Procès de la Pucelle d'Orléans*; e Michaud e Poujoulat publicam, em 1837, *as Mémoires sur Jeanne d'Arc et Charles VII*. Essas edições nem sempre são muito precisas, mas fornecem pelo menos um panorama dos textos até então reservados aos especialistas ou à pessoas capazes de decifrar os manuscritos.

O século XIX apresenta Joana d'Arc antes de mais nada como um modelo, um emblema que todas as correntes de pensamento e todos os partidos reivindicam doravante para si. Casimir Delavigne, um dos primeiro românticos, compõe em 1819 dois poemas, *La Vie et La mort de Jeanne d'Arc*, incluídos em sua coletânea *Les Messéniennes*, que alcançam muito sucesso. Na obra de Michelet, que publica os seis primeiros volumes de sua *Histoire de France* de 1833 a 1844, ela é a encarnação do povo da França e a base de seu patriotismo: «Joana amava tanto a França! E a França, comovida com isso, passou a amar a si mesma.» O mesmo ocorre com a obra de Henri Martin (1833-1836), e os capítulos que ambos dedicaram à epopeia joanina fizeram tanto sucesso que tiveram de ser reeditados separadamente. O movimento romântico exalta essa redescoberta, que, por sua vez, exalta o gênio popular: «A musa de Numa, o gênio familiar de Sócrates, eram apenas a inspiração que falava no lugar dos deuses em suas almas. Como uma pobre pastora de um vilarejo assombrado por fadas, nutrida por crenças populares contadas por sua mãe e outras amigas, teria duvidado do que Sócrates e Platão aceitavam crer?», escreveria Lamartine, para quem ela se torna um modelo. Escritores e músicos, direta ou indiretamente, interessam-se por ela: por intermédio de sua amante Marie d'Agoult, em 1857 Franz Liszt publica, sob o pseudônimo de Daniel Stern, um drama histórico em cinco atos intitulado *Joana d'Arc*.

Com o advento da III República o tema joanino desenvolver-se-ia em duas direções muito diferentes, senão opostas. À inspiração republicana e laica se opunha o entusiasmo católico que levaria à canonização. Tantos autores, tantas nuances de ideais e sentimentos. A obra de Marie-Edmée Pau, *Histoire de notre petite sœur Jeanne d'Arc* é guiada por um espírito de vingança; a de Henri Wallon (1812-1904), pela convicção religiosa (*Jeanne d'Arc*, em 1860, 2 vols.): para ele, não há dúvida de que as revelações da Donzela realmente vinham de Deus e esse livro, reimpresso cinco vezes entre 1860 e 1882, renderá ao seu autor em 1868 um breve do Papa Pio IX. Também em 1868 o historiador Marius Sepet publica *Jeanne d'Arc*, obra de grande sucesso que recebeu diversas edições revistas (vinte e cinco ao todo). Siméon Luce, da Escola Nacional de Cartas (1833-1892), autor de *Jeanne d'Arc à Domrémy*, entende a epopeia joanina como o fruto de um determinismo histórico. O padre Ayroles, por sua vez, busca refutar em seus cinco volumes as teses dos livres-pensadores e *Jeanne d'Arc sur les autels* (1885) dará início ao processo de beatificação; outros clérigos publicam diversos livros — como os cônegos Debout e Dunand, o primeiro em 1889 e o segundo em 1890 — que procuram responder aos contraditores: «Sim, a Igreja quer reabilitar Joana d'Arc! Após tê-la encarcerado, acusado, torturado, profanado, condenado, queimado viva, ela deseja canonizá-la» (*L'Estafette*, 1º de junho de 1886). A disputa fica ainda mais acirrada à medida que a política entra em cena, pois conservadores e monarquistas apoiam a causa do clero. O conde de Chambord e monsenhor Dupanloup (bispo de Orléans de 1849 a 1878) opõem-se ao Comitê republicano da festa civil de Joana d'Arc, e Joseph Fabre, um dos membros desse comitê e joanista convicto, solicita em 1884 que a república celebre anualmente a festa de Joana d'Arc como a festa do patriotismo.

Enquanto o republicano Fabre se empenha na instauração de uma festa nacional em homenagem à Joana d'Arc, Roma analisa o dossiê de inquérito para a canonização, enviado por monsenhor Touchet, bispo de Orléans. A canonização ocorreria apenas 1920, após o anúncio da beatificação, em 1909. Nesse clima eletrizante é publicado, em 1908, *La vie de Jeanne d'Arc*, de Anatole France. Os «laicos» acolhem com entusiasmo essa obra do romancista que, durante algum tempo, tornou-se historiador. Curiosamente, foi um escocês, Andrew Lang, quem lhe respondeu com *La Pucelle de France*. Mas a Primeira Guerra Mundial trará a união dos franceses: a reconquista das províncias perdidas será conduzida sob os auspícios da Boa Lorena. No mesmo ano em que eclodia o conflito, o escritor católico Léon Bloy publicaria *Jeanne d'Arc et l'Allemagne*...

A historiografia joanina pode ser dividida em dois períodos bem distintos: antes e depois de Quicherat (1814-1882). Devemos a esse autor, que foi o diretor da Escola Nacional de Cartas de 1871 a 1882, a magnífica publicação em cinco volumes, lançados de 1842 a 1849, dos Processos, Crônicas, Cartas e Contas, relativos à Joana d'Arc e a sua epopeia. Essa obra ainda hoje é referência para os estudos sobre Joana d'Arc, e todos os trabalhos rigorosos a citam.

O final do século XIX é também a época das estátuas de Joana d'Arc, de Frémiet a Paul Dubois, passando pela duquesa de Uzès (sob o nome Manuella). Toda cidade quer a sua: em 1875, na praça das Pyramides em Paris, é inaugurada a estátua de Frémiet; em 1882, em Compiègne, a de Leroux. Domrémy encomenda uma a Mercié, em 1891. Os pintores não ficam para trás e todo Salão também conta com sua Joana: *Joana ouvindo suas vozes*; *Joana, a Mártir*; *Joana, expressando a santidade*; ou, ainda, *Joana atormentada*; *Joana no combate*; *Joana na fogueira*.

O exército, por sua vez, faz dela sua patrona. Em 1914, Maurice Barrès, retomando a iniciativa de Fabre, apresenta uma primeira proposta para fazer com que a festa de Joana d'Arc se torne uma festa nacional, e esse processo vai acelerar após o final da guerra. Em 8 de maio de 1920, o marechal participa das comemorações de Joana d'Arc em Orléans; em 16 de maio, a canonização é anunciada por Bento XV, em Roma. Em 24 de junho do mesmo ano, seguindo a proposição de Barrès, foi decidido que no domingo seguinte ao 8 de maio «a República francesa celebrará anualmente a festa de Joana d'Arc, festa do patriotismo». Em 1921, Pierre Champion traduz o processo de condenação e o torna acessível ao grande público.

A partir desse momento as obras literárias, plásticas e musicais se multiplicam. Os historiadores, por sua vez, dedicam-se às exigências científicas cada vez maiores para elucidar a história de Joana d'Arc e seu contexto.

Joana d'Arc no teatro e na ópera

Joana d'Arc teve, se assim podemos dizer, uma belíssima carreira teatral. Ela «sobe aos palcos» pela primeira vez em 1435 no *Mystère du siège d'Orléans*, composto de 20.529 versos. Em sua forma atual, trata-se talvez de uma obra escrita por Jacques Millet na época da reabilitação. Apresentado diversas vezes em Orléans, o mistério coloca em cena mais de cem personagens e muitos figurantes: Joana d'Arc, Deus, a Virgem Maria, São Miguel, e também Santo Euverte e Santo Aignan, padroeiros da cidade, têm o seu papel.

Será preciso esperar até o fim do século seguinte para o surgimento de uma nova peça, a *Histoire tragique de la Pucelle d'Orléans*, de Fronton du Duc, um jesuíta. Composta em homenagem à rainha Louise de Vaudémont, esposa de Henrique III — que chegara à Lorena para tratar-se com a água de Plombières devido à sua esterilidade —, a peça foi apresentada em 7 de setembro de 1580 diante do duque Carlos III, o Grande da Lorena. A peça foi publicada em 1584 por um dos secretários do príncipe, Jean Barnet, sem citar o nome do autor, e reimpressa em 1859, em Pont-à-Mousson.

Alguns anos depois, a Donzela aparece na primeira parte de *Henrique VI*, drama de Shakespeare, escrito entre 1592 e 1594. Ela aparece na obra como bruxa e mulher da vida, amaldiçoada por seu próprio pai e condenada à fogueira pelos ingleses.

Se no século XVI foram escritas apenas duas peças sobre Joana d'Arc, no século XVII as representações aumentam, e são três, para sermos mais exatos. *La Tragédie de Jeanne d'Arqués*, de Virey des Graviers, é apresentada em Rouen em 1600; em seguida, no teatro do Marais em 1603 e no hotel da Borgonha, em 1611. O texto desta tragédia em versos dividida em cinco atos é reeditado em Rouen e em Troyes pelo menos oito vezes. Trata-se de uma obra inautêntica, cheia de longos monólogos que exageram no aspecto mitológico, e na qual a heroína nasce no vilarejo de Épernay! Por volta da mesma época, em *Les Intermèdes du Pastoral* e *Les Amantes* de Nicolas Chrétien, Joana d'Arc aparece ao lado de Clovis e de Godefroy de Bouillon.

Em 1629, o luxemburguês Nicolas Vernulz aumenta sua coletânea de tragédias com uma peça inspirada na história da Donzela, *Joanna Darcia vulgo puella aurelianensis*, escrita em versos num estilo que hoje nos parece pomposo. Alguns anos mais tarde, em 1642, é apresentada no teatro do Marais *Une Pucelle d'Orléans*, tragédia de La Ménardière, médico do Senhor de Orléans, irmão de Luís XIII — ele será eleito para a Academia Francesa em 1655 —; trata-se, na verdade, da peça do abade d'Aubignac, *La Pucelle d'Orléans*, transposta em versos alexandrinos. La Minaudière segue a regra das três unidades e a ação ocorre no dia da morte de Joana. O amor que Warwick sente por Joana transforma sua esposa numa impiedosa rival; enquanto a condessa se empenha, tendo como cúmplice o bispo de Beauvais — ali chamado «Canchon» —, em apressar a morte da prisioneira, Warwick prepara uma fuga, mas Joana se recusa a fugir. Com a morte de Joana, a ira divina recai sobre a condessa, que perde a sanidade; Canchon, por sua vez, morre diante da plateia, exclamando:

> *Ah! Fui atravessado por uma seta invisível*
> *que atingiu meu coração de uma forma sensível*
> *Não posso resistir a esse último esforço*
> *e aqui morro...*

A peça não obteve nenhum sucesso, mas deu ensejo a um pequeno escândalo. Foi a senhorita de Scudéry, autora de *L'Astrée*, quem defendeu a honra da Donzela reagindo às declarações do pastor calvinista refugiado em Leyde, André Rivet: ela organizou uma espécie de torneio literário no qual a santa guerreira era celebrada.

O Século das Luzes foi mais generoso com a memória de Joana d'Arc ao lhe consagrar oito obras dramáticas. No século XVII, *La Pucelle* de Chapelain fora «tão funesta à memória de Joana quanto um segundo processo de condenação», escreve Quicherat. No século XVIII, *La Pucelle* de Voltaire provocou a indignação de diversos escritores e estimulou o trabalho de muitos outros. Foi a época em que Bernardin de Saint-Pierre escreveu: «Estudo da natureza: a morte de Joana d'Arc produziria efeitos ainda maiores se um homem de gênio conseguisse dissipar o ridículo com o qual essa jovem respeitável e desafortunada foi representada, e a quem a Grécia teria erigido altares».

Joana d'Arc torna-se assim uma heroína de pantomima no *Programme du fameux siège*, de Rognard de Pleinchène: ela desafia um general inglês para um duelo; ferida por uma flecha no braço, retorna pouco tempo depois com o braço enfaixado e sai vitoriosa do combate. Em Orléans também são escritas e apresentadas pantomimas como *Jeanne d'Arc ou la Pucelle d'Orléans*, peça em três atos que estreia em 24 de junho de 1795; ou ainda o melodrama de Plancher-Valcourt, apresentado em 1786. Citemos ainda *Dorothée*, pantomima em três atos. Roussin, em 1790, escreve *Jeanne d'Arc*, aceita pela Comédia Francesa. Essa peça seria realmente montada? Em todo o caso, seu autor morre guilhotinado.

Em 1795, na Inglaterra, Southey presta uma magnífica homenagem à Donzela, e no mesmo ano uma pantomima intitulada *Jeanne d'Arc* é apresentada no Covent-Garden. Numa primeira versão, a Donzela era lançada ao inferno pelo diabo, mas as manifestações indignadas dos espectadores obrigaram os atores a substituir o diabo por anjos que elevavam a heroína ao céu, tudo isso acompanhado por uma trilha musical. Na mesma época, o irlandês Burke apresentava, em Nova York, *Female Patriotism or the Death of Joan d'Arc*, que fez muito sucesso.

Na virada do século, em 1801, o alemão Schiller publica um *romantische Tragoedie* consagrado à Donzela, *Die Jungfrau von Orléans*, e explica, num poema publicado no mesmo ano, que se tratava de uma resposta a Voltaire: «Ó virgem [...], a zombaria te arrastou para a lama [...], mas não te preocupes. Existem ainda belas almas inflamadas pelo que é sublime...» Schiller não se preocupou com a precisão histórica: sua Joana apaixona-se por um soldado inglês e Agnès Sorel é já a amante do rei — ela tinha apenas sete anos de idade em 1429! Joana é uma virgem que recebe diretamente de um Deus Todo-poderoso e guerreiro o poder das armas, assim como um capacete mágico, com a expressa condição de jamais cometer uma falta. Ela acaba perdendo seu poder no momento em que se apaixona! Na sequência, não há processo, nem fogueira; Joana, capturada e presa, liberta-se milagrosamente de suas correntes e volta para morrer triunfalmente diante do rei e de toda corte que a cobre de bandeiras.

Entre 1800 e 1870 são escritas pelo menos trinta e quatro peças sobre Joana d'Arc, e quarenta e oito dessa data a 1900. Schiller inspirou diversos autores a escrever sobre o mesmo personagem. Houve até mesmo um plágio, *Le Triomphe des lis — Jeanne d'Arc ou la Pucelle d'Orléans*, escrito por um homem chamado Avril e publicado em Paris, em outubro de 1814. O desenvolvimento é bastante original, pois Joana é levada sobre uma nuvem depois da sagração de Reims, e a ação é acompanhada pelo canto de um grande coral de vozes.

La Mort de Jeanne d'Arc, tragédia de Dumolard dedicada aos cidadãos de Orléans, foi criada em 18 floreal, ano XIII (8 de maio de 1805), nessa cidade. Para salvar Joana d'Arc, Talbot e o duque da Borgonha lhe propõem esposar um inglês e ir para a Inglaterra, mas Joana é entregue ao braço secular por Isabel da Baviera! Outro drama, de Cartier — *Jeanne d'Arc* — é dedicado à Marie-Louise. *Jeanne d'Arc à Rouen*, peça escrita por Avrigny, é apresentada pela primeira vez pelos atores ordinários do rei em Paris em 4 de maio de 1819. A ação se passa em Rouen, e Bedford oferece à Joana a possibilidade de partir para Inglaterra, em vão. Dunois quer combater por ela. A duquesa de Bedford e Talbot tentam salvá-la, mas ela acaba sendo queimada. O papel de Joana será retomado na Comédia Francesa pela senhorita Duchesnois, que fez enorme sucesso. Uma pantomima, *Le Crébillon du mélodrame*, apresentada em 1813 no Teatro do Cirque, contará com diversas apresentações, inclusive no Teatro de la Gaîté.

Na arte lírica, o drama de Jules Barbier, musicado por Gounod, em 1873, fez tanto sucesso que durante três meses o Teatro de la Gaîté recebeu um grande público. Mas Offenbach, ansioso para apresentar seu *Orphée aux Enfers*, fez com que as apresentações fossem interrompidas. Houve, em seguida, a ópera de Mermet apresentada na Ópera de Paris, em 1876, mas que não teve nenhum sucesso. A peça de Barbier foi reapresentada alguns anos mais tarde, em 1890, pelo teatro da Porte Saint-Martin e o papel de Joana d'Arc foi dado a Sarah Bernhardt. Os espectadores, entusiasmados, encararam essa peça «moral» como uma obra que respondia plenamente às suas aspirações patrióticas. Reapresentada diversas vezes, ela estaria em cartaz ainda em 1906.

As peças sucedem num ritmo muito rápido, e os humoristas também aproveitam a onda: para cada peça séria há, no mesmo ano, um espetáculo de paródia. Para a tragédia de Soumet temos *La Tulipe à Jeanne d'Arc*, *pout-pourri* em cinco atos de Ricard. Em 11 de junho de 1819, no teatro do Vaudeville, é apresentada *Le Procès de Jeanne d'Arc ou le jury littéraire*, de Dupin d'Artois, e *Carmouche*, em resposta ao drama de d'Avrigny, em 4 de maio do mesmo ano no Théâtre-Français. Durante todo o século XIX a pantomima continuou em voga.

Joana d'Arc também não é esquecida pelo povo. Em 1895, o padre do vilarejo de Mesnil-en-Xaintois faz seus paroquianos encenarem um Mistério que teve considerável sucesso junto às pessoas que iam se tratar nas estações termais de Contrexéville e Vittel. Em 1904, Maurice Pottecher, criador do Teatro do Povo de Bussang, montou uma *Passion de Jeanne d'Arc*. Em 1909, o padre de Saint-Joseph de Nancy também conduz a encenação de uma *Vie de Jeanne d'Arc*, comparável à Paixão de Cristo. O teatro tirou bastante proveito das publicações acadêmicas da metade do século XIX. Dessa forma, o antigo *Mystère du Siège d'Orléans* volta a ser encenado e Émile Eude escreve o *Nouveau Mystère du siège d'Orléans*, apresentado nas comemorações do ano de 1894 da cidade.

Durante os processos de beatificação e após a canonização, o interesse dos dramaturgos pela heroína de Domrémy redobra: em 1909, eram nada menos que dezessete peças. Entre as duas grandes guerras, após a canonização, vinte e nove peças serão escritas — e mais dezenove a partir de 1945. Algumas, parcialmente hagiográficas e escritas por eclesiásticos, são destinadas a instituições educativas voltadas para o ensino de jovens ou a instituições de caridade. Paralelamente, há toda uma corrente nacionalista para quem Joana d'Arc é uma patriota e nada mais que isso. Para Joseph Fabre, autor de *La délivrance d'Orléans, Mystère en trois actes*, apresentado no Teatro Municipal de Orléans em 1913, trata-se de uma celebração do patriotismo.

E como falar do teatro joanino sem nos referirmos a Péguy, que nasceu em Orléans e durante toda a infância escutou histórias sobre a Donzela? Em 1894, com vinte e um anos, após romper com o catolicismo, ele faz um estudo sobre Joana, para o qual consulta os documentos reunidos por Quicherat. Esse período coincide, aliás, com sua paixão pelo teatro. Em 1895 viaja a Domrémy e, ao regressar, retira-se na casa de sua mãe, onde começa a escrever seu drama dividido em três peças. A primeira, intitulada *Domrémy*, é concluída em junho de 1896, e as outras serão concluídas em junho de 1897. Nesse mesmo ano ocorre a publicação, assinada com o pseudônimo de «Marcel e Pierre Baudouin», que foi um fracasso completo. A primeira encenação de *Jeanne d'Arc* ocorrerá apenas em junho de 1924 na Comédia Francesa com Paulette Pax no papel de Joana, para um público de soldados mutilados e escritores combatentes.

Durante os doze anos subsequentes a essa publicação, Péguy não menciona uma só vez o nome de Joana. Entretanto, lenta e secretamente, ele voltava ao cristianismo e mantinha-se fiel à heroína. Como tenente, participa do desfile de Orléans, em 8 de maio de 1909. É nesse momento que retorna à sua obra, dando-lhe um novo título: *Le Mystère de Jeanne d'Arc*, que se tornará *le Mystère de la vocation de Jeanne d'Arc*, e posteriormente *Mystère de la charité de Jeanne d'Arc*. Ele retoma a primeira parte de *Domrémy* acrescentando longos desenvolvimentos entre os «vácuos» que havia deixado no texto de 1897. A primeira apresentação desse Mistério foi feita na Comédia de Orléans, com direção de Olivier Katian, em novembro de 1965.

Joana d'Arc também despertou o interesse dos dramaturgos estrangeiros. George Bernard Shaw, irlandês não conformista, faz de *Saint Joan* uma heroína em luta contra a Igreja e o Estado, valendo-se de sua missão e seu julgamento pessoal. A peça, apresentada em Nova York em 1923, é montada em Paris pelos Pitoëff em 1925.

Outra Joana d'Arc fez grande sucesso em Paris, *Jeanne au bûcher*, oratório dramático escrito por Claudel com a colaboração de Arthur Honegger, a pedido de Ida Rubinstein. A peça percorreu importantes palcos desde sua criação: Basileia (em 1938), em seguida Orléans e Paris. O espetáculo foi acolhido com entusiasmo em todos os lugares por onde passou. A intenção de Claudel era mostrar tanto a humildade e simplicidade da camponesa quanto a profunda espiritualidade do personagem. Ingenuidade e autenticidade são as características de sua obra, acompanhada pela música suave e serena de Honegger. Uma das maiores qualidades desse oratório é ser uma pintura realista, popular, que se dirige ao mesmo tempo a um público amplo e aos conhecedores. A *Saint Joan* de Bernard Shaw inspirou a criação de outras Joanas que, nas palavras da senhora Dussane, destinam-se cada vez mais a expressar as ideias pessoais de seus autores. *Jeanne avec nous*, de Vermorel, de 1942, enfatiza o caráter «existencialista» da missão de Joana d'Arc — a peça, aliás, foi proibida durante a Ocupação. Audiberti (*La Pucelle*, 1950) e Thierry Maulnier escrevem também sua Joana d'Arc; e não esqueçamos Anouilh (*L'Alouette*, 1953, que faz parte das *Pièces costumées*), em cuja peça delineia Joana com uma personalidade que lembra bastante a heroína de *Antígona*.

Mais recentemente, a peça de Péguy e a maravilhosa *Fenêtre*, de André Obey, fizeram grande sucesso tanto em Paris, quanto no interior do país. Citemos ainda *Jeanne et Thérèse*, de Geneviève Bailac, que contou com muitos atores voluntários e triunfou em Compiègne e em Paris. O teatro de marionetes de Brandicourt em Nancy apresenta, desde 1955, a *Chronique de sainte Jeanne d'Arc*, e faz sucesso tanto com as crianças, quanto com os adultos.

Os músicos também encontraram inspiração em Joana d'Arc. Honegger e Jolivet tiveram numerosos predecessores: mais de quatrocentas peças, cantatas, sinfonias e outros já haviam sido listadas por Émile Huet, em 1894, em *Jeanne d'Arc et la musique*. Por exemplo, a trilha sonora de Gounod, *Jeanne d'Arc*, composta em 1873 para a peça de Barbier. Verdi exaltara a libertadora em *Giovanna d'Arco*, em 1845; em 1879, Tchaikovski consagra-lhe sua primeira ópera, *La Pucelle d'Orléans*, cujos trechos foram cantados nas comemorações de Orléans, no ano de 1979, pela talentosa intérprete Vera Kousmitchova.

ANEXOS

I | Por uma iconografia de Joana d'Arc

«Ó, Joana, sem sepulcro e sem retrato!»
Apesar disso, houve grande empenho para reproduzir seus traços, e a primeira efígie foi feita dois dias após a liberação de Orléans, precisamente em 10 de maio de 1429, por um tabelião. (Os tabeliães desempenharam um papel importante na historiografia de Joana d'Arc. O que saberíamos dela, não fossem eles?)

Desta forma, foi um notário, mais precisamente um escrivão, quem nos legou a primeira imagem de Joana d'Arc, imagem que só foi conhecida e apreciada na contemporaneidade, quando foi possível ter acesso aos documentos autênticos. Clément de Fauquembergue, nomeado pelo Parlamento de Paris — ou seja, pelo duque de Bedford —, registrava o cotidiano do tribunal de justiça, os acórdãos da autoridade soberana e mencionava os acontecimentos, como numa espécie de diário oficial.

Nessa quinta-feira, dia 10, uma notícia importante circulava em Paris: no domingo anterior, os franceses haviam retomado «os bastiões mantidos por Guillaume Glasdal, outros capitães e soldados ingleses» sobre a ponte de Orléans. Fauquembergue acrescenta que «os inimigos estavam acompanhados por uma Donzela que era a única a carregar uma bandeira». E como a um notário não é proibido sonhar, continua sua reflexão traçando nas margens a silhueta dessa Donzela extraordinária. Imaginou-a com um vestido e cabelos longos, sem saber que se vestia como um soldado. Mas inseriu os dois detalhes que todos mencionavam: a espada, da qual jamais se serviu para matar, e o estandarte.

Mais tarde, outros ainda tentarão retratar a heroína: por exemplo, um escocês que a pintou em Reims (o tabelião deve ter ouvido e transcrito «Ras», o que fez com que os primeiros editores do processo pensassem que se tratava de Arras). Para a sagração, Joana, que amava belas roupas, deveria estar magnificamente vestida, a ponto de provocar a irritação do arcebispo Regnault de Chartres, para quem «ela se tornara orgulhosa por causa das ricas vestes que ganhara». Opinião que nos ajuda a imaginá-la não como uma virago do tipo «joãozinho», mas como uma mulher cuidadosa com a aparência quando a ocasião assim demandava: para as cavalgadas, «meias bem apertadas e amarradas», para a coroação, roupas suntuosas. Quando é capturada, o arqueiro consegue derrubá-la «estirada no chão», puxando-a «por sua jaqueta de brocado». Não perdera, portanto, o gosto pelas belas roupas.

Mas nada nos resta, nem da jaqueta, nem do retrato de Reims. O destino de Joana, em sua desconcertante rapidez — um ano de vida pública, um ano de prisão, depois a fogueira que tudo consome e seus restos mortais, que são lançados no Sena, explica em grande parte essa carência.

A mais antiga iluminura foi feita vinte anos depois de sua morte para ilustrar uma obra de Martin Lefranc, *Le Champion des dames*. Joana já é vítima de sua própria lenda, pois figura ao lado de Judite e da tenda de Holoferne, seus cabelos longos são cobertos por um chapéu de abas largas e, sob a armadura, usa um vestido também longo. Ela aparece da mesma forma na *Chronique de Charles VII*, de Jean Chartier — do fim do século XV —, no conselho do rei ao lado daqueles que libertaram o reino em diversos momentos da guerra dos Cem Anos, como Dunois, Richemont ou ainda os irmãos Bureau. É também com um longo vestido e cabelos longos que o *Manuscrito francês 4811 da Biblioteca Nacional*, que é um resumo da Crônica, a apresenta. A Donzela é também representada cerca de cinquenta anos após sua morte, em 1484, nas *Vigiles du roi Charles VII*, uma crônica rimada ilustrada por mais de quatrocentas iluminuras.

Uma iluminura que poderia ser contemporânea de Joana d'Arc a retrata de uma forma que pode satisfazer nossa curiosidade, mas não é aceitável do ponto de vista da história, pois foi arrancada do texto que deveria ilustrar — um manuscrito que não podemos identificar. É a chamada «Joana empunhando o estandarte», conservada pelo Arquivo Nacional no Museu de História da França — doação de dois eruditos amadores, os doutores Henri e Jeanne Bon. Joana figura ali como desejaríamos vê-la: ereta em sua armadura, empunhando o estandarte e a espada. Com um olhar puro, ela lembra bastante a jovem descrita por Guy de Laval na carta em que conta à sua mãe como vira a Donzela «portando a armadura, exceto o elmo, e com a lança em mãos. [...] Era divino poder vê-la e ouvi-la».

A iconografia de Joana d'Arc passa também a acompanhar a história literária e teatral. Como durante sua vida não foi retratada e não nos resta nada de sua imagem, os desenhistas puderam dar livre curso à imaginação seguindo três grandes tradições: Joana, a pastora a quem aparecem os santos; Joana, o soldado portando armadura e empunhando a espada e o estandarte; finalmente, Joana, a santa, na fogueira de Rouen. É principalmente em torno desses três temas que se articulam as diversas representações: a iluminada, a guerreira e a mártir. Nesses três gêneros, Joana se conforma aos padrões de beleza feminina da época em que foi retratada, e terá curvas, na obra de Rubens, ou a silhueta esguia das moças dos anos 20...

Até recentemente, Joana não «chocava» sob nenhum aspecto: embora trajasse roupas masculinas e, mais comumente, a armadura, ela vinha coberta por um vestido; quanto ao penteado, uma mulher devia ter cabelos compridos, e Joana d'Arc foi assim representada.

Em Orléans, no ano de 1502, foi erguido um monumento sobre a ponte onde já havia uma cruz que representava a Donzela ajoelhada diante de Cristo, que, por sua vez, estava diante de Carlos VII.

O primeiro retrato propriamente dito que chegou até nós é conhecido como dos «Escabinos», pois foi encomendado por eles no momento de sua instalação na câmara municipal em 1557. Ele foi posteriormente instalado no Palacete Groslot. Joana é representada como uma burguesa: a esposa de qualquer comerciante rico poderia ter posado para esse quadro e usado o vestido com as mangas fendidas; apenas a espada e a cártula permitem identificar Joana d'Arc. A pluma — símbolo da vitória — enfatiza a ambiguidade entre a mulher e a guerreira, pois faz parte da indumentária masculina. A moda estava lançada: essa mulher emplumada seria representada até o século XIX. O retrato dos escabinos torna-se a partir de então um retrato autêntico, sendo retomado pelo mestre da gravura Léonard Gaultier para ilustrar, em 1606, a obra de Léon Tripault *Histoire et le discours au vray du siège qui fut mis devant la ville d'Orléans*. Reproduzido no livro de Hordal, essas duas gravuras serão copiadas ao longo dos séculos XVII e XVIII. Richelieu encomendara a Philippe de Champaigne um retrato de Joana d'Arc para sua «Galeria de homens ilustres». Esse quadro desapareceu, mas nos resta ainda a gravura feita por Vignon para ilustrar a obra de Vulson de La Colombière: Joana parece-se ali com uma mulher do povo corpulenta, paramentada de soldado, vestindo uma saia longa e um plastrão que cobre o torso; a espada que parece estar atrás dela não corrige o efeito nada lisonjeiro desse retrato. Ainda no século XVII, Joana é apresentada numa série de tapeçarias de Aubusson: as placas foram desenhadas pelo ilustrador do livro de Chapelain, Claude Vignon. Quanto a Rubens, ele gostava tanto do retrato que fizera da Donzela que o guardou em seu quatro até o fim de seus dias.

Na segunda metade do século XVIII encontramos diversos retratos em gravura, como o de Lemire, em 1774, e várias representações em gravura em metal. Na Revolução, a tradicional pluma se transforma num gorro frígio e, sob Napoleão «Joana se torna o símbolo auspicioso da força e da estabilidade do Império». Foi também nessa época que Gois, em Orléans, esculpiu a imagem de Joana com os traços de uma heroína melodramática, usando um vestido. Com a Restauração, o entusiasmo por Joana aumenta. Da mesma forma como o retrato dos escabinos fora o modelo dos séculos anteriores, a iconografia passaria doravante a se inspirar na estátua de Maria de Orléans. À imagem da virago contrapunha-se agora a da humilde serva de Deus: «Joana d'Arc, com a cabeça inclinada de forma doce e modesta, confiante em sua espada, segura de sua fé, pois, mesmo estando protegida, não deixa de expressar a sua devoção», conclui Pierre Marot em seu artigo «*De la réhabilitation à la glorification de Jeanne d'Arc*».

Durante a Monarquia de Julho, muitos pintores e escultores continuarão a empregar Joana d'Arc como tema de suas obras expostas nos grandes salões parisienses. Nessa época são publicadas diversas obras ilustradas, entre as quais a de Alexandre Guillemin e de Barante sobre os duques da Borgonha, que obtém grande sucesso. Após a derrota de 1870, Joana passa a encarnar o espírito de desforra, assim, cartões postais e pôsteres patrióticos fazem apelo a seu espírito guerreiro para restaurar a França.

Durante as duas grandes guerras mundiais, a propaganda também faz apelo a ela, ora como um anjo consolador, ora como o general que conduz as tropas à vitória.

No momento da beatificação e da canonização, as estátuas vão pulular por todos os cantos. Cada cidade, cada vilarejo, cada igreja quer a própria Joana d'Arc: alguns querem-na como a santa, outros, como a patriota. Sua imagem será utilizada até mesmo pela publicidade: Joana é retratada nas embalagens de queijo, de feijão, sobre os frangos e os pacotes de café.

Em nossos dias, a Donzela não deixa os artistas indiferentes. Como ela não representa esse ou aquele partido, como não defende mais nenhuma causa, pode ser representada de maneira mais simples e humana, ou seja, mais verdadeira. Albert Decaris, na gravura, nos oferece uma Joana d'Arc jovem, sóbria, introvertida. Rouault mostra uma guerreira envolta por uma áurea divina, e Bernard Buffet representa uma mulher comandante de guerra à frente de suas tropas. Entre as duas guerras, Maxime Real del Sarte conseguiu expressar melhor que ninguém a Joana sofredora, martirizada na fogueira. Quanto a Georges Mathieu, com *La Libération d'Orléans* ele não lhe dá um rosto, mas sugere com um halo de vitória a força e a esperança que Joana foi capaz de despertar entre as tropas.

II | Filmografia

1898 Georges Hatot, *Jeanne d'Arc*. Pathé. O Centro Joana d'Arc detém uma cópia.

1900 Georges Méliès, *Jeanne d'Arc*. Star Films. Reconstituição histórica em 12 quadros. Interpretado por Louise d'Aley.

1908 Albert Capellani, *Jeanne d'Arc*. Pathé.

1909 Mario Caserini, *La Vita de Joana d'Arc*. Cinès. Interpretado por Maria Gasperini. Inspirado na obra *Die Jungfrau von Orléans*, de Schiller.

1913 Nino Oxilia, *Gionanna d'Arco*. Pasquali. Interpretado por Maria Jacobini.

1917 Cecil B. de Mille, *Joan the Woman*. Paramount. Inspirado na obra *Die Jungfrau von Orléans*, de Schiller. Interpretado por Geraldine Farrar.

1928 Carl Dreyer, *La Passion de Jeanne d'Arc*. Société Générale de Films. Consultor histórico: Pierre Champion. Interpretado por Renée Falconetti.

1928 Marc de Gastyne, *La merveilleuse vie de Jeanne d'Arc*. Auliert-Natan. Interpretado por Simone Genevoix.

1935 Gustav Ucicky, *Das Mädchen Johanna*. UFA. Interpretado por Angela Salloker.

1948 Victor Fleming, *Joan of Arc*. Production RKO. Consultor religioso: R.P. Doncœur. Inspirado na peça *Joan of Lorraine*, de Maxwell Anderson. Interpretado por Ingrid Bergman.

1952 Carl Dreyer, *La Passion de Jeanne d'Arc*. Versão sonorizada por Lo Duca do filme de 1928. Música: Bach, Vivaldi, Albinoni.

1954 Roberto Rossellini, *Giovanna d'Arco al Rojo*. Coprodução Franco-London-Film e PCA. Inspirado no texto de Paul Claudel e no oratório de Paul Claudel e Arthur Honegger. Interpretado por Ingrid Bergman.

1954 Jean Delannoy, *Destinées* (Jeanne). Esse filme é um das três esquetes de um longa-metragem intitulado *Destinées* e dedicado a *La Femme et la guerre*. Interpretado por Michèle Morgan. Coprodução Franco-London-Film e Continental Produzione.

1956 Robert Enrico, *Jehanne*. Produção SINPRI-Guy Perol. Curta-metragem relatando a vida de Joana d'Arc, inspirado nas iluminuras de um manuscrito do século XV. Texto interpretado por Alain Cuny. Música do século XV reconstituída por Madeleine Bourlat.

1957 Otto Preminger, *Saint Joan*. Wherel Produções. Roteiro de Graham Greene inspirado na peça de Bernard Shaw. Legendas em francês por Jean Anouilh. Interpretado por Jean Seberg.

1961 Claude Antoine, *Jeanne au vitrail*. Claude Antoine Filmes. Curta-metragem que relata a vida de Joana d'Arc inspirado nos vitrais dos principais momentos de sua vida: Domrémy, Vaucouleurs, Chinon, Orléans, Reims, Rouen.

1962 Robert Bresson, *Le Procès de Jeanne d'Arc*. Agnès Delahaie. Filme produzido a partir das minutas dos processos de condenação e de reabilitação. Interpretado por Florence Canez.

1962 Francis Lacassin, *Histoire de Jeanne*. Lux-CCF. Curta-metragem produzido a partir dos documentos e gravuras do século XV, conservados pela Biblioteca Nacional e pela Biblioteca Municipal de Lyon.

1970 Gleb Panfilov, *Le Début*. Studio-Len Film. Preto e branco. Comédia satírica interpretada por Inna Tchourikova.

III | As celebrações de Joana d'Arc em Orléans

Em 8 de maio de 1429, quando os ingleses levantam o cerco e se retiram da frente de Orléans, os moradores organizam por iniciativa própria procissões belíssimas e solenes em agradecimento a Deus e aos santos padroeiros da cidade, Aignan e Euverte. Essa ação de graças espontânea tornou-se uma procissão que ainda ocorre todo dia 8 de maio. Com exceção dos períodos de guerra — interior ou exterior —, Orléans permaneceu fiel por mais de 555 anos àquela que soube lhe insuflar esperança. O ritual tomou forma pouco a pouco, e as contas da cidade são bastante loquazes quanto a esse assunto. Ampliado e modificado ao longo dos anos, permaneceu inalterado em seus aspectos gerais.

Nos séculos XV e XVI, os sinos tocavam desde a noite do dia 7 e os arautos percorriam a cidade para anunciar a procissão. Estrados eram instalados nos principais cruzamentos nos quais a batalha ocorreu.

As comemorações mais grandiosas foram as de 1435: nesse ano foi encenado o *Mystère du siège d'Orléans*, que apresentava os fatos com exatidão. Um dos companheiros de Joana d'Arc, Gilles de Rais, participou financeiramente dessa montagem.

A cidade ficava encarregada dos custos das cerimônias. O cortejo era composto das autoridades civis e religiosas, os doze procuradores da cidade carregando uma vela de três libras de cera nova, decorada com um brasão da cidade. Em seguida, vinham os cônegos da catedral, os eclesiásticos da região, os coristas, os coroinhas de Sainte-Croix, de Saint-Aignan, de Saint-Pierre-Empont. Os sargentos do duque de Orléans mantinham a ordem para evitar que os leigos se misturassem ao clero durante a procissão. No momento da reabilitação de Joana d'Arc, o cardeal de Estouteville concedeu um ano e cem dias de indulgências àqueles que se associassem à celebração. A municipalidade de Orléans estava encarregada também do pagamento do pregador que deveria falar nesse dia, dos tocadores de sino, assim como dava uma oferta para a missa e doava roupas novas para os coroinhas e o portador da bandeira. À noite, um grande jantar reunia o pregador e os escabinos. O estandarte de Joana d'Arc — mais exatamente sua reconstituição — era carregado por um menino. No final do século XV, além deste, surge um estandarte para ser carregado pelos cidadãos privilegiados.

A comemoração foi interrompida durante as Guerras de Religião, mas a procissão «grande, devota e solene» recomeçou imediatamente após o término do conflito. O cerimonial não sofreu grandes modificações, somente o banquete oferecido na prefeitura foi suprimido devido «à miséria da época».

No século XVIII, surgem duas figuras novas no cortejo: em 1725, um menino chamado de *puceau* (por oposição à *pucelle*, donzela), usando trajes da época de Henrique III com as cores da cidade, vermelha e dourada, e portando um chapéu escarlate decorado com duas plumas brancas; o menino é escolhido pelo prefeito e pelos escabinos e sempre participará do cortejo até a Revolução. Foi também no século XVIII, em 1771, que foi construída uma nova ponte no lugar da ponte das Tourelles, e inaugurado um novo monumento em homenagem à Joana, na rua Royale;

em 1792, ele será fundido e transformado num canhão chamado «Joana d'Arc». Em 1786, o *puceau* recebe a companhia de uma *rosière*, instituída pelo duque e pela duquesa de Orléans, que desejavam celebrar a festa de 8 de maio com «o casamento de uma moça pobre e virtuosa, nascida no interior dos muros da cidade, que seria agraciada com uma soma de 1.200 libras, das quais Suas Altezas ofereceriam a metade».

Em 1792, o *puceau* e a *rosière* ainda participam da procissão, mas a partir dessa data a liberação da cidade deixou de ser celebrada. Será preciso esperar pela restauração do consulado, em 1803. Em 1802, o prefeito de Orléans, Grignon-Désormeaux, solicitou que o monumento em homenagem à Joana fosse restaurado. Uma comissão examinou o projeto que foi confiado a Gois. Como era necessária a concordância do governo, foi enviada uma carta a Bonaparte, que restabeleceu a celebração e respondeu:

> A ilustre Joana d'Arc provou não haver milagre que o gênio francês não possa produzir nas circunstâncias em que a independência nacional está ameaçada. Unida, a nação francesa nunca foi derrotada, mas nossos vizinhos, mais calculistas e habilidosos, abusando da franqueza e da lealdade de nosso caráter, semearam constantemente entre nós essa dissensão da qual surgiram as calamidades daquela época e de todos os desastres dos quais nossa história nos lembra.

O bispo de Orléans, por sua vez, solicitou também o restabelecimento das cerimônias religiosas, o que foi totalmente aprovado pelo Primeiro Cônsul.

Em 1817, o prefeito, conde de Rocheplatte, deseja restabelecer a celebração em sua antiga glória. É nessa ocasião que o *puceau* volta a ser escolhido e que é erigida uma cruz na rua Croix-de-la-Pucelle, local onde ficava o bulevar das Tourelles. Durante o reinado de Luís Filipe, as celebrações têm um curioso destino, visto que o dia 8 de maio torna-se o dia da festa nacional e, portanto, uma festa essencialmente secular. O busto de Joana d'Arc, cercado pela guarda nacional e pelas autoridades civis e militares, é carregado triunfalmente pelos lugares que evocam a sua glória. Em 1848, a festa retoma a sua forma tradicional. A entrega do estandarte pelo prefeito ao bispo de Orléans no dia 7 de maio data de 1855; nesse mesmo ano, monsenhor Dupanloup profere o célebre panegírico para solicitar a beatificação da Donzela, e é inaugurada na praça do Martroi uma estátua de Foyatier. Em 1869, monsenhor Dupanloup anuncia publicamente sua intenção de apresentar a causa da canonização na Corte de Roma.

Em 1920, são estabelecidas a festa religiosa e a festa nacional de Joana d'Arc, que reúnem num único fervor a Igreja e o Estado. Mas os orleaneses haviam já manifestavam expressamente a sua gratidão desde muitos séculos antes, assegurando ao longo do tempo, sem nunca falhar, a homenagem prestada àquela que os havia liberado. As celebrações acontecem da mesma forma desde o início do século XX, mas, a partir de 1912, uma jovem passa a interpretar Joana d'Arc.

IV | A data da redação latina do processo de condenação

O processo de condenação de Joana chegou aos nossos dias por meio de três manuscritos autênticos. O primeiro (ms. 11), conservado pela Biblioteca da Assembleia Nacional, os dois outros conservados na Biblioteca Nacional, sob a cota «latin 5965»[1] e «ms. latin 5966».

Durante o processo, três escrivães — Guillaume Manchon, Guillaume Colles, conhecido como Boisguillaume, e Nicolas Taquel — anotavam as perguntas e as respostas e, em seguida, juntavam seus textos para redigir a minuta francesa. A tradução latina feita por Thomas de Courcelles e Guillaume Manchon foi composta a partir desse texto, no entanto, nenhuma das cinco cópias desse registro foi conservada.

---

1   O que foi utilizado por Quicherat, Champion e Yvonne Lanhers para suas respectivas traduções.

Com base em Vallet de Viriville[2], Jean Fraikin[3] conclui que a redação latina foi feita após a morte de Joana d'Arc, ou seja, depois de 30 de maio de 1431, mas antes de 8 de agosto de 1432. Desde o fim do século XIX, de acordo com Denifle e Châtelain — editores do cartulário da Universidade de Paris —, os historiadores pensavam que a redação latina havia sido feita no mínimo em 1435. Ora, as três cópias autênticas do processo de condenação que chegaram até nós trazem o selo de Pierre Cauchon, bispo e conde de Beauvais. Sabemos que Cauchon foi nomeado bispo de Lisieux por uma bula de 29 de janeiro de 1432, e tomou posse de seu bispado em 8 de agosto de 1432, e que o selo acompanha sempre o titular da função. Em Beauvais, Jean Juvénal des Ursins sucedeu Cauchon. Portanto, não poderia ter selado com o selo de bispo de Beauvais um texto escrito em 1435, visto que há três anos já não presidia o bispado. Além disso, Thomas de Courcelles, editor do texto em latim, partiu para Roma por volta de 15 de outubro de 1431 e retornou a Paris somente em 1435. Mas teria ele começado a redação do texto no momento em que tomara o partido de Carlos VII?

O processo de nulidade traz pouquíssimos indícios que forneçam uma conclusão a esse assunto. As três pessoas que ali tomam a palavra — Simon Chapiteau, Guillaume Manchon e Nicolas Taquel — oferecem explicações bastante vagas sobre a data da redação latina. Todos dizem que a redação foi feita «muito tempo após a morte de Joana» (*longo tempore, longe post mortem permanum temporis*). A palavra *longe* empregada por Manchon é bastante aproximada, pois utiliza a expressão *longe antequam* para se referir tanto a um período de três dias, quanto para qualificar a duração dos interrogatórios, isto é, trinta e cinco dias. Dessa forma, não podemos nos basear nesses testemunhos com segurança.

Três documentos contábeis comprovam os valores recebidos por Cauchon pelos serviços prestados ao rei Henrique VI. Pelo pagamento do processo, o primeiro data de 31 de janeiro de 1431; trata-se de um recibo de 73 libras tornezes referentes ao período de maio a outubro de 1430;

---

2   Vallet de Viriville, *Notes pour servir l'histoire du papier dans la Gazette des Beaux-Arts*, Paris, 1859.

3   Jean Fraikin, «La date de la rédaction latine du procès de Jeanne d'Arc», *Bulletin de l'Association des Amis du Centre Jeanne d'Arc*, n. 8, 1985.

a segunda é uma carta do rei autorizando seu tesoureiro e seu secretário das finanças da Normandia, Jean Stanlawe, a pagar, por meio de Pierre Baille, recebedor-geral da Normandia, 770 libras tornezes ao conselheiro «Pierre, bispo de Lisieux, outrora bispo de Beauvais», «pelo Processo de heresia passível de fogueira de Joana, outrora chamada a Donzela». Essa carta está datada de 29 de julho de 1437, mas se refere a pagamentos de 1431 e 1432. Uma terceira ordem de pagamento emitida em Rouen, em 14 de agosto de 1437, faz referência a 7.070 libras tornezes pagas pelo rei da Inglaterra a «nosso citado senhor» pelo período de maio de 1430 até 30 de novembro de 1431. Durante o tempo dedicado às negociações para a compra de Joana, Cauchon recebeu 775 libras (de 1º de maio a 30 de setembro de 1430); num segundo período em que se ocupa da preparação e do desenrolar do processo, de 30 de setembro a 30 de junho de 1431, ele recebe 1.407 libras e 10 soldos, mais uma gratificação. Finalmente, pela organização dos documentos do julgamento, de 1º de julho a 30 de novembro de 1431, recebe outras 770 libras. As dificuldades financeiras do reino da Inglaterra explicam esses atrasos, e o último pagamento só será efetuado em 1437.

Durante seis meses, portanto, Pierre Cauchon e Thomas de Courcelles dedicaram-se à redação do julgamento em latim, e o dia 30 de novembro de 1431 marca claramente a última data em que trabalharam pelos interesses do rei da Inglaterra.

APÊNDICE

As cartas de Joana d'Arc

Três documentos emocionantes chegaram até nós: as cartas assinadas por Joana d'Arc; a primeira, enviada aos moradores de Riom, em 9 de novembro de 1429; a segunda, aos moradores de Reims, datada de 16 de março de 1430; finalmente, a mais bela e melhor traçada assinatura é a que figura na carta aos moradores de Reims, datada de 28 de março de 1430.

É plausível que a Donzela tenha aprendido não somente a assinar seu nome, mas também a ler, dado que durante o processo de condenação solicita que alguns documentos lhe sejam entregues para que possa lê-los mais calmamente na prisão.

Temos também o original de seis cartas ditadas por Joana d'Arc, e cópias de várias outras — como a carta aos moradores de Tournai ou ainda a carta aos ingleses, que figura no processo. Temos também algumas menções a cartas em livros de contas. É evidente que devem haver muitas outras cartas. Sabemos, por exemplo, que Joana d'Arc empregava um código, como afirma durante o processo de condenação: quando desejava que as ordens dadas não fossem cumpridas, indicava-o desenhando uma cruz dentro de um círculo. Portanto, ela se correspondia com outros capitães ou com a chancelaria real.

Citamos aqui apenas as menções conhecidas, indicando como a carta chegou até nós (no original ou por uma menção), quando isso é possível, se foi datada ou não e o lugar onde foi escrita. Em seguida, apresentamos algumas indicações e todos os textos que estão em nossa posse.

1 | Menção a uma carta de Joana a seus pais

Enviada de Sainte-Catherine-de-Fierbois ou de Chinon, final de fevereiro de 1429. Quicherat, t. I. p. 129. Tisset, t. I, p. 123, t. II, p. 113.

Questionada se acreditava ter tomado a decisão correta partindo sem a permissão de seus pais, pois deveria honrar pai e mãe, ela respondera que em tudo obedecera seus pais, exceto quanto à partida; mas depois escreveu-lhes e eles a perdoaram.

Audiência da segunda-feira, 12 de março.

2 | Menção a uma carta de Joana a Carlos VII anunciando que vem para prestar-lhe socorro

Enviada de Sainte-Catherine-de-Fierbois, final de fevereiro, início de março de 1429 (?). Quicherat, t. I, pp. 77, 222, 248. Tisset, t. I, p. 76, t. II, pp. 75, 191, 228.

Além disso, enviou cartas a seu rei nas quais declarava que o fazia para saber se poderia entrar na cidade onde ele estava, que percorrera cento e cinquenta léguas para encontrá-lo e prestar-lhe socorro e que tinha muitas coisas boas para anunciar-lhe. E parece que nessas mesmas cartas declarava que saberia reconhecer o seu rei entre todos os outros.

Audiência da terça-feira, 27 de fevereiro de 1431.

3 | Menção a uma carta de Joana ao clérigo de Sainte-Catherine-de-Fierbois

Enviada de Chinon por volta do dia 6 de março de 1429. Apresentada por Jean Chartier, ed. Vallet de Viriville, p. 70, no *Journal du siège*, ed. Charpentier, p. 49. *Chronique de la Pucelle*, ed. Vallet de Viriville, cap. 42, p. 277. Quicherat, t. I, p. 76. Tisset, t. I, p. 77, t. II, pp. 75-76.

Disse ainda que, enquanto estava em Tours ou em Chinon, mandou buscar uma espada na igreja de Sainte-Catherine-de-Fierbois, atrás do altar; e ela logo foi encontrada ali, coberta de ferrugem.

Ela escreveu para os clérigos dessa localidade.

4 | Carta aos ingleses

Ditada por volta de 22 de março de 1429, de Poitiers, enviada de Blois entre os dias 24 e 27 de abril de 1429, sem assinatura. Quicherat, t I, p. 240, t. II, pp. 24, 27, 74, 107, 126, t. III, pp. 139, 215, 306, t. V, p. 95. Tisset, t. I, p. 82, t. II, pp. 82-83. Texte t. I, pp. 120-122, t. II, pp. 185-186. O texto é citado por: artigo 22, d'Estivet, Tisset, t. II, p. 185, *Chroniques de Flandre d'Angleterre*; *Geste des Nobles français*, ed. Vallet de Viriville, p. 280; Chronique de la Pucelle, ed. Vallet de Viriville, p. 281; o registro do delfim de Mathieu Thomassin; *Journal du siège d'Orléans*, ed. Charpentier, pp. 62-63; *Chronique de Windecken*, ed. G. Lefèvre-Pontalis, p. 52, pp. 55-63.

Jesus Maria,

Rei da Inglaterra e vós, duque de Bedford, que vos declarais regente do Reino da França, vós, Guillaume de la Poule [William Pole, conde de Suffolk], Jean, senhor de Talbot, e também vós, senhor de Scales, que vos declarais tenente do duque de Bedford, rendam-se ao Rei Celeste. Devolvam à Donzela, enviada aqui por Deus, o Rei do Céu, as chaves de todas as dignas cidades que tomaram e violaram na França. Ela veio em nome de Deus para proclamar o sangue real e disposta está a estabelecer a paz, se a ela vos renderem, contanto que restituam a França e paguem por tê-la invadido. E vós, arqueiros, companheiros de armas, nobres e outras pessoas que cercam a cidade de Orléans, voltem para vosso país, em nome de Deus. Se assim não fizerdes, aguardem as notícias da Donzela que vos visitará em breve, para o vosso próprio prejuízo. Rei da Inglaterra, se assim não fizerdes, como comandante de guerra, em todo o lugar em que encontrar vossas tropas na França, farei-as partir, por bem ou por mal. E, se não quiserem obedecer, matarei a todos. Fui enviada por Deus, o Rei Celeste, para vos expulsar, homem a homem, de toda a França. Se quiserem obedecer, terei misericórdia. E não pensem que tomarão o reino da França de Deus, o Rei Celeste, filho de Santa Maria, pois pertence a Carlos, seu verdadeiro herdeiro. Esta é a vontade de Deus, o Rei do Céu, revelada à Donzela, e Carlos entrará em Paris em grande companhia. Se não crerdes nos avisos enviados por Deus e pela Donzela, e não vos renderdes, onde quer que vos encontrarmos, ali vos combateremos e faremos um tão grande bramido como há mil anos não se ouvia na França. Creiam firmemente que o Rei Celeste enviará à Donzela força muito maior do que toda aquela de que podeis dispor em todos os vossos ataques contra ela e seus bravos soldados, e os golpes inferidos mostrarão quem está ao lado do Deus Celeste. Duque de Bedford, a Donzela vos implora que não permitais que isso ocorra. Se a ela vos renderdes, podereis vir em sua companhia, e os franceses farão a mais bela ação jamais vista na cristandade. Responda-me se quiserdes estabelecer a paz na cidade de Orléans e, se não o fizerdes, lembrai-vos apenas de que o prejuízo será todo vosso. Escrito na terça-feira da Semana Santa.»

5 | Menção a uma intimação aos ingleses

Enviada em 5 de maio de 1429, de Orléans. Citada por Jean Pasquerel, Processo de nulidade, 4 de maio de 1456. Quicherat, t. III, p. 107. Duparc, t. I, p. 393.

No dia da festa da Ascensão de Nosso Senhor, ela escreveu aos sitiadores esta carta: «A vós, ingleses, que não têm nenhum direito sobre o reino da França, o Rei Celeste vos ordena e vos intima, por intermédio de Joana, a Donzela, que abandoneis as vossas fortalezas e retorneis a vosso país; do contrário, faremos tão grande bramido do qual se guardará perpétua memória. Isso escrevo pela terceira e última vez, e não mais escreverei. Assinado Jesus Maria, Joana, a Donzela». E, além disso, «ter-vos-ia enviado minhas cartas honestamente, mas detendes meus mensageiros, pois retivestes meu arauto, chamado Guyenne. Peço-vos que enviem-no de volta e liberarei alguns dos vossos que são prisioneiros na fortaleza de Saint-Loup, pois nem todos morreram ali».

Em seguida, Joana «pegou uma flecha e amarrou a carta com um fio na ponta, ordenando que um arqueiro a lançasse aos ingleses, gritando: "Leiam, são notícias!". Os ingleses receberam a flecha com a carta, leram-na e, depois disso, começaram a vociferar, bradando: "São notícias da piranha dos Armagnacs!"»

6 | Menção a uma carta a Filipe, o Bom

Fac-símile, Museu dos A.D., Reims n. 123. Junho, 1429. Conhecida pela menção:

Há três semanas vos escrevi e enviei cartas por meio de um arauto que esteve presente na sagração, e hoje, domingo, dia XVII do mês de julho, na cidade de Reims, não recebi nenhuma resposta e não mais tive notícias desse arauto.

7 | Cartas aos moradores de Tournai

Enviada em 25 de junho de 1429 e recebida em Tournai, em 6 de julho de 1429. Conservada nos registros da cidade. Publicada por F. Hennebert: *Une lettre de Jeanne d'Arc aux Tournaisiens* 1429, «Archives historiques et littéraires du Nord de la France et du Midi de la Belgique», Nouvelle série I, 1837. Quicherat, t. V, pp. 125-126. A carta foi copiada e transmitida às «36 bandeiras», ou 36 seções da cidade.

Como sempre desejamos ouvir e receber as boas-novas acerca da situação e da prosperidade do rei, nosso senhor, mandamos copiar as cartas que nos enviou a Donzela que está junto ao rei, nosso senhor, e que têm o seguinte conteúdo...

No mesmo registro, encontramos a menção:
A Thery de Maubray, que no dia VI de julho nos trouxe notícias do Rei, nosso senhor, de suas vitórias e da retomada de seu reino, com as cartas da Donzela e de seu confessor, a ele pagamos 60 soldos.

Jesus Maria,
Gentis e leais franceses da cidade de Tournai, a Donzela vos informa que em VIII expulsou os ingleses de todas as praças-fortes que detinham nas margens do Loire, tomando-as de assalto. Houve ali muitos mortos e os dispersou em batalha, entre eles o conde de Suffort. La Poulle, seu irmão, o senhor Tallebort, o senhor de Scallez e senhor Jehan Falstof e muitos cavaleiros e capitães, e o irmão do conde de Suffort e Glasias foi morto. Aguentem firmes, leais franceses, vos suplico.

E vos peço e requeiro que estejais prontos para vir à sagração do gentil rei Charles em Reims onde logo estaremos; e venham nos encontrar quando souberdes que dali nos aproximamos. Recomendamo-vos a Deus, que Ele vos guarde e vos conceda graça para manter-vos firmes na boa querela pelo reino da França. Escrito em Gien, no dia XXV de junho.

Aos leais franceses da cidade de Tournai.

8 | Carta aos senhores cidadãos da cidade de Troyes

Escrita em Saint-Phal, em 4 de julho de 1429. Original inexistente. Conservada pelo Registro de Jean Rogier (1637): Compilação feita por mim, Jean Rogier, o conservador das cartas, títulos, decretos e antigos documentos que se encontram na prefeitura da cidade, assim como na Câmara dos Escabinos da cidade de Reims. Uma cópia dessa compilação está conservada na Biblioteca Nacional: B.N. ms. fr. 8334. Quicherat, t. IV, pp. 284-288.

Jesus Maria,

Caríssimos e bons amigos, senhores, cidadãos e moradores da cidade de Troyes, Joana, a Donzela, vos ordena e vos informa em nome do Rei Celeste, seu justo e soberano Senhor, do qual está a real serviço diariamente, que obedeçais ao gentil rei da França e o reconheçais, pois logo estará em Reims e em Paris, não importa quem se contraponha a isso, e nas suas boas cidades do Santo Reino, com a ajuda de Jesus. Leais franceses, venham encontrar o rei Carlos e não falhem nisso; e, se assim fizerdes, fiqueis tranquilos quanto a vossos corpos e vossos bens. Mas, se não o fizerdes, prometo e certifico por suas vidas que entraremos, com o auxílio de Deus, em todas as cidades que devem pertencer ao Santo Reino, e ali estabeleceremos boa e firme paz, não importa o que aconteça. Recomendo-vos a Deus, que vos guarde, se essa for Sua vontade. Respondais logo. Diante da cidade de Troyes, escrito em LoyauSaint-Fale, na terça-feira quatro de julho.

9 | Carta de Joana ao duque da Borgonha, Filipe, o Bom

17 de julho de 1429, de Reims, sem assinatura. Original conservado pelos Archives du Nord em Lille, B. 300/23612 a. Quicherat, t. V, pp. 126-127. Tisset, t. I, pp. 215-216, t. II, p. 180, a cita no libelo de d'Estivet: «A esse artigo Joana responde que, quanto ao duque da Borgonha, solicitou-lhe por meio de carta e de seus embaixadores que haja paz entre seu rei e o duque».

Jesus Maria,

Grande e formidável duque de Borgonha, a Donzela requer da parte do Rei Celeste, meu digno e soberano Senhor, que vós e o rei da França estabeleçam uma longa e duradoura paz. Perdoai-vos um ao outro de bom coração, inteiramente, assim como devem fazer os fiéis cristãos. E se gostais de guerrear, que combatais contra os sarracenos. Príncipe da Borgonha, vos imploro, suplico e requeiro muito humildemente para que não mais guerreeis contra o santo reino da França, e retireis, incontinenti e o mais rapidamente, vossos soldados que permanecem em algumas praças-fortes e fortalezas do santo reino. E o bondoso rei da França disposto está a fazer as pazes convosco, a despeito de sua honra, e espera que façais o mesmo. E vos informa da parte do Rei Celeste, e soberano Senhor, para vosso bem, vossa honra e vossa vida, que não triunfareis contra os leais franceses, e que todos aqueles que combatem contra o santo reino da França guerreiam contra o rei Jesus, Rei do Céu e de todo o mundo, meu digno e soberano Senhor. E vos suplico e requeiro com as mãos unidas que contra nós não combatais nem guerreeis, vós, vossos soldados ou súditos, e creiais firmemente que, não importa o número de soldados que enviareis, não triunfareis, e travaremos uma triste e sangrenta batalha se contra nós vierem. Há três semanas vos escrevi e enviei uma carta por um arauto, para estardes presente hoje, domingo, dia dezessete do presente mês de julho, na cidade de Reims: a qual não teve nenhuma resposta, e nem tive, desde então, notícias do citado arauto. Recomendo-vos a Deus que vos guarde segundo a sua vontade. E oro a Deus para que estabeleça a paz. Escrito na referida localidade de Reims, no referido dezessete de julho.

10 | Carta aos moradores de Reims

Enviada de Provins, 5 de agosto de 1429. Sem assinatura. Original conservado em Reims, Arquivo municipal. Quicherat, t. V, pp. 139-140. Reproduzida em fac-símile, Les *Lettres de Jeanne d'Arc*, Maleissye-Melun, 1911.

Meus caros e bons amigos, os bons e leais franceses da cidade de Reims, Joana, a Donzela, vos envia notícias, pede e requer que confiem na querela realizada pelo sangue real. Prometo e certifico que não vos abandonarei enquanto viver. E é verdade que o rei estabeleceu uma trégua de quinze dias com o duque da Borgonha, durante os quais vai entregar passivamente a cidade de Paris. No entanto, não vos surpreendais se ali entrar com ainda mais rapidez, pois não estou nem um pouco satisfeita com essa trégua, e não sei se vou respeitá-la. Porém, caso a respeite, será apenas para guardar a honra do rei, e para que não haja derramamento de sangue, pois manterei unido o exército do rei para estar pronto ao cabo desses quinze anos, caso não façam as pazes. Por isso, meus caríssimos e perfeitos amigos, não vos preocupais comigo, mas peço que vigieis e guardeis a boa cidade do rei e avisai-me se houver qualquer traidor que queira vos afligir, e o mais rápido que puder os expulsarei. Enviai-me notícias.

A Deus vos recomendo, que vos guarde. Escrito nessa sexta-feira, V dia de agosto, no acampamento ou a caminho de Paris.

11 | Carta de Joana ao conde de Armagnac

22 de agosto de 1429, de Compiègne. Sem assinatura. Reproduzida no Processo. Quicherat, t. I, p. 246. Tisset, t. I, p. 81, 225-226. t. II, p. 81, 188-190.

Jesus, Maria,

Conde de Armagnac, meu caríssimo e bom amigo, Joana, a Donzela vos informa que vossa mensagem chegou a mim, a qual me dizia que havíeis enviado-na para saber em qual dos três papas, que citeis de memória, deveríeis crer. Quanto a isso, na verdade, não posso respondê-lo no momento, até que esteja em Paris ou em outro lugar, pois estou agora muito ocupada com a guerra. Mas quando souberes que estou em Paris, enviai uma mensagem para mim e vos direi em qual deles deveis verdadeiramente crer, o que sei por conselho de meu justo e soberano Senhor, o rei desse mundo, e isso farei, com todas as minhas forças.

A Deus vos recomendo, que Ele vos guarde. Escrito em Compiègne, dia XXII de agosto.

12 | Menção a uma carta enviada por Joana e pelo condestável d'Albret aos moradores de Clermont

7 de novembro de 1429. Quicherat t. V; p. 146. Tirado do Livro das memórias e diligência da cidade de Clermont, fol. 47 v.

Registro que a donzela Joana, mensageira de Deus, e monsenhor de Lebret, enviaram à cidade de Clermont no dia VII de novembro de mil quatrocentos e vinte e nove algumas cartas que mencionam que a cidade quis ajudá-los com pólvora para canhão, com setas e com artilharia para o cerco de La Charité.

13 | Carta aos clérigos, cidadãos e moradores da cidade de Riom

Enviada de Moulins, em 9 de novembro de 1429. Original em papel, conservado em Riom, A. Com. de Riom AA. 33. [Jules Quicherat, vira um selo e um fio de cabelo preto na cera, hoje perdido] Assinada, a primeira assinatura conhecida de Joana. Fac-símile, Maleissye-Melun, Les Lettres de Jeanne d'Arc. Quicherat, t. V, pp. 147-148.

Queridos e bons amigos, vós sabeis como a cidade de Saint Pere le Moustier foi tomada, e com a ajuda de Deus tenho a intenção de expulsar os inimigos dos outros lugares que são contrários ao rei. Mas uma grande despesa de pólvora, setas e outros materiais de guerra foi feita diante da citada cidade e estamos indo agora cercar rapidamente La Charité. Peço-vos, se quereis o bem e a honra do rei, e também todos os outros que aqui estão, que envieis incontinenti ajuda para o cerco, a saber: pólvora, salitre, enxofre, setas, bestas e outros materiais de guerra.

Não demoreis muito, para que não digam que sois negligentes ou que vos recusais a isso. Caros e bons amigos, que nosso Senhor vos guarde. Escrito em Moulin, no nono dia de novembro.

Jehanne [Joana].

14 | Menção a uma carta de Joana a Carlos VII sobre Catherine de La Rochelle

Enviada de Montfaucon, em Berry, (20) de novembro de 1429. Quicherat, t. I, p. 107. Tisset, t. I, p. 104, t. II, p. 200. «E ela disse ao rei que lhe diria o que fazer com respeito a esse assunto. Audiência de 3 de março de 1431.» E artigo 56 de Jean d'Estivet. Tisset, t. II, p. 223.

15 | Carta aos clérigos, cidadãos e moradores da cidade de Reims

Escrita em Sully, em 16 de março de 1430. Assinada (segunda assinatura). Original conservado. Fac-símile em *Lettres de Jeanne d'Arc*, C. de Maleissye-Melun. Quicherat, t. V, p. 160, apresenta a transcrição da carta que fora copiada por Nogier no século XVII, a qual contém alguns erros.

Caríssimos e amados, muito desejo ver-vos. Joana, a Donzela, recebeu vossas cartas mencionando que duvidáveis do cerco. Saibais que não se trata de uma brincadeira, pois vou encontrá-los em breve, e não iria até vós caso eles não vos tivessem cercado. Aguentai firme, pois logo estarei convosco, e se eles ainda aí estiverem, farei baterem suas esporas num piscar de olhos, tão rápido que não conseguirão nem mesmo colocá-las. Escrevo-vos para que sejais todos bons e leais. Peço a Deus que vos guarde. Escrito em Sully no dia XVI de março. Teria vos enviado muitas outras notícias, com as quais ficaríeis muito felizes, mas temi que essas cartas fossem interceptadas e que não a recebêsseis.

Jehanne [Joana]

16 | Carta aos Hussitas

Escrita em Sully-sur-Loire, em 23 de março de 1430. Assinada por Pasquerel. Em latim, traduzida para o alemão. Conservada por esse registro: Vienne, Reichsregister D. f. 236 r. 237. Quicherat, t. V, p. 156, conhecida somente a tradução alemã. Jean Nider menciona essa carta. Quicherat, t. IV, p. 503. A carta não foi ditada por Joana, mas escrita pelo frade Pasquerel, seu confessor.

Jesus-Maria [na margem: Puella de Anglia]

Há algum tempo chegou a mim, Joana, a Donzela, rumores de que verdadeiros cristãos se tornaram hereges e semelhantes aos sarracenos, que arruinaram a verdadeira religião e o culto, abraçando uma vergonhosa e criminosa superstição, desejando protegê-la e espalhá-la, e que não há nada de vergonhoso ao qual não ousem crer. Vós ruinais os sacramentos das Igrejas, rasgais os artigos da fé, destruís os templos, quebrais e queimais os monumentos erigidos como memorial, massacrais os cristãos porque guardam a verdadeira fé. De onde vem esse furor? Que ódio ou loucura vos movem? Essa fé, que o Deus Todo-poderoso, que o Filho, que o Espírito Santo revelaram, instituíram, fizeram reinar e glorificaram de mil formas pelos milagres, é essa Fé que persegues e desejais destruir e aniquilar. Estais cegos, mas nem os olhos nem a clarividência vos faltam. Achais que escarparão impunes? Ou ignorais que Deus impede vossos impulsos criminosos e permite que permaneçais nas trevas e no erro? Pois quanto mais vos entregais ao crime e ao sacrilégio, mais castigos e punições Ele vos prepara.

Quanto a mim, dizendo fracamente, se não estivesse ocupada com a guerra contra o ingleses teria vindo ao vosso encontro há muito tempo, mas, caso não vos corrijais, deixarei de lado os ingleses e vos atacarei, para que pelo ferro, se não houver outra forma, destrua vossa louca e obscena superstição e que arranque a vossa heresia ou vossa vida. Caso escolhais retornar à fé católica e à primeira iluminação que recebestes, enviai-me embaixadores e lhes direi o que fazer. Caso não queirais assim fazer, e que recalcitrais teimosamente contra as esporas, lembrai-vos dos danos e crimes que perpetrais e esperais por mim, que vos farei ter tal destino, com as poderosas forças divinas e humanas.

Escrito em Sully,
aos hereges da Boêmia,
Pasquerel.

17 | Carta a meus caríssimos e bons amigos, clérigos, escabinos, cidadãos e moradores da boa cidade de Reims

Enviada de Sully, em 28 de março de 1430. Original conservado pela família de Maleissye-Melun. Terceira e mais bela assinatura de Joana. Fac-símile, conde Maleissye-Melun, *Les Lettres de Jeanne d'Arc*, 1911. Quicherat, t. V p. 161.

Caríssimos e bons amigos, espero que vos apraza saber que recebi vossas cartas, as quais mencionam o que foi relatado ao rei: que na cidade de Reims existem muitas pessoas más. O que sabeis ser verdadeiro, pois aí existem muitas pessoas que fizeram outras alianças e que traíram a cidade, colocando os borgonheses dentro dela. Mas depois que o rei soube o contrário, porque vós o certificastes disso, ficou muito satisfeito convosco. E saibais que caíram em sua graça e caso necessiteis, vos auxiliará se porventura ocorrer um cerco. E saibais que deveis ainda muito sofrer por causa da crueldade que vos fazem esses traidores borgonheses, nossos adversários. E caso a Deus apraza vos libertar em breve, isto é, o mais rápido possível, vos peço e requeiro, caríssimos amigos, que enquanto isso guardeis bem a cidade para o rei, e vigiai-na bem, assim recebereis em breve boas notícias de minha parte. Além disso, nesse momento, toda a Bretanha é francesa e o duque deve enviar ao rei III mil combatentes pagos mensalmente. A Deus vos recomendo para que vos guarde. Escrito em Sully, no dia XXVIII de março.

Jehanne [Joana]

Essa lista não é exaustiva, pois existem outras menções ou cartas de Joana das quais ignoramos o paradeiro. É provável que a Donzela tenha ditado mais de dezessete cartas. Encontramos, por exemplo, nos arquivos da cidade de Compiègne nos anos de 1428-1429:

> A Tassart du Tielet, por ter ido ver na cidade de Compiègne e em outros lugares o rei, nosso Senhor, para obter notícias, de onde trouxe algumas cartas da Donzela que está junto ao Rei. Viajou durante XV dias, terminando seu trabalho no XVI do mês de agosto.

Um pouco mais tarde, encontramos este registro:

> Ao mesmo homem, por ter ido a Saint Denis e outras cidades em que esteve o Rei, nosso Senhor, para trazer notícias suas, de onde trouxe algumas cartas do citado senhor, bem como da donzela. Viajou durante XVIII dias, terminando seu trabalho no XIV de setembro.

Ou ainda nos Arquivos Departamentais da Aube, em Troyes, em 22 de setembro de 1429:

> Registro das assembleias feitas, das licenças e autoridade do Senhor bailio de Troyes ou seu adjunto, pelos senhores clérigos, cidadãos e habitantes da cidade de Troyes, desde a quarta-feira, dia XXI do mês de setembro, do ano de 1429.

A menção:

> No domingo, II dia do mês de outubro do ano mil CCCXXIX reuniram-se na sala real em Troyes, por ordem e mandamento do senhor bailio de Troyes, as seguintes pessoas etc... e outras mais, em grande número para ouvir a leitura de algumas cartas enviadas pelo rei aos senhores clérigos, cidadãos e habitantes. [...]

Na citada assembleia foram publicadas algumas cartas de Joana, a Donzela, escritas em Gien, no dia XXII do citado mês, nas quais ela se recomenda aos Senhores, dá notícias suas e informa que foi ferida diante de Paris (Publicada por Quicherat, t. V, p. 145).

No registro das deliberações da cidade de Tours, na data de 19 de janeiro a 7 de fevereiro de 1430 das Contas de denários comuns, ambos conservados nos arquivos da cidade de Tours na rubrica «dons e presentes», podemos ler:

No dia XIX de janeiro, no ano mil IIII XXIX, na mesa de deliberações desta cidade, estavam presentes Guion Farineau, juiz de Touraine, outras pessoas, para deliberar sobre algumas cartas seladas, enviadas por Joana, a Donzela, aos quatro governantes da cidade e senhor Jean Dupuy, mencionando que devemos pagar a Heuves Polnoir, pintor, a soma de C escudos para vestir sua filha e que dela nos ocupemos.

E também:

No VII dia de fevereiro, do ano mil IIII XXIX, em Massequiere, presentes Jean Godeau, adjunto etc. e Guion Farineau, juiz de Touraine, reuniram-se os governantes, etc. [...] que deliberaram a respeito da filha de Heimes (?), pintor, que acabou de se casar, para a honra de Joana, a Donzela, que veio ao reino juntar-se ao rei e guerrear, dizendo a ele ter sido enviada pelo Rei Celeste contra os ingleses inimigos desse reino, a qual escreveu à cidade que para o casamento da citada moça a cidade pague a soma de C escudos — que, por isso, nada lhe deve ser pago, porque os denários da cidade devem ser empregados na reparação da cidade e não em outro lugar.

Mas em agradecimento e honra à Donzela, os clérigos, cidadãos e habitantes honrarão a moça durante sua bênção, que ocorrerá na próxima quinta-feira, e lhe concederão esse dom em nome da cidade. E para fazer o pedido aos notáveis dessa cidade ordena-se a Michau Hardoin, notário, que a essa moça sejam dados o pão e o vinho no dia da bênção religiosa do casamento. A saber, pão de um *sertetius* de fromento, e quatro *galettas* de vinho.

A Colas de Montbazon e Heuves Polnoir, pintor, pago por ordem dos citados governantes, no dia XIX de fevereiro do ano MCCCCXXIX, quitando a dívida, a soma de IIII libras e X soldos tornezes, a saber, a Colas XL soldos tornezes, por III *galettas* de vinho branco e clarete oferecido pela cidade, no IX dia desse mês, à Héloite, filha de Heuves, que nesse dia foi esposada e a Heuves, L soldos tornezes, para comprar pão para as bodas de sua filha, em honra a Joana, a Donzela, que recomendou a moça à cidade por suas cartas seladas, aqui entregues. No total, III libras e X soldos tornezes.

Na margem:

Essa ordem de pagamento e esse recibo estão acompanhados pelas cartas da Donzela.

Cronologia

1412 (?)
Domrémy.
6 de janeiro (?): Nascimento de Joana.

Cf. Carta de Perceval de Boulainvilliers ao duque de Milão (29 de junho de 1429). Porém, nem a mãe de Joana, nem as testemunhas de seu nascimento mencionam essa festa da Epifania. Resposta de Joana durante o processo de condenação: «Ela respondeu que tinha cerca de 19 anos».

Janeiro (?): Batismo de Joana na igreja Domrémy, pelo senhor Jean Nivet, padre. Confirmado por várias testemunhas, entre elas alguns padrinhos e madrinhas, e a própria Joana.

(*Cf. Processo de condenação*, Tisset, t II, p. 40.)

1424 (?)
Domrémy. No jardim de Jacques d'Arc.

«Tinha treze anos e ouviu uma voz vinda de Deus para ajudá-la a se guiar. Na primeira vez, ficou muito assustada. E essa voz chegou quase ao meio-dia, durante o verão, no jardim de seu pai» (*cf.* Tisset, t. II, p. 46).

1425
Domrémy.

Henri d'Orly furta o gado pertencente aos moradores do vilarejo. A castelã de Domrémy, Jeanne de Joinville, faz que seja devolvido.

1428
Maio: **Burey-le-Petit**.

Joana fica hospedada na casa de Durand Laxart (*cf.* Quicherat, t II, p. 443).

13 de maio: Vaucouleurs.

Primeiro encontro com Robert de Baudricourt, por volta da festa da Ascensão.

Julho: **Neufchâteau**.

Os moradores, temendo os mercenários, abandonam Domrémy.
Joana e sua família ficam hospedados na casa de uma mulher chamada La Rousse por aproximadamente quinze dias.

?: Toul
Joana se apresenta diante das autoridades de Toul em razão de uma promessa de casamento rompida (?).

1429
Janeiro: **Burey-le-Petit**.

Segunda estadia na casa de Durant Laxart.

Vaucouleurs.

Segundo encontro com Robert de Baudricourt.

Fevereiro (?): Nancy.

Encontro com o duque Carlos da Lorena. Retorno a Vaucouleurs, passando por Saint-Nicolas-du-Port.

Vaucouleurs.

Estadia na casa da família Le Royer.

Sábado, 12 de fevereiro 1429: «derrota dos arenques»: Joana anuncia o fato em seu terceiro encontro com Robert de Baudricourt.

Exorcismo feito pelo padre de Vaucouleurs, senhor Fournier. Preparação para a escolta.

Terça-feira, 22 de fevereiro: **partida de Vaucouleurs**.

Fim da tarde. O trajeto até Saint-Urbain é feito durante a madrugada. Joana é acompanhada por Jean de Metz, seu servo Jean de Honnecourt, Bertrand de Poulengy com seu servo Julien, Collet de Vienne, mensageiro real, e Richard, o arqueiro. «Onze dias para ir ao encontro do rei.» (*cf.* Processo de nulidade de sentença, Depoimento de B. de Poulengy).
Essa data parece se referir mais provavelmente à partida do que à chegada. (Sobre o itinerário e as datas da cavalgada, conferir a tese de doutorado de Estado de Maurice Vachon, Université de Reims, outubro, 1985.)

Quarta-feira, 23 de fevereiro: **Saint-Urbain — Claraval**.
Quinta-feira, 24 de fevereiro: **Claraval — Pothières**.
Sexta-feira, 25 de fevereiro: **Pothières — Auxerre**.
Sábado, 26 de fevereiro: **Auxerre — Mezilles**.

Em Auxerre, Joana assiste à Missa na «grande igreja» (*cf.* Tisset, t. II, p. 52).

Domingo, 27 de fevereiro: **Mezilles — Viglain**.

Via Gien.

Segunda-feira, 28 de fevereiro: **Viglain — La Ferté**.
Terça-feira, 1º de março: **La Ferté — Saint-Aignana**.
Quarta-feira, 2 de março:
Saint-Aignan — Sainte-Catherine-de-Fierbois.
Quinta-feira, 3 de março: **Sainte-Catherine — L'Île-Bouchard**.

De Sainte-Catherine, Joana envia uma carta ao rei pedindo para que a receba (*cf.* Tisset, t. II, p. 52).

Sexta-feira, 4 de março: **L'Île-Bouchard — Chinon**.

Joana chega a Chinon por volta do meio-dia e hospeda-se em uma estalagem.

Sábado, 5 de março: **Chinon**.
Domingo, 6 de março: **Chinon**.

Joana é recebida pelo rei no fim da tarde.

Segunda-feira, 7 de março: **Chinon**.

Primeiro encontro com Jean de Alençon.

Terça-feira, 8 de março: **Chinon**.
Quinta-feira, 10 de março: **Chinon**.

Interrogatórios.

Sexta-feira, 11 de março: **Poitiers**.

Os interrogatórios ocorrem na casa de mestre Jean Rabateau, onde Joana está hospedada.

Terça-feira, 22 de março: **Poitiers**.

Joana envia um ultimato ao rei da Inglaterra.

Quinta-feira, 24 de março: Partida para **Chinon**.
Sábado, 2 de abril: Um cavaleiro parte para buscar a espada em Sainte-Catherine-de-Fierbois.
Terça-feira, 5 de abril: Joana deixa **Chinon** em direção a **Tours**.

Confecção da armadura, do estandarte e do pendão.

Quinta-feira, 21 de abril: Partida de **Tours** para **Blois**.

Joana encontra ali o exército real e o comboio de víveres destinado a Orléans.
Confecção da bandeira dos padres.

?: Partida para **Orléans**.
Sexta-feira, 29 de abril: Joana chega a **Checy** e entra em **Orléans** à noite pela Porte de Bourgogne; hospeda-se na casa do tesoureiro do duque, Jacques Boucher.
Sábado, 30 de abril: **Orléans**.

Joana «vai ao bulevar da Belle-Croix», sobe a ponte e fala com «Glacidas» (cf. *Journal du siège d'Orléans*).

Domingo, 1º de maio: **Orléans**.

O bastardo deixa Orléans para buscar o restante do exército em Blois (ele se ausenta até o dia 4 de maio).
Joana cavalga pela cidade.

Segunda-feira, 2 de maio: **Orléans**.

Joana, a cavalo, examina os bastiões ingleses.

Terça-feira, 3 de maio: **Orléans**.

Festa da Invenção da Santa Cruz, comemorada na cidade com uma procissão.

Quarta-feira, 4 de maio: **Orléans**.

Joana vai ao encontro do bastardo. Tomada do bastião Saint-Loup.

Quinta-feira, 5 de maio: **Orléans**.

Festa da Ascensão, não há combate.
Joana envia uma intimação aos ingleses.

Sexta-feira, 6 de maio: **Orléans**.

Tomada do bastião dos agostinianos.

Sábado, 7 de maio: **Orléans**.

Tomada do bastião das Tourelles.

Domingo, 8 de maio: **Orléans**.

Os ingleses levantam o cerco.
Procissão de ação de graças pela cidade.

Segunda-feira, 9 de maio: Joana deixa **Orléans**.
Terça-feira, 13 de maio: **Tours**.

Encontro de Joana com o rei.

Entre 13 e 24 de maio: Joana vai a **Saint-Florent-lès-Saumur** ao encontro de Jean de Alençon, sua esposa e sua mãe.
Domingo, 22 de maio: O rei se encontra em **Loches**.
Terça-feira, 24 de maio: Joana deixa **Loches**.
Domingo, 29 de maio: **Selles-en-Berry**.
Segunda-feira, 6 de junho: **Selles-en-Berry**.

Encontro de Joana com Guy de Laval. Partida para Romorantin.

Terça-feira, 7 de junho: **Romorantin**.
Quinta-feira, 9 de junho: **Orléans**.

Reagrupamento do exército.

Sexta-feira, 10 de junho: **Sandillon**.
Sábado, 11 de junho: Ataque em Jargeau.
Domingo, 12 de junho: **Jargeau**.

Tomada de Jargeau.

Segunda-feira, 13 de junho: Retorno a **Orléans**.
Terça-feira, 14 de junho: Joana deixa a cidade.
Quarta-feira, 15 de junho: Ataque de **Meung-sur-Loire**.
Quinta-feira, 16 de junho: Ataque de **Beaugency**.
Sábado, 18 de junho: Batalha de **Patay**.

«O bondoso rei conquistará hoje grande vitória como nunca antes houve. E meu conselho me disse que eles serão nossos» (Depoimento de Jean de Alençon no processo de nulidade).

Domingo, 19 de junho: Joana e os capitães entram em **Orléans**.
Quarta-feira, 22 de junho: **Châteauneuf-sur-Loire**.

Conselho real.

Quinta-feira, 23 de junho: O rei retorna a **Gien**.
Sexta-feira, 24 de junho: Partida do exército para **Gien**.

Joana diz ao duque de Alençon: «Mande soar as trombetas e monte-se em seu cavalo. Chegou a hora de conduzir o gentil delfim Carlos a Reims para sua sagração» (Perceval de Cagny).

Sábado, 25 de junho: **Gien**.

Cartas ditadas por Joana aos moradores de Tournai e ao duque da Borgonha convidando-os para a sagração.

Domingo, 26 de junho: **Gien**.

O itinerário da sagração

Segunda-feira, 27 de junho: Joana deixa **Gien**.
Quarta-feira, 29 de junho: Partida do exército real em direção a **Auxerre**.
Segunda-feira, 4 de julho: **Briennon — Saint-Florentin — Saint-Phal**.

De Saint-Phal, Joana escreve aos moradores Troyes.
Terça-feira, 5 de julho: O exército se encontra diante de **Troyes**.
Sábado, 9 de julho: **Troyes**.

A cidade de Troyes aceita receber o rei.

Domingo, 10 de julho: **Troyes**.

Entrada do rei e de Joana na cidade.

Terça-feira, 12 de julho: **Troyes — Arcy-sur-Aube**.
Quarta-feira, 13 de julho: **Arcy-sur-Aube — Lettrée**.
Quinta-feira, 14 de julho: **Lettrée — Châlons-sur-Marne**.

Joana encontra os moradores de Domrémy.

Sexta-feira, 15 de julho: **Châlons-sur-Marne — Sept-Saulx**.
Sábado, 16 de julho: **Sept-Saulx — Reims**.
Domingo, 17 de julho de 1429: Sagração de Carlos VII na catedral de **Reims**.
Quinta-feira, 21 de julho: Partida de **Reims** para **Corbeny**.

Carlos VIII toca a escrófula.

Sábado, 23 de julho: **Soissons**.
Quarta-feira, 27 de julho: **Château-Thierry**.
Domingo, 31 de julho: Carta de Carlos VII concedendo isenção de impostos aos moradores de Domrémy e Greux.
Segunda-feira, 1º de agosto: **Montmirail**.
Sábado, 6 de agosto: **Provins**.

Carta de Joana aos moradores de Reims.

Domingo, 7 de agosto: **Coulommiers**.
Quarta-feira, 10 de agosto: **La Ferté-Milon**.
Quinta-feira, 11 de agosto: **Crépy-en-Valois**.
Sexta-feira, 12 de agosto: **Lanny**.
Sábado, 13 de agosto: **Dammartin**.
Segunda-feira, 15 de agosto: **Montépilloy**.

Escaramuças com os ingleses que recuam para Paris.

Quarta-feira, 17 de agosto, a sábado, 28 de agosto: **Compiègne**, estadia do rei.
Segunda-feira, 23 de agosto: Partida de Joana de **Compiègne**.
Quinta-feira, 26 de agosto: **Saint-Denis**.
Segunda-feira, 7 de setembro: **Saint-Denis**.

O rei chega à cidade.

Terça-feira, 8 de setembro: Ataque diante **Paris** (Porta Saint-Honoré)
Quarta-feira, 9 de setembro: Retorno a **Saint-Denis**.
Quinta-feira, 10 de setembro: Ordem para abandonar o ataque a **Paris**.
Sábado, 12 de setembro: O exército retorna ao Loire.
De segunda-feira, 14 de setembro, a segunda-feira, 21 setembro: **Provins — Courtenay — Châteaurenard — Montareis**.
Segunda-feira, 21 de setembro: **Gien**.

Dissolução do exército.

Final de setembro: Preparativos para a campanha de La Charité.
Outubro: Partida para **Saint-Pierre-le-Moûtier**.
Quarta-feira, 4 de novembro: Queda de **Saint-Pierre-le-Moûtier**
Fim de novembro: O exército se dirige a **La Charité**.

Joana desce o rio Allier e depois o Loire. Pela margem esquerda ou direita? A questão não foi resolvida.
O exército atravessa o Loire entre Nevers e Decize. Ela sobe o vale do Nièvre e depois desce para o oeste, em direção a **La Charité**, o que isola Perrinet Gressart do auxílio que poderia receber de Varzy.

Terça-feira, 24 de novembro: A pedido de Charles d'Albret, os moradores de Bourges enviam 1.300 escudos de ouro às tropas reais.
O cerco se inicia pouco antes desta data e dura um mês.

Sábado, 25 de dezembro: Joana retorna a **Jargeau**.

1430
Janeiro: **Meung-sur-Yèvre (?)**.
Bourges.

Quarta-feira, 19 de janeiro: **Orléans**.
Fevereiro: **Sully-sur-Loire (?)**.
Março: **Sully-sur-Loire**.
Quarta-feira, 29 de março: **Lanny**.
Segunda-feira, 24 de abril: **Melun**.

Joana espera os reforços solicitados a Carlos VII.

Da terça-feira, 25 de abril, a 6 de maio: **Crépy-en-Valois**.
Sábado, 6 de maio: **Compiègne**.
Quinta-feira, 11 de maio, a sexta-feira, 12 de maio: **Soissons**.

Guichard de Bournel não autoriza as tropas a atravessarem a cidade.

Segunda-feira, 15 maio, e terça-feira, 16 de maio: **Compiègne**.
De quarta-feira, 17, a sexta-feira, 18 de maio: **Crépy-en-Valois**.
De 19 a 21 de maio: Joana espera por reforços.
Segunda-feira, 22 de maio: Retorno a **Compiègne**.
Terça-feira, 23 de maio: Captura de Joana d'Arc diante de **Compiègne**.

Filipe, o Bom, vem de Coudun a **Margny** para ver Joana.

Quarta-feira, 24 de maio: **Clairoix (?)**.
27 e 28 de maio: **Beaulieu-lès-Fontaines**.
Segunda-feira, 10 julho: Partida de **Beaulieu**.
De 11 de julho ao início de novembro: **Beaurevoir**.

Questionada se permaneceu muito tempo na torre de Beaurevoir, Joana responde: «Cerca de quatro meses».

Quinta-feira, 9 de novembro: **Arras**.
De 21 novembro a 9 de dezembro: **Le Crotoy**.
Quarta-feira, 20 de dezembro: Travessia da baía do **Somme** entre Crotoy e **Saint-Valery**.
Sábado, 23 de dezembro: Joana chega a **Rouen**.

1431

Terça-feira, 9 de janeiro: Primeiro dia do julgamento (instrução do processo). Investigação feita em Domrémy e Vaucouleurs.
Sábado, 13 de janeiro: Leitura das informações colhidas sobre a Donzela.
Terça-feira, 13 de fevereiro: Juramento prestado pelos oficiais designados pelo bispo de Beauvais.
Segunda-feira, 19 de fevereiro: Intimação enviada ao vigário do inquisidor.
Terça-feira, 20 de fevereiro: O vigário do inquisidor abdica de sua jurisdição.

Nova carta do bispo de Beauvais.

Quarta-feira, 21 de fevereiro: Primeira audiência pública. Joana é conduzida à audiência.

Sessões do processo:
- Quinta-feira, 22 de fevereiro.
- Sábado, 24 de fevereiro.
- Terça-feira, 27 de fevereiro.
- Quinta-feira, 10 de março.
- Sábado, 3 de março.

De domingo, 4 de março, a sexta-feira, 9 de março: Reunião na casa do bispo de Beauvais, à qual Joana não comparece.
Sábado, 10 de março: Audiência do julgamento na prisão.
Segunda-feira, 12 de março: Segunda audiência na prisão.
Terça-feira, 13 de março: Pela primeira vez, o vigário do inquisidor participa do julgamento.

Audiências na prisão:
- Quarta-feira, 14 de março.
- Quinta-feira, 15 de março.
- Sábado, 17 de março.

De domingo, dia 18, a quinta-feira, 22 março: Reunião na casa do bispo de Beauvais.
Sábado, 24 de março: Leitura, para Joana, das perguntas e respostas registradas no processo.
Segunda-feira, 26 de março: Julgamento ordinário.

Leitura dos 70 artigos para Joana:
- Terça-feira, 27 de março.
- Quarta-feira, 28 de março.
- Sábado, 31 de março.

De segunda-feira, dia 2, a quinta-feira, 5 de abril: Deliberação dos doutores e redação dos 12 artigos.
Segunda-feira, 16 de abril: Joana adoece após ingerir uma carpa enviada pelo bispo de Beauvais.
Quarta-feira, 18 de abril: Admoestações caridosas feitas a Joana na prisão.
Quarta-feira, 2 de maio: Admoestação pública.
Quarta-feira, 9 de maio: Ameaça de tortura na grande torre do castelo.
Domingo, 13 de maio: Grande jantar oferecido por Richard Beauchamp, conde de Warwick, ao qual são convidados o bispo de Beauvais, o bispo de Noyon, Louis de Luxembourg, Humphrey Stafford. Em seguida, todos vão ao encontro de Joana na prisão.

Sábado, 15 de maio: Deliberação dos mestres da Universidade de Paris e dos doutores e mestres de Rouen no palácio arquiepiscopal.

Quarta-feira, 23 de maio: Castelo de Bouvreuil. Exposição da acusação e admoestação de Joana feita por Pierre Maurice, cônego de Rouen.

Quinta-feira, 24 de maio: Pregação pública no cemitério de Saint-Ouen, seguida pela «abjuração» de Joana. Reconduzida à prisão inglesa, ela passa a usar roupas femininas.

Segunda-feira, 28 de maio: Na prisão, Joana retoma o uso dos trajes masculinos, o que leva a acusação de relapsa.

Terça-feira, 29 de maio: Deliberação dos doutores e assessores.

Quarta-feira, 30 de maio: Joana é queimada viva no Vieux-Marché de Rouen.

Referências bibliográficas

I | A família de Joana d'Arc

Descritos durante o processo de nulidade como «lavradores honestos», «bons católicos» e pessoas «decorosas em suas conversas, conforme a sua condição», os pais de Joana pertenciam à classe camponesa. Não eram ricos, nem realmente pobres.

Sabemos que, por uma decisão de 7 de outubro de 1423, Jacques d'Arc, provavelmente nascido em Ceffonds, foi nomeado deão da cidade de Domrémy. Nessa qualidade, sua tarefa era divulgar os decretos municipais e ordenanças, comandar a vigília diurna e noturna, guardar os prisioneiros, além de coletar os impostos, as rendas e as taxas. Enfim, cabia a ele supervisionar os pesos e medidas, assim como a fabricação do pão e do vinho. Era, portanto, um homem respeitado pelos moradores do vilarejo. Por outra decisão de 31 de março de 1427, é nomeado pelos moradores de Domrémy como procurador num processo a ser apresentado a Robert de Baudricourt.

Além disso, os pais de Joana tinham cerca de vinte hectares de terra assim divididos: doze hectares de prados e quatro de bosques. Tinham uma casa, mobília e uma pequena reserva em dinheiro. Apesar de seus meios modestos, podiam acolher em sua casa viajantes que passavam pela região. Jacques d'Arc e sua esposa Isabelle também estabeleceram em favor do padre de Domrémy uma renda anual de dois *gros*[1] sobre a largura de duas *fauchées*[2] e meia de prados situados em Domrémy, para que celebrasse todos os anos duas missas durante a «semana das Fontes» pelos aniversários da família.

As origens de Isabelle Romée são mais conhecidas, pois provinha de uma modesta família do vilarejo de Vouthon. Esse vilarejo fazia parte do ducado de Bar, submisso à coroa francesa. O irmão de Isabelle, Jean de Vouthon, era construtor de telhados e mudou-se para Sermaise por volta do ano 1416. Sua irmã Aveline teve uma filha que casou-se com Durant Laxart. Outro irmão de Isabelle, Henri de Vouthon, era padre em Sermaise.

Genealogia da família d'Arc

BOUTEILLER, E. e BRAUX, G. *Recherches sur la famille de Jeanne d'Arc*, Paris, 1879.

HALDAT, M. de. *Examen critique de l'histoire de Jeanne d'Arc*, Nancy, 1850.

VALLET DE VIRIVILLE, A., *Nouvelles recherches sur la famille de Jeanne d'Arc*, Paris, 1854.

Livros e brochuras dedicados ao pai, à mãe, aos irmãos e aos tios de Joana:

BOUCHER DE MOLANDON, M. *Jacques d'Arc, père de la Pucelle*, Orléans, 1885.

— *Pierre du Lis, troisième frère de la Pucelle, extinction de sa descendance en 1501*, Paris, 1890.

— *Un oncle de Jeanne d'Arc depuis 4 siècles oublié (Mangin de Vouthon)*, Orléans, 1891.

BOUTEILLER, E. de. *La famille de Jeanne d'Arc*, Paris, 1878.

---

[1] Unidade de medida de peso de metais que, antes da Revolução Francesa, informava a renda familiar. [N. T.]

[2] Unidade de medida correspondente ao alcance do corte de uma foice. [N. T.]

CAREL, P. *Une descendance normande de la Pucelle*, Lyon, 1891.
CHEVEL, C. *Jeanne d'Arc à Burey-le-Petit*, Nancy, 1899.
CHRISTIAN, P. *Isabelle Romée et les Vouthon*, «Musée lorrain», 1956.
COCHARD (cônego), *La mère de Jeanne d'Arc à Orléans, son séjour et sa mort* (1440-1458), Orléans, 1906.
GRANGER (abade), *Ceffonds, lieu d'origine de Jacques d'Arc*, Langres, 1914.
JOUY, E. *Simples notes sur Jeanne d'Arc et sa famille, en particulier sur sa famille maternelle dans le Perthois, Vitry-le-François*, 1929.
MENJOT D'ELBENNE (visconde), *Jean du Lys, sa descendance et la prévôté de Vaucouleurs*, 1456-1575, Laval, 1910.
PETITOT, M. *Collection complète des mémoires*, Paris, 1819.
VAULOGER DE BEAUPRÉ, *Les petits-neveux de Jeanne d'Arc*, Bergerac, 1893.
VOIRIOT, C. *De l'ascendance paternelle ou lieu natal de Jeanne d'Arc*, Dijon, 1954.

Muitas famílias afirmam descender dos irmãos de Joana d'Arc. Registramos aqui algumas obras que tratam dessa descendência, lembrando que, apesar de tudo, nenhum laço pode ser estabelecido. De fato, Jean du Lys, filho de Pierre d'Arc, que estabeleceu-se em Orléans, morreu sem deixar herdeiros diretos, pois o preboste de Orléans atribuiu sua herança a uma prima, Marguerite de Bonnet ou Brunet. Por outro lado, o irmão mais velho da Donzela, Jacquemin, teria morrido, segundo a tradição, sem deixar herdeiros, embora no último século Braux e Bouteiller, e depois Henri Morel, em 1972, tenham lhe atribuído uma descendência.

Citemos também o presidente da «Genealogia da Lorena», que também é muito cético quanto a isso: «Trabalhei durante quase trinta anos junto ao coronel Paul de Haldat du Lys (para um nobiliário de Ligny-en-Barrois), que no fim de sua vida confidenciou-me que, quanto mais aprofundava suas pesquisas, mais duvidava de seu parentesco com a Donzela...»

BRUYANT, P. *Famille de Jeanne d'Arc*, Nogent, 1909.
LE COURT, H. *La famille Le Cornu*, Saint-Amand, 1898.
OTT, M.-A. *Les familles Noël et Villeroy*, Orléans, 1892.
PIEL, L.-P. *Les Melcion d'Arc*, Paris, 1905.
TARDIEU, A. *Les Tardieu de Maleissye*, Clermont-Ferrand, 1895.
TERLINE, Barão J. de. *Recherches généalogiques*, Paris, 1950.

Citemos ainda uma revista que publicou diversos artigos sobre a genealogia dos «descendentes de Joana d'Arc»: *A Généalogie lorraine*, revista trimestral, Nancy, n. 55, 56 e 57.

O sobrenome d'Arc

BOUQUET, F. *Faut-il écrire Jeanne d'Arc ou Darc?*, Rouen, 1867.
BOUQUET, F. *Nouvelles observations sur l'apostrophe de Jeanne d'Arc*, Rouen, 1868.
DUMAS, P.-G. *La véritable orthographe de Jeanne d'Arc*, Nancy, 1855.
REMOIS, J. *Jeanne s'appelait-elle d'Arc?*, «La Science historique», 1959.
ROBERT, E. *Recherches sur l'origine du nom d'Arc*, Nancy, 1910.

Muitos estudos foram dedicados às origens de Joana d'Arc: seria ela do Bar, da Lorena, da Champagne, ou talvez... italiana?

CHAPELLIER, J.-Ch. *Étude sur la véritable nationalité de Jeanne d'Arc*, Épinal, 1870.
LONGUEVILLE (cônego F.) *La famille paternelle de Jeanne d'Arc est-elle barroise?*, Langres, 1958.
POINSIGNON, M. *Ni lorraine ni champenoise*, Châlons-sur-Marne, 1894.
RIANT (abade). *De la nationalité de Jeanne d'Arc*, Épinal, 1870.
BADEL, E. *Jeanne d'Arc est lorraine*, Nancy, 1895.
FRANCK, I. *La croix de Lorraine, les origines de Jeanne d'Arc*, «Le Courrier français», 1944.
GEORGES (abade E.) *Jeanne d'Arc est-elle champenoise?*, Troyes, 1882.

PANGE (conde M. de) *Le pays de Jeanne d'Arc*, Paris, 1903.
LOPPIN, P. *Jeanne d'Arc la bonne champenoise*, Paris, 1974.
GAUROY (cônego). *Jeanne d'Arc champenoise*, Estrasburgo, 1946.
MISSET, E. *Jeanne d'Arc champenoise*. Paris, 1895.
PERNOT, F.-A. Jeanne d'Arc champenoise et non pas lorraine, Orléans, 1852.
RENARD, A. Jeanne d'Arc était-elle française?, Paris, 1855.
GHISILIERI (conde L.). *Cenni sull'origine bolognese*, Lodi, 1908.

II | Sobre Joana

ARDWEG, G. VAN DEN. *Une réhabilitation psychologique de Jeanne d'Arc*, Archives Centre Jeanne-d'Arc.
CORMAN, L. *Le vrai visage de Jeanne d'Arc*, Paris, 1951.
DAUZAT, A. *Jeanne d'Arc parlait-elle français?*, Paris, 1955.
DOINEL, J. *Jeanne d'Arc telle qu'elle est*. Orléans, 1892.
DUBOSC, G. *Autour de la vie de Jeanne d'Arc*, Rouen, 1920.
JOUIN, H. *Jeanne la Pucelle*, Orléans, 1892.
LEMOINE (general). *Jeanne d'Arc chef de guerre*, Paris, 1830.
SARRIL. *Jeanne d'Arc. Organe du comité de propagande*, Paris, 1908.
SEPET, M. *Jeanne d'Arc et le surnaturel*, Bordeaux, 1894.

A espiritualidade de Joana d'Arc e a admissão da origem divina de sua missão foram tratadas por diferentes autores, entres eles o cônego Delaruelle, que oferece um excelente estudo geral.

DELARUELLE, E. *La spiritualité de Jeanne d'Arc*. Toulouse, 1964.
DUNAND, P.-H. *La sainteté de Jeanne d'Arc*, Paris, 1894.
DUNAND, P.-H. *Les visions et apparitions de Jeanne d'Arc*, Toulouse, 1911.
GROSDIDIER DE MATTONS, M. *Le mystère de Jeanne d'Arc*, Paris, 1935.
GUITTON, J. *Problème et mystère de Jeanne d'Arc*, Paris, 1961.
GUITTON, J. La *spiritualité de Jeanne d'Arc*, Bulletin des amis du vieux Chinon, 1961.

A infância

Foi Siméon Luce quem teve a honra de exumar alguns documentos conservados em arquivos que permitiram compreender melhor a posição social dos pais de Joana e do «meio» em que viveu em Domrémy.

AYROLES, Père J.-B. *La paysanne, l'inspirée*, t. II, Paris, 1894.
DUNAND, P.-H. *Histoire complète de Jeanne d'Arc*, t. I, Toulouse, 1898.
FOURCAUD-LANGENIEUX, C. *L'enfance de Jeanne d'Arc* (archives C.J.A.), 1888.
GILLET, Abbé P. *Sermaize et Jeanne d'Arc*, Châlons-sur-Marne, 1959.
LATOUR, A. de. *Jeanne d'Arc enfant*, archives Centre Jeanne d'Arc, 1873.
LUCE, S. *Jeanne d'Arc à Domrémy*, Paris, 1885.

A questão das vozes

Várias hipóteses são levantadas, desde Joana d'Arc, «a iluminada», a Joana d'Arc, a médium.

AYROLES, padre J.-B. *La paysanne et l'inspirée*, t. II, Paris, 1894.
BIOTTOT (coronel). *Les grands inspirés devant la science*, Paris, 1907.
CHASSAGNON, abade H. *Les voix de Jeanne d'Arc*, Lyon, 1896.
DENIS, L. *Jeanne d'Arc médium*, Paris, 1926.
GODARD, A. *Le positivisme chrétien*, Paris, 1901.
HARTEMANN, J. *Une Jeanne d'Arc possible*, Paris, 1978.
LALLEMENT, L. *La mission de la France*, Uriage, 1937.
LANG, A. *The maid of France*, Londres, 1908.
VERGNAUD ROMAGNESI (C.-F.). *Examen philosophique et impartial*. Orléans, 1861.

Para o estudo artístico de Joana d'Arc

LANERY D'ARC, P. *Le livre d'or de Jeanne d'Arc, bibliographie raisonnée et analytique des ouvrages relatifs à Jeanne d'Arc*, Paris, 1894.

SOONS, J.-J. *Jeanne au théâtre, étude sur la plus ancienne tragédie suivie d'une liste chronologique des œuvres dramatiques dont Jeanne a fourni le sujet en France de* 1890 *à* 1926, Purmerand, 1929.

Mémorial du Ve centenaire de la Réhabilitation de Jeanne d'Arc, 1456-1956, Paris, 1958:

DUSSANE, (Sra.) *Jeanne d'Arc et le théâtre*.

MAROT, P. *De la réhabilitation à la béatification de Jeanne d'Arc: essai sur l'historiographie et le culte de l'héroïne en France pendant cinq siècles*.

A cristandade no século XV

Para compreender os sentimentos religiosos de Joana é necessário estudar o seu ambiente natural, ou seja, a sua paróquia. Nesse sentido, temos o processo de reabilitação que traz o testemunho de parentes e amigos que conviveram com Joana e que compartilhavam do mesmo «equilíbrio e simplicidade». Pelo menos é o que fica evidente nesses interrogatórios, analisados por Francis Rapp em seu artigo: «Jeanne d'Arc témoin de la vie religieuse en France, au XVe siècle».

Três autores se dedicaram ao estudo desse assunto:

DELARUELLE, E. *Spiritualité de Jeanne d'Arc*, Toulouse, 1964.
RAPP, F. *L'Église et la vie religieuse*, Paris, 1980.
VAUCHEZ, A. *Religion et société dans l'occident médiéval*, Turim, 1980.

Foram atribuídas duas influências à espiritualidade de Joana d'Arc: uma franciscana e outra dominicana:

BARENTON, H. de. *Jeanne d'Arc franciscaine*, Paris, 1909.
CHAPOTIN, Fr. M.-D. *Jeanne d'Arc et les dominicains*, Paris, 1894.
LUCE, S. *Jeanne d'Arc et les ordres mendiants*, Paris, 1881.

A vida no campo representa também o culto dos santos

LUCE, S. *Jeanne d'Arc et le culte de saint Michel*, Paris, 1882.
PEYRONNET, G. *Catherine de Sienne et Jeanne d'Arc*, Florence, 1983.
PEYRONNET, G. *Une série de traditions sur Jeanne d'Arc*, Lille, 1981.
SOYER, abade E. *Jeanne d'Arc, personnification de saint Michel*, Abbeville, 1896.

O profetismo feminino

Não é possível estudar Joana d'Arc sem abordar a questão do profetismo feminino. A atitude de Joana pode ser comparada à de outras mulheres que também vieram procurar o rei, apelaram ao Papa ou escreveram para os poderosos desse mundo.

Desde 1350 a Igreja enfrenta uma grave crise: o papado muda-se para Avignon, o que leva ao Grande Cisma, e o retorno fracassado de Urbano V e as dificuldades entre os papas e os concílios (Constância e Basileia) não foram de nenhum auxílio, o que resultou numa crise institucional. Essa crise marcou profundamente as pessoas mais devotas e suscitou o aparecimento de alguns «iluminados».

GOYAU, G. *Un ermite du temps de Jeanne d'Arc*, Paris, 1929.
GROS, G. *Un siècle du passé de Saint-Claude*, Besançon, 1972.
MOUZIN, A. *La visionnaire Marie d'Avignon*, Avignon, 1917.
VALOIS, N. *Jeanne d'Arc et la prophétie de Marie Robin*, s.d.
VAUCHEZ, A. *Jeanne d'Arc et le prophétisme féminin, XIVe-XVes.* Colloque d'histoire médiévale, Orléans, outubro, 1979.

Os feitos de Joana suscitaram alguns seguidores, como Perrinaic ou Perrione, a Bretã. Perrinaic, jovem «bretonnante», como está escrito no *Journal d'un bourgeois de Paris,* foi queimada viva diante da Igreja de Notre-Dame em 3 de setembro de 1430, após proclamar a sua veneração e sua devoção à «dama Joana», mas principalmente porque afirmou que

Deus aparecia para ela, que lhe falava como a um amigo e que ele usava um vestido branco sobreposto por uma túnica vermelha.

BORDERIE, A. de LA. *Pierrone et Perrinaic*. Paris, 1894.
QUELLIEN, N. *Perrinaic, une compagne de Jeanne d'Arc*, Paris, 1891.
PASCAL-ESTIENNE, M.-W. *Perinaik*, Paris, 1893.

Alguns creram em reaparições de Joana d'Arc:

CERTAIN, J. *Apparition de Jeanne d'Arc au roy d'Angleterre*, Orléans, 1877.
FORT, S. *Une nouvelle affaire Jeanne d'Arc*, Orléans, s.d.
MEUNIER, G. *La voyante de Jeanne d'Arc*, Paris, 1909.

Os ingleses compararam Joana d'Arc a uma bruxa, mas não foi queimada por esse motivo. Os processos de bruxaria multiplicar-se-ão a partir do século XVI e, principalmente, no século XVII.

MICHELET, J. *La sorcière*, Paris, 1862.
MURRAY, M. *Le Dieu des sorcières*, Paris, 1957.
SALGUES, J.-B. *Erreurs et préjugés répandus*, Paris, 1818.

Os doutores da Igreja na época de Joana d'Arc

AYROLES, Padre J.-B. *La Pucelle devant l'Église de son temps*, t. I, Paris, 1890.
VENTACH, J. *Mémoire latin de Jean Gélu*, Chambéry, 1960.

Os doutores da Universidade de Paris

AYROLES, J.-B. *L'Université de Paris au temps de Jeanne d'Arc*, Paris, 1902.
DENIFLE, Ph. e CHATELAIN, E. *Le procès de Jeanne d'Arc et l'Université de Paris*, Paris, 1897.

Os juízes do processo de Poitiers

RAGUENET DE SAINT-ALBIN, O. *Les juges de Jeanne d'Arc à Poitiers*, Orléans, 1894.

Os juízes do processo de condenação

BEAUREPAIRE, Ch. de. *Notes sur les juges et les assesseurs du procès de condamnation de Jeanne d'Arc*, Rouen, 1890.

A topografia

BAUSSAN, C. *Domrémy*, Paris, 1932.
BOUCHER, M. *Jeanne d'Arc à Domrémy*, Épinal, 1937.
CHAPELLIER, J.-C. *Deux actes inédits du XVe siècle*, Nancy, 1889.
COLIN, *Le pays lorrain et le pays messin*, Nancy, 1913.
HINZELIN, E. *Jeanne d'Arc, la bonne Lorraine de Domrémy*, Paris, 1929.
MAROT, P. *Jeanne d'Arc, la bonne Lorraine à Domrémy*, Nancy, 1980.

O mais recente e completo estudo sobre as etapas da cavalgada é a tese de doutorado em letras de Maurice Vachon, *La topographie auxiliaire de l'histoire*, Reims, 1985.

CHAMPION, L. *Jeanne d'Arc écuyère*, Paris, 1901.
CROIDYS, P. *Jeanne d'Arc et son temps jour par jour*, Paris, 1948.
LAFLOTTE, D.-B. de. *Sur les pas de Jeanne d'Arc*, Orléans, 1909.
METZ, J. *Au pays de Jeanne d'Arc*, Grenoble, 1910.
PERNOUD, R. *Dans les pas de Jeanne d'Arc*, Paris, 1956.
RICHAUD, M.-F. *En suivant Jeanne d'Arc*, Paris, 1956.
ROUETTE (abade C.), *Itinéraire de Jeanne la Pucelle*, Vilaine, 1984.

Lugares onde Joana morou ou ficou hospedada

BOUCHER DE MOLANDON, M. *La maison de Jeanne d'Arc à Domrémy*, Orléans, 1884.
BOUCHER DE MOLANDON, M. «Jacques Boucher, son hôtel de l'Annonciade», *Bulletin de la S.A.H.Q.*, 1889.
HUGUES, C. *La maison de Jeanne d'Arc*, Orléans, 1909.
JARRY, E. *La maison de Jeanne d'Arc à Orléans*, Orléans, 1909.
SOREL, A. *La maison de Jeanne d'Arc à Domrémy*, Paris, 1886.

A iconografia e as armas

O reaparecimento de partes da armadura, do estandarte de Joana ou ainda de anéis que supostamente lhe pertenceram deram ensejo a estudos sobre a iconografia joanina, sobre seus brasões, suas armas ou, ainda, sobre as cartas por ela escritas.

DONCOEUR (P. P.). *Les portraits de Jeanne d'Arc au trait*, Paris, 1949.
DUBOSC, G. *Les cheveux de Jeanne d'Arc*, Rouen, 1924.
FRANCE, F. *Le visage de Jeanne d'Arc*, Paris, 1979.
GUILLAUME (abade P.). *Y a-t-il un portrait authentique de Jeanne d'Arc?*, Orléans, 1965.
COCHARD. *Les armoiries de Jeanne d'Arc*, Paris, 1909.
GOURDIN, P. «Les armoiries de Jeanne d'Arc», *Bulletin de l'Association des amis du Centre Jeanne d'Arc*, n. 7, 1983.
BUTTIN, Ch. *Une prétendue armure de Jeanne d'Arc*, Paris, 1913.
CITOLLE, J. *Épigramme sur l'épée de Jeanne*, Caen, 1895.
FYOT, E. «Une épée de Jeanne d'Arc», *Revue de Bourgogne*, 1911.
SAINT-MESMIN, M. *Épée du temps de Charles VII*, Dijon, 1831.
VACHON, M. *L'épée de Fierbois*, Archives Centre Jeanne-d'Arc, 1982.
ENKLAAR (D.-Th.) e POST (R.-R.), *La fille au grand cœur*, Jakarta, 1955.
MALEISSYE, conde de. *Les lettres de Jeanne d'Arc*, Paris, 1911.
MALEISSYE, conde de. *Les reliques de Jeanne d'Arc*, Paris, 1909.
MARTINIÈRE, J. de la. *A propos d'une signature de Jeanne*, Orléans, 1930.

Os mais completos e ilustrados estudos relacionados às roupas de Joana, a sua armadura e a seu estandarte são estes:

HARMAND, A. *Jeanne d'Arc, ses costumes, son armure*, Paris, 1929.
LIOCOURT, Colonel de. *La mission de Jeanne d'Arc*, t. I et II, Paris, 1974-1981.

Destacamos também uma farsa provavelmente organizada por estudantes de medicina no final do século XIX, que afirmava que as cinzas que sobraram da fogueira de Joana d'Arc foram guardadas e conservadas num recipiente no museu de Chinon.

Alguns exemplos de falsas hipóteses

BOSLER, J. *Charles VII et Jeanne d'Arc*. Archives Centre Jeanne-d'Arc.
BOURRIER GRILLOT DE GIVRY. *La vérité sur le supplice de Jeanne d'Arc*, Paris, 1925.
CAZE, P. *La vérité sur Jeanne d'Arc*, Paris, 1879.
DAVID-DARNAC, M. *Histoire véridique et merveilleuse de la Pucelle d'Orléans*, Paris, 1965.
FORLIÈRE, M. et L. *Qui fut Jeanne d'Arc?* Paris, 1947.
GERMAIN DE MAIDY, L. *Recherche sur la famille des Armoises*, Paris, 1922.
GRIMOD, J. *Jeanne d'Arc a-t-elle été brûlée?*, Paris, 1952.
GRILLOT DE GIVRY, *La survivance et le mariage de Jeanne d'Arc*, Paris, 1900.
GUILLEMIN, H. *Jeanne dite Jeanne d'Arc*, Paris, 1973.
JACOBY, J. *La noblesse et les armes de Jeanne d'Arc*, Paris, 1937.
JACOBY, J. *La Pucelle d'Orléans, fille au grand cœur, martyre et sainte*, Paris, 1936.
MAQUET, F. *Jehanne la Pucelle, l'histoire, les documents*, Rodez, 1982.
NAY, C. *Yagel la voyante de l'histoire*, Paris, 1985.
PASTEUR, C. *Les deux Jeanne d'Arc, enquête et débat*, Paris, 1962.
PESME, G. *Jeanne des Armoises*, Angoulême, 1960.

SAINT-JEAN, J. *Jehanne 1407-1452*, Paris, 1957.
SCHNEIDER, E. *Jeanne d'Arc et ses lys*, Paris, 1952.
SERMOISE, P. *Les missions secrètes de Jehanne*, Paris, 1970.
SERMOISE, P. *Jeanne d'Arc et la mandragore*, Mônaco, 1983.
SYMPTOR, R. *Jeanne d'Arc n'a jamais existé!*, Paris, 1909.
TOLLEIRE, A. *La vérité sur Jeanne d'Arc*, Paris, 1895.
WEILL-RAYNAL, E. *Le double secret de Jeanne la Pucelle révélé par des documents de l'époque*, Paris, 1972.

Muitos autores refutaram as diferentes hipóteses sobre doenças físicas ou mentais de Joana d'Arc, sobre sua sobrevivência às chamas ou, ainda, sobre a sua bastardia:

ALTORA COLONNA DE STIGLIANO, prince D. *Questions controversées de l'histoire de Jeanne d'Arc*, Paris, 1934.
AMIET, M.-L. *La condamnation de Jeanne d'Arc*, Paris, 1934.
BILLARD, A. *Jehanne d'Arc et ses juges*, Paris, 1933.
BROUSSON, J.-J. *Le secret de Jeanne d'Arc, le secret de polichinelle*, «l'Ordre», 18 de novembro de 1932.
CHAMSON, A. «Pas de nouveau procès pour Jeanne d'Arc», *Nouvelles littéraires*, 1970.
DONCŒUR, R.P. «Sur les origines de Jeanne d'Arc», *Les Études*, 5 de novembro de 1932.
DONCŒUR, R.P. «La naissance et la mort de Jeanne la Pucelle», *Les Études*, janeiro, 1953.
GARÇON, M. «Jeanne d'Arc est morte sur le bûcher de Rouen», *Historia*, 1953.
GÉRARD, A.-M. *Jeanne la mal jugée*, Paris s.d.
GRANDEAU, Y. *Jeanne insultée, Procès en diffamation*, Albin-Michel, 1973.
GRIMAUDEAU, G. «Bergère ou princesse», *l'Avenir*, 7 de novembro de 1932.
GUILLAUME, P. *Jeanne d'Arc est-elle née à Domrémy et morte à Rouen?*, Paris, 1964.

HALDAT, M. *Examen critique de l'histoire de Jeanne d'Arc*, Nancy, 1850.

HENRIOT, E. «Du nouveau sur Jeanne d'Arc», *Le Temps*, 7 de novembro de 1932.

HENRI, Abbé J.-F. *L'unique et vraie Jeanne d'Arc*, Paris, 1965.

LA JOIE, L. «Sainte Jeanne d'Arc, la Pucelle de Domrémy», *La Croix*, 20, 21, 22 janeiro 1933.

LE BRUN DES CHARMETTES. *Histoire de Jeanne d'Arc surnommée la Pucelle d'Orléans*, 4 volumes, Paris, 1817.

MAROT, P. «Le prétendu secret de la naissance de Jeanne d'Arc», *Le pays lorrain*, março, 1933.

MARTINIÈRE, H. «Les visions sur Jeanne d'Arc de M.-J. Jacoby», *Revue de l'histoire de l'Église de France*, 1933.

PERNOUD, R. *Jeanne d'Arc devant les Cauchon*, Paris, 1970.

PERNOUD, R. «Jeanne d'Arc: paysanne ou princesse?», *Historia*, fevereiro, 1972.

POITEVIN, F. *Jeanne d'Arc, fille de la terre, bergère de Domrémy*, Paris, 1933.

RAMBAUD, M. «Les deux faux secrets de Jeanne d'Arc», *Le Crapouillot*, 1958.

SAMARAN, Ch. «Le secret de Jeanne d'Arc», *Revue historique*, junho 1933.

Livros infantis

BOUTET DE MONVEL: Edição muito bonita e bem ilustrada, três vezes reeditada.

CLIN, M.-V. *Jeanne d'Arc*, Coll. «Le monde en poche», 1982.

NETTER, D. *Jeanne d'Arc*, Paris, 1983.

III | Joana, comandante de guerra

História geral

AUTRAND, F. *Charles VI*, Paris, 1986.
CALMETTE, J. *La France sous Charles VII*, Paris.
FAVIER, J. *Finance et fiscalité au bas Moyen Age*, Paris, 1971.
FAVIER, J. *La Guerre de Cent Ans*, Paris, 1979.
GUÉNÉE, B. «État et nation en France au Moyen Age», *Revue historique*, 237, 1967, pp. 17-30.
HUIZINGA, J. *Le déclin du Moyen Age*, Paris, 1967.
MOLLAT, M. *Genèse médiévale de la France moderne*, Paris, 1970.
PERROY, E. *La guerre de Cent Ans*, Paris, 6ª (edição, 1945).

A guerra e o equipamento militar na época de Joana d'Arc

CONTAMINE, Ph. «Les armées françaises et anglaises à l'époque de Jeanne d'Arc», *Revue des sociétés savantes de Haute-Normandie*, 1970.
CONTAMINE, Ph. *Chevaliers et gens de pied*, Paris, 1985.
CONTAMINE, Ph. «La guerre au Moyen Age», *Revue d'histoire militaire*, 1985.
CONTAMINE, Ph. *Guerre, État et Société à la fin du Moyen Age*, La Haye, 1972.
GARNIER, F. *La guerre au Moyen Age*, Poitiers, 1976.
LACOMBE, P. *Les armes et les armures*, Paris, 1868.
REVERSEAU, J.-P. *Les armes et les armures*, Paris, 1982.

O cerco de Orléans

BOUCHER DE MOLANDON, *La délivrance d'Orléans*, Orléans, 1883.
CHARPENTIER, P. et DUBOIS (abade). *Histoire du siège d'Orléans*, Orléans, 1894.
CRAON, princesse de. *Le siège d'Orléans en 1429*, Paris, 1852.
FRANCE, A. *Le siège d'Orléans*, Paris, 1902.

GUILLON, F. *Études historiques sur le Journal du siège d'Orléans*, Paris, 1913.

MANTELLIER, P. *Le siège et la délivrance d'Orléans*, Orléans, 1854.

PERNOUD, R. *La libération d'Orléans*, Paris, 1969.

QUICHERAT, J. *Histoire du siège d'Orléans*, Paris, 1854.

O cerco de Orléans pode ser estudado sob diversos ângulos: as tropas, as contas da cidade e os preparativos para o cerco, o armamento durante o cerco, o envio de reforços e de auxílio, as testemunhas etc.

BEAUCORPS, barão A. *Reconstitution du fort des Tourelles*, Archives Centre Jeanne d'Arc, s.l.n.d.

BOUCHER DE MOLANDON. *Première expédition de Jeanne d'Arc*, Orléans, 1874.

BOUCHER DE MOLANDON. *L'armée anglaise vaincue par Jeanne d'Arc*, Orléans, 1892.

BOUCHER DE MOLANDON. *Études sur une bastille anglaise*, Orléans, 1858.

BOUCHER DE MOLANDON. *Les Comptes de la ville d'Orléans*, Orléans, 1880.

BOUCHER DE MOLANDON. *Note de Guillaume Giraut, notaire*, Orléans, 1858.

COCHARD (cônego). *Les trépassés au siège d'Orléans*, Orléans, 1903.

COCHARD (cônego). *L'assistance aux blessés pendant le siège d'Orléans*, Orléans, 1910.

COURET, A. *Les Espagnols au siège d'Orléans*, Orléans, 1892.

DEBAL, J. *Fortifications et ponts d'Orléans*, Orléans, 1979.

DESNOYERS, M. *Les armées au siège d'Orléans*, Orléans, 1884.

JARRY, L. *Le Compte de l'armée anglaise pendant le siège d'Orléans*, Orléans, 1892.

LOISELEUR, J. *Comptes et dépenses faites pendant le siège d'Orléans*, Orléans, 1868.

PARENTEAU, F. *Un canon de bronze du siège d'Orléans*, Nantes, 1871.

VILLARET, A. *Les Campagnes des Anglais devant Orléans*, 1883.

Os companheiros de Joana d'Arc

ANÔNIMO, *Le sire de Gaucourt*, Orléans, 1855.
BATAILLE, H. «Qui était Baudricourt?», *Revue lorraine*, 1983.
BOSSARD, E. *Gilles de Rais*, Paris, 1886.
CAFFIN DE MÉROUVILLE, M. *Le beau Dunois et son temps*, Paris, 1960.
CARSALADE DU PONT (cônego). *Jeanne d'Arc et les capitaines gascons*, Auch, 1892.
CHAPOY, H. *Les compagnons de Jeanne d'Arc*, Paris, 1897.
CHEVALIER, P. *Arthur III, comte de Richemont*, s.l.n.d. Archives Centre Jeanne d'Arc.
DUFRESNE DE BEAUCOURT, *Jeanne d'Arc et Guillaume de Flavy*, Paris, 1861.
ETCHEVERRY, J.-P. *Arthur de Richemont, le justicier*, Paris, 1983.
FONSSAGRIVES, E. *Jeanne d'Arc et Richemont*, Vannes, 1920.
FOULQUES DE VILLARET, A. *Louis de Coutes, page de Jeanne d'Arc*, Orléans, 1890.
GASTINES-DOMMAIGNE (conde). «Les Laval à l'armée de Charles VII», *Bulletin de l'ANF*, 1957.
GALLON, R. *Les Beauharnais*, Orléans, 1979.
GERMAIN, J. *Richemont*, Paris, s.d.
GOURDIN, P. *Le commandemant de Jean II d'Alençon*, Caen, 1980.
GOURDIN, P. *Monseigneur d'Alençon, le Beau Duc de Jeanne*, Tours, 1980.
MARTIN, L.-L. *Dunois le Bâtard d'Orléans*, Paris, 1943.
MAYOUX, P. «Jean de Luxembourg», *Bulletin Association des amis du Centre Jeanne d'Arc*, Orléans, 1984.
MESTRE, J.-B. *Guillaume de Flavy n'a pas trahi Jeanne d'Arc*, Paris, 1934.
NOULENS, J. *Poton de Xaintrailles*, Bordeaux, 1897.
PLAISSE, A. *Un chef de guerre au XVe siècle*, Robert de Floques, Évreux, 1984.
QUICHERAT, J. *Rodrigue de Villandrando*, Paris, 1879.
TREVEDY, J. *Les compagnons bretons de Jeanne d'Arc*, Saint-Brieuc, 1896.
TRIGER, R. *A la suite de Jeanne d'Arc*, Le Mans, 1909.
TROUBAT, J. *Jeanne d'Arc et Guillaume de Flavy*. Paris, 1880.

As grandes companhias e os esfoladores

BOSSUAT, A. *Perrinet Gressart et François de Surienne, agents de l'Angleterre*, Paris, 1936.
CAROLUS-BARRÉ, L. *Deux capitaines italiens compagnons de guerre de Jeanne d'Arc*, Colloque Compiègne, 1982.
CHÉREST, A. *L'Archiprêtre*, Paris, 1879.
CONTAMINE, Ph. *Les compagnies d'aventure en France pendant la guerre de Cent Ans*, Mélanges de l'École française de Rome, 1975.
QUICHERAT, J. *Rodrigue de Villandrando*. Paris, 1879.
TUETEY, A. *Les écorcheurs sous Charles VII*, Montbéliard, 1874.

IV | A França sob Carlos VII

BOSSUAT, A. *Le rétablissement de la paix*, Bruxelas, 1954.
CALMETTE, J. *La chute et le relèvement de la France*, Paris, 1945.
JUGNAC, P. *Le Parlement au temps de Jeanne d'Arc*, Paris, 1909.
SEPET, M. *Au temps de la Pucelle*, Paris, 1905.
VALLET DE VIRIVILLE, M. *Mémoire sur les institutions de Charles VII*, Paris, 1872.
VIAL, Abade M.-L. *Jeanne d'Arc et la monarchie*, Tournai, 1910.

A ocupação inglesa na França

BOUCHER DE MOLANDON, M. *L'armée anglaise vaincue par Jeanne d'Arc sous les murs d'Orléans*, Orléans, 1892.
BOURASSIN, E. *La France anglaise*, Paris, 1981 (a obra oferece um bom panorama da ocupação inglesa vista pelos franceses).
CHAMPION, P. *Paris anglais*, Paris, 1933.
CHAPLAIS, P. *Essays in medieval diplomacy*, Londres, 1981.
JARRY, L. Le *Compte de l'armée anglaise au siège d'Orléans* (1428-1429), Orléans, 1892.

LE CACHEUX, P. *Actes de chancellerie d'Henri VI*, Rouen, 1907.
LE CACHEUX, P. *Rouen au temps de Jeanne d'Arc*, Rouen, 1931.
LOGNON, A. *Paris sous la domination anglaise*, Paris, 1878.

A Borgonha

BARANTE DE, M. *Histoire des ducs de Bourgogne*, Paris, 1839.
BOURASSIN, E. *Les ducs de Bourgogne*, Paris, 1985.
BOURASSIN, E. *Philippe le Bon*, Paris, 1983.
DUMONT, G.-H. *Marie de Bougogne*, Paris, 1982.
LECAT, J.-Ph. *Quand flamboyait la Toison d'Or*, Paris, 1982.
SCHELLE, K. *Charles le Téméraire*, Paris, 1979.

Os outros feudos

CHAMPION, P. *Vie de Charles d'Orléans*, Paris, 1969.
CLAVEL, E. *Armagnacs témoins de Jeanne d'Arc*, Millau, 1948.
CONSTANTIN, N. *Jeanne d'Arc et la Provence*, Aix-en-Provence, 1894.
GODEFROY, T. *L'histoire d'Arthus III, duc de Bretagne*, Paris, 1962.

Carlos VII

DUFRESNES DE BEAUCOURT, G. *Le roi de Bourges*, Paris, 1882.
DUFRESNES DE BEAUCOURT, G. *Le règne de Charles VII*, Paris, 1856.
ERLANGER, Ph. *Charles VII et son mystère*, Paris, 1972.
HÉRUBEL, M. *Charles VII*, Paris, 1982.
LEVIS-MIREPOIX (duque). *Le vrai visage de Charles VII*, Paris, 1956.
VALLET DE VIRIVILLE. *Histoire de Charles VII*, Paris, 1862.
CONTAMINE (Ph.) *Charles VII*, Paris, Fayard (no prelo).

A dupla monarquia

AMSTRONG, C.-A. *England, France, Burgundy XVth*, Londres 1983.
KRYNEN, J. *Idéal du Prince et pouvoir royal*, Paris, 1981.

Henrique V

Henrique V é representando como modelo do herói nacional que salva a França, em Azincourt.

HARRIS, G.-L. *Henry V, The Pratice of Kingship*, Oxford University Press, 1985.
WADE-LABARGE (M.), *Henry V*, Londres, 1975.

O sentimento «nacional» na época de Joana d'Arc

Durante a Guerra dos Cem Anos, os habitantes da «França» sentiam pertencer a uma mesma comunidade e consideravam os ingleses como invasores.

«O sentimento nacional fica dali em diante muito claro (no século XV). A nação finalmente adquire a sua identidade e torna-se a mãe pela qual todos os franceses devem sacrificar a sua vida, se necessário for. Com isso, a ideologia nacional ganha coerência e unidade» (Colette Beaune).

BEAUNE, C. *Naissance de la nation France*, Paris, 1985.
CONTAMINE (Ph.). *De Guillaume le Conquérant à Jeanne d'Arc*, Paris, 1979.
GEOFFROY, A., *Jeanne la Française*, Paris, 1895.
GROSJEAN, G. *Le sentiment national et la guerre de Cent Ans*, Paris, 1927.
GUIBAL, G. *Histoire du sentiment national*, Paris, 1875.
LEMIRE, Ch. *Jeanne d'Arc et le sentiment national*, Paris, 1898.

V | As prisões de Joana

Prisioneira do bastardo de Wandomme é, portanto, também de Jean de Luxembourg. Ela permanece em Marigny por quatro ou cinco dias, depois é levada para Beaulieu-lès-Fontaines. Sobre esse assunto, dispomos desta excelente obra geral:

ROCOLLE, P. *Un prisonnier de guerre nommé Jeanne d'Arc*, Paris, 1982.
ANÔNIMO, *Jeanne d'Arc à Beaulieu-les-Fontaines*, s.d.

Joana é levada de Beaulieu-lès-Fontaines, de onde tenta fugir, para a fortaleza de Beaurevoir, propriedade de Jean de Luxembourg.

GOMARD, Ch. *Le château de Beaurevoir*, Beaurevoir, s.d.
HANOTAUX, G. *Jeanne d'Arc à Beaurevoir*, Cambrai, 1914.
NELMONT, P. *La captivité de Jeanne d'Arc au château de Beaurevoir*, Saint-Quentin, 1911.
PREVOST-BOURÉ, J. *Beaurevoir retrouve son passé*, Beaurevoir, s.d.
PREVOST-BOURÉ, J. *Jean de Luxembourg et Jeanne d'Arc*, Paris, 1981.

Sabemos que Joana d'Arc passou quase quatro meses nesse castelo, de 11 de julho ao início de novembro. Em seguida, foi transferida para Arras.

CHAMPION, P. *Madame d'Or et Jeanne d'Arc à Arras*, Paris, s.d.
HUGUET, A. *Jeanne d'Arc au Crotoy*, Amiens, 1929.
LEFLIS, F. *Jeanne d'Arc au Crotoy*, Amiens, s.d. Rouen:
BOUQUET, F. *Notice historique et archéologique sur le donjon du château de Rouen*, Rouen, 1877.
BRUNON, R. *Jeanne d'Arc au Vieux-Marché de Rouen*, Rouen, 1926.
QUENEDEY, R. *La prison de Jeanne d'Arc à Rouen*, Paris, 1923.
ROBILLARD DE BEAUREPAIRE, Ch. *Mémoire sur le lieu du supplice de Jeanne d'Arc*, Rouen, 1866.
SARRAZIN, A. *Les derniers souvenirs de Jeanne d'Arc à Rouen*, Rouen, 1897.
SARRAZIN (A.), *Le bourreau de Jeanne d'Arc*, Bruxelas, 1910.

VI | Os processos de Joana

Os processos de condenação e reabilitação foram totalmente publicados pela primeira vez por Jules Quicherat, de 1841 a 1849. O processo de condenação foi republicado em 3 volumes pela Sociedade de história da França por Tisset e Yvonne Lanhers. O processo de reabilitação foi retomado por Pierre Duparc, e é graças ao seu trabalho que chamamos esse segundo procedimento de processo de nulidade de sentença.

CHAMPION, P. *Le Procès de condamnation*, 2 vols. Paris, 1920.

DONCŒUR, P. e LANHERS, Y. *La réhabilitation de Jeanne d'Arc.* L'enquête du cardinal d'Estouteville en 1952. Seleção, tradução e notas. *Documents de recherches relatifs à Jeanne la Pucelle*, IV, Paris, 1958.

DUPARC, P. *Procès en nullité de la condamnation de Jeanne d'Arc*, 3 vols., Paris, 1977-1983.

FABRE, J. *Procès de condamnation de Jeanne d'Arc d'après les textes authentiques des procès-verbaux officiels, traduction avec éclaircissements*, Paris, 1884.

O'REILLY, E. *Les deux procès de condamnation, les enquêtes et la sentence de réhabilitation de Jeanne d'Arc mis pour la première fois intégralement en français d'après les textes latins originaux officiels, avec notes, notices, éclaircissements divers, documents et introduction*, Paris, 1868.

OURSEL, R. *Le procès de condamnation de Jeanne d'Arc*, Paris, 1955.

OURSEL, R. *Le procès de réhabilitation de Jeanne d'Arc* — tradução, apresentação e notas, Paris, 1954.

QUICHERAT, J. *Procès de condamnation et de réhabilitation de Jeanne d'Arc dite la Pucelle*, 5 t., Paris, 1841-1849.

TAXIL, L. e FESH P. *Le martyre de Jeanne d'Arc, seule édition donnant la traduction fidèle et complète du Procès de la Pucelle d'après les manuscrits authentiques de Pierre Cauchon*, Paris, 1890.

TISSET, P. e LANHERS, Y. *Procès de condamnation de Jeanne d'Arc*, Paris, 3 t., 1960-1971.

VALLET DE VIRIVILLE, M. *Procès de condamnation de Jeanne d'Arc, dite la Pucelle d'Orléans, traduit du latin et publié intégralement pour la première fois en français d'après les documents manuscrits originaux*, Paris, 1857.

Referências bibliográficas

Trechos dos processos

BRASILLACH, R. *Le procès de Jeanne d'Arc*, Paris, 1941.
DONCŒUR, P. *Paroles et lettres de Jeanne la Pucelle*, Paris, 1960.
FROMENT, P. *Les paroles de Jehanne d'Arc*, Paris, 1910.
LE GRAND, L. *Vie de Jeanne d'Arc racontée par elle-même*, Paris, 1911.
LEMIRE, E.-L. *Le procès de Jeanne d'Arc au jour le jour*, Rouen, 1931.
MARY, A. *Paroles authentiques de Jeanne d'Arc, tirées du Procès de 1431 et des chroniques contemporaines*, Paris, 1931.
PERNOUD, R. *Jeanne d'Arc par elle-même et par ses témoins*, Paris, 1962.
PERNOUD, R. *Vie et mort de Jeanne d'Arc*, Paris, 1953.

Para as questões levantadas pelo processo, como a das vozes, do salto de Beaurevoir, ou qualquer outra relacionada à condenação de Joana d'Arc, ver o tomo III do *Procès de condamnation de Joana d'Arc, introduction avec index des matières, des noms de personnes et de lieux,* de Pierre Tisset.

Citemos também a obra de P. Doncœur, *La Minute française des interrogatoires de Jeanne la Pucelle,* Melun, 1952, no qual o autor retorna à espinhosa questão da cédula de abjuração.

Sabemos que o escrivão Guillaume Manchon tomava notas durante as audiências e que depois, à tarde, na casa de Cauchon, redigia um relatório. As notas eram escritas em francês e foram depois traduzidas para o latim na redação dos cinco exemplares autênticos. Orléans detém uma cópia da minuta francesa.

Na redação feita logo após sua morte, em latim, encontramos uma longa fórmula de abjuração redigida em francês e em latim. Joana confessa ter pecado gravemente fingindo receber aparições e revelações vindas de Deus. Também confessa «ter feito supersticiosa adivinhação blasfemando contra Deus, seus santos e santas, infringindo a lei divina, as Sagradas Escrituras e o Direito Canônico; usando trajes dissolutos contrários à modéstia do sexo feminino [...], usando a armadura». Essa cédula é redigida em cerca de quarenta linhas. As testemunhas do processo de reabilitação afirmam, porém, sob juramento, que a cédula inserida por Pierre Cauchon entre as páginas do processo não era a que foi lida por Joana. Diversas testemunhas, entre elas Jean Massieu, que ficou encarregado da leitura da famosa cédula, afirmam que Joana assinou um texto que continha somente seis ou sete linhas; uma das testemunhas, Pierre Miget, detalha que o tamanho era semelhante à oração do Pai-Nosso. Cauchon mandara redigir um segundo texto que deveria ser amplamente difundido ao Papa, ao imperador, a toda cristandade, e podemos compreender seu embaraço quando, cinco dias depois que Joana assinou a cédula, vários juízes propuseram que fosse relida explicando a ela a causa de relapsa. Na minuta de Orléans, podemos ler uma cédula que começa por: «Joana...» na qual ela se submete à Igreja e renega suas vozes; mais tarde, ela afirmará que acabou assinando, pois ficara com medo da fogueira, mas que não entendera bem o que estava escrito ali.

Portanto, é muito provável que tenha havido uma intervenção de Cauchon e que tenha sido inserido no processo um texto que não foi lido à condenada.

Para um estudo preciso do processo de reabilitação, conferir:

CHAMPION, P. *Notices des manuscrits du Procès de réhabilitation de Jeanne d'Arc*, Paris, 1930.

DONCŒUR, P. e LANHERS, Y. *La réhabilitation de Jeanne la Pucelle: enquête ordonnée par Charles VII en 1450 et le codicille de Guillaume Bouillé*, Paris, 1941.

VII | Joana d'Arc vista por seus contemporâneos (cronistas)

AUVERGNE, M. *Les Vigiles de Charles VII*, ed. Coustelier, 2 vol., Paris, 1724.

BASIN, T. *Histoire de Charles VII*, edição e tradução Ch. Samaran, 2 vols., Paris, 1933 e 1944.

BASIN, T. *Histoire de Louis XI*, edição e tradução Ch. Samaran et M.-C. Gavand, 2 vol. parus, Paris, 1963 e 1966.

BOUCHER DE MOLANDON, M. *La délivrance d'Orléans et l'institution de la fête du 8 mai*, Chronique anonyme retrouvée au Vatican et à Saint-Pétersbourg, H. Herluison, Orléans, 1883.

BOUCHER DE MOLANDON, M. *Note de Guillaume Giraut sur la levée du siège d'Orléans*, Extrait, t. IV, « Mémoires Société Archéologique de l'Orléanais», Orléans, 1858.

BOURGAIN-HEMERYCK, P. *Les œuvres latines d'Alain Chartier*, C.N.R.S., 1977.

BOUVIER, G. DIT LE HÉRAUT BERRY, *Les chroniques du roi Charles VII*, ed. S.H.F. por H. Courteault et Celier, colaboração M. H. Jullien de Pommerol, Paris, 1979.

BÛCHON, J.A.C. *Choix de chroniques et mémoires sur l'Histoire de France*, Paris, Desprez, 1838.

CAGNY, P. *Chronique des ducs d'Alençon*, ed. H. Moranvillé, S.H.F., Paris, 1982.

CHARTIER, J. *Chronique de Charles VII*, ed. A. Vallet de Viriville, 3 vols., Paris, 1858.

CHARTIER, J. *Chronique latine inédite*, Ch. Samaran, Extrait bulletin S.H.F., 1927.

CHASTELLAIN, G. *Chronique*, éd. Kervyn de Lettenhove, dans son édition des *Œuvres* du même auteur, t. I-V, Bruxelas, 1863-1864.

LE CLERC, J., *Chronique Martiniane*, ed. P. Champion, Paris, 1907.

COUSINOT, G. *Chronique de la Pucelle, ou chronique de Cousinot*, A. Vallet de Viriville, Paris, Adolphe Delahays, 1859.

COCHON, P. *Chronique normande*, ed. Ch. de Robillard de Beaurepaire, Rouen, 1870, 372 p.

DOREZ, L. *Chronique de Morosini*, texto estabelecido por S.H.F., 1898-1902, Renouard.

DOREZ, L. *Grandes Chroniques de France*, ed. J. Viard, 10 vols., S.H.F., Paris 1920-1953.

GRUEL, G. *Chronique d'Arthur de Richemont*, ed. A. Le Vavasseur, S.H.F., Paris, 1890.

GRUEL, G. *Journal d'un Bourgeois de Paris*, 1405-1449, ed. A. Tuetey, Paris, 1881.

GRUEL, G. *Journal d'un Bourgeois de Paris, sous Charles VI et Charles VII*, ed. A. Mary, prefácio e notas, Paris, H. Jonquières, 1929.

GRUEL, G. *Journal de Clément de Fauquembergue*, éd. A. Tuetey, Paris, 1903-1915.

GRUEL, G. *Journal du siège d'Orléans, 1428-1429, augmenté de plusieurs documents, notamment des Comptes de ville*, ed. P. Charpentier e Ch. Cuissard, Orléans, 1896.

LE CACHEUX, *Actes de la chancellerie d'Henri VI concernant la Normandie sous la domination anglaise*, 1422-1435, 2 vols., Paris-Rouen, 1907 et 1908.

LE FÈVRE DE SAINT-REMY, J. *Chronique*, ed. F. Morand, 2 vol., S.H.F., Paris, 1876-1881.

LUCE, S. *Chronique du Mont-Saint-Michel*, Paris, 1879.

MONSTRELET, E. *Chronique*, ed. L. Douët d'Arcq, 6 vols., S.H.F., Paris, 1857-1862.

MONSTRELET, E. *Mistère du siège d'Orléans*, ed. F. Guessard et E. de Certain, Imprimerie impériale, 1862.

NANGIS, G. *Chronique parisienne anonyme de 1316 à 1339 précédée d'additions à la Chronique française dite de Guillaume de Nangis*, ed. S. Hellot, Mémoires de la Société de l'histoire de Paris et de l'Ile-de-France, t. II 1884, p. 1-207.

LE RELIGIEUX DE SAINT-REMY. *Chronique de Charles VI*, editado e traduzido por L.-F. Bellaguet, 6 vols., Paris, 1839-1852.

WAVRIN, J. *Recueil des Croniques et anchiennes Istories de la Grant Bretaigne*, Melle Dupont, S.H.F., Paris, 1863.

WINDECKEN, E. *Les Sources allemandes de l'histoire de Jeanne d'Arc*, Paris, 1903.

VIII | A canonização de Joana d'Arc

Processo

COCHARD, T. *La cause de Jeanne d'Arc*, Pucelle d'Orléans, Orléans, 1894.

LAGRANGE, F. *La vie de Monseigneur Dupanloup, évêque d'Orléans*, Paris, 1883.
LANGOGNE (P.). *Vie de Jeanne d'Arc devant la Congrégation des rites*, Paris, 1894.

A beatificação e a canonização propriamente ditas

Monsenhor Dupanloup prepara a beatificação de Joana d'Arc reunindo todos os bispos das dioceses por onde ela passou ao longo de sua existência. O bispo de Orléans assinala a sua santidade e solicita aos outros bispos que assinem uma demanda ao Papa Pio IX. Trata-se do primeiro procedimento oficial, em 1869. Em 1874, constitui-se um tribunal diocesano encarregado de apresentar a Roma as conclusões de um inquérito preliminar. Dois anos mais tarde, essas conclusões são levadas a Roma e uma biografia é submetida à Congregação dos ritos.

Após a morte de monsenhor Dupanloup, em 1878, o trabalho foi continuado por seu sucessor, monsenhor Couillié. Enquanto isso, em Roma, os cardeais da Congregação dos ritos decidem submeter à assinatura do Papa a introdução da causa, o que é feito em 27 de janeiro de 1894, por Leão XIII, que assina o «Breve». No mesmo ano, monsenhor Touchet substitui monsenhor Couillié e assume a responsabilidade pelos diferentes procedimentos: ele vai pessoalmente a Roma em 1896 e, no ano seguinte, solicitam-lhe que proceda ao estudo da heroicidade das virtudes de Joana. Os relatórios serão apresentados em Roma no fim do ano pelo bispo de Orléans.

Durante os anos de 1902-1903, Roma analisa as conclusões do tribunal orleanês sobre as virtudes de Joana d'Arc, o que resulta, em 6 de janeiro de 1904, à proclamação da heroicidade das virtudes pelo Papa Pio X. Monsenhor Touchet não se contenta apenas com isso, e solicita que seja retomada a causa com vistas à canonização. Ele trabalha arduamente nesse dossiê que será apresentado a Roma em 17 de abril de 1914. As coisas não vão andar rápido: às diferentes pressões exercidas sobre os tribunais soma-se a morte do Papa, porém, em 3 de setembro de 1914,

Bento XV aceita a retomada do estudo do processo de canonização seja retomado. Mas será preciso esperar até 6 de julho de 1919 para que dê o seu consentimento. Finalmente, em 16 de maio de 1920, a cerimônia ocorre na Basílica de São Pedro, em Roma.

ANÔNIMO. *Aux pèlerins français*, Roma, 1909.

ANÔNIMO. *Programme du pèlerinage de la béatification de Jeanne d'Arc*, Bar-le-Duc, 1909.

ANÔNIMO. «La vénérable Jeanne d'Arc», *La Croix meusienne*, Paris, 1909.

EXTRAIT de semaines religieuses, La béatification de Jeanne d'Arc, Arras-Bayeux, 1909.

BERNANOS (G.). *Jeanne relapse et sainte*, Paris, Plon, 1934.

BRUN, Monsenhor P.-M. *Les péripéties de la canonisation de Jeanne d'Arc B.S.A.H.O.* Orléans, 1974.

CABRIÈRES, Monsenhor de. *La béatification de Jeanne d'Arc*, Paris, 1909.

ILLIERS, D. *Lettres de Rome*, Orléans, 1934.

MOUCHARD, A. *Les fêtes de la béatification de Jeanne d'Arc*. Paris, 1910.

TOUCHET, Monsenhor. *Avant, pendant et après la béatification de Jeanne d'Arc*, Paris, 1909.

TOUCHET, Monsenhor. *Souvenirs de la béatification de Jeanne d'Arc*, Orléans, 1909.

TOUCHET, Monsenhor. *Lettre pastorale sur les fêtes de Jeanne d'Arc*, Orléans, 1905.

Direção geral
Renata Ferlin Sugai

Direção editorial
Hugo Langone

Produção editorial
Juliana Amato
Ronaldo Vasconcelos
Daniel Araújo

Capa
Gabriela Haeitmann

Diagramação
Sérgio Ramalho

ESTE LIVRO ACABOU DE SE IMPRIMIR
A 16 DE JULHO DE 2023,
EM PAPEL IVORY SLIM 65 g/m².